普通高等教育"十一五"国家级规划教材

21 世纪交通版高等学校教材

Construction Project Financing

工程项目融资

（第二版）

赵　华　贺云龙　编著

向显湖　陈　赟　主审

人民交通出版社

内 容 提 要

本书为普通高等教育"十一五"国家级规划教材，主要内容包括工程项目融资基础，工程项目融资的组织与实施，工程项目融资渠道与方式，工程项目融资结构设计、资金成本与资本结构，工程项目融资风险管理，工程项目外汇风险管理，工程项目融资效果分析与评价，以及工程项目融资案例分析。

本书为高等院校工程管理、会计学专业的教材，同时也可供工程建设管理的相关人员参考。

图书在版编目(CIP)数据

工程项目融资/赵华，贺云龙编著. —2 版. —北京：人民交通出版社，2010. 8

ISBN 978-7-114-08380-8

Ⅰ. ①工… Ⅱ. ①赵… ②贺… Ⅲ. ①基本建设项目—融资—高等学校—教材 Ⅳ. ①F830. 55

中国版本图书馆 CIP 数据核字(2010)第 140581 号

普通高等教育"十一五"国家级规划教材

21 世纪交通版高等学校教材

书　　名：工程项目融资(第二版)

著 作 者：赵　华　贺云龙

责任编辑：沈鸿雁　刘永超

出版发行：人民交通出版社

地　　址：(100011)北京市朝阳区安定门外外馆斜街 3 号

网　　址：http://www.ccpress.com.cn

销售电话：(010)59757969，59757973

总 经 销：人民交通出版社发行部

经　　销：各地新华书店

印　　刷：北京盈盛恒通印刷有限公司

开　　本：787×1092　1/16

印　　张：18.75

字　　数：458 千

版　　次：2004 年 1 月　第 1 版　2010 年 8 月　第 2 版

印　　次：2012 年 4 月　第 2 版　第 2 次印刷　总第 5 次印刷

书　　号：ISBN 978-7-114-08380-8

印　　数：9501－11500 册

定　　价：35.00 元

21世纪交通版
高等学校教材（公路与交通工程）编审委员会

总　序

当今世界，科学技术突飞猛进，全球经济一体化趋势进一步加强，科技对于经济增长的作用日益显著，教育在国家经济与社会发展中所处的地位日益重要。进入新世纪，面对国际国内经济与社会发展所出现的新特点，我国的高等教育迎来了良好的发展机遇，同时也面临着巨大的挑战，高等教育的发展处在一个前所未有的重要时期。其一，加入 WTO，中国经济已融入到世界经济发展的进程之中，国家间的竞争更趋激烈，竞争的焦点已更多地体现在高素质人才的竞争上，因此，高等教育所面临的是全球化条件下的综合竞争。其二，我国正处在由计划经济向社会主义市场经济过渡的重要历史时期，这一时期，我国经济结构调整将进一步深化，对外开放将进一步扩大，改革与实践必将提出许多过去不曾遇到的新问题，高等教育面临加速改革以适应国民经济进一步发展的需要。面对这样的形势与要求，党中央国务院提出扩大高等教育规模，着力提高高等教育的水平与质量。这是为中华民族自立于世界民族之林而采取的极其重大的战略步骤，同时，也是为国家未来的发展提供基础性的保证。

为适应高等教育改革与发展的需要，早在 1998 年 7 月，教育部就对高等学校本科专业目录进行了第四次全面修订。在新的专业目录中，土木工程专业扩大了涵盖面，原先的公路与城市道路工程，桥梁工程，隧道与地下工程等专业均纳入土木工程专业。本科专业目录的调整是为满足培养“宽口径”复合型人才的要求，对原有相关专业本科教学产生了积极的影响。这一调整是着眼于培养 21 世纪社会主义现代化建设人才的需要而进行的，面对新的变化，要求我们对人才的培养规格、培养模式、课程体系和内容都应作出适时调整，以适应要求。

根据形势的变化与高等教育所提出的新的要求，同时，也考虑到近些年来公路交通大发展所引发的需求，人民交通出版社通过对“八五”、“九五”期间的路桥及交通工程专业高校教材体系的分析，提出了组织编写一套 21 世纪的具有鲜明交通特色的高等学校教材的设想。这一设想，得到了原路桥教学指导委员会几乎所有成员学校的广泛响应与支持。2000 年 6 月，由人民交通出版社发起组织全国面向交通办学的 12 所高校的专家学者组成 21 世纪交通版高等学校教材（公路类）编审委员会，并召开第一次会议，会议决定着手组织编写土木工程专业具有交通特色的**道路专业方向、桥梁专业方向以及交通工程专业**教材。会议经过充分研讨，确定了包括**基本知识技能培养层次、知识技能拓宽与提高层次**以及**教学辅助层次**在内的约 130 种教材，范围涵盖**本科**与**研究生用**教材。会后，人民交通出版社开始了细致的教材编写组织工作，经过自由申报及专家推荐的方式，近 20 所高校的百余名教授承担约 130 种教材的主编工作。2001 年 6 月，教材编委会召开第二次会议，全面审定了各门教材主编院校提交的教学大纲，之后，编写工作全面展开。

21 世纪交通版高等学校教材编写工作是在本科专业目录调整及交通大发展的背景下展开的。教材编写的基本思路是：(1) 顺应高等教育改革的形势，专业基础课教学内容实现与土木工程专业打通，同时保留原专业的主干课程，既顺应向土木工程专业过渡的需要，又保持服务公路交通的特色，适应宽口径复合型人才培养的需要。(2) 注重学生基本素质、基本能力的培养,为学生知识、能力、素质的综合协调发展创造条件。基于这样的考虑,将教材区分为二个主层次与一个辅助层次,即基本知识技能培养层次与知识技能拓宽与提高层次,辅助层次为教学参考用书。工作的着力点放在基本知识技能培养层次教材的编写上。(3)目前,中国的经济发展存在地区间的不平衡,各高校之间的发展也不平衡,因此,教材的编写要充分考虑各校人才培养规格及教学需求多样性的要求,尽可能为各校教学的开展提供一个多层次、系统而全面的教材供给平台。(4)教材的编写在总结"八五"、"九五"工作经验的基础上,注意体现原创性内容,把握好技术发展与教学需要的关系,努力体现教育面向现代化、面向世界、面向未来的要求,着力提高学生的创新思维能力,使所编教材达到先进性与实用性兼备。(5)配合现代化教学手段的发展,积极配套相应的教学辅件,便利教学。

教材建设是教学改革的重要环节之一,全面做好教材建设工作,是提高教学质量的重要保证。本套教材是由人民交通出版社组织,由原全国高等学校路桥与交通工程教学指导委员会成员学校相互协作编写的一套具有交通出版社品牌的教材,教材力求反映交通科技发展的先进水平,力求符合高等教育的基本规律。各门教材的主编均通过自由申报与专家推荐相结合的方式确定,他们都是各校相关学科的骨干,在长期的教学与科研实践中积累了丰富的经验。由他们担纲主编,能够充分体现教材的先进性与实用性。本套教材预计在二年内完全出齐,随后,将根据情况的变化而适时更新。相信这批教材的出版,对于土木工程框架下道路工程、桥梁工程专业方向与交通工程专业教材的建设将起到有力的促进作用,同时,也使各校在教材选用方面具有更大的空间。需要指出的是,该批教材中研究生教材占有较大比例,研究生教材多具有较高的理论水平,因此,该套教材不仅对在校学生,同时对于在职学习人员及工程技术人员也具有很好的参考价值。

21 世纪初叶,是我国社会经济发展的重要时期,同时也是我国公路交通从紧张和制约状况实现全面改善的关键时期,公路基础设施的建设仍是今后一项重要而艰巨的任务,希望通过各相关院校及所有参编人员的共同努力,尽快使全套 21 世纪交通版高等学校教材(公路类)尽早面世,为我国交通事业的发展做出贡献。

21 世纪交通版
高等学校教材(公路类)编审委员会
人民交通出版社
2001 年 12 月

前　言

工程项目是一个经济实体及其营运管理产生和发展的“孵化器”。因此，强化工程项目管理对确保国民经济可持续发展具有十分重要的现实意义。

企业管理以财务管理为中心，财务管理又以融资、投资、分配及其资本运营管理为主要环节，以资金管理为核心内容，而资金管理以融资管理为前提和基础。这是在经济全球化、金融化的大趋势下，以及企业参与愈演愈烈的市场竞争情况下企业管理的迫切需要，也是强化企业财务管理，提高企业经济效益的客观要求；工程项目的财务管理亦是如此。本书是为了强化工程项目财务管理工作，尤其是融资及其风险管理工作，提高经济管理理论、实务工作者理论水平和预测、分析、决策能力而编著的。本书对工程项目融资管理的内容——工程项目融资基础、融资的组织和实施、融资渠道和方式、融资结构、资金成本与资金结构、融资风险管理、外汇风险管理、融资效果分析与评价、案例分析等，进行了系统的阐述，并结合实例进行了深入的论述和分析。

本书是编著者在参阅大量国内外最新融资管理和工程项目管理文献的基础上，融合相关科研课题的研究成果，结合多年理论教学和实践工作经验编著而成的。在编著过程中，力图体现以下四大特点：一是理论性。作者在编著时，参阅了大量有关工程项目管理、融资管理方面的理论文献，吸收了该领域最新的理论研究成果，并融会了相关科研课题的研究成果，因而，本书的内容具有一定的理论深度。二是系统性。本书不仅内容丰富完整，资料翔实，结构体系合理，重点突出，而且条理清晰，层次分明，逻辑性强。三是先进性。本书注重吸收该领域国内外最新研究成果和实践经验，旨在用新思路、新观点、新方法去分析和阐明有关理论和现实问题。四是适用性。本书无论在理论阐述方面，还是在对具体实际问题的解析方面，都做到了深入浅出、言简意赅、通俗易懂，并运用了大量的图表和具体例证来进行概括和说明。

本书由赵华（长沙理工大学经济与管理学院教授，博士）负责拟订全书的写作大纲，并对全书初稿进行了修改和总纂。全书具体写作分工如下：第一章、第二章由赵华执笔；第三章第一二节、第六章、第七章由贺云龙（长沙理工大学经济与管理学院副教授，博士）执笔；第四章、第九章由张鼎祖（长沙理工大学经济与管理学院副教授，在读博士）执笔；第三章第三四节、第八章由王治（长沙理工大学经济与管理学院副教授，博士）执笔；第五章由李凤莲（长沙理工大学经济与管理学院讲师，在读博士）执笔。全书由西南财经大学向显湖教授和长沙理工大学陈赟教授主审。

本书已获国家高等学校“十一五”规划教材立项。它不仅可以作为广大工程项目管理、施工企业经营管理人员，尤其是广大财会人员和财务管理方面人员的理论读物和工作指南，亦可作为本科院校工程管理、交通运输管理、经济管理类专业教材，以及作为工商管理培训班的教材。

作者在写作过程中，得到了长沙理工大学经济与管理学院的大力支持和协作，在此表示衷心的感谢。在本书的编著中，参阅和引用了不少相关文献的观点和资料，限于篇幅，未能一一列出作者姓名，借本书出版之际，谨向他们致以诚挚的谢意。

因作者的理论、业务水平有限，本书在此次修编中，疏漏之处在所难免，恳请广大读者批评指正，以便再版时修正、补充。

编著者

2010 年 6 月于长沙

目　　录

第一章　绪　　论

第一节　工程项目概述

项目,尤其是大中型工程项目,是一个经济实体及其运营管理产生和发展的“孵化器”。因此,强化工程项目管理对确保国民经济可持续发展具有十分重要的现实意义。

一个工程项目是否可行,能否按计划顺利实施,规模多大,与项目出资人(或称投资者)是否能够筹措到足够的资金密切相关。一个工程项目的实施,需要经过投资前、投资和生产3个时期(联合国工发组织把一个工程项目的实施称为项目发展周期,并将其划分为3个时期),而投资前这一时期最为关键。在这个时期,主要的工作是可行性研究。但根据国际惯例,在没有落实项目的资金来源之前,一般不能开展可行性研究工作(联合国工发组织和英国海外开发署都有这样的要求),可见,工程项目融资对项目的成功实施是非常重要的。

一、工程项目的含义

(一)项目的含义

“项目”一词已经被人们广泛地应用于社会经济和文化生活的各个方面。人们经常用“项目”来表示一类事物。“项目”定义众多,许多管理专家都企图用简单通俗的语言对项目进行抽象性的概括和描述。通常引用1964年Mactino的定义:“项目为一个具有规定开始和结束时间的任务,它需要使用一种或多种资源,具有许多个为完成该任务(或者项目)所必须完成的互相独立、互相联系、互相依赖的活动。”

但是,这个定义还不能将项目与人们常见的一些生产过程相区别。所以,人们通常对项目的特征描述予以定义,例如ISO 10006定义项目为:“具有独特的过程,有开始和结束日期,由一系列相互协调和受控的活动组成。过程的实施是为了达到规定的目标,包括满足时间、费用和资源等约束条件。”

德国国家标准DIN 69901将项目定义为:“项目是指在总体上符合以下条件的具有唯一性的任务(计划):具有预定的目标;具有时间、财务、人力和其他限制条件;具有专门的组织。”

(二)项目的类型

在现代社会生活中,符合上述定义的“任务”、“项目”是很普遍的,最常见的有如下类型。

(1)各类开发项目。如资源开发项目、地区经济开发项目、小区开发项目、新产品开发项目等。

(2)各种建设工程项目。如各类工业与民用建筑工程、城市基础设施建设工程、机场工程、港口工程、高速公路工程等。

(3)各种科研项目。如基础科学研究项目、应用研究项目、科技攻关项目等。

(4)各种环保和规划项目。如城市环境规划、地区规划等。

(5)各种社会项目。如星火计划、希望工程、申办奥运会、人口普查、社会调查、举办体育运动会等。

(6)各种投资项目。如银行的贷款项目、政府投资项目、企业投资项目和合资项目等。

(7)各种国防项目。如新型武器的研制、"两弹一星"工程、航空母舰的制造、航天飞机计划、国防工程等。

(三)项目的广义性

综上所述,项目已渗入到了社会经济、文化、军事的各个领域,以及社会的每个层次和每个角落。

随着我国社会经济的发展,项目的外延将越来越广泛,其内涵也将越来越深刻。

(1)由于科学技术的进步和我国市场经济体制的不断建立和完善,市场竞争越来越激烈,产品周期越来越短,企业必须不断地进行产品的更新和开发,因此,企业的科研项目、新产品开发项目、投资项目必然越来越多,这些便成为企业基本发展战略的重要组成部分。另外,企业作为自主投资主体,为了适应市场、增强竞争能力,必然会更多地采用多种经营和灵活经营的方式,进行多领域、多地域的投资。这些都是通过具体的项目进行的。

(2)现代企业的创新、发展,生产效率的提高,竞争能力的增强,一般都是通过项目实现的。许多企业为了适应市场的发展,实行"企业再造工程",将企业划分成分部,以项目部形式各自去开拓、适应市场,这样使经营更为灵活,竞争能力大大提高。

现在有许多企业完全是通过一个项目发展起来的,人们将这种企业称为"项目启动型企业",例如中国长江三峡工程集团公司、常见的合资公司、由项目产生的新公司等。实际上,一个新的企业,特别是工业企业的建立过程,必然是一个项目过程,或其中包括许多项目。

有许多企业,例如建筑安装工程承包公司、船舶制造公司、成套设备生产和供应公司、房地产开发公司、国际经济技术合作公司等的业务对象、新的利润增长点和利润载体本身就是项目,项目也就是这些企业管理的对象。这些企业常常又被称作为"项目导向型企业"。

随着我国改革开放的进一步深入,企业已逐步走向世界,各种引进项目、合资项目、合营项目将会越来越多。

(3)随着经济的发展和社会的进步,各地都会强化基础设施建设,用许多公共事业项目,例如城市规划、旧城改造、基础设施建设、环境保护等,改善投资环境,提高人民的生活水平。

(4)随着我国综合国力的增强,国家投入科研项目、社会项目和国防项目的资金也在逐年增加,因此,涉及这方面的项目也会越来越多。而这些项目的成败不仅关系到企业的兴旺、地区的繁荣,甚至影响到国家的发展、社会的进步。

二、工程项目的特征

工程项目不仅是最为常见也是最为典型的项目类型,而且是项目管理的重点。一般而言,工程项目具有如下特征。

(一)对象的特定性

任何项目都应具有边界清晰、内容具体的特定对象,项目对象明晰了项目的最基本特性,是项目分类的依据,同时,它又确定了项目的工作范围、规模、内容及其边界。整个项目的实施和管理都是围绕着这个对象进行的。

工程项目的对象通常是有着预定要求的工程技术系统。而"预定要求"通常可以用一定功能要求、实物工程量、质量等技术指标来表达。如工程项目的对象可能是：一定生产能力（产量）的流水线，一定生产能力的车间或工厂，一定长度或等级的公路，一定发电量的水力发电站或核电站，一定规模的医院、住宅小区等。

工程项目的对象在项目的生命期中经历了由构思到实施、由总体到具体的过程。通常，它在项目前期策划和决策阶段得到确定，在项目的设计和计划阶段被逐渐分解、细化和具体化，并通过项目的施工过程一步步得到实现，在运行（使用）中实现价值。

工程项目的对象通常由可行性研究报告、项目任务书、设计图纸、规范、实物模型等来定义和说明。

在实务中，必须将工程项目对象与工程项目本身相区别。工程项目的对象是具有一定功能的技术系统；而工程项目是指完成（如建造）这个对象（技术系统）的任务和工作的总和，是行为系统。混淆两者不仅会产生概念上的错误，而且会造成计划和实施控制上的困难。

(二)时间的限定性

人们对工程项目的需求有一定的时间限制，希望尽快实现项目的目标、发挥项目的效用，没有时间限制的项目是不存在的。这有两方面的意义：

(1)一个工程项目的持续时间是一定的，即任何项目不可能无限期延长，否则这个项目是无意义的。工程项目的时间限制不仅确定了项目的生命期限，而且构成了工程项目管理的一个重要目标，例如，规定一个工厂建设项目必须在 4 年内完成。

(2)在市场经济条件下，工程项目的作用、功能、价值只能在一定历史阶段中体现出来，因此，项目的实施必须在一定的时间范围（如 2000 年 1 月～2003 年 12 月）内进行。例如，企业投资开发一个新产品，只有尽快地将该工程建成投产，产品及时占领市场，该项目才有价值。否则因拖延时间，让其他企业捷足先登，该项目就失去了它的价值。

项目的时间限制通常由项目开始日期、持续时间、结束日期等构成。

(三)资金的额度性

任何工程项目都不可能没有财力的限制，必然存在着与任务（目标）相关的（或者说相匹配的）投资、费用或成本预算。若没有财力的限制，人们便都能够实现当代科学技术允许的任何目标，完成任何工程项目。

工程项目的资金限制常常表现在以下几个方面：

(1)必须按投资者（企业、国家、地方等）所具有的或能够提供的财力规划相应的工程范围和规模的项目。

(2)必须按项目实施计划安排资金计划，并保障资金供应。

(3)按工程项目预算合理开支及使用资金。

(四)要求的经济性

任何工程项目在其资金管理上，都要求按照预定的工程目标，达到预定的功能要求，以充分发挥资金使用效率，挖掘其潜力，使资金使用效率最大化。

工程项目经济性要求常常表现在以下几个方面：

(1)以尽可能少的费用（投资、成本）完成预定的工程目标，达到预定的功能要求，提高工程项目的整体经济效益。

(2)现代工程项目的资金来源渠道较多，因此，工程项目融资一方面要注重资金规模适当且筹措及时，确保融资数量适度，资金投放时间最佳；另一方面，还要注重资金来源合理，且融资方式经济，实现最优资金结构，以便降低成本，减少风险。

(3)现代工程项目的投资主体亦呈多元化的新格局，因此，工程项目投资应努力提高工程项目价值，实现经济资源的最优配置，以确保各投资主体的利益最大化。

综上所述，人们对项目资金限制越来越严格，经济性要求亦越来越高，这就要求人们尽可能作全面的经济分析、精确的预算、严格的投资控制。在现代社会中，财务和经济性问题已成为工程项目能否立项，能否取得成功的最关键性问题。

(五)项目的一次性

任何工程项目作为一个总体来说都是一次性的、不可重复的。它通常经历前期规划、批准、设计和计划、施工、运行的全过程，最后结束。即使在形式上极为相似的项目，例如两个相同产量、相同工艺的生产流水线，两栋建筑造型和结构形式完全相同的房屋，也必然存在着差异和区别，比如实施时间不同，工程地质、结构不同，环境不同，项目组织不同，风险不同，所以，它们之间无法相互替代。

项目的一次性是项目管理区别于企业管理最显著的标志之一。通常的企业管理工作，特别是企业职能管理工作，虽然有阶段性，但它却是循环的、无终了的，具有继承性。而工程项目是一次性的，这就决定了项目管理也是一次性的。任何项目都有一个独立的管理过程，它的计划、控制、组织都是一次性的。工程项目的一次性特点对项目的组织和组织行为的影响尤为显著。

(六)组织的特殊性

由于社会化大生产和专业化分工，现代工程项目都有几十个、几百个，甚至几千、几万个单位和部门参加。要保证项目有秩序、按计划地实施，必须建立严密的项目组织。与企业组织相比，项目组织有它的特殊性。

企业组织按企业法和企业章程建立，组织单元之间主要为行政的隶属关系，组织单元之间的协调和行为规范按企业规章制度执行，企业组织结构具有相对稳定性。而工程项目组织是一次性的，随项目的确立而产生，随项目的结束而消亡；项目参加单位之间主要靠合同作为纽带，建立起组织，同时以经济合同作为分配工作、划分责权关系的依据；而项目参加单位之间在项目过程中的协调主要通过合同和项目管理规范实现；对于某一特定的工程项目而言，其组织形式是不变的、相对稳定的；而对于众多不同的工程项目而言，其组织形式是多变的、不稳定的。

(七)管理的复杂性与系统性

现代工程项目及其管理越来越具有如下特征：项目规模大，范围大，投资大；有新知识新工艺的要求，技术复杂、新颖；由许多专业组成，有几十个、上百个，甚至几千个单位共同协作，由成千上万个在时间和空间上相互影响、相互制约的活动构成；工程项目经历由构思、决策、设计、计划、采购供应、施工、验收到运行的全过程，项目使用期长，对全局影响大；受诸多目标限制，如资金限制、时间限制、资源限制、环境限制等；工程项目管理涉及不同组织形式多，覆盖面广，难度大。

第二节　工程项目融资

一、工程项目融资概述

项目融资(Project Financing)可以理解为以项目为主体而展开的、为完成项目建设任务所实施的一系列借贷、租赁、集资等财务活动。

(一)工程项目融资的含义及其分类

项目融资作为一个金融术语,到目前为止,还没有一个准确、公认的定义。比较有代表性的项目融资的定义如下所述:

项目融资法律专家维特(Vinter)在其著作《项目融资的法律指南》中将项目融资定义为:项目融资是对一项权利、自然资源或其他资产的开发或利用的融资,而且融资并不由任何形式的股本来提供,其偿还主要来自于项目产生的利润。

P. K. Nevit 在《项目融资》(第 6 版)认为:项目融资就是在向一个经济实体提供贷款时,贷款方审查该经济实体的现金流量和收益,将其视为偿还债务的资金来源,并将该经济实体的资产视为这笔贷款的担保或抵押物。

英国 Clifford Chance 法律公司的定义是:"项目融资"是指代表广泛的、但具有一个共同特征的融资方式。该共同特征是:第一,在一定程度上依赖于项目的资产和现金流量,贷款人对项目发起人没有完全的追索权;第二,贷款人需要对项目的技术和经济效益、项目发起人和经营者的实力进行评估,并对正在建设或运营中的项目本身进行监控;第三,贷款和担保文件很复杂,并且经常需要对融资结构进行创新;第四,贷款人因承担项目风险(经常是政治风险)而要求较高的资金回报和费用。

美国财会标准手册对项目融资的界定是:项目融资是指对需要大规模资金的项目而采取的金融活动。借款人原则上将项目本身拥有的资金及其收益作为还款资金来源,而且将其项目资产作为抵押条件来处理。该项目事业主体的一般性信用能力、尤其是财务能力通常不被作为重要因素来考虑。这是因为其项目主体要么是不具备其他资产的企业,要么对项目主体的所有者(母体企业)不能直接追究责任,两者必居其一。

中国国家发改委与外汇管理局在《境外进行项目融资管理办法》中对项目融资的规定为:项目融资是指以境内建设项目的名义在境外筹措外汇资金,并仅以项目自身预期收入和资产对外承担债务偿还责任的融资方式。其具有以下特点:①债权人对于建设项目以外的资产和收入没有追索权;②境内机构不以建设项目以外的资产、权益和收入进行抵押、质押或偿债;③境内机构不提供任何形式的融资担保。

尽管上述各个定义表述不同,但都包含了以下两个最基本的内容:

(1)项目融资是以项目为主体的一种融资制度安排,项目的导向是决定项目融资最基本的方法。

(2)项目融资中的贷款偿还来源仅限于融资项目本身的预期收益和现金流,即融资项目能否获得贷款完全取决于项目的经济强度——项目未来可用于偿还贷款的净现金流量和项目本身的资产价值。

综上所述,工程项目融资可定义为:工程项目融资是根据其建设要求、生产营运、对外投资及调整资金结构等活动对资金的需求,以工程项目的资产、预期收益或权益为抵押,通过一定的渠道,采取适当的方式,获取一种无追索权或有限追索权资金的一种财务行为。

工程项目融资可按多种标准进行不同的分类,现介绍 3 种主要的分类方式。

1. 按资金追索权大小程度分类

按照资金追索权程度的大小,工程项目融资分为无追索性的工程项目融资和有限追索性的工程项目融资。

工程项目融资的无追索性(Non-recourse)是指贷款人对项目发起人无任何追索权,只能依靠项目所产生的收益作为还本付息的唯一资金来源。由于这种融资方式操作十分复杂和低效,因而,在项目融资实务中较少使用。

工程项目融资的有限追索性(Limited Recourse)是指项目发起人只承担有限的债务和义务:①时间上的有限性。一般在项目的建设开发阶段,贷款人有权对项目发起人进行追索,而通过完工验收后,项目进入正常营运阶段时,贷款人可能就变成无追索权了。②金额上的有限性。在项目经营阶段,若不能生产足额的现金流量,其差额部分就向项目发起人追索,因此,是在金额上有限追索的。③追索对象上的有限性。如果是通过单一目的项目公司进行的融资,则贷款人只能追索到项目公司,而不能对项目发起人追索,除了发起人为项目公司提供的担保外,在大多数项目融资中都是有限追索的。

2. 按资金使用期限的长短分类

按照资金使用期限的长短,可把企业筹集的资金分为短期资金与长期资金两种。

短期资金一般是指供一年以内使用的资金。短期资金主要投资于现金、应收账款、存货等,一般在短期内可收回。短期资金常采取利用商业信用和取得银行流动资金借款等方式来筹集。

长期资金一般是指供一年以上使用的资金。长期资金主要投资于新产品的开发和推广、生产规模的扩大、厂房和设备的更新,一般需几年甚至十几年才能收回。长期资金通常采用吸收投资、发行股票、发行公司债券、取得长期借款、融资租赁和内部积累等方式来筹集。

3. 按资金的来源渠道分类

按照资金来源渠道的不同,可将企业资金分为所有者权益和负债两大类。

所有者权益是指投资人对包括投资者投入企业的资本及持续经营中形成的经营积累,如资本公积金、盈余公积金和未分配利润等企业净资产的所有权。资本是各种投资者以实现盈利和社会效益为目的,用以进行生产经营、承担民事责任而投入的资金。负债是企业所承担的能以货币计量,需以资产或劳务偿付的债务。

企业通过发行股票、吸收直接投资、内部积累等方式筹集的资金都属于企业的所有者权益。所有者权益一般不用还本,因而称之为企业的自有资金、主权资金或权益资金。企业采用吸收自有资金的方式筹集资金,财务风险小,但付出的资金成本相对较高。

企业通过发行债券、向银行借款、融资租赁等方式筹集的资金属于企业的负债,到期要归还本金和利息,因而又称之为企业的借入资金或负债资金。企业采用借入资金的方式筹集资金,一般承担较大风险,但相对而言,付出的资金成本较低。

(二)工程项目融资的基本原则

工程项目融资是一项系统性、复杂性和重要性的工作,为了有效地筹集工程项目所需资金,必须遵循以下基本原则。

1. 规模适当原则

不同时期企业的资金需求量并不是一个常数,企业财务人员要认真分析科研、生产、经营状况,采用一定的方法,预测资金的需求量,合理确定筹资规模。这样,既能避免因资金筹集不足,影响生产经营的正常进行,又可防止资金筹集过多,造成资金闲置。

2. 筹措及时原则

企业财务人员在筹集资金时,必须熟知资金时间价值的原理和计算方法,以便根据资金需求的具体情况，合理安排资金的筹集时间，适时获取所需资金。这样，既能避免过早筹集资金形成资金投放前的闲置，又能防止取得资金的时间滞后，错过资金投放的最佳时间。

3.来源合理原则

资金的来源渠道和资金市场为企业提供了资金的源泉和筹资场所，它反映了资金的分布和供求关系，决定着筹资的难易程度。不同来源的资金，对企业的收益和成本有不同的影响，因此，企业应认真研究资金的来源渠道和资金市场，合理选择资金来源。

4.方式经济原则

在确定筹资数量、筹资时间、资金来源的基础上，企业在筹资时，还必须认真研究各种筹资方式。企业筹集资金必然要付出一定的代价，不同筹资方式条件下的资金成本有高有低。为此，就需要对各种筹资方式进行分析、对比，从而选择经济、可行的筹资方式。与筹资方式相联系的问题是资金结构问题，企业应确定合理的资金结构，以便降低成本，减少风险。

二、工程项目融资的特征

工程项目融资不仅具有一般融资的基本属性，例如，“融”为“投”用，其资产结构决定和制约着融资方式、资金结构等，而且具有其自身内在的、固有的、特殊的属性。具体论述如下：

1.项目的导向性

工程项目融资是以项目本身的现金流量和资产作为融资安排的基础，而不是以项目的投资者或者发起人的资信为基础。由于是项目导向，银行借款的期限和每年的还款计划，可以按照项目本身的现金流量计划来安排，所以贷款期限可以做到比一般的商业借款期限长，例如，上海现有的高速公路项目融资已达到15年左右。

2.融资目标的确定性

任何工程项目都有明确的目标和要求，否则，工程项目管理将是无的放矢。工程项目目标有约束性和成果性之分。约束性目标是指限制性条件，如我们经常提及的项目的工期、成本、质量目标及要求等。成果性目标是指对项目的功能性要求，亦即整个项目最终的目标和要求，主要是各种类型的效益目标，如兴建一所医院的“病床位”，一座矿山的生产能力及其效益等。显然，项目的约束性目标应服从于项目的总目标。人们始终是围绕着项目总目标，按照预定的约束和限制条件，去开展和进行项目工程管理的。由于工程项目管理目标和要求的明确性，决定其融资目标就是按照项目明确的目标和要求，筹集所需全部资金；而工程项目的规模、效益等约束性和成果性目标，决定了融资的规模、结构、时间等因素。

3.融资形式的一次性

工程项目的一次性、非重复性不仅决定了任何项目管理的特殊性和复杂性，以及项目作为经济主体的组织形式和管理手段亦只存在于某一段时间内，而且决定了其融资形式一般情况下亦是一次性的，即工程项目筹集其所需的资金所运用的筹资方式是一次性的、非重复的。不论是权益资金筹集，还是债务资金筹集，以及其他特殊的筹资方式，都是一次性地把所需资金筹集到位。不像企业在其生产经营活动中反复循环运用各种筹资方式进行多次筹资，以满足企业扩大再生产的持续经营的需要。例如，企业利用发行普通股票筹资，可能是初次发行股票筹资，亦可能是增发新股筹资；发行债券筹资可能是不断地发行不同种类、类型、期限的债券进行筹资等。而工程项目融资则不是如此，一般情况下，工程项目融资都是一次性地、非重复性地筹措和集中资金的经济行为。

4. 融资总量的限定性

工程项目规模的确定性，是工程项目的约束性目标之一。其规模的确定性，决定了整个寿命周期内工程项目的工程量、工作量，一般而言，这是一个不变的量，而一定时期内预算定额及其标准亦是一个定量，根据工程量及其定额核定的工程项目预算总额亦是确定的。根据其融资的规模适当的原则要求，既要避免因融资不足，影响工程项目的建设，又要防止资金筹集过多，造成资金闲置以及融资成本增加。而企业筹资则不然，就一次筹资行为而言，其融资总量、结构、方式可能是确定的，但就其企业扩大再生产的持续经营过程而言，是不断周转循环而无止境的，因此，就整个企业生命周期而言，企业融资总量是一个不确定的量。

5. 融资来源的特殊性

一般而言，工程项目按最终发挥效用的表征来分类，可分为经营性的工程项目和非经营性的工程项目。一个经济主体(公司)在建设某个具体工程项目时，亦有两种融资方式，即公司融资和项目融资。经营性项目一般采用公司融资方式较好，非经营性项目多采用项目融资方式。公司融资一般采用权益资金和债务资金融通资金，它是指一个公司为了建设某一个项目时，利用公司本身的资信能力，以公司本身作为债务人而进行的融资方式。贷款银行在作贷款决策时，将该公司整体财务状况和资信情况作为评估的主要依据，而把该公司所要投资的某个具体项目的财务、风险等情况作为次要的参考因素加以分析。即贷款银行通过分析借款公司的财务状况和历史资信状况，认为贷款风险基本得到控制和保障，即使该具体项目失败了，贷款银行还可以从该公司的整体财务效益中得到本金和利息的偿还。与传统的公司融资方式不同，项目融资(Project Financing)是指投资者为了建设一个项目时，首先设立一个项目公司，以该项目公司而不是投资者本身作为借款主体进行融资。银行等债务提供者在考虑安排贷款时，主要以该项目公司的本来现金流量作为主要还款来源，并且以项目公司本身的资产作为贷款的主要保障。即银行在进行评估项目本身未来的现金时，主要考虑以下两个方面因素：①项目本身未来的现金流量和项目本身的资产价值是否足以保障归还银行的贷款本息；②项目投资者本身即项目发起人以及其他相关各方对该项目的支持程度，包括项目建设、营运、市场、技术等方面的支持和承诺等。以上两方面因素的结合，构成了项目融资的基础。工程项目融资方式，除了包括一般项目权益资金、债务资金方式外，还有银团贷款融资、融资、国家主权融资、国际信用融资及境外基金等特殊的融资方式。

6. 追索的有限性

在传统公司融资方式下，公司将对项目的全部借款承担全部的还款责任，若项目投资失败，公司将以自身的综合财务效益来归还银行贷款，即传统公司融资是完全追索型的贷款方式。而在项目融资的情况下，在项目建设阶段，投资者承担项目公司资本金的出资业务，并在一定程度上承担项目完工的责任，在此阶段，贷款银行通常要求投资人或者发起人承担全部或者大部分风险，保证项目公司正常投入营运；而项目一旦建成投入生产或者营运，达到预先设定的某些目标以后，贷款银行对于投资者的追索要求，将自动调整到局限于项目自身资产及项目的现金流量。

7. 风险的共担性

在传统公司融资的情况下，工程项目的投资风险主要由投资者本身承担；而在项目融资的情况下，与项目建设、营运有关的各种风险，将设计、安排给投资者和其他利益相关的参与者以及贷款银行，由所有各方进行分担，真正实现工程项目收益共享，风险共担的原则。

8. 融资用途的限定性

工程项目融通的资金，主要投放于工程项目的建筑安装工程、设备投资、待摊投资和其他投资，相应形成按建设成本费用支出的用途划分的 4 大类支出：建筑安装工程投资支出、设备投资支出、待摊投资支出和其他投资支出。建筑安装工程投资支出是指经济主体按照项目概算内容发生的建筑工程和安装工程的实际成本；设备投资支出是指经济主体按照项目概算内容发生的各种设备的实际成本；待摊投资支出是指经济主体按照项目内容发生的，按规定应当分摊计入交付使用资产价值的各项费用支出；其他投资支出是指经济主体按照项目概算内容发生的单独移交生产单位使用的其他各种投资支出。工程项目融资强调按项目概算内容使用资金，具有很强的限定性。这一方面有利于实现项目成本最优化，实现价值最大化；另一方面可确保项目目标的实现，达到成果性目标。

三、工程项目融资与传统公司融资的比较

工程项目融资具有不同于传统的公司融资(Corporation Finance)的特点。公司融资，是指一个公司利用本身的资信能力对外进行的融资，包括发行公司股票、公司债券、取得银行贷款等。

二者的主要区别是：

1. 贷款的对象不同

在工程项目融资中，贷款人融资的对象是项目单位(项目发起人为营建某一工程项目而组成的承办单位)，它是以项目单位的资产状况及该项目完工后所创造出来的经济收益作为发放贷款的依据。因此，如果工程项目本身有潜力，即使项目发起人现在的资产少，收益情况不理想，项目融资也完全可以成功。在传统的公司融资中，贷款人融资的对象是项目发起人，贷款人在决定是否对该公司投资或者为该公司提供贷款时，主要依据的是该公司现在的信誉和资产状况及有关单位提供的担保。因此，从这个角度讲，工程项目融资比较看重借款人的“未来”，而公司融资比较看重借款人的“过去”。

2. 筹资渠道不同

在工程项目融资中，工程项目所需要的建设资金具有规模大、期限长的特点，因而需要多元化的资金筹资渠道，如有限追索性的项目贷款、发行项目债券、外国政府贷款、国际金融机构贷款等。而在公司融资中，工程项目一般规模小、期限短，所以一般是较为单一的筹资渠道，如商业银行贷款等。

3. 追索性质不同

工程项目融资的突出特点就是融资的有限追索权或无追索权。工程项目建成后，如没有收益，例如矿产资源开采不出来，工程竣工后无法使用等，项目单位无法得到预期收入，就不偿还贷款。贷款人不能追索到除项目资产及相关担保资产以外的项目发起人的资产。从这个角度讲，工程项目融资又可称为“无担保贷款”或“有限担保贷款”。在公司融资中，银行提供的是有完全追索权的资金。一旦借款人无法偿还银行贷款，银行将行使其对借款人的资产处置权，以弥补其贷款本息的损失。

4. 还款来源不同

工程项目的资金偿还，是以项目投产后的收益及项目本身的资产作为还款来源的。而在公司融资中，作为资金偿还来源的是项目发起人的所有资产及其收益，如果被融资项目失败，不能产生足够的现金流量，则贷款银行将会要求借款人用其他项目的收益来偿还银行贷款。

5. 担保结构不同

工程项目融资一般需要有结构严谨而复杂的担保体系，它要求与工程项目有利害关系的众多单位对债务、资金可能发生的风险进行担保，以保证该工程按计划完工、营运，并产生足够的现金流量用于偿还贷款。而在公司融资中，一般只需要单一的担保结构，如抵押、质押或保证贷款等。

四、工程项目融资的优点

对于项目投资者和项目发起人而言，项目融资可以帮助其更为灵活地安排资金，实现其在传统融资方式下无法实现的融资安排。

1. 投资者可以利用项目融资方式来安排超过其自身筹资能力的大型项目融资

有些特大型项目，由于项目的投资金额巨大，已经超过了投资者的能力或愿意承受的程度，在传统公司的融资方式下，将很难安排融资，因为一旦项目投资失败，投资者本身将面临破产的境地。如果利用项目本身的现金流量和资产来安排有限追索的项目融资，则投资者承受的投资金额和投资风险可控制在一定的范围之内，使得投资大型项目成为可能。

欧洲英法海峡隧道全长约 50km，将英法两国连接起来。该项目发起人是英国海峡隧道集团。项目总投资为 103 亿美元，其中股本 17 亿美元，借款 86 亿美元，在项目资金结构中负债权益比率 83∶17。1987 年 9 月，由 215 家国际银行组成的辛迪加与欧洲隧道公司签署了信贷协议，偿还期为 18 年。

2. 为国家和政府建设项目提供灵活多样的融资方式

政府承担了许多社会和经济建设的职能，在一段时间内其预算收入和支出是有限的，这就决定了单靠政府的财政预算将很难进行大规模的基础设施建设。但对于一些现金流量稳定的基础设施建设项目，政府完全可以通过项目融资的方式来进行建设。即政府不以直接投资者和直接借款人的身份，而是为投资者（项目公司）和直接借款人提供专营特许权等优惠条件，由投资者（项目公司）将以政府的特许权为基础而产生的未来现金流量抵押给银行，来达到融资的目的。

3. 融资机构可以隔离项目以外的风险

有别于传统的公司融资，项目融资除了将项目产生的未来现金流量全部抵押给融资机构外，还通过投资结构的安排，将项目发起人的公司负债和其他风险因素隔离在项目以外，避免由于项目发起人本身的经营风险影响到项目的现金流量。

五、工程项目融资的缺陷

1. 程序复杂，谈判素质要求高

项目融资是一个非常复杂的系统工程，牵涉复杂的关系，相互之间需要良好协调和合作的关系人，例如项目的投资者、项目业主、政府、项目的承包人、借款方、项目产品的用户、保险公司等；同时又涉及许多经济和金融因素以及政府的支持政策等因素，所以，项目融资对于利益各方，特别是投资者、发起人的综合素质和能力要求较高。一般而言，项目融资的利益各方之间的谈判既费时又费力。

2. 融资成本相对较高

正因为项目融资的基础是以项目的资产和现金流量作抵押，与传统的公司融资方式相比较，银行的融资风险相对加大，所以，银行融资成本将加大。另外，投资者和项目公司需承担其他额外的成本费用，如融资顾问费用、律师费用、保险顾问费用等。

六、工程项目融资的适用范围

工程项目融资的雏形始于20世纪30年代美国油田开发业，后来其范围逐渐扩大。工程项目融资发展到现在，适合使用的主要有3大类项目。

(1)资源开发项目。如石油、天然气、煤炭、铀等能源资源，铜、铁、铝、钒土等金属矿资源以及金刚石开采业等均可成为项目融资的对象。

(2)基础设施项目。基础设施项目必须要实行商业化经营，才可能产生收益。目前，我国也开始对基础设施项目实行商业化经营，因此，具备了项目融资的先决条件。基础设施项目实行商业化经营后，可以获得很好的收益。

(3)大型制造业项目。如大型轮船、飞机。

(4)石油管道、炼油厂项目。铺设新的石油管道也成功地使用过工程项目融资这种融资技术。

(5)收费公路项目。在收费公路项目中，以公路营运的收费收入为基础，也能安排成为有限追索的工程项目融资。

(6)通信设施项目。在信息时代，无论在发达国家还是发展中国家，都会对通信设施提供大量的需求，工程项目融资这种新的融资方式也不会放弃这一巨大市场。

(7)污水处理项目。对于居民生活产生的污水及工业生产产生的污水的处理，都可以工程项目融资的方式筹集资金。因为，在污水处理过程中，通过向产生污水的单位收取一定的污水处理费，能构成工程项目稳定的现金流量。

采用工程项目融资方式的项目有共同的特点，即项目产品比较单一，项目的现金流量容易测算和单独控制。

第三节　工程项目融资的历史沿革

一、工程项目融资的历史发展进程

(一)工程项目融资的历史

近年来，工程项目融资，尤其是BOT(Building-Operating-Transferring)这种投资与建设方式被一些发展中国家用来进行工程项目建设，并取得了一定的成功，引起了世界范围广泛的关注，然而，实际上工程项目融资的应用可以追溯到几个世纪以前。

历史上，虽然一个国家大多数的公共基础设施等工程项目由国家投资兴建和营运管理，但在西方国家的工业化进程中，由于私营经济的发展和壮大，在社会对公共基础设施等工程项目不断增长的巨大需求情况下，私营机构也受国家委托进行了一些工程项目的建设和管理。例如在17、18世纪修建了一些运河和桥梁，在19世纪开发经营铁路、供水、废水处理、电力、交通等国家公共基础设施等工程项目，具体有：17世纪英国政府的领港公会虽然负责管理海上事务，包括建设和经营灯塔，并拥有建造灯塔和向船只收费的特权，但是据罗纳德·科斯(R. Coase)调查，从1610～1675年的65年当中，领港公会连一个灯塔也未建成，而同期私人建成的灯塔至少有10座。这种私人的投资方式与现在所讲的工程融资如出一辙，即私人首先向政府提出准许建造和经营灯塔的申请，申请中必须包括许多船主的签名，以证明将要建造的灯塔对他们有利，并且表示愿意支付过路费；在申请获得政府的批准以后，私人向政府租用建造灯塔必须占用的土地，在特许期内管理灯塔，并向过往船只收取过路费。到1820年，在全部46座灯塔中，有34座是私人投资建造的。可见，工程融资方式在投资效率上远高于行政部门。

在法国历史上，公共当局在各种服务行业中也同私营机构发展了长期的合作关系，有两个时期最为突出：17世纪港口建设和海军舰队建设时期；19世纪大规模建设铁路网、电力网和建造大型桥梁、开凿运河时期。17世纪初，英国的约翰舰队、荷兰的印度舰队横扫西班牙和葡萄牙的海上势力，称霸于海上。法国在1660年以后才开始参与海上争霸，从1661～1674年，法国建立了当时世界上最强大的海军舰队、军工厂和港口设施，到1690年，路易十四帝国已成为世界第一海上强国。法国在如此短的时间内建设出一支如此强大的海军的主要经验，就是动员了私营机构的力量，对军事工程设施进行了建设和营运管理。

在18世纪后期和19世纪的欧洲国家，政府已广泛利用私营机构的力量，进行公路、铁路和运河等公共基础设施的投资开发和营运管理。尤其是在欧洲城市供水设施的建设和营运中，私营机构起到了重要作用。如伦敦和巴黎的供水由私营公司承担。1782年，巴黎部分地区的供水设施，在租用协议形式下租给了Perier兄弟。法国的两个最主要的私营供水公司，都建立于19世纪，如CGE和LED均创立于1853年，至今一直活跃在供水领域。举世闻名的苏伊士运河，由一个法国国际财团投资并设计建造，1869年从埃及政府取得租用权后投入商业营运。同时，欧洲的殖民主义势力也不断鼓励私营机构在世界各地进行基础设施建设，如在印度和非洲，就有私营机构建造的铁路网。

19世纪后期，在北美大陆的交通运输中，也曾经允许北方工业财阀投资建筑铁路和一级公路，建成后定期定点收取营运费用，投资收回并获得必要的利润后，以无偿或低于市价的价格转让给政府公共机构。后来，这一方式被逐渐推广应用于国内港口、码头、桥梁、隧道、电厂、地铁等公共工程。

在第一次世界大战前，许多基础设施建设项目（如铁路、公路、桥梁、电站、港口）也在利用私人投资，这些私人投资者为了赚取巨额利润而甘愿承担所有风险。然而，在从第一次世界大战后直至第二次世界大战后相当长的一段时间里，基础设施建设主要由政府机构来承担。这种模式给各国政府带来了许多负担，尤其是对那些普遍缺乏资金的发展中国家来说，在许多情况下，其根本无法筹足基础设施建设所需的资金。

直到20世纪70年代末、80年代初，世界经济形势逐渐发生变化。由于经济的发展、人口的增长、城市化进程的加快等，导致对交通、能源、供水等基础设施的需求急剧膨胀；经济危机和巨额赤字使政府投资能力大为减弱；债务危机使许多国家的借贷能力锐减，从而亟需减少投资项目的预算资金。赤字和债务负担迫使一些国家在编制财政预算时实行紧缩政策，转而寻求私人企业的投资。各国逐渐重视挖掘私营机构的能力和创造性，利用私营机构的资金进行基础设施建设。在这种背景下，工程项目融资，尤其是BOT方式开始在一些国家得到运用和推广。此举创造性地将政府和外国私人投资者通过大型基础设施建设联系在一起，为各国资本在东道主国政府传统的公共职能领域寻求利润最大化提供了较好的制度衔接，体现了当今跨国资本自由流动的态势。

1984年，当时的土耳其总理厄扎尔首先提出了工程项目融资领域又一新的术语——BOT（Building-Operating-Transferring），他想利用BOT方式建造一座电厂。这个想法立即引起了世界的关注，尤其在发展中国家，如马来西亚和泰国，他们把BOT看成是减少公共部门借款的一种方式，同时也可推动国家吸引国外直接投资；英法海底隧道项目的建设，则进一步促进了 BOT 方式在世界范围内的应用。

(二)工程项目融资的现状

近 20 余年来，工程项目融资的理论与实务得到了巨大的发展，尤其是 BOT 方式在世界各国工程项目融资中得到了广泛应用，不论在发达国家还是在发展中国家，都非常看好 BOT 方式，BOT 并被当作一种各国通用的模式广泛地用于大型工程项目，特别是在基础设施领域，BOT 不负众望，向世人展示了它良好的绩效。以下以 BOT 融资方式为例说明。

目前，在西方发达国家，私营机构已涉足供水、电力、公路、桥梁、隧道、市政交通、停车场、地铁、港口、铁路、电信、机场等领域，并且还在向其他领域，如有线电视甚至监狱管理等方面扩展，并取得了一些成功的经验。发展中国家也通过经济改革，将大量的国际资本运用于国内基础设施建设中，对发展经济起到了积极作用。

从现今的情况看，有关国家、地区政府对 BOT 方式的管理和 BOT 的实践不尽相同，但大体上可分为两类：一是各种经济法律条件比较成熟，BOT 项目运作比较规范，政策透明度高，竞争有序，故而政府对 BOT 投资方式管理比较成熟，运作稳定，成功的项目很多，主要是英国、法国、美国、澳大利亚、中国香港等发达国家和地区。二是 BOT 方式刚刚引入，政府在引进 BOT 方式的同时，需不断改进法律法规和配套条件；BOT 项目管理尚不规范，不同 BOT 项目之间条件差异较大，主要是泰国、印度、菲律宾、马来西亚等发展中国家。

1. 工程项目融资的 BOT 方式在发达国家和地区的实践

在西方发达国家，BOT 方式已涉足基础、公共工程的方方面面，对国家的公共生活和社会发展起到了积极的作用，也取得一些成功的经验，并正在向更多的领域扩展。表 1-1 列举了部分发达国家和地区的 BOT 项目。

部分发达国家的 BOT 项目 表 1-1

国家或地区	项目名称	项目状况
英国	达得福特桥	营运中
	巴金电站工程	营运中
美国	加利福尼亚州 BOT 项目(共 4 项)	营运中
法国	奥尔雷机场轻轨铁路	营运中
	诺曼底隧道	营运中
英国、法国	英法海底隧道	营运中
瑞士	阿尔卑斯山隧道	营运中
澳大利亚	悉尼海底隧道工程	营运中
	悉尼 M4 西部高速公路	营运中
	悉尼 M5 高速公路	营运中
日本	关西国际机场	营运中
中国香港特别行政区	第一海底隧道	营运中
	东港海底隧道	营运中
	大佬山隧道	营运中
	西海底隧道	营运中
	第三通道乡村公园	营运中

(资料来源：刘尔烈. 工程项目招标投标实务. 北京：人民交通出版社，2000.)

发达的市场体系和健全的法制体系与BOT作用的发挥密切相关。一般而言，发达国家和地区各类经济法规健全，政策透明度高，市场竞争有序而高效，为BOT的发展提供了良好的基础。所以，BOT在发达国家和地区运作比较规范，政府对BOT的管理方式也比较成熟。但是，发达国家和地区对BOT的管理方式也不尽相同，大体上可以分为两种模式：一种是建立对国内所有BOT项目都适用的通用法规的管理模式；另一种是针对每一个BOT项目的具体情况订立单独的具有法律效力的合同或协议的管理模式。

澳大利亚政府选择了第一种模式，即通用法规模式。政府没有专门的BOT项目管理法，所有项目的管理都是依据目前已经形成的法律进行的。BOT项目由政府的5年发展计划确定，而BOT项目公司则经过招标方式选择，一切步骤皆按部就班、有条不紊。澳大利亚的管理模式有一个特点，那就是政府有对项目公司规定的明确的回报率，而收费标准则与现行的同类收费标准相衔接。若实际运行中的回报率高于谈判时的预期，高出部分政府要分享，但政府承担政府易于控制的一部分风险。如悉尼港海底隧道的建设，交通量的风险由政府承担。若交通量低于某一底限，则由政府给予补贴。

香港采用了后一种模式，即单项立法模式。目前，香港所有准备用BOT方式建设的项目（主要是电力和交通项目），都是在香港政府和私营机构签订的"管理法"下进行的。例如，香港政府为了保证全港电力供应，与5家电力公司签订了管制计划协议，经香港立法局批准生效。协议的主要内容是：项目公司必须以合理的价格为社会提供足够的电力供应，且以此为前提，私人资本得到合理的利润。这个合理的利润率定为13.5%的净资产回报率。若某段时间项目公司利润高于该标准，则多出部分作为"发展基金"弥补经营不善时的亏损。项目总投资与电价必须由政府批准，同时，政府监督项目的经营，公司每年要向政府提供一份考核报告，每5年提交一份财务报告。重大投资必须经政府批准，必要时，政府有权收回该项目。

目前，世界上最庞大的BOT项目当数英法海底隧道工程。它实际投资愈百亿美元，特许期长达55年，皆为世界第一。1987年1月由法国总统密特朗和英国首相撒切尔共同宣布将以海底隧道连接英法两国的消息，1994年底该隧道已建成。该工程有两大显著特点：其一，如此巨大的融资没有依靠海外而采取就地融资，从而避免了外汇风险；其二，如此巨大的投资和特长的投资期，使有关私营机构承担了巨大的风险，而政府承担的风险却异乎寻常的少。政府许诺的条件有：①55年的特许期；②项目公司的商务自主权；③33年内不再设立英法间的二次连接设施。由此可见，英法政府几乎没有承担任何风险。

2. 工程项目融资BOT方式在发展中国家的实践

发展中国家开始运用BOT方式融资的时间较晚，与经济相关的立法还不完善，市场的秩序与效率都比不上发达国家，所以其BOT投资管理尚不规范，不同的BOT项目间条件差异较大。泰国、菲律宾和印度等发展中国家政府由于急于解决基础设施建设的严重落后问题而饥不择食，其共同问题是以政府名义作出的承诺太多，这种实践既不能普遍推广，又遗留了许多问题。

土耳其是新时期第一个将BOT方式用于传统基础设施项目开发的国家。20世纪70年代后期，在厄扎尔总理的领导下，土耳其计划采取BOT方式建设阿科伊核电厂。尽管土耳其政府与投标人进行了几年谈判，但因各方未能就分摊风险达成满意协议而使该项目没能付诸实施。后来，土耳其利用BOT方式成功地建设了几个项目，主要是燃煤发电厂，但由于政府对BOT的理解与投资人的要求相距甚远，因此，土耳其的BOT项目谈判是十分艰苦的，而且使许多投资人失去了信心。

泰国对吸引外资建设基础设施的BOT项目除有明确的措施外，目前尚无专门关于BOT

方面的法律，BOT 项目的管理都是针对具体的项目而言。1996 年之前，泰国主要进行了 3 个交通 BOT 项目，其中一个失败。失败的原因是在过路费的确定上政府与项目公司争执不下，致使合同被迫中止，政府将项目收回；第二个是曼谷市内的一段快速路；第三个是 HOPEWELL 承建的曼谷高架铁路项目。

菲律宾政府从 20 世纪 80 年代后期，开始实行允许私营成分进入发电业的法律，到 1993 年，其正式颁布了 BOT 投资法，还成立了国家 BOT 投资咨询中心。其正在谈判的项目很多，在建的也有一些，主要集中在电力领域。其存在的问题主要是政府承担了包括原料供应、电力购买、外汇保障甚至项目投资回报率等几乎所有的责任和风险，使 BOT 的意义大打折扣，而且难以推广。菲律宾政府部门也承认随着电力领域项目的增加，政府承担风险和责任的承诺会减少。

印度在 1992 年实现了汇率并轨，1993 年实现了货币有限制的自由兑换，1995 年实现了经常项目下的自由兑换。这种外汇体制上的改革对 BOT 是有利的，因为吸引外资最终存在一个货币兑换的问题。1994 年，印度政府宣布征求私人投资解决电力供应问题，主要内容是：凡从事电厂建设的私营机构由政府保证 16%的股本投资回报率，保证卢比与美元的兑换，且汇率按带入时的汇率计算。还制定了前 5 年免税、后 5 年减税的优惠政策。公路项目也向私人开放，允许外国投资者以 BOT 方式拥有全部股本。政府还决定允许将港口设施实行私有化，将泊位、仓库、集装箱码头和设备出租。

巴基斯坦因长期电力短缺使得许多城市多年来经济增长受阻，故政府在 1984 年采取了一系列政策，将国有的水利电力开发局改建为公司并私有化。在电信部门，垄断该国电话业务的电信公司以出售股份的方式实现了私有化，并由投资人经营管理该企业。

马来西亚为推动私营机构投资基础设施，采取的办法包括私有化、BOT 合同和发行股票等，并把资金来源重点放在本国私人资金上，其从 1985 年开始修建的南北高速公路，投资 34 亿美元，长 900km，是世界上仅次于英法海底隧道的完全由私营机构投资建设的大型基础设施项目。在电力方面，已有按 BOT 方式兴建 4 座电站的合同。

印度尼西亚的一些收费公路和机场，也采用 BOT 方式进行建设。另外，在越南、老挝等国家，也有 BOT 项目。

在非洲，科特迪瓦国家的电力和水务部门，在法国的索尔公司的帮助下，以类似法国的“租赁”方式进行了改革，并取得了成功；几内亚、赤道几内亚的水务部门，也进行了私有化改革；中非共和国将其水务部门，租赁给了一家私营公司。

在拉丁美洲，阿根廷的水力发电项目、墨西哥的交通项目，均实施了 BOT。

概括发达国家和发展中国家采用 BOT 投资方式的区别，主要有以下不同：一是发达国家的政府承担很少的风险，而发展中国家的政府却承诺较多；二是发达国家主要依靠本国私人资金，而发展中国家将 BOT 当成一种吸引外资的方式。

（三）工程项目融资的发展前景

随着全球经济的发展，广大发展中国家经济复苏并迅速增长，同时也面临人口增加、资源短缺、城市化和环境污染等问题的巨大压力。高速公路的迅速增长和解决发展中问题，使得基础设施等工程项目投资剧增，尤其在能源、交通、供水、通信等基础设施建设项目方面，需要进行大量的投资建设，国家公共部门投资难以满足需求，利用私人力量进行投资建设成为必然。工程项目融资的多元化态势成为发展的必然趋势，特别是由于 BOT 项目的最终所有权属于政府，保证了国家对基础设施项目的主权，因此，BOT 已成为发展中国家减少主权借款和吸引国内外直接投资基础设施的有效手段。以BOT方式为代表的(另外还包括现有公共设施私有化、租赁、管理服务等形式)私营力量参与国家基础设施建设,使工程项目融资具有广阔的应用前景。

二、工程项目融资和中国历史现状分析

(一)工程项目融资在中国的发展阶段

我国在相当长一段时间里国民经济运行实行的是计划经济体制,整个社会投资包括主要大型工程项目投资由政府包揽,投资主体单一;投资决策权和项目审批权高度集中于中央或省市一级政府;投资资金来源于财政预算拨款;投资运行靠行政系统和手段。改革开放30多年来,工程项目融投资体制发生了较大变革,其进程大致可分为6个阶段。

1. 第一阶段是改革开放初期~20世纪80年代中期

从1979年~1983年是起步和试点阶段,国家对财政投资实行“拨改贷”。1980年,国家在交通运输等大型工程项目中试行基本建设投资有偿占用制度,基本建设投资由原先的无偿拨款改为有偿贷款。1981年,我国实行第一步利改税,企业实现的利润扣除应归还的基建和技改贷款之后,缴纳55%所得税,税后利润分别以定额包干、固定比例或调节税的办法上缴,余下部分归企业支配,用于生产和发展。1983年,为了加快能源、交通建设,解决能源、交通发展滞后,严重制约国民经济快速发展的问题,国家开征能源交通重点建设基金。同年10月,又开征建设税(1991年改为投资方向调节税)。以公路工程项目融资为例,以1983年起,各省也提高了公路养路费的征收标准,扩大了征收范围,使各省能从养路费中拿出更多资金用于公路建设,初步改变了计划经济体制下传统的完全用行政手段分配资金的办法。

2. 第二阶段是20世纪80年代中期~80年代末期

从1984年~1986年,重点对项目建设阶段的管理体制进行改革。1984年,国务院颁布了《关于改革建筑业和基本建设管理体制的若干问题的暂行规定》,推行招投标制度,代替行政分配任务制度,实行工程承包和基建物资与设备供应单位企业化,开始引进市场竞争机制。以公路工程项目为例,公路工程建设领域也全面推行国务院颁布的改革制度,加快了改革步伐,实行路政与公路施工、保养单位政企分开,实行公路建设项目监理制度,使公路设计、施工、养护、可行性论证等全面实行企业化,并开始形成公路建设投入要素市场。为了加快公路建设速度,解决建设资金问题,1985年,国务院批准征收汽车购置附加费,国产车按销价的10%征收,进口车按销价的15%征收,全部收入作为国家公路建设发展基金的一项来源,由交通部按国家规定统一安排。同时,各省级政府也相继出台了征收客、货运附加费、公路建设基金等政策,扩大了公路建设资金来源。

3. 第三阶段是从20世纪80年代末期~90年代初期

从1987年~1992年,该阶段以国务院颁布的《关于投资体制近期改革方案》(国发[1988]45号文件)为标志,提出对投资活动的管理,必须符合发展、有计划、商品经济的要求,把计划和市场有机结合起来,重点对政府投资范围、资金来源和经营方式进行初步改革。1987年,国家经济贸易委员会明文规定,对基本建设项目必须进行国民经济可行性论证,借鉴世界银行等国际组织规范化的建设项目可行性论证经验和程序,凡未进行论证或论证达不到规定标准的,一律不予立项。

这个阶段,在调整投资结构,运用经济手段管理和引导全社会投资运行上取得了一定进展,在工程项目建设领域更是取得了明显成效。各地分别采用贷款、借款、集资、引进外资等途

径来筹集工程项目建设资金。以公路工程项目为例，1988年，国家批准了对贷款修建高等级公路和大型公路桥梁、隧道实行收取车辆通行费的政策。1992年，交通部发出《关于深化改革、扩大开放、加快交通发展》的通知，进一步明确了对外开放、积极引进外资的态度，扩大了外资引入规模。正确的政策更激起新的建路高潮，公路建设投资不断增长，"六五"期间国家与地方对公路建设投资为28.71亿元，"七五"期间投资为228.1亿元，"八五"期间总投资增加到1 600多亿元，"九五"期间总投资达6 500亿元。

4.*第四阶段是从20世纪90年代初期～90年代中期*

从1993年～1996年，这个阶段以邓小平南方谈话精神为指针，各级政府进一步解放思想，突破旧的体制，大胆创新，因地制宜地探索了许多筹集工程项目建设资金的方法和渠道。这一时期的公路工程项目主要改革内容包括：改革了对公路的投资方式，对高等级公路和大型桥梁、隧道实行有偿使用，并建立了风险约束机制；拓宽了公路建设投资、融资渠道，除向银行借款修路筑桥外，还积极引进外资，以及发行债券、股票等多种形式筹集资金；出售现有收费公路的全部或部分经营权，从中获得的收入再投入新路建设，滚动发展；地方政府对辖区内原有公路作价入股与其他实体合作组建法人股份公司，利用外资改建旧路或修建新路；选择经济效益前景好的高等级公路建设项目，经过明晰产权关系后，成立股份制公司，向社会发行股票，参与金融市场融资；地方政府将公路建设与土地开发相结合，以出让公路沿线或某些特定地段的土地开发使用权等为条件，与其他实体合作，建设公路，即所谓的"发地换路"。

5.*第五阶段是从20世纪90年代中期～2000年左右*

这一时期主要是对提高工程项目投资决策质量和建立投资约束机制进行了探索。其重要措施包括实行"建设项目法人责任制"和"项目资本金制"，推行大型工程项目，尤其是市政公用基础设施的国有资产授权经营等。

6.*第六阶段是从2000年开始至今*

目前，以上海、深圳等为代表的部分省市在工程项目融资方面正在开创"项目自主决策、政府宏观引导、社会广泛参与、市场有效运作"的健康、有序、稳健的工程项目融资体制的新模式。

（二）工程项目融资在中国的现状分析

当前，中国的基础设施等工程项目建设水平无论从人均占有率还是质量来看，都远远落后于世界水平，因此，基础设施等工程项目建设将是一项长期任务。随着我国国际化程度越来越高，国民经济持续快速发展，人民生活水平也有了很大的提高。所有这些，对于公共基础设施等工程项目的建设提出了新的更高的要求。目前已兴起的大型工程项目，如道路、高速公路、机场、港口、铁路、水坝、写字楼、大型商铺和现代化场馆的建设高潮将至少持续20年左右。为此，我国政府继续将公共设施等工程项目列为优先鼓励发展的对象，可以说，公共基础设施等工程项目建设在今后的20年内，将会优先得到快速发展。以轨道交通建设为例，今后5年，中国城市轨道交通将有较大发展，将建成总长度450km左右的城市轨道交通线路。2020年，中国将有超过550km的地铁线，2050年，包括轻轨和地铁线路将达到2 000km。这样，城市轨道交通系统能运载50％～80％的城市交通客流量。目前，在中国人口过百万的34个城市中，有20个超大城市和特大城市正在建设和筹建自己的轨道交通。

根据我国社会经济的发展新情况，以及我国所面临的新的国际经济环境和新的市场经济环境，为了满足国家经济发展所需工程项目快速建设发展的要求，我们必须在工程项目建设的融投资体制方面进行相应的改革，以下以公路工程项目建设为例予以论述。

近20多年来，我国公路建设投资融资体制改革取得了巨大的成绩。公路建设多层次、多渠道、多形式的投资融资体制为我国公路建设，尤其是高等级公路建设提供了大量的资金，调动了各级政府和全社会的修路积极性。截至2009年底，我国公路总里程为386.08万km，其中高速公路6.51万km，居世界第二。按照《国家高速公路网规划》，国家高速公路网包括7条首都放射线、9条南北纵向线和18条东西横向线，总规模大约为8.5万km。这项庞大工程将历时30年，静态投资将达到2万亿元。高速公路网建成后，将连接全国所有城镇人口超过20万的城市；将连接全国所有重要的交通枢纽城市，形成综合运输大通道。届时，东部地区将实现平均30min上高速公路，中部地区平均1h上高速公路，西部地区平均2h上高速公路。"十一五"期间，交通部将着力组织实施国家高速公路网规划，至2010年，新建高速公路2.4万km以上。届时，东部地区将基本形成高速公路网，长江三角洲、珠江三角洲和京津冀地区将形成较完善的城际高速公路网，国家高速公路网骨架基本形成。虽然公路建设取得了惊人的成绩，但距国家公路建设的计划目标还差得很远，据测算，最主要的问题是资金缺口很大，而要解决资金问题，进一步深化公路建设投资融资体制改革就显得特别重要而迫切。根据国家建设社会主义市场经济体制的整体框架和现阶段公路建设存在的问题，主要改革措施有：

1.明确投资主体，转变政府职能

公路的性质决定了公路投资体制改革与其他产品的投资体制不相同。转变政府职能就是要实现政企(事)分开，政府应该逐渐从那些具备竞争性和经营性公路工程项目的投融资渠道中撤离出来，着力做好宏观规划和法规、政策调节，努力培植、建设规范化的资本市场，把属于市场行为的事项交给项目法人去实施。当然，转变政府职能并不是指政府对公路建设投资融资可以不管。相反，由于公路是基础设施，关系到国家经济发展和人民的生活，政府今后更要重视对公路建设的投资和融资，只是在公路建设项目的具体实施过程中，政府不宜过多干预或涉入。政府的投资要区分经营性与非经营性，着力加大对非经营性项目的投资，以提高社会效益和国家整体经济发展后劲。对经营性公路工程项目的投资要进一步规范化，根据国家宏观调控的整体需要，采取参股或控股形式参与投资建设。此时，政府仅仅是股东之一，只能以股东的身份对公路工程项目法人实施监督和控制，而不应强加任何政府行为。转变政府职能的核心是确定一个合适的公路项目投资主体，它除了对投资融资负责之外，还要在明晰公路资产产权关系的基础上，对公路国有资产进行经营管理。显然，在经营性公路建设项目中，政府交通主管部门是不能直接担当投资主体的，这个投资主体必须是政府机构以外的具有独立法人资格的公路投资公司或经营公司，其具体名称可以根据经营性公路资金来源的形式和特点确定。例如，由国家批准在香港联合交易所发行股股票的"深圳高速公路股份有限公司"就是深圳高速公路的投资主体和法人代表。明确投资主体，并不是不要政府投资，相反地，政府必须参与公路建设。改革的关键是一定要解决由谁来承担政府对公路投资的问题。

2.继续加大政府投入

尽管在公路工程项目建设中，政府投资一直占绝对主导地位，但是这种绝对主导地位与国外经济发展水平相近的国家比，仍然偏低。筹集巨额公路工程项目建设资金，除了要加大利用国内外资本市场上的资金外，强调政府投入仍然必不可少。国家相对投资比例可以下降，但绝对投资额则应大幅度增加。这不仅是拉动经济需求的需要，更是公路发展的必然要求。

(1)增加政府的财政支出。根据世界银行的统计资料显示，在公路基础设施的建设发展过程中，发达国家公路建设支出约占其国民生产总值的2%左右；发展中国家约占1.5%。而我国的统计资料显示，我国对公路建设的总投资，占同期国民生产总值的比例还处于较低的水平，在世界各国中处于较低行列，因此，在今后的一段时期，中央和地方政府仍会加大对公路建设的投资。同时，各级政府要出台并完善对公路建设的优惠政策，继续完善多层次、多渠道、多形式的投资融资体制，在公路建设征地、税收政策上给予一定的优惠。

(2)推行并完善以公路燃油费为主的税费征收改革，开征燃油税。1997 年，全国人民代表大会常务委员会通过的《中华人民共和国公路法》第 36 条规定："公路养护费用采取征收燃油附加费的办法。拥有车辆的单位和个人，在购买燃油时，应当按照国家有关规定缴纳燃油附加费。征收燃油附加费的，不得再征收公路养路费。具体办法由国务院规定。"在国际上，绝大多数国家，尤其是发达国家都是以征收燃油税作为公路发展最主要的资金来源。例如，美国将燃油税解缴美国运输部并转为"公路建设发展基金"。燃油税数额巨大，按联邦法律规定，一部分用作现有公路维修保养开支；另一部分充作公路建设资金来源，为公路建设提供了源源不断的资金来源。许多国家在高速公路发展时期过去之后，燃油税有了富余，例如法国、德国和意大利等，每年征收的燃油税，大约 50% 就可以满足公路养护维修的需要。我国海南省于 1993 年 12 月就开始实施《海南经济特区机动车燃油附加费征收管理办法》，费率大约为油价的 30%，对省内凡用于机动车辆行驶的汽、柴油一律征收燃油附加费。这一税费的征收体现了多跑路多用油，则多缴费的公平原则。

开征车辆税。燃料消耗的多少并不能全面反映机动车对公路的磨损程度，各地政府可借鉴国外经验，定期征收车辆税；税率可依据车辆的总质量单轴承载质量及车型等因素制定，为公路发展扩大资金来源。

开征公路沿线土地使用增值费。各地方政府可以考虑制定公路沿线土地使用增值费，用作公路建设基金。具体是对在国道、省道，尤其是高速公路运输走廊两边一定范围内从事工商、服务、生产、经营性业务的企业和个人，按占地面积征收土地增值费，费率由当地政府委托专门机构测算后规定，一般不超过其增值的 50%。

开发公路沿线的广告宣传业务。公路(特别是高速公路)两边及桥梁隧道有很大的广告利用价值，通过宣传开发，增加广告费收入，用于公路的建设发展。在这方面，国外也有许多成功的实例，如意大利国家公路管理局每年费用支出的 10% 来自道路沿线的广告收入。在我国，开发这一业务也有其前景，各地公路管理部门应注意这项业务。

3. 落实对外开放措施，通过各种融资渠道，扩大外资直接投入

改革开放以来，外资在我国公路建设中发挥了重要作用，是我国加快公路发展的一项重要资金来源。1979 年，我国开始利用外国政府和金融组织贷款，重点用于沿海港口、干线公路和内河航道建设，对外商参与公路、独立桥梁、隧道、港口设施的建设和经营持鼓励态度。特别是 1992 年邓小平同志南巡讲话后，吸引外资工作从广度和深度上有了突破，形成一个外商投资建设交通基础设施的高潮。据统计，从 1979 年到"入世"前的 2001 年，我国公路、水运交通已累计利用外资总额 205 亿美元(约合 1 600 亿元人民币)。从 2002 年至 2007 年，利用外资折合人民币 438 亿元。从 1992 年开始，中外合资、合作、外商独资、境外股票上市、转让经营权、项目融资等各种直接利用外资形式取得了很大进展。利用外资弥补了我国国内建设资金的不足，不仅引进了国外先进的管理经验，而且提高了我国高速公路建设的技术和装备水平，对我国交通基础设施的改善和发展起到了积极的作用。然而，除广东省外，我国利用外资修建公路的主要形式是中央政府对外借款，国家财政统一转贷，还款由中央政府承担或担保，由国家负责外汇平衡，贷款主要来源于国际金融组织和外国政府。而由外商直接投资的比例很小，外商投资仍主要在工业和房地产领域。世界银行已经宣布，鉴于中国经济实力的增长，世界银行贷款在公路、港口建设方面的投入将明显减少，扶持重点将转入人文教育和环境保护等领域。因此，今后公路对外资的引入，应注意增加外商的直接投入和从国际金融市场引进资金，具体措施为：

(1)继续依法向国外金融机构或者外国政府贷款。除继续争取向世界银行等国际金融机构贷款外，向外国政府(包括地区)贷款还有潜力可挖。政府贷款是一国政府向另一国政府提供的开发性援助，一般由借款双方政府签订贷款协议，并由借款国政府担保。贷款只限于支付项目中设备、物资、土木工程和劳务、咨询服务等开支。1993 年，科威特政府给西安—宝鸡高速公路项目贷款 3 000 万美元，贷款期 18 年，年利率 3.5%。目前，如日本、欧洲、北美、西亚石油输出国都有大量多余资金储备，我国台湾也是如此，这些多余资金，是我们公路建设应争取利用的对象。

(2)合资、合营修建公路。合资修建公路往往是由中外双方业主各自成立有限责任公司，按各自出资额享有相应权利，承担相应风险。合资额可以资金、土地使用权、机器设备、建筑材料或其他物料作为投资，项目的开发经营由董事会决定。经营期满后，公路经营权由中方收回。合营修建公路是由中外双方缔结契约组成合作开发、经营企业。合作方的权利、责任、义务由合作各方协商谈判，通过签订合同加以规定。一般由中方合作者提供土地使用权、劳动力、少量资金，外方提供资金、技术和设备。在平等互利的原则下，商定适当管理形式和利润分配比例。合作期满后，公路归中方所有。以上形式在广东等省都有成功先例。

(3)项目融资是项目融资的一种形式。目前，我国 BOT 融资项目已有几个成功实例：广东沙角 B 电厂、北京市王府井市区改造、上海的杨浦大桥和江苏沪宁高速公路建设等。近几年，公路经营权有偿转让已有多个成功先例，如成渝高速公路重庆段、西临高速公路等。

(4)旧路作价入股合资。对某条旧路，经产权界定和资产评估后折价入股，与外商合资，外商投入资金用于旧公路的改建，以提高公路等级。改建后的公路可收取过路费，共享利润、共担风险。这是在资金紧缺的情况下，充分利用资源，发展公路交通的有效措施。广东省的一些市、县已经使用这种方法改造了旧路。

4. 建立健全产权交易市场，吸引社会资金投入

随着我国社会经济的发展和体制改革的深入，经济货币化程度明显提高，资金总量快速扩张，国民收入不断增加，收入分配向个人倾斜。2006 年，我国金融市场配置的全社会资金流量规模(2006 年将证券投资基金、证券公司客户保证金纳入资金流量核算)17.45 万亿元，比 2005 年增加 4.03 万亿元，增长 30.4%，增速比当年 GDP 高 19.3 个百分点，比 2005 年提高 9.1个百分点；全社会资金流量与 GDP 的占比为 82.8%，比 2005 年提高 10 个百分点。与 2005 年相比，2006 年全社会资金流量快速增长除继续受国民经济增长较快的影响外，金融市场发展步伐加快，股票市场、货币市场活跃对资金流量规模的增加也起了明显的推动作用。2000 年底，全社会资本总额大约为 38.5 万亿元，其中国有资本 9.9 万亿元，占资本总额的 26%，而国内居民个人拥有资本 22 万亿元，占资本总额的 57%，即使不包括居民所有的住房资产，居民拥有的资本仍达 12.3 万亿元，占资本总额 43%。另外，港澳台及外商拥有资本 3.2 万亿元，占资本总额的 11%，其余 3.4 万亿元属于集体经济所有。我国居民消费比较单一，投资渠道狭窄，所以社会资金投资有极大潜力。公路建设项目投资额巨大，建设周期长，一般分散的社会居民都无法单独作为投资主体承担，而产权交易市场中的股票、债券则是很适合分散居民投资的方式。高速公路建设项目建成后收费，有比较可靠的收益，为高速公路建设项目而发行的股票或债券，无疑是风险较小而回报较好的，对分散居民的投资应当颇具吸引力。在居民和企业缺乏购买股票和债券积极性时，政府也可以向国内商业银行发行长期债券，利用银行富裕资金，由政府投入基础设施建设。根据中国政府 2010 年的财政预算报告，今年中国

财政部将总共代理地方发行 2 000 亿元债券，并列入省级预算管理。2009 年，中央财政代地方发行的地方债总额亦为 2 000 亿元。所筹集的资金主要用于交通、通信和电力建设等公益性项目，既加快了基础设施的发展，又实现了国民经济宏观调控目标。铁道部有关消息表明，社会资本，包括地方投资、战略投资者的投资、上市公司的融资，在我国铁路建设总资金中占比接近 30%。总之，要吸引社会资金直接投入到公路建设项目上，就必须加快产权制度改革，建立股份制和完善产权转让市场，使居民有投资的渠道，成为投资的主体，使分散的资金能够集中起来使用，为加快公路发展服务。

5.建立公路投资基金

由于公路发展的宏伟规划和国家经济发展水平以及财政承受能力之间还存在尖锐矛盾，短期内希望国家大规模投入不仅是不可能的，也是不现实的。一个正确的思路是，积极引导企业和公众投资于公路建设，而吸引企业和公众投资公路建设最好的办法就是建立公路投资基金。公路投资基金是由基金发起人以发行基金受益证券或发行基金股票形式，把不限定人数且有公路建设这一共同投资目的的投资者的资金汇集成一定规模的信托资产，交由投资专家组成的专门机构，按照资产组合原理分散投资，投资者按出资比例分享投资收益，并共同承担相应风险的一种投资方式。尽管投资基金起源很早，但在我国产生较晚，一般认为，我国的投资基金产生于 20 世纪 80 年代，20 世纪 90 年代得到迅速发展。为了规范对基金的管理，国务院为此专门颁布了《证券投资基金管理暂行办法》。公路投资基金作为一种产业投资基金，在国内还处于探讨阶段。按照西方发达国家公路建设融资的经验，建立公路投资基金对公路发展将起到不可估量的推动作用，不仅可以引导和组织民间资本投资公路建设，还可以促进公路投融资体制的改革与创新，同时对实现项目法人的制度创新也必将产生巨大的推动作用。

三、工程项目融资的意义

工程项目融资方式的功能特点使得私营机构和公营机构对它都十分关注。可以说，工程项目融资是政府要加快基础设施建设步伐和私营机构为大量资本求得长期稳定收益的一个好方法。

纵观已往项目的实施过程和实施结果，对政府、投资人、项目公司等来说，工程项目融资方式有以下一些现实意义。

1.利用资金

一般情况下，工程项目，尤其是基础设施建设往往严重滞后，成为经济发展的"瓶颈"，需要政府加以改善，而建设的基础设施项目需要巨额的资金，但政府都无能力支付，采用工程项目融资的多元化方式就可以在一定程度上缓解政府由于种种原因，不能满足其基础设施建设庞大的资金需求的矛盾。因而，工程项目融资方式是减轻政府及公共部门基础设施项目建设资金短缺的有效方式。

2.风险转移

由于工程项目，尤其是基础设施项目的建设营运具有长期性和不确定性等特点，在项目的整个建设营运过程中，存在着一系列风险，采用工程项目多元化融资方式后，风险转移给项目承建者和营运者，这对于政府来讲，无疑可以避免因风险可能造成的损失。

3.减轻责任

由于工程项目融资的全部责任转移给了项目发起人或项目承建者，不需要仅仅由政府对有关项目借款、担保、保险负连带责任，这样就大大减少了政府的债务负担，使政府不必为偿还债务而苦恼。因此，工程项目多元化融资方式是降低政府债务，特别是外债责任的一种良好形式。

4.成本控制

无论在哪个国家，在任何时期，国有工程项目完成建设都特别容易超支，工程结算总是需要调整概算，采用工程项目多元化融资方式通过承包人的投资收益与他们发行的合同的情况相联系，以防超支，有利于承包人通过有效的设计，严格控制预算，保证项目按时、按质完成。

5.满足需求

采用工程项目多元化融资方式，可以使本来急需建设而政府目前又无力投资建设的基础设施项目因其他资金的进入，在政府有能力建设前，提前建成并发挥作用，这就可以提前满足社会和公众的需求。同时，一旦项目进入实施阶段，项目的设计、建设和营运效率都比较高，这就使项目承办者或营运者以更好的服务或更低的价格使社会和公众受益。

6.学习先进技术和管理经验

由于工程项目多元化融资，尤其是项目，常常是发达国家和地区具有实力的私营机构来承包，因而他们必然带来先进的技术并实施先进的管理。所以，政府可以从项目的建设营运中学到先进的技术和管理经验。

7.开发当地资本市场和吸引外资

采用工程项目多元化融资方式可以通过鼓励当地人士和机构发展自己的基础设施而汇集本地资本，也可以通过吸引国外投资，来支持本地基础设施建设。采用工程项目多元化融资方式对于项目承包者或私人投资者来说，也具有以下吸引力：

(1)工程项目多元化融资方式具有独特的定位优势和资源优势，这种优势确保了投资者获得稳定的市场份额和资金回报率。

(2)工程项目多元化融资方式具有独占性的市场地位，可以使项目承包者有机会涉足于项目东道主国的基础性领域，为将来的其他投资活动打下一个良好的基础。

(3)工程项目多元化融资方式通常可以带动投资人的产品，特别是大型工业成套设备的出口，从而有助于开拓其产品市场。同时，在项目营运期满之后，投资人可以通过提供持续性服务，继续取得服务收入，继续扩大技术设备的出口等。

四、20世纪90年代以来，我国政府有关工程项目融资政策

20世纪90年代以来，我国政府先后颁布了一系列有关项目融投资体制方面的重要政策，初步确立了市场经济条件下融资风险约束机制和融投资管理体制。

(1)财政部《企业财务通则》和《企业会计准则》(简称"《两则》")

该《两则》(1992年11月)颁布时，对企业项目投资的建设成本及其融资行为作了原则性规定。

(2)财政部《基本建设财务管理若干规定》

该规定(1998年2月)明确为了适应建立社会主义市场经济体制的需要，加强和规范基本建设投资的财务管理，提高经济效益，结合财税体制、投资体制改革和财务会计制度改革的要求，对基本建设项目的财务管理作了具体规定。

(3)财政部《关于加强基本建设财务管理若干意见的通知》

该通知(1996年5月)为加强基本建设投资的宏观调控和管理，针对当时基本建设投资领域仍然存在着的规模过大、浪费严重、结构不合理、投资效益不高、基本建设财务管理弱化等问题作了明确的具体规定。

(4)财政部《关于加强国有企业财务监督的意见》

该意见(1997年2月)针对当时企业财务管理中存在的问题，为强化国有企业的财务监督

工作，严肃财经法纪，维护国有权益作出操作性强的具体化规定，其中对国企的投资行为规定如下：①加强企业生产经营资金使用的监督。企业必须在满足生产经营周转资金需要的基础上进行固定资产投资，并严格按照国家规定足额安排铺底生产经营资金。②加强企业对外投资的监督。企业对外投资要做可行性研究，坚持集体讨论，建立严格的审查和决策程序；重大投资项目应报经职工代表大会或董事会审批。除国家有特殊规定外，企业累计对外投资不得超过本企业净资产的50%。技术改造任务重和生产经营资金不足，以及对外投资报酬率预计达不到银行存款利率的，不得对外投资。

(5)国家计划委员会、国家外汇管理局《境外进行项目融资管理暂行办法》

该暂行办法(1997年4月)对进一步加强借用国际商业贷款宏观管理，规范境外进行项目融资的行为，强化对我国外债的有效管理，高效地利用国外资金，作了明确的规定。

(6)财政部《财政性基本建设资金效益分析报告制度》

该制度(1999年1月)对于准确、及时反映和分析财政性基本建设资金使用情况和效益情况，加强财政性基本建设资金管理，有效实施宏观调控，作了具体的明确规定。

(7)中共中央《关于建立社会主义市场经济体制若干问题的决定》

该决定(1993年11月)将投资项目划分为竞争性项目、基础性项目和社会公益性项目3类。决定指出应将竞争性的项目推向市场，国家制定产业政策加以引导；基础性项目要鼓励和吸引各方投资参与；社会公益性项目由政府财政统筹安排，并广泛吸引社会资金。决定实际上提出了市场经济环境下实施项目投资、投融资改革的总体思路。

(8)国务院《90年代国家产业政策纲要》

该纲要(1994年4月)鼓励和引导社会各方面资金参与项目建设，尤其是基础设施建设，并在股票和债券发行、国家政策性银行长期贷款等方面给予优先支持。

(9)国家计划委员会(现名国家发展和改革委员会)《关于实行建设项目法人责任制的暂行规定》

该暂行规定(1996年4月)规定基本建设项目必须建立项目法人，对项目的策划、资金筹措、建设实施、生产经营、债务偿还等全过程负责。

(10)国务院《关于固定资产投资项目试行资本金制度》

该资本金制度(1996年8月)规定各种经营性投资项目试行资本金制度，必须落实资本金；公益性项目不实行资本金制度。

(11)《中华人民共和国招标投标法》

该招标投标法(1999年8月)将市场竞争机制引入投资领域，规定所有工程建设项目的设计、施工、监理、采购等必须进行招标。

(12)国家计划委员会(现名国家发展和改革委员会)《关于加强国有基础设施资产权益转让管理的通知》

该通知(1999)对向外商和国内经济组织转让国有公路、桥梁、隧道、港口码头、城市市政等公用基础设施的经营权、使用权、收益权以及股权等行为，作出明确的规定，使得公共基础设施项目的投资者招商有了操作依据。

(13)国家计划委员会(现名国家发展和改革委员会)《关于促进和引导民间投资的若干意见》

该若干意见(2001年12月)要求进一步转变思想观念，促进民间投资的发展，要进一步完善法律法规，依法保护民间投资者的合法权益，为民间投资者营造公平竞争的发展环境，鼓励和引导民间投资以独资、合作、联营、参股，特许经营等方式，参与经营性项目建设。

(14)财政部《企业公司制改建有关国有资本管理与财务处理的暂行规定》

该暂行规定(2002 年 7 月)对适应建立现代企业制度的需要，促进国有经济结构调整，规范企业公司制改建中有关国有资本管理与财务处理行为，作了具体明确的规定。

(15)《中华人民共和国中小企业促进法》

第九届全国人民代表大会常务委员会第二十八次会议通过《中华人民共和国中小企业促进法》(2002 年 6 月 29 日)为了改善中小企业经营环境，促进中小企业健康发展，扩大城乡就业，发挥中小企业在国民经济和社会发展中的重要作用；尤其是国家保护中小企业及其出资人的合法投资，及因投资取得的合法收益。该法作出了具体明确的规定。

(16)证监会《关于上市公司增发新股有关条件的通知》

该通知(2002 年 7 月)为完善对上市公司增发新股行为的约束机制，对上市公司增发新股等融资行为的有关条件作出了补充规定。

(17)《中华人民共和国证券法》

中华人民共和国第十届全国人民代表大会常务委员会第十八次会议于 2005 年 10 月 27 日通过修订后的《中华人民共和国证券法》，对于在我国境内的股票、公司债券和国务院依法认定的其他证券的发行和交易，运用本法进行了明确规定。

(18)《中华人民共和国公司法》

中华人民共和国第十届全国人民代表大会常务委员会第十八次会议于 2005 年 10 月 27 日通过修订后的《中华人民共和国公司法》，对于规范公司的组织和行为，保护公司、股东和债权人的合法权益，维护社会经济秩序，促进社会主义市场经济的发展起到了重要作用。该法对此作出了明确的规定。

(19)国家外汇管理局《关于境内居民通过境外特殊目的公司融资及返程投资外汇管理有关问题的通知》

该通知(2005 年 10 月 21 日)对于鼓励、支持和引导非公有制经济发展，进一步完善创业投资政策支持体系，规范境内居民通过境外特殊目的公司从事投融资活动所涉及的跨境资本交易起到了重要的作用。并对此作出了明确规定。

(20)《中华人民共和国合伙企业法》

中华人民共和国第十届全国人民代表大会常务委员会第二十三次会议修订了《中华人民共和国合伙企业法》(2006 年 8 月 27 日)对于规范合伙企业的行为，保护合伙企业及其合伙人、债权人的合法权益，维护社会经济秩序，促进社会主义市场经济的发展起到了重要作用。并对此作出了明确规定。

(21)财政部、科技部《科技型中小企业创业投资引导基金管理暂行办法》

该办法(2007 年 6 月)对于科技型中小企业创业投资引导基金专项用于引导创业投资机构向初创期科技型中小企业投资的行为，作出了具体明确的规定。

(22)财政部、国家发展改革委《关于产业技术研究与开发资金试行创业风险投资的若干指导意见》

该意见(2007 年 8 月)为贯彻落实科学发展观，建设创新型国家，扶持公益性和国家战略性产业发展，促进我国创业风险投资事业的快速、健康发展，财政部、国家发展改革委决定拿出部分国家产业技术研究与开发资金试行创业风险投资。意见对此作出了具体明确的规定。

第二章　工程项目融资基础

第一节　融 资 环 境

一、融资环境的概念

融资环境，是指对企业融资财务活动和融资财务管理产生影响作用的企业内外各种条件的统称。

企业财务活动在相当大程度上受理财环境的制约，如生产、技术、供销、市场、物价、金融、税收等因素，对企业财务活动都有重大的影响。只有在融资环境的各种因素作用下实现财务活动的协调平衡，企业才能生存和发展。研究融资环境，有助于正确地制订理财策略。

本书主要讨论对工程项目融资财务管理影响比较大的经济环境、法律环境和金融环境等因素。

二、经 济 环 境

影响融资财务管理的经济环境因素主要有经济周期、经济发展水平和经济政策等。

（一）经济周期

在市场经济条件下，经济发展与运行带有一定的波动性，大体上要经历复苏、繁荣、衰退和萧条几个阶段的循环，这种循环叫做经济周期。资本主义经济周期是人所共知的现象，西方财务学者曾探讨了经济周期中的经营理财策略。现择其要点归纳如表 2-1 所示。

经济周期中的经营理财策略　表 2-1

复　苏	繁　荣	衰　退	萧　条
1. 增加厂房设备 2. 实行长期租赁 3. 建立存货 4. 引入新产品 5. 增加劳动力	1. 扩充厂房设备 2. 继续建立存货 3. 提高价格 4. 开展营销规划 5. 增加劳动力	1. 停止扩张 2. 出售多余设备 3. 停产不利产品 4. 停止长期采购 5. 削减存货 6. 停止扩招雇员	1. 建立投资标准 2. 保持市场份额 3. 缩减管理费用 4. 放弃次要利益 5. 削减存货 6. 裁减雇员

我国的经济发展与运行也呈现其特有的周期特征，世界经济发展与运行亦是如此，带有一定的经济波动。各国一般都经历过若干次从投资膨胀、生产高涨到控制投资、紧缩银根和正常发展的过程，从而促进了经济的持续发展。企业的筹资、投资和资产营运等理财活动都要受这种经济波动的影响。比如在治理紧缩时期，社会资金十分短缺，利率上涨，使企业的投资方向会因为市场利率的上涨而转向本币存款或贷款。此外，由于国际经济交流与合作的发展，西方的经济周期影响也不同程度地涉及我国。因此，企业财务人员必须认识到经济周期的影响，掌握在经济发展波动中的理财本领。

(二)经济发展水平

改革开放以来,我国的国民生产总值高速增长,各项建设方兴未艾。党的"十六大"的召开,进一步推动了我国国有企业的现代化进程,这就给企业扩大规模、调整方向、打开市场,以及拓宽财务活动的领域带来了机遇。同时,由于高速发展中的资金短缺将长期存在,又给企业财务管理带来严峻的挑战。因此,企业财务管理工作者必须积极探索与经济发展水平相适应的财务管理模式。

(三)经济政策

我国经济体制改革的目标是建立社会主义市场经济体制,以进一步解放和发展生产力。在这个总目标的指导下,我国已经并正在进行财税体制、金融体制、外汇体制、外贸体制、计划体制、价格体制、投资体制、社会保障制度等项改革。所有这些改革措施,深刻地影响着我国的经济生活,也深刻地影响着我国企业的发展和财务活动的运行。如金融政策中货币的发行量、信贷规模都能影响企业投资的资金来源和投资的预期收益;财税政策会影响企业的资金结构和投资项目的选择等。可见,经济政策对企业财务的影响是非常大的,这就要求企业财务人员必须把握经济政策,从而更好地为企业的经营理财活动服务。

三、法律环境

市场经济的重要特征就在于它是以法律规范和市场规则为特征的经济制度。法律为企业经营活动规定了活动空间,也为企业在空间内自由经营提供了法律上的保护。影响财务管理的主要法律环境因素有企业组织形式的法律规定和税收法律规定等。

(一)企业组织形式

企业是市场经济的主体,不同类型的企业在所适用的法律方面有所不同。了解企业的组织形式,有助于企业财务管理活动的开展。企业组织形式可按照不同的标准进行分类,本书着重讲述按企业组织形式的分类。按其组织形式不同,可将企业分为独资企业、合伙企业和公司。

1.独资企业

独资企业是指由一个自然人投资,财产为投资人个人所有,投资人以其个人财产对企业债务承担无限责任的经营实体。独资企业具有结构简单、容易开办、利润独享、限制较少等优点。但也存在无法克服的缺点,一是出资者负有无限偿债责任;二是筹资困难,个人财力有限,借款时往往会因信用不足而遭到拒绝。我国的国有独资公司不属于本类企业,而是按有限责任公司对待。

2.合伙企业

合伙企业是指由各合伙人订立合伙协议,共同出资、合伙经营、共享收益、共担风险,并对本企业债务承担无限连带责任的营利性组织。合伙企业的法律特征是:有两个以上合伙人,并且都是具有完全民事行为能力,依法承担无限责任的人;有书面合伙协议,合伙人依照合伙协议享有权利,承担责任;有各合伙人实际的出资,合伙人可以用货币、实物、土地使用权、知识产权或者其他属于合伙人的合法财产及财产权利出资,经全体合伙人协商确定;有关合伙企业改变名称、向企业登记机关申请办理变更登记手续、处理不动产或财产权利、为他人提供担保、聘任企业经营管理人员等重要事务,均须经全体合伙人一致同意;合伙企业的利润和亏损,由合伙人依照合伙协议约定的比例分配和分担，合伙协议未约定利润分配和亏损分担比例的，由各合伙人平均分配和分担；各合伙人对合伙企业债务承担无限连带责任。

合伙企业具有开办容易、信用较佳的优点，但也存在责任无限、权力不易集中、有时决策过程过于冗长等缺点。

3. 公司

公司是指依照公司法登记设立，以其全部法人财产，依法自主经营、自负盈亏的企业法人。公司享有股东投资形成的全部法人财产权，依法享有民事权利，承担民事责任。公司股东作为出资者按投入公司的资本额享有所有者的资产受益、重大决策和选择管理者等权利，并以其出资额或所持股份为限对公司承担有限责任。我国公司法所称公司指有限责任公司和股份有限公司。

(1)有限责任公司。是指由两个以上 50 个以下股东共同出资，每个股东以其所认缴的出资额为限对公司承担有限责任，公司以其全部资产对其债务承担责任的企业法人。其特征有：公司的资本总额不分为等额的股份；公司向股东签发出资证明书，不发股票；公司股份的转让有较严格限制；限制股东人数，不得超过一定限额；股东以其出资比例享受权利、承担义务；股东以其出资额为限对公司承担有限责任。

(2)股份有限公司。是指其全部资本分为等额股份，股东以其所持股份为限对公司承担责任，公司以其全部资产对公司的债务承担责任的企业法人。其特征有：公司的资本划分为股份，每一股的金额相等；公司的股份采取股票的形式，股票是公司签发的证明股东所持股份的凭证；同股同权，同股同利；股东出席股东大会，所持每一股份有一表决权；股东可以依法转让持有的股份；股东不得少于规定的数目，但没有上限限制；股东以其所持股份为限对公司债务承担有限责任。

公司的最大优点是公司的所有者——股东，只承担有限责任，股东对公司债务的责任以其投资额为限。公司的另一个优点是比较容易筹集资金，通过发行股票、债券等可以迅速筹集到大量资金，这使公司比独资企业和合伙企业有更大发展的可能性。公司这一组织形式，已经成为西方大企业所采用的普遍形式，也是我国建立现代企业制度过程中选择的企业组织形式之一。

本书所讲的财务管理，主要是指公司的财务管理。

(二)税法

国家财政收入的主要来源是企业所缴纳的税金，而国家财政状况和财政政策，对于企业资金供应和税收负担有着重要的影响；其次，国家各种税种的设置、税率的调整，还具有调节生产经营的作用。企业的财务决策应当适应税收政策的导向，合理安排资金投放，以追求最佳的经济效益。

国家税收制度，特别是工商税收制度，是企业财务管理的重要外部条件。我国从 1994 年 1 月开始实行一系列新的税收法律法规，现就我国税制作一简要介绍。

1. 所得税类

改革后的所得税有 3 种：

(1)企业所得税。企业所得税适用于境内的实行独立经济核算的企业组织，包括国有企业、集体企业、私营企业、联营企业、股份制企业和其他组织，但外商投资企业和外国企业除外。上述企业在我国境内和境外的生产、经营所得和其他所得为应纳税所得额，按 33% 的税率计算缴纳税款。

(2)外商投资企业和外国企业所得税。此项所得税适用于在中国境内设立的中外合资经营企业、中外合作经营企业和外商独资企业，在中国境内设立机构的中外合作经营企业和外商独资企业，以及在中国境内设立机构、场所，从事生产、经营和虽未设立机构、场所而有来源于中国境内所得的外国公司、企业和其他经济组织。上述外商投资企业和外国企业的生产、经营所得和其他所得为应纳税所得额，税率为30%；地方所得税税率为3%。

(3)个人所得税。个人所得税税率设有5%～45%、5%～35%的超额累进税率和20%的比例税率。

2.流转税类

流转税是对企业的流转额即销售额所征收的税金，从企业的角度看就是销售税金，包括以下4种：①增值税。是就商品生产、流通和加工、修理、修配各个环节的增值额课税的一种流转税。税率分为3档：基本税率为17%，低税率为13%，出口税率为零。增值税属于价外税。②消费税。是对少数特定的消费品需要调节其消费行为而征收的一种税。征收消费税，有利于正确引导消费，调整消费结构，也有助于调节个人收入水平，缓解分配不公的矛盾。③营业税。主要是对提供应税劳务的第三产业(如交通运输、金融保险、邮电通信、文化娱乐、建筑安装、服务业等单位)、转让无形资产或销售不动产的单位和个人征收的一种税。④城市维护建设税。是专为筹集城市维护建设资金而征收的一种税。

3.资源税类

目前，资源税主要是对矿产资源和土地资源征收的税种，其目的既有对资源受益的征收，又有对资源级差收入的调节。主要有3种：①资源税。是对在我国开采矿产和盐资源的单位和个人取得的级差收入征收的一种税。②土地使用税。是对在城市和县城占用国家和集体土地的单位和个人，按使用土地面积定额征收的一种税。③土地增值税。是为了调节土地增值收益而征收的一种税。

4.财产税类

财产税是对纳税人所有的财产课征的税，主要有房产税，它是对城镇、工矿区的房产，向产权所有人和承租人征收的一种税。

5.行为税类

行为税是以纳税人的某种特定行为为征税对象的税种，主要有4类：①固定资产投资方向调节税。是为了引导投资方向，对我国境内从事固定资产投资行为的单位和个人征收的一种税。②印花税。是对书立、领受应税凭证的行为而征收的一种税。③车船使用税。是对行驶于我国境内的车船，按其种类定额征收的一种税。④屠宰税。是对屠宰猪、牛、羊等牲畜行为征收的一种税。

财务人员应当熟悉国家税收法律的规定，不仅要了解各种税种的计征范围、计征依据和税率，而且要了解差别税率的制定精神，减税、免税的原则规定，自觉按照税收政策导向进行经营活动和财务活动。

四、金 融 环 境

企业总是需要资金从事投资和经营活动，而资金的取得，除了自有资金外，主要来自金融机构和金融市场，工程项目建设亦是如此。金融政策的变化必然影响企业的筹资、投资和资金营运活动。所以，金融环境是企业最为主要的环境因素。影响财务管理的主要金融环境因素有金融机构、金融市场和利息率等。

(一)金融机构

社会资金从资金供应者手中转移到资金需求者手中，大多要通过金融机构。金融机构主要包括银行和非银行金融机构。

1.银行

银行是指经营存款、放款、汇兑、储蓄等金融业务，承担信用中介的金融机构。银行的主要职能是充当信用中介、充当企业之间的支付中介、提供信用工具、充当投资手段和国民经济的宏观调控手段。我国银行主要包括：中央银行，即中国人民银行；商业银行，包括国有商业银行(如中国工商银行、中国农业银行、中国银行和中国建设银行)和其他商业银行(如交通银行、中信实业银行、广东发展银行、招商银行、光大银行等)；国家政策性银行，如中国进出口银行、国家开发银行。

2.非银行金融机构

非银行金融机构主要包括信托投资公司和租赁公司等。前者主要办理信托存款和信托投资业务，在国外发行债券和股票，办理国际租赁等业务。后者则介于金融机构与企业之间，它先筹集资金购买各种租赁物，然后出租给企业。

(二)金融市场

金融市场是指资金供应者和资金需求者双方通过信用工具融通资金的市场，即实现货币借贷和资金融通、办理各种票据和进行有价证券交易活动的市场。金融市场的主要类型如图2-1所示。

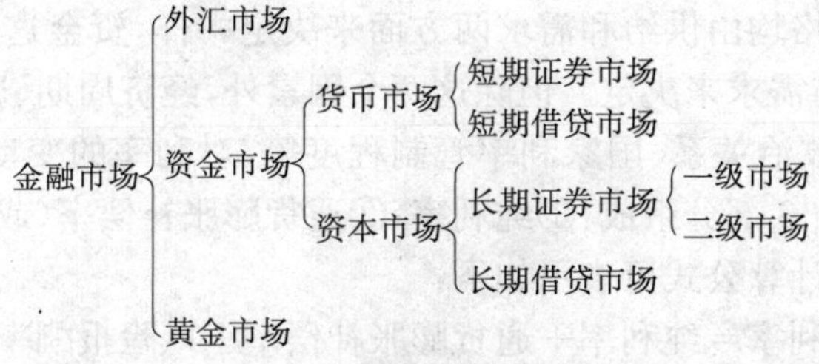

图2-1　金融市场分类示意图

需要强调的是：①金融市场是以资金为交易对象的市场，在金融市场上，资金被当作一种“特殊商品”来交易。②金融市场可以是有形的市场，也可以是无形的市场。前者有固定的场所和工作设备，如银行、证券交易所；后者利用电脑、电传、电话等设施通过经纪人进行资金商品交易活动，而且可以跨越城市、地区和国界。

金融市场对于商品经济的运行，具有充当金融中介、调节资金余缺的功能。从总体上看，建立金融市场，有利于广泛地积聚社会资金，有利于促进地区间的资金协作和开展资金融通方面的竞争，提高资金使用效益，有利于国家控制信贷规模和调节货币流通。从其财务管理的角度来看，金融市场作为资金融通的场所，是其向社会筹集资金必不可少的条件。财务管理人员必须熟悉金融市场的各种类型和管理规则，有效地利用金融市场来组织资金的筹措和进行资本投资等活动。

(三)利息率

利息率简称利率，是利息占本金的百分比指标。从资金的借贷关系看，利率是一定时期运用资金资源的交易价格。资金作为一种特殊商品，以利率为价格标准的融通，实质上是资源通过利率实行的再分配。因此，利率在资金分配及其财务决策中起着重要作用。

1. 利率的类型

利率可按照不同的标准进行分类：

(1)按利率之间的变动关系，分为基准利率和套算利率。

基准利率又称基本利率，是指在多种利率并存的条件下起决定作用的利率。所谓起决定作用，即这种利率变动，其他利率也相应变动。因此，了解基准利率水平的变化趋势，就可了解全部利率的变化趋势。基准利率在西方通常是中央银行的再贴现率，在我国是中国人民银行对银行贷款的利率。

套算利率是指在基准利率确定后，各金融机构根据基准利率和借贷款项的特点而换算出的利率。例如，某金融机构规定，贷款AAA级、AA级、A级企业的利率，应分别在基准利率基础上加0.5%、1%、1.5%，加总计算所得的利率便是套算利率。

(2)按利率与市场资金供求的关系，分为固定利率和浮动利率。

固定利率是指在借贷期内固定不变的利率。受通货膨胀的影响，实行固定利率会使债权人利益受到损害。

浮动利率是指在借贷期内可以调整的利率。在通货膨胀条件下，采用浮动利率，可使债权人减少损失。

(3)按利率形成机制的不同，分为市场利率和法定利率。

市场利率是指根据资金市场上的供求关系，随着市场而自由变动的利率。

法定利率是指由政府金融管理部门或者中央银行确定的利率。

2. 利率的一般计算公式

正如任何商品的价格均由供给和需求两方面来决定一样，资金这种特殊商品的价格——利率，也主要是由供给与需求来决定。但除这两个因素外，经济周期、通货膨胀、国家货币政策和财政政策、国际经济政治关系、国家利率管制程度等，对利率的变动均有不同程度的影响。因此，资金的利率通常由3部分组成：①纯利率；②通货膨胀补偿率(或称通货膨胀贴水)；③风险报酬率。利率的一般计算公式可表示如下：

利率＝纯利率＋通货膨胀补偿率＋风险报酬率

纯利率是指在没有风险和通货膨胀情况下的均衡点利率。通货膨胀补偿率是指由于持续的通货膨胀会不断降低货币的实际购买力，为补偿其购买力损失而要求提高的利率。风险报酬率包括违约风险报酬率、流动性风险报酬率和期限风险报酬率。其中，违约风险报酬率是指为了弥补因债务人无法按时还本付息而带来的风险，由债权人要求提高的利率；流动性风险报酬率是指为了弥补因债务人资产流动不好而带来的风险，由债权人要求提高的利率；期限风险报酬率是指为了弥补因偿债期长而带来的风险，由债权人要求提高的利率。

第二节　工程项目融资的参与者及其关系

工程项目融资涉及的融资方式和当事人较多，且在不同的融资方式下，其当事人及其关系不同。鉴于此，下面以国际惯例中常用的工程项目融资的BOT方式为例，阐述其参与者及其关系，以便抛砖引玉，演绎出工程项目融资的参与者及其关系的一般内容。

一、工程项目融资BOT方式的组织结构

BOT实际上是以项目构成的有关单位(包括项目发起人、工程承包商、营运商、财团等)成

立一个项目公司的股份组织，由借贷和股本投资形成债务与股权相混合的产权，项目公司对项目建设实行一揽子总承包，并在竣工后的特许期内进行经营，以收回投资、偿还债务、赚取利润，特许期满将项目交给政府。

以BOT方式组织项目的实施，因其组织结构的类型、具体项目的特征、项目所在国家的情况以及项目的承包商情况等诸多因素的差别而有所不同。一个BOT项目涉及众多的角色。典型的BOT组织结构，如图2-2所示。

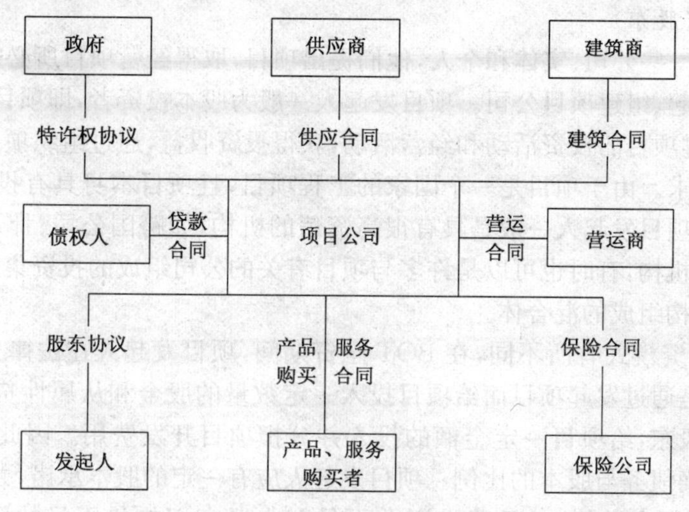

图2-2 BOT项目组织结构图

从图2-2中可以看出，一个以BOT方式投资建设的项目，涉及的角色包括政府、项目发起人、项目公司、债权人、供应商、保险公司、营运商、建筑承包商和产品购买者等，每个角色与项目公司之间的关系都是一种双边关系，也就是说，项目公司是基于一系列协议之上的由多种角色组合而成的严密的商业组织。

二、工程项目融资BOT有关当事人及其权责

BOT投资方式是一个十分复杂的系统工程，其所涉及的当事人在项目实施中都具有一定的权利，并要承担一定的义务。

1. 政府（项目的最终所有者）

在BOT方式中，项目的最终所有者是项目东道国政府或政府机构。具有双重身份的政府既是公共基础设施的管理者，也是项目特许权的授予方。政府批准BOT项目，进行公开招标和评标，授予私营机构以特许权。在特许权协议中，政府需承担相应的义务（如将有关场地长期租赁或出售给项目公司），并承担一定的风险，同时，提供一定的政府保证。如果东道国的法律与BOT的通常规则相抵触，或者在回报率满足不了要求时，政府需提供进一步的支持和相应的法律措施，以保证项目可行。这表明，BOT项目中政府的角色至关重要，政府对BOT的态度以及在BOT项目实施过程中给予的支持将直接影响项目的成败。政府提供的支持越多，投资人的风险越小。

这里所说的政府包括东道国中央政府及其相关职能部门和地方政府两个层面。中央行使对项目的批准监督职能，而地方政府更多地涉及具体项目事务。比如在我国，作为特许项目当事人一方的通常是省、市等地方政府部门，而项目立项则由国家计划委员会（现名国家发展和

改革委员会)审批,外商投资项目的特许权协议由对外贸易经济合作部审批,因此,在建立特殊权协议时须注意究竟是哪个政府部门有权与项目公司订立协议。

项目成功与否,政府是最关键的角色之一。从总体上看,政府是BOT项目的控制主体。政府决定着是否设立此项目,是否采取BOT方式。在谈判确定BOT项目协议合同时,政府也占据着重要地位。政府还有权在项目进行过程中,对必要的环节进行监督和管理。在项目特许到期时,政府还具有无偿收回该项目的权利。

2. 项目发起人(股东)

项目发起人是一些公司、实体和个人,他们提出项目,取得经营项目所必需的特许权,并将各当事人联系在一起,组建项目公司。项目发起人一般为股本投资者,即项目的实际投资者和主要承办者,它通过项目的投资活动和经营活动,获得投资收益,通过组织项目融资,实现投资项目的综合目标要求。由于项目是一个国家的工程项目,且项目本身具有投资大、收益大、风险大的特点,所以,项目发起人一般是具有很高资信的机构,如跨国公司、骨干企业,以及项目所在国政府指定的机构,有时也可以是许多与项目有关的公司组成的投资集团,或者是政府指定的机构与私营机构组成的混合体。

与其他项目融资模式有所不同,在BOT融资期间,项目发起人在法律上既不拥有项目,也不经营项目,而是通过发起项目而给项目投入一定数量的股金和从属性贷款。作为项目发起人,首先应作为股东,给项目一定金额的投入并分担项目开发费用。因此,在制订BOT项目方案时,就应明确债务与股本的比例。项目发起人应有一定的股本承诺,并应在特许权协议中制订专门的备用资金条款,一旦建设资金不足时由股东们垫付不足的资金,以避免项目建设中途停工或延误工期。当然,项目发起人也享有相应的权利,如股东大会投标权和特许权协议中资产转让条件所规定的有关权利。这样,当政府有意转让资产时,股东拥有除债权人之外的第二优先权,从而保证项目公司不被怀有敌意的人控制,保护项目发起人的利益。

3. 项目公司

项目公司即项目的直接承办者,是项目发起人为建设、经营某特定工程项目而联络有关方面建立的自主经营、自负盈亏的公司或合营企业。项目公司是BOT项目的执行主体,在项目中处于中心地位。项目公司直接参与项目投资和管理,直接承担项目债务责任和项目风险,所有关系到BOT项目的筹资、分包、建设、验收、营运以及还债和偿付利息的事项都由项目公司负责。项目公司作为业主,直接同设计公司、建设公司、制造商以及经营公司打交道。在法律上,项目公司是一独立的法律实体,具有独立的法人资格。项目公司可采用契约式合营或股权式合资经营的形式,由项目主办商与东道国或其政府开发公司根据东道国的法律按照一定的出资比例设立法人公司或企业。项目公司究竟采取何种方式设立的问题,在很大程度上取决于东道国的法律和管理结构。比如在我国可以采取合作经营的方式,由外国投资方提供资金,进行工程项目建设,并由双方共同经营。也可以由外方先行回收资金,即提取向用户收费的一定百分比用于回收外方投资,经过一定期限后将该工程项目移交给中方。

从程序上讲,项目公司由项目发起人组建,而项目发起人通常是通过国际公开招标的方式确定的。项目发起人中标后,便抓紧在东道国成立项目公司,并将同意参加该项目的各方当事人组织在一起。我国在实践中也采取国际公开招标的方式选择项目发起人,政府与中标人先草签特许权协议,然后按照跨国法律申请注册,成立项目公司。草签的特许权协议经国家计划委员会(现名国家发展和改革委员会)批准后,有关政府部门再与该有效成立的项目公司正式签订特许权协议。

4.项目的贷款银行或银团(债权人)

项目的贷款银行是指项目融资中为项目提供资金的商业银行、非银行金融机构和一些国家的出口信贷机构。它可以是一家或几家商业银行,也可以是由几十家银行组成的集团。银行参与项目贷款的数目主要由贷款规模和风险两个因素决定。对于中小型BOT项目,一般单个银行可以为其提供所需的全部资金,而大型的BOT项目则往往使单个银行感觉力不从心,从而组成银团,共同提供贷款。但是,对于一些被认为是高风险的国家,即便是比较少的贷款,也常常需要由多家银行组成的银团提供,这样做的目的是为了分散政治风险。

项目的贷款银行通常是BOT项目的主要出资人,BOT项目贷款的条件取决于项目本身的规模、项目经营者的经营管理能力和资金状况,但在很大程度上取决于项目发起人和所在国政府为项目提供支持和特许权协议的具体内容。由于BOT项目的负债率一般高达70%~90%,所以,项目贷款往往是BOT项目的最大资金来源。

5.建筑承包商

建筑承包商通常也是项目公司的股东之一,以便保证其能成为项目的主承建商。若建筑承包商不是项目公司的股东之一,则由项目公司招标确定承建商。承建商应负责设计并保质保量按时完成该建设项目。

6.营运商

在BOT方式中,有时项目公司自己就是营运商,但有时它可以通过合同,委托其他经营商经营。独立的营运商依约定接管竣工项目,负责对项目的经营和维护,并对项目的使用收取费用。营运商也可能是项目公司的股东之一。

7.产品购买商或接受服务者

作为工程项目,项目建成后应有长期的产品购买商。在项目规划阶段,项目承包商或项目公司就应与产品购买商签订长期的产品购买合同,产品购买商必须有长期的赢利历史和良好的信誉保证,并且购买产品的期限至少与项目的贷款期相同,产品的价格也应保证使项目公司足以回收股本,支付贷款本息和股息,并有利润可赚。

8.保险公司

保险公司的责任是对项目运行中各个角色都不愿承担的风险进行保险,包括建筑承包商风险(主要是意外造成的,如火灾等)、业务中断风险、整体责任风险、政治风险(战争、财产充公等)等。由于这些风险的不可预见性很强,造成的损失巨大,所以对保险公司的财力、信用要求很高,一般的中小保险公司是没有能力作此类保险的。

在BOT项目实务中,还有其他项目参与者,如供应商(燃料供应商,设备供应商)、金融顾问、信用评估机构、实际管理者、财务部门、律师和其他专业人士等。所以,BOT具体的组织体系是非常复杂的。

在BOT项目中,众多的当事人以合同、协议的方式联系在一个项目体系中,各角色之间形成了复杂而明确的互相协作关系,BOT项目的成败得失将完全取决于这些协作关系是否顺畅。他们必须有效地、成功地合作才能实现其总体目标,即使在项目实施中出现矛盾和冲突,尤其在国际BOT项目融资中,来自各个不同的法律管辖权的当事人,其利益的冲突是不可避免的,但在许多BOT案例中,正是由于这些不同的当事人各自发挥其独特的作用,才使项目的成功概率得以提高。

第三节　寿命周期成本分析法

一、产品寿命周期成本的含义及构成

(一)产品寿命周期成本的含义

产品寿命周期是指产品从开发、研制、生产、销售、使用、维护到报废为止的整个时期。产品寿命周期成本是指发生在产品寿命周期内的各项成本费用之和,也叫总成本。它是为实现消费者所要求的功能所需消耗的一切资源的货币表现。传统成本会计制度,仅重视产品在生产阶段中成本的累积。随着经济的发展和环境的变化,生产阶段以外的产品寿命周期成本日渐增加。就当前大量涌现的高科技产品而言,购买产品后的使用成本和废弃处置成本相当高,作为一名消费者来说,在选择产品时,很自然地把它作为一个重要的因素来考虑。即在一般的产品市场上,决定竞争成败的一个关键要素是产品寿命周期意义上的成本额的高低。作为成本管理系统中一个独特的成本范畴,在当代要求资源循环使用等环保意识日益强化的背景下,人类社会对产品寿命周期成本也提出了新的要求。

(二)产品寿命周期阶段的划分

产品寿命周期可划分为三个阶段:第一阶段是从消费者需求开始研究、开发,经过方案论证、初步设计、改进设计到完成产品图纸,设计定型结束。第二阶段是企业根据图纸着手进行生产,直到生产出的产品投放市场为止这一阶段。这两个阶段称为产品的"前半生",该阶段所支出的费用就是生产者成本,它由产品生产企业支出,是构成产品消费价格的基础。当消费者购入产品,经过安装、调试投入使用后,便进入了第三个阶段,也就开始了产品的"后半生",这一阶段所支出的费用就是消费者成本。从产品的技术寿命来看,尽管一种产品的自然寿命和经济寿命都尚未达到,但由于技术进步的影响而导致产品价值减少,从而该产品被技术先进的新产品所替代。一般来说,消费者成本远比购置费(生产者成本)高。因此,在设计时,必须考虑产品寿命周期成本,这不论是从社会效益的角度,还是从提高企业经济效益的角度来看,都是十分必要的。消费者成本的大小将直接关系到产品在市场上的竞争能力。

(三)产品寿命周期成本的构成

根据产品寿命周期的不同阶段,可将产品寿命周期成本划分为生产者成本和消费者成本两大部分,如图 2-3 所示。

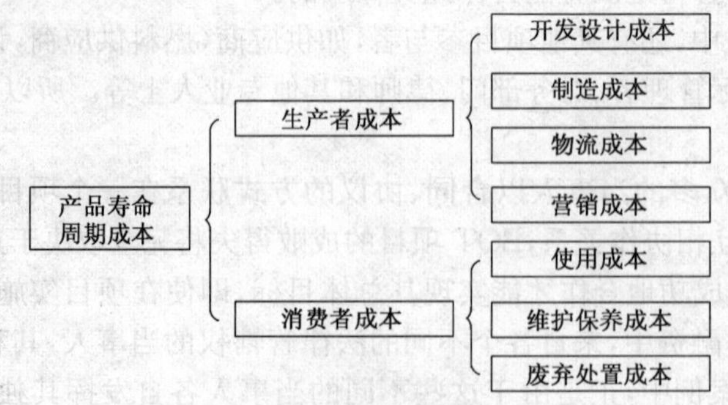

图 2-3　产品寿命周期成本的构成

在卖方市场条件下，生产厂商对消费者的成本是不予考虑的。随着买方市场主导地位的确立，为争夺客户，扩大市场份额，原本由用户负担的消费者成本也不得不纳入生产厂商的考虑范围，而且这已成为产品市场营销战略的重要组成部分。消费者成本的构成不像生产者成本那样按照生产的时序排列，除了废弃处置成本往往在寿命周期的最终发生之外，各种使用成本和保养成本是贯穿于整个使用期中交互发生的。

(四)产品寿命周期成本法的优点

产品寿命周期成本法是以产品寿命周期作为成本核算的期间，由于产品寿命周期的不确定性，一般仍应分年进行预算的编制以及成本、收入的计算。其优点主要有：①以产品作为成本归集的对象，归集整个寿命周期内的成本，有利于管理者了解各产品不同寿命周期阶段的成本分布情况。②可以综观与每种产品相关的所有收入和费用。在许多会计系统里，制造成本是十分明确的。然而，产品生产前的成本(如研究设计成本)以及生产完工后的成本(如售后服务成本)并未与每件产品相联系。③强调了企业一些功能性成本项目之间的关系。例如，削减研究开发、设计成本可能会导致以后寿命周期内售后服务成本的增加，那些成本的上升是因为成本未能满足其允诺的质量表现水平。

二、价值工程在产品寿命周期成本控制中的应用

价值工程的目的是以研究对象的最低寿命周期成本可靠地实现消费者所需的功能，以获取最佳的综合效益。在价值工程中，价值在数量上是产品功能与成本的比值，即价值(V)＝功能(F)÷成本(C)。

在该价值等式中，F 是指产品的功能，即产品能够满足消费者某种需求所具备的功能。产品功能对比消费者的要求，可分为必要功能、不必要功能、过剩功能和不足功能。C 是指寿命周期成本，它是为实现消费者所要求的功能所需要消耗的一切资源的货币表现。从式中可以看出，产品的价值与功能成正比，与成本成反比。因此，提高产品的价值，有以下途径：F 不变，C 降低；C 不变，F 提高；F 提高，C 降低；C 少量增加，F 大幅度提高；F 稍有下降，C 大大降低。

价值工程既要求降低生产者成本，也要求降低消费者成本。它在寿命周期成本优化控制中，就是要找出生产者成本和消费者成本这两种成本的最佳组合，即寻找功能完成程度恰到好处时的寿命周期成本的最低点。只有寿命周期成本降低了，才能提高产品的竞争力，也才能体现出对整个社会的经济效益。表示产品寿命周期成本与功能完成程度之间关系的优化控制模型，如图 2-4 所示。

曲线 C_M 表示随着产品功能完成程度的提高，其生产者成本 C_M 也逐渐增加；曲线 C_U 表示随着产品功能的不断完善，其消费者成本 C_U 逐渐下降；曲线 $C=C_M+C_U$ 表示寿命周期成本与产品功能完成程度的关系。从理论上讲，dC/dF(F 表示功能水平)＝0 所对应的点，就是寿命周期成本的最低点，相应地，也是生产者成本与消费者成本的最佳组合，即设计方案追求的理想组合。但在实际应用中，该点附近的区域(见图 2-4 中阴影部分)就是最佳区域。价值工程就是寻找寿命周期成本最低时的功能完成程度 F，也就是寻找功能完成程度恰到好处时的寿命周期成本最低点 C_{MN}，即经济最优点。

这一模型的执行必须考虑信息传递上的要求。社会的发展使得生产者、供应商和消费者形成了一种交流通道，这种信息交流通道是实施寿命周期成本计算与控制的重要前提。理想的信息交流通道形式是：以“生产者→消费者→供应商”为正向传递通道，以“供应商→生产者

→消费者"为逆向传递通道。这种双向交流的信息通道如果得以实现的话，那么寿命周期成本计算必然将出现飞跃。

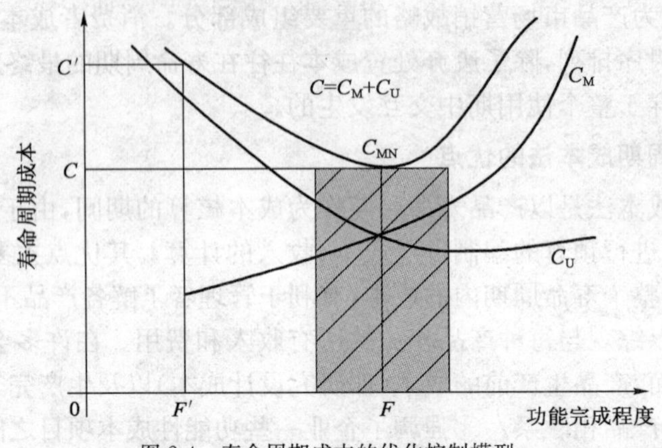

图 2-4 寿命周期成本的优化控制模型

C-寿命周期成本；C_M-生产者成本；C_U-消费者成本；C_{MN}-寿命周期成本的最低点；F-寿命周期成本最低时的功能完成程度

第四节 风险价值分析

一、风险的概念

风险一般是指某一行动的结果具有多样性。在风险存在的情况下，人们只能事先估计到采取某种行动可能导致的结果，以及每种结果出现的可能性，而行动的真正结果究竟会怎样，不能事先确定。

与风险相联系的另一个概念是不确定性，即人们事先只知道采取某种行动可能形成的各种结果，但不知道它们出现的概率，或者两者都不知道，而只能作些粗略的估计。例如，企业试制一种新产品，事先只能肯定该种产品试制成功或失败两种可能，但不会知道这两种后果出现可能性的大小。又如购买股票，投资者事实上不可能事先确定所有可能达到的报酬率及其出现的概率大小。经营决策一般都是在不确定的情况下作出的。西方国家的企业通常对风险和不确定性这两个概念不加以区分，把不确定性视同风险而加以计量，以便进行定量分析。在实务中，当说到风险时，可能指的是确切意义上的风险，但更可能指的是不确定性，一般对两者是不作区分的。

总之，某一行动的结果具有多种可能而不肯定，就叫有风险；反之，若某一行动的结果很肯定，就叫没有风险。从财务管理的角度看，风险就是企业在各项财务活动过程中，由于各种难以预料或无法控制的因素作用，使企业的实际收益与预计收益发生背离，从而有蒙受经济损失的可能性。由于人们普遍具有风险反感心理，因而一提到风险，多数人都将其错误地理解为与损失是同一概念。事实上，风险不仅能带来超出预期的损失，呈现其不利的一面，而且还可能带来超出预期的收益，呈现其有利的一面。

二、风险的类别

从个别理财主体的角度看，风险分为市场风险和企业特别风险两类。市场风险是指那些影响所有企业的风险，如战争、自然灾害、经济衰退、通货膨胀等。这类风险涉及所有企业，不能通过多角化投资来分散，因此，又称不可分散风险或系统风险。企业特别风险是由于发生于个别企业的特有事项而造成的风险，如罢工、诉讼失败、失去销售市场等。这类事件是随机发生的，可以通过多角化投资来分散。这类风险也称可分散风险或非系统风险。从企业本身来看，按风险形成的原因，可将企业特有风险进一步分为经营风险和财务风险两大类。

(一)经营风险

经营风险是指因生产经营方面的原因给企业盈利带来的不确定性因素。企业生产经营的许多方面都会受到来源于企业外部和内部的诸多因素的影响，具有很大的不确定性。比如，由于原材料供应地的政治经济情况变动，运输路线改变，原材料价格变动，新材料、新设备的出现等因素带来的供应方面的风险；由于产品生产方向不对头，产品更新时期掌握不好，生产质量不合格，新产品、新技术开发试验不成功，生产组织不合理等因素带来的生产方面的风险；由于出现新的竞争对手，消费者爱好发生变化，销售决策失误，产品广告推销不力以及货款回收不及时等因素带来的销售方面的风险。所有这些生产经营方面的不确定性，都会引起企业的利润和利润率的高低变化。

(二)财务风险

财务风险又称筹资风险、融资风险，是指由于举债而给企业财务成果带来的不确定性。企业举债经营，全部资金中除自有资金外还有一部分借入资金，这会对自有资金的盈利能力造成影响；同时，借入资金需还本付息，一旦无力偿付到期债务，企业便会陷入财务困境，甚至破产。当企业息税前资金利润率高于借入资金利息率时，使用借入资金获得的利润率除了补偿利息外还有剩余，因而使自有资金利润率提高。但是，若企业息税前资金利润率低于借入资金利息率，还需动用自有资金的一部分利润来支付利息，从而使自有资金利润率降低；如果企业息税前利润还不够支付利息，就要用自有资金来支付，从而使企业发生亏损。若企业亏损严重，财务状况恶化，丧失支付能力，就会出现无法还本付息甚至导致破产的危险。总之，由于许多因素的影响，企业息税前资金利润率和借入资金利息率的差额具有不确定性，从而引起自有资金利润率的高低变化，这种风险即为筹资风险。这种风险程度的大小受借入资金比例的影响，借入资金比例大，风险程度就会随之增大；借入资金比例小，风险程度也会随之减小。对财务风险的管理，关键是要保证有一个合理的资金结构，以维持适当的负债水平，既要充分利用举债经营这一手段获取财务杠杆收益，提高自有资金盈利能力，同时又要注意防止过度举债而引起的财务风险的加大，避免陷入财务困境。

三、风 险 报 酬

上节讲述的资金的时间价值是投资者在无风险条件下进行投资所要求的报酬率(这里暂不考虑通货膨胀因素)。这是以确定的报酬率为计算依据的，也就是以肯定能取得的报酬为条件的。但是，企业财务和经营管理活动总是处于或大或小的风险之中，任何经济预测的准确性都是相对的，预测的时间越长，不确定的程度就越高。因此，为了简化决策分析工作，在短期财务决策中一般不考虑风险因素。而在长期财务决策中，则不得不考虑风险因素，需要计量风险程度。

任何投资者宁愿要肯定的某一报酬率，而不愿意要不肯定的同一报酬率，这种现象称为风险反感。在风险反感普遍存在的情况下，诱使投资者进行风险投资的，是超过时间价值的那部分额外报酬，即风险报酬。

风险报酬的表现形式是风险报酬率，就是指投资者因冒风险进行投资而要求的，超过资金时间价值的那部分额外报酬率。

如果不考虑通货膨胀的话，投资者进行风险投资所要求或期望的报酬率便是资金的时间价值（无风险报酬率）与风险报酬率之和，即

期望投资报酬率＝资金时间价值（或无风险报酬率）＋风险报酬率

假如，资金时间价值为 10%，某项投资期望报酬率为 15%，如不考虑通货膨胀的话，该项投资的风险报酬率便是 5%。

四、风 险 衡 量

风险的客观存在，广泛影响着企业（包括工程项目）的财务和经营活动，因此，正视风险并将风险程度予以量化，对其进行较为准确的衡量，便成为企业财务管理中的一项重要工作。风险与概率直接相关，并由此而与期望值、离散程度等相联系，对风险进行衡量时，应着重考虑以下方面因素。

（一）概率分布

在现实生活中，某一事件在完全相同的条件下可能发生也可能不发生，即可能出现这种结果又可能出现那种结果，我们称这类事件为随机事件。概率就是用百分数或小数来表示随机事件发生可能性及出现某种结果可能性大小的数值。用 X 表示随机事件，X_i 表示随机事件的第 i 种结果，P_i 为出现该种结果的相应概率。若 X_i 出现，则 $P_i=1$；若 X_i 不出现，则 $P_i=0$。同时，所有可能结果出现的概率之和必定为 1。因此，概率必须符合下列两个要求：

$$0 \leqslant P_i \leqslant 1$$

$$\sum_{i=1}^{n} P_i = 1$$

将随机事件各种可能的结果按一定的规则进行排列，同时列出各结果出现的相应概率，这一完整的描述称为概率分布。

【例 2-1】 某企业甲产品投产后预计收益情况和市场销量有关，可用表 2-2 描述各种可能的收益概率分布。

市场预测和预期收益概率分布表 表 2-2

市场情况	年收益 X_i	概率 P_i	市场情况	年收益 X_i	概率 P_i
销量很好	5	0.1	销量较差	2	0.2
销量较好	4	0.2	销量很差	1	0.1
销量一般	3	0.4			

概率分布可以用可能的结果为横轴，以概率为纵轴的坐标点画线表示，如图 2-5 所示。

概率分布有两种类型，一种是离散型分布，也称不连续的概率分布，如图 2-5 所示，其特点是概率分布在各个特定的点（指 X 值）上。另一种是连续型分布，其特点是概率分布在连续图像的两点之间的区间上，如图 2-6 所示。

（二）期望值

期望值是一个概率分布中的所有可能结果，以各自相应的概率为权数计算的加权平均值，是加权平均的中心值，通常用符号 $\overline{E}$ 表示，其计算公式如下：

$$\overline{E} = \sum_{i=1}^{n} X_i P_i$$

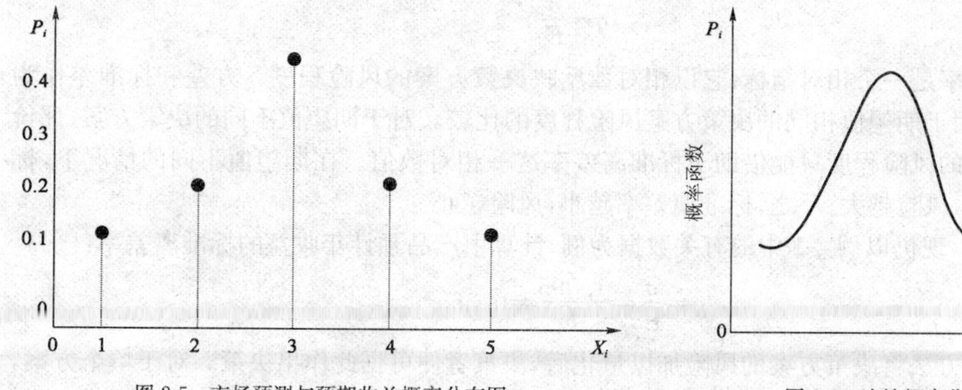

图 2-5　市场预测与预期收益概率分布图　　图 2-6　连续概率分布图

【例 2-2】　以例 2-1 中有关数据为依据，计算甲产品投产后预计收益的期望值，即期望值收益为：

$$\overline{E}=5\times0.1+4\times0.2+3\times0.4+2\times0.2+1\times0.1$$
$$=0.5+0.8+1.2+0.4+0.1=3$$

期望收益反映预计收益的平均化，在各种不确定性因素（本例中假定只有市场情况因素影响产品收益）影响下，它代表着投资者的合理预期。

（三）离散程度

离散程度是用以衡量风险大小的统计指标。一般说来，离散程度越大，风险越大；离散程度越小，风险越小。

反映随机变量离散程度的指标主要包括方差、标准差和标准离差率 3 项指标。

1. *方差*

方差是用来表示随机变量与期望值之间的离散程度的一个数值。其计算公式为：

$$\sigma^2=\sum_{i=1}^{n}(X_i-\overline{E})^2\cdot P_i$$

【例 2-3】　以例 2-1 中的数据为例计算甲产品预计年收益与期望年收益的方差为：

$$\sigma^2=(5-3)^2\times0.1+(4-3)^2\times0.2+(3-3)^2\times0.4+(2-3)^2\times0.2+(1-3)^2\times0.1=1.2$$

2. *标准差*

标准差也叫均方差，是方差的平方根，其计算公式为：

$$\sigma=\sqrt{\sum_{i=1}^{n}(X_i-\overline{E})^2\cdot P_i}$$

标准差以绝对数衡量决策方案的风险，在期望值相同的情况下，标准差越大，风险越大；反之，标准差越小，则风险越小。

【例 2-4】　以例 2-1 中的数据为例，计算的甲产品预计年收益与期望年收益的标准差为：

$$\sigma=\sqrt{(5-3)^2\times0.1+(4-3)^2\times0.2+(3-3)^2\times0.4+(2-3)^2\times0.2+(1-3)^2\times0.1}$$
$$=\sqrt{0.4+0.2+0+0.2+0.4}\approx1.095$$

或：

$$\sigma=\sqrt{1.2}\approx1.095$$

3. *标准离差率*

标准离差率是标准差同期望值之比，通常用符号 q 表示，其计算公式为：

$$q=\frac{\sigma}{E}$$

标准离差率是一个相对指标，它以相对数反映决策方案的风险程度。方差和标准差作为绝对数，只适用于期望值相同的决策方案风险程度的比较。对于期望值不同的决策方案，评价和比较其各自的风险程度只能借助于标准离差率这一相对数值。在期望值不同的情况下，标准离差率越大，风险越大；反之，标准离差率越小，风险越小。

【例 2-5】 现仍以例 2-1 中的有关数据为例，计算甲产品预计年收益的标准离差率：

$$q=\frac{\sigma}{E}=\frac{1.095}{3}=0.365$$

通过上述方法将决策方案的风险加以量化后，决策者便可据此作出决策。对于单个方案，决策者可根据其标准差和标准离差率的大小，并将其同设定的可接受的此项指标最高限值对比，看前者是否低于后者，然后作出取舍。对于多方案择优，决策者的行动准则应是选择低风险高收益的方案，即选择标准差最低、期望收益最高的方案。然而，高收益往往伴有高风险，低收益方案的风险程度往往也较低，究竟选择何种方案，就要权衡期望收益与风险，而且还要视决策者对风险的态度而定。对风险比较反感的人可能会选择期望收益较低，同时风险也较低的方案，喜欢冒风险的人则可能选择风险虽高但同时收益也高的方案。

第三章 工程项目融资的组织与实施

第一节 工程项目公司的建立

一、工程项目公司的组织形式

工程投资项目具有投资金额巨大，建设周期长等特点，因此，许多工程投资项目（特别是大型工程投资项目）需要多家公司投入财力和专门的技能才能建成和经营。除了本国公司以外，还有可能吸收外国公司参加。参加工程项目投资的公司成为工程项目的发起人或工程项目的主办人。如果发起人是两家以上的公司，则它们必须通过谈判，采取适当的法律形式来实现拟投资的工程项目。一般地，工程投资项目的发起人可以采用合伙或合同的法律形式来经营拟投资的项目，也可以专门成立一家同发起人分开的、独立经营的公司来建设和经营拟投资的工程项目。前者称为契约式合营，而后者称为股权式合资经营。相应地，工程项目公司的组织形式也可以采取股权式合资经营方式、契约型方式和合伙型方式三种形式。

（一）股权式合资经营组织形式

股权式合资经营公司是按照《中华人民共和国公司法》（以下简称《公司法》）的规定成立的与其投资者完全分离的独立法律主体。作为一个独立的法人，公司拥有工程投资项目资产处置权利。最为典型的组织形式是由投资者共同组建有限责任公司或股份有限公司，由组建的有限责任公司或股份有限公司来对工程投资项目的建设进行管理，当工程投资项目建成投入使用以后，由有限责任公司或股份有限公司负责工程项目的经营管理。在股权式合资经营组织形式下，各发起人以其认缴的出资额为限承担有限责任和分享利润。

1.股权式合资经营公司的优点

一般地，工程项目的投资者选择有限责任公司或股份有限公司是出于以下几个方面的考虑：

(1)按照《公司法》的规定，有限责任公司和股份有限公司股东承担的是有限责任，即以其认缴的出资额为限承担责任，公司以其全部财产为限对公司的债务承担责任。工程项目公司的投资者以其投入项目公司的资本为限承担有限责任，可以降低投资者的投资风险，因为投资者将工程项目的融资风险和经营风险大部分限制在工程项目公司，工程项目公司对偿还贷款承担直接责任，以实现对工程项目投资者的有限债务追索。

(2)避免提高工程项目投资者的债务比率。采用有限责任公司或股份有限公司组织形式成立的项目公司，其单独进行核算，单独进行融资，从而避免将有限追索的融资安排作为债务列入投资者自身的财务报告中去，实现了非公司负债的融资安排，降低了工程项目投资者的债务比率。

(3)有利于工程项目的管理。组织有限责任公司或股份有限公司，将工程项目投资者投入资产的所有权全部集中在工程项目公司，而不是分散在各投资者内部，便于管理。工程项目公司可以拥有工程项目管理所必须具备的生产技术、管理、人员条件，也可以将工程项目的运营与管理委托给有经验的管理公司来管理。

(4)股权的转让比较容易。成立有限责任公司或股份有限公司，工程项目公司发起人所持有的股权便代表了其在该公司所拥有的权益。发起人只要转让其股权便可以达到转让投资权益的目的，这比投资者转让工程项目资产本身要容易得多，且其转让以后并不影响公司的持续经营。

(5)便于融通资金。发起人将资金投入项目公司以后，项目公司有了自身的经营基础，因而便于其在融资过程中以项目资产为基础设定抵押担保权益，从银行取得贷款，降低贷款人的违约风险。

2.股权式合资经营公司的弊端

(1)工程项目公司的发起人对工程项目的现金流量缺乏直接的控制，不便于工程项目公司的发起人利用工程项目的现金流量自行安排融资。

(2)不利于工程项目公司发起人进行合理的税务筹划。由于工程项目公司的发起人和工程项目公司都成为了独立自主、自负盈亏的经济主体，其分别进行核算，对每一个工程项目公司的发起人而言不能完全控制工程项目公司，也不能将工程项目公司的报表与本公司的报表进行合并，工程项目公司前期的亏损也不能抵减工程项目公司发起人其他项目的利润，不能起到抵减所得税的作用。此外，当工程项目公司和投资者都盈利时，工程项目公司不但要作为一个独立的纳税主体缴纳企业所得税，而且作为工程项目发起人从工程项目公司分得的红利，如税负不同，还要补缴企业所得税，从而降低了工程项目公司发起人的综合投资效益。

3.股权式合资经营公司的适用范围

一般地，股权式合资经营公司广泛适用于制造业、加工工业和资源性开发工程项目的建设。

(二)契约型组织形式

契约型组织形式又称合作经营型组织形式，是最常见的工程项目组织形式。其可以分为法人式和非法人式两种类型。法人式合作经营是指合作各方组成具有法人资格的合营实体，这个实体拥有独立的财产权，法律上有起诉权和被起诉权，设有董事会作为最高权力机构，并以该法人的全部财产为限对其债务承担责任。非法人式合作经营是指合作各方不组成具有法人资格的合营实体，各方都是独立的法人，各自以自身的法人资格按合同规定的比例在法律上承担责任。合作各方可以组成一个联合管理机构来处理日常事务，也可以委托一方或聘请第三方进行管理。

1.契约型组织形式的优点

一般地，契约型组织形式具有以下几个方面的特点：

(1)每一个投资者直接拥有全部工程项目资产的一个不可分割的部分，直接拥有并有权独自处置其投资比例项目的最终产品。工程项目投资者只承担与其投资比例相应的责任，各投资主体之间不存在连带责任。

(2)对工程投资项目实施管理的主体为董事会或工程项目管理委员会。对法人式而言，其项目管理主体便为董事会。对非法人式而言，其没有独立的法人主体，解决的办法只能通过合作经营协议成立工程项目管理委员会，该工程项目管理委员会由工程项目投资者的代表组成，每个代表都代表工程项目投资者的利益在工程项目管理委员会行使自己的权利。除了成立工程项目委员会对工程投资项目进行管理以外,还可以委托工程项目投资者一方或聘请第三方对工程投资项目进行管理。

(3)工程项目投资者之间合作目的多元化。该种组织形式与股权式合营形式相比,一个显著的区别是其合作目的不是单纯地追求利润最大化,有时根据投资协议,每个投资者从工程投资项目中获得相应份额的产品,即通过合作获得产品。

(4)可以合理有效地进行税务筹划。当合作经营采取非法人式组织形式时,工程投资项目本身不需要缴纳所得税,而且其经营业绩完全可以合并到工程投资项目各合作方的报表中去。因此,工程投资者可以充分利用这一特点对其自身进行合理有效的税务筹划,从而达到合理避税的目的。

(5)工程项目投资者融资安排的灵活性。在非法人式合营条件下,每一个工程项目投资者直接拥有其投入工程项目的资产,直接掌握工程投资项目的产品,直接控制工程投资项目的现金流量,而且可以合理有效地进行税务筹划,这就为每个工程项目投资者提供了独立的筹资空间,每个工程项目投资者都可以按照自身的要求安排工程项目融资。

2.契约型组织形式的弊端

(1)工程项目投资者的投资转让程序复杂,转让成本较高。与股权式合营相比,契约型合营投资者在工程投资项目中直接拥有其投入的资产,因此,投资的转让对象不是股权,而是特定的资产。而特定资产的转让一般在不具备完善的交易市场的条件下,其转让程序复杂,同时转让成本也较高。

(2)管理程序比较复杂。在非法人式组织形式下,由于缺乏现成的法律规范工程投资者的权益,投资者仅仅依赖合营协议来保护自己的权益,因此必须在合营协议中对所有的决策和管理程序按照问题的重要性加以规定。此外,由于工程项目管理委员会或聘请第三方作为工程项目的管理者,同样会导致管理链条的分散和拉长,导致管理程序的复杂化。

3.契约型组织形式的使用范围

一般地,契约型组织形式主要集中在石油天然气开发、采矿、初级矿产品加工、钢铁及有色金属等工程项目建设中。这些领域如由一个投资者来开发,其能力有限,故联合其他投资者共同开发,共同解决技术和管理问题,共担风险,但又不失去对工程投资项目的控制。

(三)合伙制组织形式

合伙制是两个或两个以上的合伙人之间以获取利润为目的的共同从事某项投资活动而建立起来的一种法律关系。合伙制不构成独立的法人主体,仅仅是通过合伙人之间的法律合约成立起来,没有法定的形式,一般也不需要注册。实践中的合伙制有两种形式:一是一般合伙制;二是有限合伙制。

1.一般合伙制

一般合伙制是所有合伙人对合伙企业的经营、债务,以及其他经济责任和民事责任均承担连带无限责任的一种合伙制形式。该种合伙制形式与股权制、契约型组织形式相比具有以下显著的特点:

(1)一般合伙制的资产由一般合伙人所拥有,每一个合伙人都有权参与合伙制的经营管理,各合伙人均承担无限连带责任。

(2)每个一般合伙人都可以要求以合伙人的名义去执行合伙制的权利,即当一个合伙人与第三者签订合同时，也就表明了一般合伙制也必须承担该合同的责任。同时，合伙人的权益转让也必须得到其他合伙人同意。

(3)可以充分利用税务优惠。由于合伙制企业不是一个纳税主体，合伙制企业在一个会计年度内的收益按照合伙契约规定的比例分配给合伙人，一般合伙人分得的收益允许与合伙人其他收益合并计算纳税，从而有利于合伙人较灵活地作出自己的税务安排。

(4)合伙制企业的管理比较灵活。每个合伙人都有权根据合伙协议参与工程投资项目的管理，难以发生少数人权利得不到保障的问题。

但是，一般合伙制组织形式也存在以下几个方面的弊端：

(1)合伙人承担无限连带责任。一旦工程投资项目出现问题，或者由于某个合伙人无力承担责任，其他合伙人就面临要承担超出其在合伙制企业中所占比例的责任风险。

(2)单个合伙人具有制约合伙制企业的能力。合伙制企业中，每个合伙人都被认为是合伙制的代理，因此，无论从表面上还是实质上都拥有代表合伙制企业签订具有任何法律效力的协议，这样便给合伙制的组织管理带来了许多问题。

(3)融资安排比较复杂。由于合伙制企业在法律上并不拥有工程投资项目资产，因此，其融资安排需要每一个合伙人同意将工程投资项目中属于自己的那部分资产和权益作为抵押或担保，并共同承担融资过程中的责任和风险。这样操作，比股权制的公司要复杂得多。

2.有限责任合伙制

有限责任合伙制是在一般合伙制基础上发展起来的一种合伙制形式，是指包括至少一个一般合伙人和至少一个有限合伙人在内的合伙制形式。其中，一般合伙人负责合伙制项目的组织、经营和管理，并承担对合伙企业的债务的无限连带责任；有限合伙人则不能参与工程项目的日常经营管理，而且也只承担着与其投资比例相对应的有限责任。

有限责任合伙制作为一种特殊的合伙制，其具有一般合伙制在税务安排上的优点，同时又在一定程度上避免了一般合伙制的连带责任问题，因而在工程项目融资中被广泛采用。

二、工程项目公司的运作方式

工程项目公司的运作方式是指工程建设业主在组建工程项目公司的基础上，由工程项目公司开展工程建设项目的经济分析、征地拆迁、设计报建、工程建设以及推广销售等工作所包含的一系列具体的运作内容和模式。工程项目公司是为某一特定的工程项目而成立的开发公司，负责该工程项目的开发和推广，当该工程建设项目开发完成以后，该工程项目公司可以依法注销或转变为工程建设项目的生产经营管理者。

(一)工程项目公司的运作内容

1.工程建设项目的前期策划

工程建设项目的前期策划工作一般包括机会研究、工程项目构思、工程目标设计、工程方案策划、工程项目的可行性研究及投资策划。可行性研究是对工程项目技术经济方案的可行性进行的全面技术经济论证，是对工程项目的构思、目标设计、方案策划工作的进一步细化。而工程投资策划是在经济分析的基础上，对工程项目的资金筹集、使用、回收以及相应措施进行详细的计划和控制。工程建设项目的投资策划是工程建设项目管理运作的工作指南，是工程建设项目开发建设成败的关键。一般地，工程建设项目投资策划的主要内容包括：

(1)对工程建设项目的投资成本进行分析，提供工程建设项目各方面的成本控制指标。工程建设项目的成本主要有土地成本、工程建设成本、推广成本等。同时，根据规划要求确定工程建设项目的容积率、配套设施面积等，从而计算工程建设项目的单位成本指标，为各阶段的投资控制提供依据。

(2)对工程建设项目进度进行分析，确定工程建设项目总目标进度计划。工程建设项目的目标进度计划包括征地拆迁进度计划、资金筹措进度计划、工程项目建设进度计划和推广进度计划等。工程建设项目总进度计划是各阶段进度的控制依据，各阶段进度是相互衔接不可分割的，必须依据工程建设项目开发的特点及资金运作的要求进行编制。

(3)对工程建设项目的资金筹集进行详细策划，确定融资渠道，合理选择融资方式，并结合工程建设项目的进度研究融资计划，最大限度地降低工程建设项目的融资成本。

(4)对工程建设项目的现金流量进行预测和计划。确定工程建设项目应该启动的资金数额，并制订资金的投入与回笼计划。

(5)在工程建设项目实施过程中，对工程建设项目的现金流量进行动态监控，根据计划控制工程建设项目开发费用的收支，及时发现收支实际与计划之间的差异，并分析产生差异的原因，从而采取适当的措施及时纠正偏差。

2.工程建设项目设计、报建、施工验收的监控运作

工程建设项目的监控运作包括以下几个方面的内容：

(1)建立工程建设项目质量监控体系。工程建设项目质量主要包括设计质量和工程施工质量。工程建设质量的控制可以通过招标挑选有实力的施工单位，同时委托监理公司、质量监测站进行质量监控。工程项目公司不应把主要的人力、物力用在对施工质量的监控上，其主要工作应放在做好工程建设项目设计质量的控制上。对工程建设项目的设计监控是工程项目公司运作中的难点和重点。在具体运作中应该采取以下方式完善工程建设项目设计监控体系：首先，进行工程建设项目的整体规划及单位工程招标，从中选择最佳方案，由中标设计单位负责工程建设项目的施工图设计任务。这样利用竞争机制，使设计单位在竞争中提高设计水平，工程项目公司从中选择经济实用、品质优秀的设计方案。第二，组织设计人员进行现场勘察，提高对现场的感性认识，同时避免设计图纸脱离实际，与现场环境不协调的现象。第三，实行定量限额设计，使工程建设项目的预算额不超出投资计划。设计招标时可以把方案的造价作为评标的一项内容，促使设计单位改变设计方法，由以往的单纯设计变为设计与预算同时进行，根据预算调整设计。第四，组织设计评审小组对各个专业的设计进行审核，评审工作主要在规划及方案设计阶段。评审小组由工程建设项目策划、监理等各方面负责人及各专业的专家组成，对设计提出全面的意见。第五，安排合理的设计进度，使出图的时间与招标、施工计划进度相吻合。最后，明确规定设计方的职责，规定设计质量奖惩方法，并要求设计项目负责人必须在工程进展过程中亲临现场进行必要的监督和指导。

(2)建立完善的进度计划及监控体系。按工程建设项目的进展过程，可将进度计划分为设计报建进度计划、施工准备阶段进度计划、施工进度计划、配套设施工程进度计划、竣工验收后的保修计划等。同时，与工程建设项目前期策划工作进度计划、征地拆迁进度计划等各分项计划要相互衔接，进度计划一经确定，应作为工作安排依据和工作考核标准。各个阶段计划的内容包括：①工程建设项目设计报建进度计划；②工程建设项目施工准备阶段的进度计划；③工程建设项目施工进度计划；④工程建设项目配套设施工程进度计划等。

(3)建立完善的工程建设项目投资监控体制。完善的工程建设项目投资监控体制主要是控制工程建设项目的投资支出。一般地，工程建设项目的投资支出包括工程建设项目的建设

用地成本、工程建设成本、工程建设项目的推广费用和财务费用等。这些投资支出有些是由政府有关部门收取的，可以根据有关规定计算出来；有些是支付给各施工单位、服务单位的工程费及服务费，这些费用准确测算起来比较困难，需要根据概算指标、市场情况等因素进行测算。将各项投资支出计划与实际进行对比分析，可找出实际与计划之间的差异，并分析差异产生的原因，从而采取有效的措施纠正偏差。

(4)建立完善的工程建设合同管理体系。在工程建设项目的实施过程中，工程项目公司与设计单位、监理公司、施工单位、材料设备供货等单位发生一系列的合同关系，通过合同形式来约束双方的权利与义务，共同完成工程建设项目的建设过程。工程项目公司通过合同对各单位进行监控，以保证项目按计划完成。同时，对违约方要依据合同进行索赔。

(5)组织对各单位的协调工作。工程项目公司必须在工程建设项目进展的各个阶段都真正起到组织者的作用，通过组织召开定期例会的方式，加强各方的沟通，从而使工程建设项目的建设达到预定的目标。

(6)负责申请并获取工程建设项目建设工程中的有关批文及许可证，如投资许可证、土地规划许可证、土地使用证、建筑规划许可证、建设规划许可证等。

(7)负责有关配套设施的报装工作，如电信、煤气、公共天线、门牌、施工临时水电及永久生活水电等报装工作。

(8)组织工程建设项目的有关验收工作，如竣工验收、建管验收等工作。

3.工程建设项目的市场定位与推广策划运作

商品社会的一切经济活动必须遵循市场规律，市场的需求情况决定商品本身的定位。因此，在工程建设项目可行性研究阶段，必须确定工程建设项目的市场定位，市场定位的研究主要包括以下几个方面的内容：

(1)深入研究国家及地方的有关政策、法规，了解政府对该行业所实施的主要的政策。如果政府扶植该行业的发展，它必将在税费、金融、法规等方面给予支持，使该行业的投资风险减少。因此，必须弄清楚工程项目建设公司拟开发的工程建设项目是否属于国家政策支持的产业，不能逆政策而行。

(2)根据工程建设项目地点、环境及规划要求等自身特点，广泛了解市场的需求情况，确定工程项目的主要消费群体，通过广泛调研，掌握这些消费群体的消费水平。

(3)了解附近同类工程项目的设计、价格、推广情况及开发商的实力等，权衡本公司竞争实力是否能击败对手，务求知己知彼。

4.工程计量运作

工程计量运作即负责工程建设项目的预算与结算工作，审核工程建设项目的工程量及工程价款，编制工程招标文件及标底，编制工程款支付计划，控制工程款的支付。计量工作是成本控制上最繁琐的工作，这要求计量人员有丰富的经验及专业知识。除此之外，还应该做到及时了解施工现场以及工程量实际发生变化的情况，及时对工程量的变化进行核实。

(二)工程项目公司的运作模式

工程项目公司的运作模式包括两种：一是委托代理模式；二是自行经营模式。

1.委托代理模式

所谓委托代理模式是指工程项目公司以委托人的身份将工程建设项目的前期策划工作、设计工作、报建工作、施工验收监控工作、市场定位与推广策划工作以及工程计量等主要工作委托给专业机构从事管理的一种运作模式。在这种运作模式下，工程项目公司主要依据委托代理合同行使委托人的职能，其自身业务也变得比较简单，因为主要的工作由专业机构负责。由于专业机构集中了大量的专业技术人才，由其进行工程项目的运作能最大限度地保证工程建设项目按时按质完成建设任务，从而达到工程建设项目的预定目标。此外，对工程建设业主而言，可以省去很多繁杂的工作，如全方位地招聘技术人员等。但该种运作模式的主要缺陷在于支付的费用较高，此外，当委托人怠于行使其职能时会产生一定的风险，特别是当委托人怠于行使其监督职能时，受托人的逆向选择可能会使委托人遭受严重的经济损失。

2. 自行经营模式

所谓自行经营模式是指工程项目公司从事工程建设项目的主要工作，只有当其不能从事某项工作时，才将该项工作委托给受托人负责的一种运作模式。在这种运作模式下，由于大部分工作由工程项目公司自行承担，因而有利于降低工程建设项目的运作费用。此外，对工程建设业主而言，由其成立的项目公司从事工程建设项目的运作，可以降低工程建设项目的运作风险。但是，该种运作模式也存在着一定的局限性，比如为了组建工程项目公司需要招聘各方面的专业技术人员，工作相对而言比较繁杂。

三、工程项目公司的项目管理

(一)工程项目管理的含义

工程项目管理是指对工程投资项目的筛选评价、建设实施以至投产使用所进行的一整套调查分析、评估决策和控制的过程。工程项目管理的主要目的和基本要求，是优化工程项目投资者的资源配置，提高投资者的资源利用效率，使工程项目在技术上得当、经济上合理，并能取得令工程项目投资者满意的投资效益。简单地说，工程项目管理是对工程项目所进行的全过程和全方位的计划、组织、控制和协调，从而保证工程项目目标的圆满实现。“计划”包括对投资者的投资意向和工程项目的比较选择、分析研究和规划设计，是对工程项目由粗到细的系列预测和决策，是决定工程项目大方向的，因而成为工程项目前期管理的核心，是整个工程项目工作的关键。“组织”则是指组建适当的管理系统，把工程项目的各有关要素和活动的各个方面和具体环节，在时间上和空间上有机地衔接起来，为实现工程项目的阶段性目标和总体目标而努力工作。组织和指挥，意味着指令的上传和下达，是实现工程项目计划的基本保证，若缺乏组织，有关活动则如一盘散沙，不仅人的积极性难以充分发挥，财力和物力也不可能得到有效的利用。“控制”就是按照原定的计划、发布的指令以及既定的原则，检查工程项目活动中有无偏差，如果存在偏差则应分析其原因，并采取措施予以纠正，使其按照预定的计划进行。因此，建立合理的规章制度，制定并规范各种定额和标准，明确岗位责任、各负其责，进行系统的检查、核算和行之有效的“纠偏”，是“控制”过程必不可少的工作。“协调”就是为实现工程项目计划目标对工程项目内外各有关部门和活动进行调节，使之密切配合、步调一致，形成最大的合力。

(二)工程项目管理的层次

与一般的管理相似，工程项目管理同样分为高层、中层和低层管理 3 个层次。工程项目的高层管理主要体现在工程项目投资前期决策上，如工程项目的可行性研究、工程项目评估决策等决定工程项目投资方向和选择工程项目方案等方面。工程项目的高层管理决定是否上和上什么样的具体工程项目。一切有关工程项目的重大问题(如工程项目投资规模、工程项目技术方案、工程项目大致方位的圈定以及工程项目与外部世界的联系和协调等)应由高层管理来决定。工程项目高层管理决策所需要的时间不长,费用不多,但对工程项目的成败却是举足轻重或者是决定性的。

工程项目的中、低层管理主要是指工程项目的实施管理,其中工程项目的设计、施工招标和谈判签约应为战略实施和中层决策性质,而对工程项目具体实施中的有关细节,如对人、财、物的具体管理,则是低层次的战术性和技术性管理办法。工程项目投产使用以后的常规运行、资金回收和总结评价等也以中低层管理为主。低层管理关系到工程项目每一组成部分和具体环节的成败,直接影响工程项目的建设质量、进度和成本。中层管理是高层管理和低层管理的桥梁,具有承上启下的特殊作用,因此,人们常常将工程项目管理理解为中层管理,即由业主授权工程项目经理和监理工程师,由他们代行其事、全权负责。

(三)工程项目公司的项目管理

工程项目公司的项目管理是指在工程项目投资者作出工程投资项目决策以后,组建工程项目公司,对工程建设项目的建设准备工作、勘察设计、施工及竣工验收等一系列活动进行规划、协调、监督、控制和总结评价,通过合同管理、组织协调、目标控制、风险管理和信息管理等措施,保证工程建设项目质量、进度、投资目标实现最优。从工程项目公司的管理任务来分析,其相当于工程项目管理的第二和第三层次,即工程项目管理的中、低层管理。概括而言,工程项目公司的项目管理主要包括以下几个方面的内容。

1.工程勘察管理

工程勘察是指为查明与工程项目建设有关的各种自然地质现象和条件,运用合理化手段所进行的系列测、勘、鉴、查以及有关的综合评价工作,主要包括工程测量、水文地质勘察和工程地质勘察。工程勘察是工程项目规划设计和施工的直接依据和前提。工程勘察管理的关键是工程的质量和进度。工程项目的工作进度应该符合合同的规定,满足工程项目规划设计和施工时间安排的需要,必须保质保量地完成所有应做的勘察和分析工作,要求地质勘察资料和图纸齐全、准确,能够满足工程设计和施工的需要。为了确保工程勘察的质量和进度,工程项目管理公司应该实行勘察的全过程跟踪,并全面审查工程勘察资料的真实性和准确性。

2.工程规划设计管理

工程项目的规划设计是工程项目施工的前提,工程项目的设计工作直接关系到工程项目的功能和投资效益,其是工程项目管理的重要内容之一。工程规划设计主要包括初步设计和施工图设计两个阶段的内容。

工程规划设计管理的核心问题是规划设计工作的质量,因此,工程项目公司必须对规划设计工作进行审查和监督,主要应从规划设计工作的合规性、合理性和综合性等几方面着手进行审查,即审查规划设计是否符合法律法规、专业规范和技术标准(如不应该选择落后甚至被淘汰的工艺、设备,达不到环境保护标准的工艺设备);是否兼顾了技术上的先进性和经济上的合理性两个方面。在具体的管理细节上,要注意坚持必要的规划设计周期和多方案的比较,坚持阶段性的审批制度,坚持规划设计变更的有关规定。

3.工程建设合同管理

工程建设合同管理主要是针对各类合同(如勘察设计合同、施工合同、建设物资采购合同、建设监理合同等)的依法订立过程和履行过程的管理。其包括合同文本的选择,合同条款的协商和谈判,正式合同书的签订;建设合同的履行、检查、变更和违约、纠纷的处理;总结评价等。

工程项目公司的合同管理主要是工程项目公司代表建设业主进行合同管理，其服务于工程项目实施的总目标，着力于合同结构的策划，通过合理的合同结构，理顺工程项目内部的管理关系，避免产生相互矛盾、脱节和混乱失控的项目组织管理状态。

由于工程建设合同管理不仅需要具备系统的合同法律知识，而且需要熟悉工程建设领域生产经营、交易活动和经济管理基本特点及基础业务知识，因此，通常需要由专业合同管理人员或委托工程建设咨询机构来承担。工程项目管理人员也必须学习和掌握合同法律的基本知识，学会应用法律和合同手段，指导项目管理工作，正确处理好相关的经济合同关系。

4.组织协调

建设项目组织协调是项目管理的职能，是管理技能和艺术，也是实现项目目标必不可少的方法和手段。在项目实施过程中，各个项目参与单位需要处理和调整众多复杂的业务组织关系，主要内容包括 3 个方面的协调：一是工程项目公司与外部环境之间的协调；二是工程项目参与者之间的协调；最后是工程项目公司内部机构之间的协调。

5.工程项目建设目标控制

工程建设项目的目标控制是实际建设项目管理的重要职能，是工程项目公司的管理人员在不断变化的动态环境中，为了保证计划目标的实现而进行的一系列检查和调整活动的过程。即工程项目公司按照既定的目标，对被控制对象在实施过程中不断进行调查和分析，将实际与计划进行对比，以找出实际脱离计划的差异，并针对差异产生的原因采取有针对性的措施加以调节和纠正，从而满足既定目标的要求。工程建设项目的目标控制包括以下几个环节：①既定目标的设定；②信息收集和整理；③比较实际和计划之间的差异，并分析差异产生的原因；④根据差异产生的原因采取纠偏和调整措施。

6.工程建设项目的风险管理

随着工程建设项目规模的不断扩大和技术的日益复杂化，建设业主所面临的风险也越来越大。因此，要保证工程建设业主的投资收益，必须对工程建设项目风险进行系统分析和评价，并提出有针对性的分散风险的对策。工程建设项目风险包括自然风险、技术风险、设计风险、施工风险、财务风险、政策法律风险、环境风险和市场风险等。一般地，工程项目公司的风险管理包括以下几个步骤：①风险管理目标的确定；②针对风险的性质，有效地识别风险并加以分类；③对非系统风险进行定量和定性分析和评价；④对风险进行规划并作出决策；⑤实施风险管理计划，并分析计划的实现情况和产生差异的原因；⑥根据差异产生的原因采取纠偏措施；⑦对风险管理效果进行检查和总结。

7.工程项目公司的信息管理

工程项目公司的信息管理是对有关工程建设项目的各种信息的收集、分类、加工整理、储存传递和使用等一系列工作的总称。工程项目公司的信息管理是工程建设项目目标控制的基础，因此，应及时准确地生成信息并向工程建设项目各利益主体传递信息，以便在工程建设项目进展过程中动态地进行工程建设项目规划，迅捷地作出各种决策和检查决策的执行结果，以反映工程建设项目实施过程中暴露出来的各种问题，对工程建设项目总体目标服务具有十分重要的意义。

8.工程项目公司的环境保护管理

工程建设项目的实施过程和结果，存在着影响和导致环境恶化的各种因素。因此，工程项目公司在管理过程中必须强化环境保护管理，充分预计工程建设项目有可能对环境造成的不利影响。在研究和掌握国家和地区有关环境保护方面的法律法规及规章制度的基础上，针对具体的影响提出有针对性的解决措施，向环境保护部门报告，以争取环境保护部门的审核批准。在工程建设项目实施过程中严格执行，将改进措施落到实处，从而，最大限度地降低因环境问题造成的损害。

四、工程项目经营权的转让、租赁、并购

(一)工程项目经营权的转让

工程项目经营权的转让是指工程投资项目竣工验收交付使用以后，在产权界定、资产评估的基础上，将工程项目的经营权售让给境内外企业并给予其一定的经营权利，受让方在经营期限内享有工程投资项目的经营权和收益权，并负责工程项目的维护，到期后再将经营权返还给出让方的一种经济行为。一般情况下，工程建设业主可以与受让方协商签订工程项目经营权的转让协议，但对一些公益性基础设施项目，双方在签订协议时必须符合国家有关规定。以收费公路经营权的转让为例，交通运输部对此就有明确的规定，这些规定主要体现在以下几个方面：

1. 转让公路经营权的范围

明确规定是经国家和省级人民政府授权的交通主管部门组织竣工验收投入使用的，并符合国家有关规定，经批准允许收费的汽车专用公路及其附属设施(一般二级公路除外)、特大型独立桥梁和隧道；经省级人民政府或其授权部门批准经营的公路沿线土地，以及汽车专用公路服务区的餐饮、加油、维修、旅馆及商店等。

2. 转让公路经营权的审批原则和程序

明确规定转让公路经营权必须遵守以下原则和程序：

(1)必须依照国家有关规定进行公路路产评估，并以确认的评估价值作为确定公路经营权转让期限和投资回收额的依据。严格禁止将公路经营权低价转让，也不准以赊销方式转让。

(2)国道和有中央投入资金建设的公路，在进行路产评估前应按照国家有关规定向交通运输部申报评估立项；省道和地方投入资金建设的公路，在进行公路路产评估前应按规定向省级人民政府或授权部门申报评估立项。

(3)公路路产的评估必须委托具有法定评估资格的评估机构进行。

(4)路产经营权向外商转让，无论是部分转让还是全部转让，均应该按照国家规定的外商投资企业审批权限的划分和审批程序，办理审批手续。

(5)转让经营权的期限一般在20年以内，最长不超过30年。在转让经营期间，国家可按公路网建设的需要对其公路进行改建，所需资金的筹集及利益分配办法另行制定。

(6)转让公路经营权取得的收入必须用于偿还所转让公路经营公路建设贷款和新的公路建设项目，任何单位和个人都不得将转让经营权收入挪用或用于发放工资、奖金等其他开支。

(7)凡有中央投资的公路路产，其经营权转让取得的收入归中央所有或由交通运输部委托地方交通主管部门代部监管，并可继续用于该地区的公路建设。

3. 对公路经营者的基本要求

(1)除人力不可抗拒的自然灾害和重大交通事故以外，经营者在经营期间应保障公路安全畅通。

(2)经营者有责任保护路产路权，并依法制止各种侵占、损坏公路、公路用地及公路附属设施的行为。制止无效时，应及时报告交通主管部门进行处理。

(二)工程项目经营权的租赁

租赁是工程项目投资人与承租人通过签订契约的方式明确双方的权利与义务关系,工程项目投资者将自己所有的工程项目使用权转让给承租人,并按期从承租人处取得一定数额的租金的一种经营活动。按照与工程项目所有权相关的风险和报酬是否转移来分,工程项目租赁可以分为经营租赁和融资租赁两种。

经营租赁又称为营运租赁或服务性租赁,它是工程项目建设业主同时提供工程项目与维修服务给承租人的租赁。这种租赁方式具有以下特点:

(1)租赁期限短于工程项目的寿命周期,即租赁到期后,工程项目建设业主可以收回工程项目由自己使用或再租给其他单位。

(2)工程建设业主可提供专门服务,如对工程项目的维修、保养,或提供专门的技术服务,所发生的费用作为工程建设业主租金收入的抵减。工程项目的折旧也由建设业主提取,折旧支出一样由建设业主在租金收入中抵减。

(3)租赁合同比较灵活,在合理限制条件范围内,可以解除租赁契约。由于工程项目建设业主承担了中止租约的风险,租金一般要高于融资性的租金。

融资租赁又称为财务性租赁或资本性租赁,是承租人因租用了工程建设业主的工程项目而必须给建设业主一系列租金的一种契约性协议。这种租赁必须满足以下 4 个条件:

(1)工程项目所有权在租赁期满时转换给承租人。

(2)承租人有廉价购买工程项目的权利。

(3)租赁期等于或长于工程项目估计使用寿命的 75%。

(4)在租赁开始时,承租人付给工程建设业主的最低租金现值等于或超过工程项目公平价值的 90%。

只有符合以上 4 个条件,承租人才被认为获得了工程项目的经济利益,但需要承担工程项目的风险。只有这种租赁才叫做融资租赁,否则只是经营租赁。

一般地,工程项目租赁可以在出租人和承租人之间通过合理协商确定租赁的形式、租赁的期限及租金的支付方式等具体事项,但对于公益性基础设施项目,租赁形式、租赁期限和租期一般都有明确的规定,因此,建设业主必须在这些规定的范围之内签订租赁协议。如果承租方的主要目的在于融物,即获得工程项目的经营权,则一般为经营租赁;如果承租方的主要目的在于融通资金,即未来永久性地获得工程项目的所有权,则一般为融资租赁。

(三)工程项目经营权的并购

工程项目经营权并购是指以工程项目经营权为并购对象的兼并和收购。兼并是指两个或两个以上的工程项目经营权的合并,原工程项目的权利和义务关系由合并以后的控制主体承担,一般是在工程项目经营者同意并得到工程建设业主支持的情况下,按照法律程序进行。而工程项目经营权的收购则是经济主体以现金、债券或股票等方式,购买建设业主工程投资项目的经营权,从而获得工程项目经营权的行为。工程项目经营权的并购一般应该遵循以下基本程序:①确定并购对象,即并购经济主体根据其并购目的来寻求合适的工程项目经营权。对并购主体而言,确定并购对象大致有三条途径:一是自行搜索信息,选择并购对象;二是通过主管部门或有关中介“牵线搭桥”;三是通过新闻媒介公开“招标”。②进行可行性论证。确定并购对象以后,并购主体必须获取工程项目尽可能详细的资料,从经济上论证工程项目经营权并购行为是否可行。③报有关部门审批。如果工程项目经营权属于国有资产伴生的权利,则必须报国有资产管理部门审核批准。④确定成交价格,并签订协议。

由于工程项目投资额巨大,其涉及的利益主体也比较多,因此,在具体并购操作过程中必须慎重,稍有不慎,则很有可能导致决策失误或损害各利益主体之间的利益。

第二节　工程项目的选择与评价

一、工程项目经济可行性研究

(一)工程项目经济可行性研究的概念

工程项目经济可行性研究是指对工程项目作出投资决策之前,从经济上对工程项目进行分析论证,从而确定工程项目经济上是否可行的一种科学的分析方法与技术手段。

(二)工程项目经济可行性研究的作用

工程项目经济可行性研究是工程项目建设前期工作的重要组成部分,对工程建设项目而言,其具有以下几个方面的重要作用:

1.工程项目经济可行性研究是工程项目投资决策的依据

工程项目经济可行性研究对与工程项目有关的各个方面进行了调查研究,以大量的数据资料为基础,并采用合理科学的方法和技术手段从经济上论证了其是否可行,因此,工程项目建设业主可以根据经济可行性研究报告,结合自身的人力、财力和物力,作出是否应该投资以及如何投资的决策分析。

2.工程项目经济可行性研究是工程项目融资的依据

根据工程项目经济可行性研究的结果,可以得出工程项目建设所需要的资金额度,工程项目建设业主以此为基础,确定其应该筹集多少资金以及采取何种方式筹集资金。当其向金融机构申请贷款时,金融机构可以通过审查工程建设项目的可行性研究报告,确认工程建设项目的经济效益水平以及建设业主偿还债务的能力,在不承担巨大风险的前提下,将资金提供给建设业主。这样,对于工程项目建设业主合理利用资金,提高工程项目的投资效益,具有积极的作用。

3.工程项目经济可行性研究的结果可以作为工程项目业绩考核的依据

工程项目经济可行性研究的结果,为工程项目竣工投产以后的生产经营业绩考核提供了基本依据。

(三)工程项目经济可行性研究的主要目的

工程项目经济可行性研究是工程项目进行投资决策的前提条件和基本依据,概括而言,工程项目经济可行性研究的主要目的有以下几个:

1.满足投资者投资效益最大化决策所需信息的要求

投资者进行投资并不满足于获得一定的投资报酬率,因此,其在进行工程项目投资方案的选择时,会尽可能从多个工程项目投资方案中选择一个最佳的方案,从而达到追求投资收益最大化决策所需信息的目的。

2.避免错误的工程项目投资决策

工程建设项目由于具有投资额巨大,建设周期长等特点,而市场的变化速度相对而言却快得多，因此，投资者必须在工程项目投资方案实施之前作出准确无误的判断，从而避免错误的投资决策。

3.避免工程投资项目方案的多变性

工程投资项目建设方案一旦发生变化，则会造成建设业主大量人力、物力和财力的浪费，从而直接影响工程建设项目投资的经济效果。

(四)工程项目经济可行性研究报告

1.工程项目经济可行性研究报告的编制要求

工程项目经济可行性研究报告编制时必须遵循以下几个方面的要求：

(1)客观性要求。工程项目经济可行性研究报告作为工程项目投资决策的依据之一，必须保证报告的客观真实性，即工程项目经济可行性研究报告的编制者必须在经过大量的实际调查，获取第一手资料的基础上，对资料进行分类、整理和系统分析，并根据分析结论生成工程项目经济可行性研究报告。决不能凭主观想象，凭空捏造数据，或受制于行政干预撰写与事实不相吻合的工程项目经济可行性研究报告。

(2)相关性要求。工程项目经济可行性研究报告主要是为工程项目投资决策主体提供相关的决策信息，信息是否对决策主体有用，是编制工程项目经济可行性研究报告的第二个要求。因此，在具体编制工程项目经济可行性研究报告时，必须与决策主体的决策目标相关联。

(3)科学地选用经济评价指标。工程项目经济可行性的评价结果是通过采用一系列评价指标而生成的，这些指标数量繁多，每一个评价指标的侧重点各不相同，因此，在具体进行评价时，必须将系统目标与分层目标结合起来协调考虑，从而保证工程项目经济评价指标的科学合理性。

(4)签证与审批要求。工程项目经济可行性研究报告作为工程项目可行性研究报告的一个重要组成部分，必须经过签证与审批。工程项目经济可行性研究报告编制完以后，必须有编制单位经济方面的负责人签字，并对研究报告的质量承担责任。此外，对于必须报上级主管审批的项目，还必须报上级主管部门审批。

2.工程项目经济可行性研究报告的主要内容

工程项目经济可行性研究报告并没有统一规定的格式和应该包含的内容，一般来说，完整的工程项目经济可行性研究报告主要应包括以下几个方面的内容：

(1)总论。这部分内容主要说明工程建设项目提出的背景，工程建设项目投资的必要性和经济意义，以及开展工程项目投资研究的基本依据和范围。

(2)工程项目市场需求预测。市场需求预测是工程项目经济可行性研究的重要环节，如果对市场需求情况不作调查了解，不作分析；或者调查了解不充分，分析判断不当，则会导致工程投资项目决策的失误。通过预测，可获取工程项目竣工投产以后未来的收益和现金流量状况，为工程项目经济分析与评价提供基本的数据资料。

(3)工程项目投资规模的预测。工程项目经济可行性研究报告还必须包括投资规模的预测是否因为工程项目的投资规模大小决定了工程建设项目融通资金的数量，以及采取何种方式融通资金。这样，便为融资决策打下了坚实的基础，同时也为工程项目经济可行性评价提供了基本的数据资料。

(4)工程项目经济可行性评价内容及指标的选用。工程项目经济可行性评价内容不仅包括财务评价，而且还包括国民经济评价；而工程项目经济可行性评价指标不仅包括静态评价指标，而且还包括动态评价指标。因此，在工程项目经济可行性评价报告中，必须列示工程项目经济可行性评价的内容及选用的评价指标。

(5)工程项目经济可行性评价结果。工程项目经济可行性评价的直接目标是要得出工程项目在经济上是否可行的评价结论，通过计算一系列的评价指标，在综合考虑工程项目投资风险的条件下，必须得出工程项目在经济上是否可行的结论，从而为工程项目投资决策提供基本的信息依据。

二、工程项目的现金流量分析

(一)现金流量的含义

现金流量又称现金流动，是指在工程项目投资决策中，工程投资项目在计算期内因资本循环可能或应该发生的各项现金流入与流出的统称。它以收付实现制为基础，以反映广义现金(货币资本)运动为内容，是计算工程投资项目评价指标的主要依据和关键信息之一。

现金流量作为工程项目投资决策的主要信息有以下优点：

(1)现金的收支运动可以实时、动态地反映工程项目投资的流向与回收的关系，使工程项目投资决策者处于投资主体的位置，以便于更完整、全面地评价工程项目的投资效益。

(2)采用现金流量可以避免贯彻权责发生制时必须遇到的因会计处理方法不一致而导致的不同工程项目投资方案收益指标相关性差、透明度不高的缺陷，使不同的工程投资项目具有可比性。

(3)利用现金流量，因排除了非现金收付内部周转的资本运动形式而简化了计算过程。

(4)利用现金流量使得应用货币时间价值的形式进行动态投资效果的综合评价成为可能。

(二)工程投资项目现金流量的内容

1. 工程投资项目现金流量的有关假设

一般地，一个工程投资项目资本负债的增加及非现金资产的减少可以引起现金流入；减少资本、负债或增加非现金资产又能导致现金流出。但现金流入究竟应该包括哪些内容，应该视特定决策和时间观念而定。为了便于理解和简化现金流量的计算过程，特作如下假设：

(1)财务假设。财务假设是指工程项目投资者仅仅出于财务可行性的角度考虑现金流量。

(2)全投资假设。全投资假设是指按照整个工程投资项目的范围确定现金流量的内容，将工程投资项目所需资金全部视为自有资金，不论是否存在借入资金。

(3)项目计算期假设。项目计算期是指工程投资项目的有效持续时间，即从建设期到清理的全部年份。假定工程项目计算期是由建设期、试产期和达产期3个阶段组成，后面两个阶段合称为生产经营期。第0年称为建设期起点，项目计算期最后一年(第n年)称为项目终结点。

(4)时点假设。为了便于利用货币时间价值指标来评价工程投资项目在经济上是否可行，不论时点指标还是时期指标，除个别说明以外，均假定可按照各有关时点指标进行处理。

(5)一致性假设。为了保持投资项目现金流量计算的客观合理性，在计算现金流量时应该前后各期保持一致。如确实需要更改计算方法和处理方式，则必须遵循有利于决策的科学性和客观性。

(6)确定性假设。一般地，投资项目未来的现金流入和流出具有不可预见性，特别是在投资环境日益复杂的情况下更是如此。为满足定量决策的需要，假设投资项目未来若干期内的现金流入和流出都是确定的。

2. 工程投资项目现金流量的具体内容

(1)现金流入

作为工程投资项目,其项目投资计算期内的现金流入包括以下几个方面的内容:

①经营收入。指工程项目竣工投入使用以后所获得的经营收入。作为工程投资项目整个经营期间的经营收入,本来应该按照当期实际收到的款项与回收以前期间应收款项的合计数确认,但是为了简化计算,可以假定正常经营年度内每期发生的应收债权与回收以前期间的债权大体相等。经营收入是经营期间主要的现金流入项目。

②固定资产余值的回收。即工程投资项目在终结点报废清理或中途变价转让时所回收的价值。

③流动资金的回收。指工程投资项目计算期完全终止时(终结点)因为不再发生新的替代投资而回收以前垫付的全部流动资金。回收的流动资金和固定资产余值统称为回收额。

④其他现金流入。是指除了以上3项以外的现金流入项目。

(2)现金流出

作为工程投资项目,其项目投资计算期内的现金流出包括以下几个方面的内容:

①工程项目建设投资。即在工程项目建设期内按一定的建设规模和建设内容进行的固定资产、开办费等项投资的总和。其中需注意的是,固定资产投资可能和计算折旧的固定资产原值之间存在差异,其原因在于固定资产的原值可能包括工程项目建设期内资本化利息。两者之间的关系是:固定资产原值=固定资产原始投资+建设期资本化利息。

②垫支流动资金。指工程项目投产前后分次或一次投放于净流动资产项目上的投资增加额。垫支流动资金和建设投资合称为原始总投资,再加上资本化利息便构成了项目投资总额,但资本化利息不属于现金流出的范围。

③经营成本。又称为付现成本,它是工程项目竣工投产后,在经营过程中发生的付现成本。某年的付现成本等于当年的总成本费用(包括期间费用)扣除该年折旧额以及费用摊销额以后的差额。因为总成本费用中包含了部分非现金流出的内容,这些项目大多与固定资产和开办费等长期资产的价值转移有关,而不需动用现金支付。此外,在全投资的假设下,经营成本还应该扣除财务费用中的利息支出。对经营成本的节约额通常以负值计入现金流出项目,而并非列入现金流入项目。

④各种税款。指工程项目竣工投产后在营运过程中依法缴纳的、单独列示的各种税款。

⑤其他现金流出。指不包括在以上内容中的现金流出项目。

3. 净现金流量

1)净现金流量的含义及其理论公式

净现金流量又称为现金净流量,是指在工程项目计算期内由每期现金流入量与同期现金流出量之间的差额所形成的序列指标。其是工程项目经济评价指标计算的重要依据,计算理论公式为:

$$NCF_t = CI_t - CO_t \qquad (t=0,1,2,\cdots,n)$$

式中:NCF_t——任意第t期的净现金流量;

CI_t——任意第t期的现金流入量;

CO_t——任意第t期的现金流出量。

由于工程项目计算期不但包括经营期,而且包括建设期,因此,无论在经营期还是在建设期,都应该存在净现金流量这个范畴。

2)净现金流量的简化计算公式

(1)建设期。若原始投资均发生在建设期内,则建设期内净现金流量的计算公式为:

$$NCF_t = -\text{该期发生的投资额}$$
$$= -I_t \qquad (t = 0,1,2,3,\cdots,s,s \geqslant 0)$$

式中:I_t——第 t 期投资额;

I——原始投资额,$I=\sum_{t=0}^{s} I_t$;

s——建设期期数。

由上式可知,当建设期 s 不为 0 时,建设期内净现金流量的数量特征取决于其投资方式是分次还是一次投资。

(2)经营期间。工程项目经营期间现金净流量的计算公式为:

$$NCF_t = \text{该期利润} + \text{该期折旧} + \text{该期费用摊销} + \text{该期回收额} + \text{该期利息费用}$$
$$= P_t + D_t + M_t + R_t + C_t$$

式中:P_t——第 t 期利润(指营业利润或净利);

D_t——第 t 期计提的折旧;

M_t——第 t 期费用的摊销;

R_t——第 t 期回收额;

C_t——第 t 期利息费用。

4.净现金流量计算举例

【例 3-1】 某工程建设业主拟投资某一工程项目,该工程项目为一条先进的生产线。该工程项目的投资主要由两部分组成:一是房屋建筑物;二是先进的生产设备。房屋建筑物和先进设备都采用一次性购入的投资方式,房屋建筑物价款为 400 万元,设备的购买成本为 700 万元,设备购进后,需发生安装成本 100 万元,安装期为一年。设备安装完工后立即投入使用,使用该设备每年可获得经营收入 2 000 万元,同时发生付现经营成本 1 285 万元,该设备可以使用 10 年,10 年后有净残值 50 万元。该企业建设业主生产经营期间非付现成本只有固定资产折旧,其适用所得税率为 40%。

解: $NCF_0 = -(400+700+100) = -1\,200$(万元)

$NCF_1 = 0$

$$NCF_2 = \left(2\,000 - 1\,285 - \frac{1\,200-50}{10}\right)(1-40\%) + \frac{1\,200-50}{10} = 475(\text{万元})$$

$NCF_3 = NCF_4 = \cdots\cdots = NCF_{10} = 475$(万元)

$NCF_{11} = 475+50 = 525$(万元)

三、工程项目评估

(一)工程项目评估的概念

银行或非银行金融机构根据建设投资单位的申请及其有关呈报资料(主要是项目可行性研究报告等),运用科学的方法和手段,对申请贷款项目的组织规划、技术经济以及财务和社会效益等有关内容进行全面的审查、分析与评价,最后提出报告,明确决策建议及是否给予贷款支持。这在银行业务中称为贷款的项目评估,也是传统的项目评估概念。所谓评估即为评价、估测和判断决策的意思。本章所指的工程项目评估是指工程建设业主对工程建设项目所作的最终技术经济论证和决策的过程。

(二)工程项目评估的主要内容

从总体上分析,工程项目评估的内容范围十分广泛,既包括工程项目的技术评估,也包括工程项目的经济评估,此外,还包括工程项目的社会效益评估等内容。本书只涉及工程项目的经济评估。工程项目的经济评估涉及两方面的内容:一是作为工程建设业主的财务评估;二是国民经济评估。

(三)工程项目财务评估

工程项目财务评估是从工程建设业主的角度,以项目预期产生的效益和预期所发生的费用为基础,通过采用一系列的评估指标,计算出指标的数值,据以判断工程项目在财务上是否可行的过程。这一过程包括了收集评估基础数据,选择合理具体的评估指标,计算分析指标数值,并根据计算出来的数值得出评估结论等几个环节。工程项目财务评估的关键在于合理选择财务评估指标。

按照工程建设业主在对工程项目进行财务评估时是否考虑了货币的时间价值,可以将工程项目财务评估指标分为两类:一是静态评价指标,这类指标在评估时不考虑货币的时间价值;二是动态评估指标,这类指标在评估时考虑了货币的时间价值。

1. 静态评估指标

静态评估指标主要有静态投资回收期和投资收益率两个指标。

(1)静态投资回收期

静态投资回收期又称为全部投资回收期或投资返本期(通称回收期),是指以投资项目经营净现金流量抵偿原始投资额所需的全部时间。该指标以年为单位,有两种形式:一是最常见的包括建设期的投资回归期 PP;二则是不包括建设期的投资回归期 PP′。显然,建设期为 s 时,$\mathrm{PP}'+s=\mathrm{PP}$。只要求出其中一种形式,就可以很方便地推算出另一种形式。

静态投资回收期的计算公式为:$\sum_{t=0}^{\mathrm{PP}}\mathrm{NCF}_t=0$,式中 PP 为静态投资回收期。在具体计算过程中,如果投资额均发生在建设期内,投产后若干年(设为 M 年),每年经营净现金流量相等,且满足投产后前 M 年每年相等的 NCF 合计数≥原始投资合计数,则可按简化公式计算不包括建设期的投资回收期 PP′,即:

$$\mathrm{PP}'=\frac{\text{原始投资额合计数}}{\text{投产后前若干年相等的净现金流量}}$$

【例 3-2】 资料如例 3-1 所示。

由于投产后前 9 年每年现金净流量相等,为 425 万元,且满足 9×425=3 825 万元>1 250 万元,故:

$$\mathrm{PP}'=1\,250\div425=2.53(\text{年})$$

【例 3-3】 某工程投资项目原始投资额为 1 000 万元,项目寿命周期为 10 年,该工程投资项目投产后,各年净现金流量如表 3-1 所示。

投资项目现金净流量表　　表 3-1

年　份	1	2	3	4	5	6	7	8	9	10
NCF(万元)	50	100	50	150	150	200	350	200	350	100

由于各年现金净流量不相等，故只能采用通用公式予以计算。计算出累计现金净流量，使之与原始投资额相等即可。计算如表 3-2 所示。

投资项目累计现金净流量计算表(单位：万元)　　表 3-2

年　份	净现金流量	累计净现金流量
1	50	50
2	100	150
3	50	200
4	150	350
5	150	500
6	200	700
7	350	1 050

从累计净现金流量表中可以看出，该项目静态投资回收期应介于第 6 年和第 7 年之间，故可以采用插值法求解，即：

$$(700-1\ 000)\div(700-1\ 050)=(6-N)\div(6-7)$$

则 $N=6.86$(年)。

静态投资回收期指标的决策标准为工程投资项目的静态投资回收期越短越好。通常将静态投资回收期与工程投资项目寿命周期的一半来进行比较，如果静态投资回收期小于工程投资项目寿命周期的一半，那么工程投资项目在经济上是可行的，反之则不可行。

静态投资回收期指标的优点是可以直接利用净现金流量信息，计算比较简单，易于理解；但是该指标没有考虑货币的时间价值，不能准确地反映工程投资项目建设期长短及投资方式的不同对工程投资项目的影响。另外，该指标的计算公式中的分子和分母的时间特征不一致，即一个是时期指标，一个是时点指标，因而可比性基础较差。

(2)投资利润率

投资利润率又称投资报酬率(记作 ROI)，是指工程投资项目达产期正常年度利润或年均利润占投资总额的百分比。其计算公式为：

$$投资利润率=\frac{年平均利润}{投资总额}\times100\%$$

或：

$$ROI=\frac{P}{I'}\times100\%$$

式中：P——达产期内年平均利润；

I'——投资总额。

【例 3-4】 仍以例 3-1 有关资料为例。

解： 年平均利润总额 $P=\left(2\ 000-1\ 285-\frac{1\ 200-50}{10}\right)\times(1-40\%)$

$=360$(万元)

$$投资总额=400+700+100=1\ 200(万元)$$

$$投资利润率=(360\div1\ 200)\times100\%=30\%$$

投资利润率的决策标准为工程投资项目的投资利润率越高越好，低于无风险投资利润率的方案在经济上是不可行方案。

投资利润率指标的优点是简单、明了、易于掌握，且该指标不受工程投资项目建设期长短、投资方式、回收额的有无以及净现金流量的大小等条件的影响，能够说明各工程投资项目的收益水平。该指标的缺点有：①该指标未考虑货币的时间价值，不能正确反映工程投资项目建设期长短及投资方式不同对项目经济评价的影响；②该指标的分子和分母时间特征不一致（分子是时期指标，分母是时点指标），因而，在计算上可比性基础差；③该指标的计算无法直接利用净现金流量信息。

2. 动态评价指标

(1)动态投资回收期

动态投资回收期是按照现值法计算的工程项目投资回收期，其计算公式为：

$$\sum_{t=0}^{N}\frac{CI_t-CO_t}{(1+R)^t}=0$$

式中：CI——第 t 年的现金流入量；

CO——第 t 年的现金流出量；

R——贴现率；

N——动态投资回收期。

动态投资回收期与静态投资回收期相比，其优点是考虑了货币的时间价值，缺点是计算技术比较复杂，同时，在工程投资项目的回收期不长和贴现率不大的情况下，两种投资回收期计算得出的结果差别不大，不会影响工程投资项目的选择。因此，只有在静态投资回收期很长的情况下，才有必要进一步计算动态投资回收期指标。

(2)净现值

净现值是指工程投资项目未来现金流入量的现值与未来现金流出量的现值之间的差额。如净现值为正数，即贴现后现金流入大于贴现后现金流出，则该投资项目的报酬率将大于预定贴现率。如净现值为0，即贴现后现金流入等于贴现后现金流出，则该投资项目的报酬率相当于预定贴现率。如净现值为负数，即贴现后现金流入小于贴现后现金流出，则该投资项目的报酬率小于预定贴现率。

计算净现值的公式为：

$$NPV=\sum_{t=1}^{n}\frac{CI_t}{(1+i)^t}-\sum_{t=0}^{n}\frac{CO_t}{(1+i)^t}$$

式中：n——工程项目投资涉及的年限；

i——预定贴现率；

CI_t——第 t 年的现金流入；

CO_t——第 t 年的现金流出。

【例3-5】 以例3-1的资料为例。设预定贴现率为10%，则：

$$\begin{aligned}NPV&=475\times(P/A,10\%,9)\times(P/S,10\%,1)+525\times(P/S,10\%,11)-1\,200\\&=475\times5.759\times0.909\,1+525\times0.350\,5-1\,200\\&=2\,486.865\,8+184.225-1\,200\\&=140.878\,3(\text{万元})>0\end{aligned}$$

净现值所依据的基本原理是：假设预计的现金流入在年末肯定可以实现，并把原始投资看成按预定贴现率借入的。当净现值为正数时，说明偿还本息后，该项目还有剩余收益；当净现值为0时，说明偿还本息后一无所获；当净现值为负数时，说明该项目收益不足以偿还本息。

净现值这一指标具有广泛的适用性，在理论上也比其他方法更完善。在计算净现值时，主要问题是如何确定贴现率，贴现率的确定方法有两种：一是依据资金成本确定；二是根据企业要求的最低资金利润率确定。前一种方法由于资金成本的确定比较困难，因此限制了其应用范围；后一种方法是根据资金的机会成本，即一般情况下可以获得的报酬率来确定，因而比较容易解决。

(3)净现值率

净现值率是指工程投资项目的净现值与原始投资额现值之间的比，其计算公式为：

$$NPVR=\frac{NPV}{\sum_{t=0}^{s} I_t\times(1+i)^{t}}\times 100\%$$

式中：NPVR——净现值率；

NPV——净现值；

I_t——第 t 年的原始投资额；

i——预定贴现率。

【例 3-6】 以例 3-5 的资料为例，设预定贴现率为 10%，则：

$$NPVR=140.8783\div[1200\times(1+10\%)^{-0}]=11.74\%$$

实际上，净现值率是净现值的一个补充指标，由于净现值指标未考虑不同投资规模对工程投资项目评估结果的影响，因此导入了净现值率这一补充指标。当各个工程投资项目投资额不相同时，最好采用净现值率指标。利用净现值率指标作为工程投资项目评价指标，工程投资项目财务上可行的必要条件是工程投资项目的净现值率要大于 0。当有多个工程投资项目可供选择时，应尽可能选择净现值率较高的工程项目投资方案。

(4)现值指数

现值指数是工程投资项目未来现金流入量的现值与现金流出量的现值之间的比率，亦称现值比率、获利指数、贴现后收益成本比率等。

现值指数的计算公式为：

$$PI=\frac{\sum_{t=1}^{n} CI_t(1+i)^{-t}}{\sum_{t=0}^{n} CO_t(1+i)^{-t}}$$

式中：PI——现值指数；

n——项目的有效期间；

CI_t——第 t 年的现金流入；

CO_t——第 t 年的现金流出；

i——预定的贴现率。

【例 3-7】 以例 3-1 的资料为例，设预定贴现率为 10%，则：

$$PI=\frac{475\times(P/A,10\%,9)+525\times(P/S,10\%,11)}{1200\times(1+10\%)^{-0}}=2.2$$

该投资项目的现值指数大于 1，说明其未来现金流入量的现值大于未来现金流出量的现值，即投资报酬率大于预定贴现率。

现值指数的主要优点是可以进行独立投资机会获利能力的比较，因为现值指数可以看成是 1 元原始投资可望获得的现值净收益，它是一个相对指标，用来反映投资的效率。

(5)内含报酬率

内含报酬率是指能够使工程投资项目未来现金流入量现值等于未来现金流出量现值的贴

现率，或者说能够使工程项目净现值等于 0 的贴现率。

净现值和现值指数在计算时虽然考虑了货币的时间价值，可以说明工程投资项目高于或低于某一特定的投资报酬率，但没有揭示工程项目投资方案本身可以达到的具体报酬率是多少。内含报酬率是根据工程投资方案的现金流量计算的，是工程投资方案本身的投资报酬率。

对内含报酬率的计算通常是根据$\sum_{t=0}^{n}\mathrm{NCF}_t \times (P/F,i,t)=0$这一方程式求解 i，求出的 i 即为内含报酬率，通常以 IRR 表示。

当工程项目全部投资均于建设期起点一次投入，而建设期为 0，且投产后每年净现金流量相等时，则内含报酬率可按下述方法计算：

$$\mathrm{NCF}\times(P/A,\mathrm{IRR},n)-I=0$$

$$(P/A,\mathrm{IRR},n)=\frac{I}{\mathrm{NCF}}$$

式中：　　I——在建设起点一次投入的原始投资额；

$(P/A,\mathrm{IRR},n)$——以 IRR 为设定折现率，n 期的年金现值系数；

NCF——投产后第 $1\sim n$ 年每年相等的净现金流量。

其具体计算程序如下：

①计算年金现值系数：$(P/A,\mathrm{IRR},n)=\frac{\mathrm{I}}{\mathrm{NCF}}$；

②根据计算出来的年金现值系数$\frac{I}{\mathrm{NCF}}$，查 n 年的年金现值系数表；

③若在 n 年年金现值系数表上恰好能找到上述数值$\frac{I}{\mathrm{NCF}}$，则其对应的贴现率即为 IRR；

④若在年金现值系数表上找不到计算出来的系数$\frac{I}{\mathrm{NCF}}$，则可以利用系数表上同期略大或略小于该数值的两个临界值 C_m 和 C_{m+1} 以及相对应的两个折现率 r_m 和 r_{m+1}，应用内插法求解，即

$$(P/A,r_m,n)=c_m>\frac{I}{\mathrm{NCF}}$$

$$(P/A,r_{m+1},n)=c_{m+1}<\frac{I}{\mathrm{NCF}}$$

$$\frac{c_m-\frac{I}{\mathrm{NCF}}}{c_m-c_{m+1}}=\frac{r_m-\mathrm{IRR}}{r_m-r_{m+1}}$$

$$\mathrm{IRR}=r_m+\frac{c_m-0}{c_m-c_{m+1}}(r_{m+1}-r_m)$$

为了缩小误差，按照有关规定，r_m与 r_{m+1}之间的误差通常不超过 5%。

【例 3-8】 某工程投资项目在建设期起点一次性投入 254 979 元，该工程项目当年完工并投入生产，经营期为 15 年，每年可以获得净现金流量 50 000 元。则：

$$50\,000\times(P/A,\mathrm{IRR},15)=254\,979(\text{元})$$

$$(P/A,\mathrm{IRR},15)=\frac{254\,979}{50\,000}=5.091\,58$$

查 15 年的年金现值系数表，因为$(P/A,18\%,15)=5.091\,58$，所以 IRR=18%。

【例 3-9】 资料如例 3-8，如每年的净现金流量为 60 000 元，则：

$$60\,000\times(P/A,\mathrm{IRR},15)=254\,979(\text{元})$$

$$(P/A,\mathrm{IRR},15)=\frac{254\,979}{60\,000}=4.249\,65$$

查 15 年的年金现值系数表，因为 $(P/A,20\%,15)=4.675\,5>4.249\,65$，$(P/A,24\%,15)=4.001\,3<4.249\,65$，所以 $20\%<\mathrm{IRR}<24\%$，用内差法求解，得出 IRR=22.53%。

若工程投资项目的净现金流量不属于上述特殊情况，则必须使用逐次测算法求解。首先估计一个贴现率，用它来计算方案的净现值，如净现值为正数，则说明工程投资项目本身的贴现率超过估计的贴现率，应该提高贴现率以后进一步测试；如净现值为负数，则说明工程投资项目本身的报酬率低于估计的贴现率，应该降低贴现率后进一步测试。经过多次测试，寻找出使净现值接近于 0 的贴现率，即为方案的贴现率，如果对测试的结果不满意，则同样可以使用内插法求解。

【例 3-10】 以例 3-1 的资料为例。

解：$\mathrm{NPV}=475\times(P/A,\mathrm{IRR},9)\times(P/S,\mathrm{IRR},1)+525\times(P/S,\mathrm{IRR},11)-1\,200=0$

令 $i=20\%$，则 $\mathrm{NPV}=475\times4.031\times0.833\,3+525\times0.134\,6-1\,200$

$=1\,595.54+70.665-1\,200$

$=466.205(\text{元})>0$

再令 $i=24\%$，则 $\mathrm{NPV}=475\times3.565\,5\times0.806\,5+525\times0.093\,8-1\,200$

$=1\,365.898+49.245-1\,200$

$=215.143(\text{元})>0$

再令 $i=28\%$，则 $\mathrm{NPV}=475\times3.184\,2\times0.781\,3+525\times0.066\,2-1\,200$

$=1\,181.712\,3+34.755-1\,200$

$=16.467\,3(\text{元})>0$

再令 $i=32\%$，则 $\mathrm{NPV}=475\times2.868\,1\times0.757\,6+525\times0.047\,2-1\,200$

$=-143.105\,5(\text{元})<0$

从上述测试可以知道，最接近于 0 的两个净现值临界值为 16.673 和 −143.105 5，其对应的贴现率分别为 28% 和 32%，故 $28\%<\mathrm{IRR}<32\%$。

$$\text{用内插法求 IRR}=28\%+\frac{16.467\,3-0}{16.467\,3-(-143.105\,5)}\times(32\%-28\%)=28.41\%$$

内部收益率是一个相对量的正指标，采用这一指标的决策标准是将所测算的各工程投资项目的内部收益率与其资金成本进行比较，如工程投资项目的内部收益率大于资金成本，那么工程投资项目在经济上是可行的，反之则不可行。该种方法非常注重货币的时间价值，能从动态上直接反映投资项目的实际收益率，且不受行业标准收益率高低的影响，比较客观。但是，该指标的计算非常复杂。

3. 动态评价指标之间的关系

净现值 NPV、现值指数 PI 和内含报酬率 IRR 之间存在以下数量关系，即当

NPV>0 时，PI>1，$\mathrm{IRR}>i_c$；

NPV=0 时，PI=1，$\mathrm{IRR}=i_c$；

NPV<0 时，PI<1，$\mathrm{IRR}<i_c$。

(四)工程项目国民经济评估

1. 工程项目国民经济评估的概念

工程项目国民经济评估是按照资源合理配置的原则，从国家整体角度考察工程项目的效益和费用，用影子价格、影子汇率和社会折现率等经济参数分析、计算工程项目对国民经济的净贡献，评价工程项目的经济合理性。

2. 工程项目国民经济评估与财务评估的主要区别

工程项目国民经济评估与财务评估的主要区别表现在以下几个方面：

(1)工程项目国民经济评估和财务评估的角度和评估指标不同。工程项目的财务评估是站在工程建设业主的立场，从财务的角度，通过计算一系列静态或动态的微观评价指标，从而得出工程项目在经济上是否可行的过程。而工程项目国民经济评估是站在国民经济的立场，从国家整体角度的利弊得失上，考察并对比工程项目对国民经济的贡献以及国民经济为此而付出的代价，其评价的指标只能是宏观的评价指标。

(2)工程项目国民经济评估和财务评估使用的效益和费用含义及划分范围不同。工程项目的财务评估效益和费用只限于工程建设项目的现金流量范围。而工程项目国民经济评估中的效益和费用则是针对工程项目对国民经济所作的贡献及国民经济为此付出的代价而言，其范围相对而言要广泛得多，既包括直接的效益和费用，也包括间接的效益和费用；对效益和费用而言，有些是有形的，有些则是无形的。

(3)工程项目国民经济评估和财务评估计算的基础和决策依据不同。工程项目的财务评估是按照工程项目投入和产出的财务价格来计算的，具体评价时，一般采用行业基准收益率和官方的汇率来进行计算，评价时，以工程建设业主要求的必要报酬率、行业基准收益率等作为项目可行性的判断依据。而工程项目国民经济评估原则上采用国家统一颁布的影子价格、汇率或理论价格来进行计算，具体评价时，以社会折现率作为项目可行性的判断依据。

3. 工程项目国民经济评估指标及计算方法

工程项目国民经济评估包括国民经济盈利能力分析和外汇效果分析，以经济内含报酬率为主要的评价指标。根据工程项目的特点和实际需要，也可以计算经济净现值等指标。产品出口创汇及替代进口节汇的项目，要计算经济外汇净现值、经济节汇成本等指标。此外，还可以对难以量化的外部效果进行定性分析。

(1)经济内含报酬率

经济内含报酬率是反映工程项目对国民经济净贡献的相对指标，是工程项目在计算期内各年的经济净效益流量等于零时的折现率。其计算公式为：

$$\sum_{t=0}^{n}(B-C)_t(1+\mathrm{EIRR})^{-t}=0$$

式中：B——经济效益的流入量；

C——费用流出量；

$(B-C)_t$——第 t 年的经济净效益流量；

n——工程项目的计算期。

利用经济内含报酬率指标来对工程项目进行国民经济评估，工程项目可行的必要条件是经济内含报酬率等于或大于社会折现率。因为经济内含报酬率等于或大于社会折现率表明工程项目对国民经济的净贡献达到或超过了要求的水平。

(2)经济净现值

经济净现值是反映工程项目对国民经济净贡献的绝对指标，是用社会折现率将工程项目计算期内各年的净效益折算到建设期初的现值之和。其计算公式为：

$$\mathrm{ENPV}=\sum_{t=0}^{n}(B-C)_t(1+i_s)^{-t}$$

式中：i_s——社会折现率。

利用经济净现值指标来对工程项目进行国民经济评估，工程项目可行的必要条件是经济净现值等于或大于零。因为工程项目的经济净现值等于或大于零表明国家为拟建设的工程项目付出代价后，可以得到符合社会折现率的社会盈余，或除得到符合社会折现率的社会盈余以外，还可以得到以现值计算的超额社会盈余。

(3)经济外汇净现值

经济外汇净现值是反映工程项目实施以后对国家外汇收支产生直接或间接影响的重要指标，用来衡量工程项目对国家外汇真正的净贡献或净消耗。其计算公式为：

$$\mathrm{ENPV}=\sum_{t=1}^{n}(\mathrm{FI}-\mathrm{FO})_t(1+i_s)^{-t}$$

式中： FI——外汇流入量；

FO——外汇流出量；

$(\mathrm{FI}-\mathrm{FO})_t$——第 t 年的净外汇流量；

n——工程项目计算期。

(4)经济换汇成本

经济换汇成本是当有产品直接出口时，应计算经济换汇成本。它是用货物的影子价格、影子工资和社会折现率计算的为生产出口产品而投入的国内资源的现值与生产出口产品的经济外汇净现值(通常以美元表示)之比表示，即换取 1 美元外汇需要的人民币金额，是分析评价工程项目实施后在国际上的竞争力，进而判断其产品是否应该出口的指标。其计算公式为：

$$\text{经济换汇成本}=\frac{\sum_{t=0}^{n}\mathrm{DR}_t(1+i_s)^{-t}}{\sum_{t=0}^{n}(\mathrm{FI}'-\mathrm{FO}')_t(1+i_s)^{-t}}$$

式中：DR_t——工程项目第 t 年为出口产品投入的国内资源(包括投资、原材料、工资、其他投入和贸易费用)，单位为元；

FI'——生产出口产品的外汇流入量，单位为美元；

FO'——生产出口产品的外汇流出量(包括应由出口产品分摊的固定资产投资及经营费用中的外汇流出)，单位为美元；

n——工程项目的计算期。

(5)经济节汇成本

经济节汇成本是当有产品替代进口时，应计算经济节汇成本，它等于工程项目计算期内生产替代进口产品所投入的国内资源的现值与生产替代进口产品的经济外汇净现值之比，即节约 1 美元外汇所需要的人民币金额。其计算公式为：

$$\text{经济节汇成本}=\frac{\sum_{t=0}^{n}\mathrm{DR}''_t(1+i_s)^{-t}}{\sum_{t=0}^{n}(\mathrm{FI}''-\mathrm{FO}'')_t(1+i_s)^{-t}}$$

式中：DR''_t——工程项目在第 t 年的生产替代进口产品投入的国内资源，元；

FI″——生产替代进口产品所节约的外汇，美元；

FO″——生产替代进口产品的外汇流出，美元。

经济换汇成本或经济节汇成本如果小于或等于影子汇率，则表明该工程项目产品出口或替代进口是有利的。

第三节 融资顾问

在很多情况下，项目发起人需要具有专门技能的人来帮助安排项目融资工作，绝大多数的项目投资者缺乏这方面的知识和经验，需要聘用专业融资顾问。融资顾问在项目融资中扮演着极为重要的角色，从某种意义上可以说，他是决定项目融资能否成功的关键。融资顾问应熟悉项目所在地的政治经济、投资环境、法律和税务等情况，能够根据当地条件对项目融资结构提出参考意见，对项目的可行性作出估计，并且利用自己良好的社会关系，向潜在的投资人推荐该项目，并通过组织银团，安排谈判，周旋于各利益主体之间，以促成各方达成协议，完成融资任务。所以说，融资顾问首先是项目融资的设计师。

一、融资顾问概述

项目公司通常聘请投资银行、财务公司或者商业银行中的项目融资部门来担任项目的融资顾问。融资顾问分为两类：一类是只担任项目主办方的顾问，为其安排融资结构和贷款，而自己不参加最终的贷款银团；另一类是在担任融资顾问的同时，参与贷款，作为贷款银团的成员和经理人。这两种做法各有利弊：单纯作为投资者的融资顾问，立场独立，可以更好地代表投资者的利益，如果同时作为贷款银团的一员，则会更多地站在银行的立场，照顾贷款银团的利益；但融资顾问参与贷款，可以起到一种带头作用，有利于组织银团，特别是对于难度较大的工程项目融资，如果融资顾问不准备承担一定的风险，很难说服其他银行加入贷款的行列。但不论在哪种情况下，项目融资顾问都要对项目主办方负责，恪尽职守，维护项目主办方的利益，保障项目融资的顺利实施。如果由于项目融资顾问的过错，给项目主办方造成重大损失的，依据合同约定和有关法律规定，融资顾问应承担赔偿损失的责任。

融资顾问的组成人员主要包括以下两类。

1. 专家

项目融资中的专家有两种类型：一种是项目主办人聘用的专家，主要帮助项目主办人进行经济效益预测、技术可行性研究和项目风险分析，以决定该项目能否上马以及开展项目融资的可行性；另一种是项目贷款人聘用的专家，他们的职责是帮助贷款人对项目进行可行性研究和风险分析，以决定是否对项目贷款。这两类专家都应是具有较高声望的经济、技术和金融专家，他们要负责编制或审查项目的可行性研究报告，监督和协调项目的进展，对项目工程的设计和施工中的大量技术问题提供专业意见。特别是在项目主办人与贷款人就项目是否满足融资文件规定的完工和验收标准发生争议时，专家还可作为他们之间的仲裁人。

2. 律师

律师在项目融资中的作用是非常重要的，因为大型工程项目融资文件非常复杂，参与方来自不同国家，涉及一系列复杂的法律问题。对项目主办人来讲，可就东道国的法律、税务和管理制度向律师咨询，作为对项目可行性的初步评估。在项目公司抵押资产和贷款方拟定贷款协议时都要听取律师的意见。对于贷款人，也需获得所有有关司法管辖区，包括项目主办人本国和项目资产所在地（如果需要项目资产作抵押）当地律师的意见，作为贷款的先决条件；关于合同的可强制性、强制执行的机构、法院程序、费用与时间安排以及立法、政府管制与司法方面的最新情况，务必获得项目所在国当地律师的指导，贷款人的律师通常负责协调这些意见。为了确保：①融资结构的设想是恰当的；②必要的抵押担保能够安排妥当；③能够实际获得预计的税务优惠与其他鼓励与利益，聘请律师参与是十分有益的。

每个采用项目融资的工程，都由于其本身性质、所在地及东道国的不同而有其特殊之处，因此，律师要熟悉东道国的政治、经济、法律和税收制度，要了解当地的文化观念、宗教历史和社会信仰方面的差异。这样才能自如地应付发生的具体问题，预先估计可能出现的状况，防患于未然。项目主办人、贷款人及他们的法律顾问不应假设在某个国家内设计、发展起来并经过检验的所有权、税务或融资方式，必然适合于任何其他国家。所以，在进行项目融资时，必须依靠律师，从法律的角度消除分歧，排除争议，保证项目融资的顺利实施。

二、融资顾问的职责

融资顾问要对项目主办方负责，维护主办方的利益，保障项目融资的顺利实施，所以，融资顾问必须履行其应尽的职责。融资顾问的职责范围主要有：

（一）编制或审查项目可行性研究报告

由于融资项目涉及的范围较广，投资规模较大，所以项目主办方必须提交一份具有说服力和权威性的可行性研究报告。项目可行性研究是融资顾问展开项目工作的开端。它主要包括以下几个方面的内容：

1. 市场需求

市场需求就是在一定时间和一定条件下，以及在一定的市场范围内对产品的需求总量。在市场需求分析中，要了解项目提供的产品和服务是否有市场、国内外的需求量、该项目产品的市场占有率等情况。

2. 资源状况

涉及资源开采和利用的项目必须对资源的分布、储量、矿产的品位、开采利用的可能性和经济性、开采的条件以及交通运输条件有一个比较准确的估计。

3. 原材料供应

原材料供应条件是指项目在建成投产后的生产经营过程中所需各种原料、主要材料、辅助材料及半成品等的供应数量、质量、价格、供应来源、运输距离及仓储设施等方面的条件，这些条件是项目建成生产所必不可少的基本条件。

4. 项目选址

项目选址是项目建设和生产的核心内容。建设地址不仅关系到国家或地区经济布局的落实、投资的地区分布、经济结构、生态平衡等具有全局性、长远性的重要问题，还将直接或间接决定着项目建成后的经济效益。项目建设地址包括自然环境、社会经济环境和基础设施、服务设施条件。其中基础设施和服务设施条件对项目的影响较大，包括能源、水的供应、交通和通信是否快捷、通畅，以及取得这些设施和服务的成本。

5. 工程设计及技术工艺、设备选择

项目所用工艺是项目技术论证的关键，工艺选择直接决定了设备的选择，工艺技术方案影响着未来产品的质量、产量和项目的经济效益。技术工艺的选择主要考察工艺的可靠性、工艺流程的合理性、工艺与原材料的相互适应性以及对产品质量的保证性。

6.项目对环境的影响

考察项目对环境的影响,应全面分析项目可能产生污染的种类、可能污染的范围及可能污染的程度,并在此基础上,提出为达到环境保护标准所采取的治理措施。尤其要特别注意的是对生产过程污染的治理方案是否科学。

7.项目风险分析

考察项目风险,要全面分析项目风险产生的来源、风险发生的可能性或概率,并据此提出防范和规避风险的措施。

(二)制订融资方案

工程项目在融资时应首先确定融资方案,所以融资顾问应根据项目具体情况确定项目资金的合理使用结构,建立合理的债务资金与权益资金的比例关系,确定最优的融资方案。融资方案的制订包括以下4个方面的内容:

1.资金需求总量

项目的资金需求量是筹集资金的数量依据。准确地制订项目的资金使用计划来确保项目资金的需求总量,是项目融资工作的基础。融资工作开始前,投资方必须周密地确定项目的资金使用计划,并在资金使用计划中留有充分的余地。一个新建项目的资金计划至少包括以下3部分内容:①项目资本投资,包括土地、基础设施、厂房、机器设备、工程设计和工程建设等费用;②投资费用超支准备金,即不可预见费用,它一般占到项目总投资的10%左右;③项目流动资金,这是为了保证项目生产经营活动的顺利开展而需要的资金。为满足项目不同阶段和不同用途的资金需求,项目总的资金计划以及项目建设期和试生产期的项目现金流量计划必须做细、做好。

在进行融资筹划时,融资顾问必须反对两种极端情况。一是任意夸大资金需求量,以为获得资金越多越好,这样做实际上是弊多利少。首先,获得资金越多,资金成本越大,付出的权益和债务负担就越大。其次,投资方会多方分析、发现问题,这会给投资方留下不诚实和欺诈的印象。二是为迎合投资方,随意把资金需求量降低,结果使融得的资金不足,从而使项目正常地开展处于进退两难的地步。正确的方法是科学地测算,合理地安排各期资金,既保证项目正常运转,又不闲置浪费资金。

2.资金使用期限

投资方的权益资金是项目资金结构中使用期限最长的资金,它们多与项目的生命周期紧密相连。但项目资金结构中的债务资金大都是有固定期限的,这就要求投资方根据项目的现金流量特点及不同项目阶段的资金需求,采用不同的融资手段,安排不同期限的债务资金,以优化项目的债务结构,降低项目的债务风险,并使融资资金的使用期限与融资项目的需要及融资项目的效益和成本紧密联系在一起。

3.资金成本

项目的权益资金成本,对投资者而言,从某种特定的角度考察分析,只是一种机会成本。评价权益资金成本时,应当参照投资者获取该权益资金时的实际成本,以及当时当地的资本市场利率因素和在可供选择的投资机会之间的比较利益和成本等客观因素,并且还要兼顾投资者的长期发展战略以及一些潜在的相关投资利益。而项目的债务资金成本则是一种绝对成本,它主要是指项目贷款的利息成本。利息成本与利率风险紧密相关,在项目债务资金融通过程中必须考虑利率风险的控制问题，应采用固定利率、浮动利率或者两种利率相结合的形式和利率封顶、限底等手段，以达到降低利率风险的目的。利率结构的选择既需要考虑项目现金流量的性质，也应考虑利率的变化趋势，投资者应全面权衡，合理安排利率结构。

4.融资结构

确定适应的融资结构是保证项目资金使用结构合理的必要前提，对于大多数融资项目而言，混合结构融资是其合理的选择。混合结构融资既可以指权益性融资和债务性融资，也可以指不同利率结构、不同贷款形式或者不同货币种类的资金的组合。混合结构融资如果安排得当，不同性质资金的结合可以起到降低项目融资成本，减少项目风险的作用，在一定程度上可促进资金使用结构的合理。从逻辑上讲，融资结构的选择及其优化不但依赖于各种融资方式的成本、风险的比较与分析，更依赖于项目现在与未来的盈利状况，而这又与项目的资产结构、成长机会、规模因素有关。因此，项目融资结构的选择必须与资金来源、融资方式及项目的投融资政策相结合。

(三)编制融资计划书

一般来讲，投资公司都要求项目方提供融资计划书，然后才决定是否会晤、谈判及投资。好的计划书是融资成功的关键。一份融资计划书不仅能说明项目的发展规划、融资意向，而且也是融资顾问能力的展示。融资计划书主要包括以下几个部分：

1.摘要

摘要是融资计划书的关键。一般情况下，投资方业务繁忙、需要处理大量的文件和信息，所以摘要的介绍尤为重要。摘要的目的在于激发投资方对公司及融资项目的关注愿望。摘要主要包括以下4个方面：①项目优势。说明项目具有的特点。②未来收益。说明投资方未来可能获得的收益。③管理团队。强调有一个经验丰富、技术过硬的管理队伍。④退出之路。应当设身处地为投资者考虑，提供一条或几条可供选择的退身之路。

摘要的撰写要内容精炼、用词严谨、叙述流畅、语言感人，并且要实事求是。

2.公司及融资项目

内容包括：①概述。主要是提供公司或者工程项目的名称、地址、联系方式等资料。②公司状况。包括公司历史、公司形式、公司现状、公司未来发展规划。③项目状况。④产品或服务。⑤用户与经销商。⑥行业与市场。⑦竞争。⑧市场营销。⑨生产。⑩生产要素。⑪雇员。⑫供应。⑬分包商。⑭设备。⑮资产与资金。⑯专利与商标。⑰研究与发展。⑱诉讼。⑲政府管制。⑳利益冲突。㉑产成品储备。㉒保险。㉓税金。㉔社会关系。

3.管理

管理的主要内容包括：①董事和高级职员。②关键雇员。③管理者的职业道德。④薪金。⑤职位设置。⑥认股计划。⑦主要股东。⑧劳动协议。⑨利益冲突。⑩顾问、会计师、律师、银行家、技术专家及其他。

4.投资说明

这部分主要介绍投资方式，研究公司与投资方双方对投资方式的接受程度。其主要内容有：①投资建议。②投资条件。③资金结构。④资金成本。⑤投资抵押。⑥担保。⑦资金支出预算。⑧所有权。⑨股权收益。⑩费用支出。⑪财务报告。⑫投资者介入公司程度。

5.风险因素

风险因素指公司面临的风险程度。其主要内容有：①经营历史的限制。②资源限制。③管理经验的限制。④市场的不确定性。⑤生产的不确定性。⑥破产。⑦对关键管理者的依赖。⑧重大失误。⑨其他。

6. 投资报酬

投资报酬的主要内容有:①股票上市。②出售公司。③销售回购。如果计划回购投资方的股权,将采用何种方法定价。④投资报酬。

7. 经营分析与预测

经营分析与预测包括偿债能力分析、营运能力分析、获利能力分析与发展能力分析等。主要内容有:①概述。②比率分析。③营业成果。④财务状况。

8. 财务报告

财务报告主要包括:①资产负债表。②损益表。③现金流量表。④附表。⑤财务状况说明书等。

9. 其他材料

其他材料包括关于项目的报道、政府批文、项目可行性研究及项目评估、融资方案等。

(四)项目评价

项目融资对工程项目资产和现金流量的依赖性及有限追索权,以及工程项目本身的风险影响,促使资产方对项目的技术和经济论证高度重视。只有通过项目评估,证明项目从技术和经济上均为可行,社会效益良好,并能将风险限制在可以接受的范围内,资产方才能参与项目融资。项目评价主要是从对项目技术评价、经济评价和社会评价 3 个方面进行的。综合项目 3 个方面的评价结果,最后决定项目的取舍。因此,项目评价是项目融资决策的重要一环,也是融资顾问的工作之一。

1. 项目技术评价

项目的成功与否,很大程度上取决于其所用技术的可行性,尤其是对新技术的项目来讲,更是如此。技术评价主要是评价该项目采用哪些技术,这些技术在实践中的应用效果,掌握这些技术的熟练程度,使用这些技术可能带来的风险(包括法律风险)等。项目中使用的技术包括勘探开发技术、生产技术、经营管理技术等。一般来讲,项目中所用技术多为成熟技术时,项目成功的可能性就大,否则相反。技术评价的目的就是要充分认识项目所用技术可能产生的风险,是否足以让人们放弃该项目,如果不然,则要把防范该风险所花费用预算到项目成本中,然后决定该风险由谁承担最合适。

在技术评价中,专家的作用非常关键。项目主办人和融资顾问除依靠自己的专家外,还要聘用科技界的相关专家和工业界有丰富经验的工程师。这些专家相互配合,参与项目的技术评价和技术风险控制过程。另外,贷款银行或投资公司也会严把技术评估关,在评价和监督工程项目时,会请一些相对独立的工程咨询公司的专家和工程师参加,听取他们的评估意见。项目融资所采用的技术最好是已经被别的项目采用过并被证明是稳妥有效的,这样,项目在争取融资时比较容易得到融资人的认可。如果项目建设过程中采用的技术是一项新技术,必须提供相关的证明文件或其在其他项目中已经使用过的详细资料,并指明使用该项新技术的潜在技术风险。在技术评价中,分析其技术经济合理性,主要是通过对其成本与效益的对比来评价。如在项目工艺方案的选用时,应选择能达到项目设计要求且工艺成本最低的方案;在项目设备选择上,应选择投资回收期短,投资效果好的先进设备等。

2. 项目经济评价

对项目的经济评价要通过现金流量分析来实现,并以此来分析项目的财务状况、盈利能力和债务清偿能力。

(1)项目的现金流量估计。现金流量是指每个时点上的现金流入减去现金流出。项目现金流入包括营运后的产品销售收入或提供服务的营业收入,项目完结时的固定资产残值收入或变价收入、垫支在各种流动资产上的资金收回、停止使用的土地的变价收入等。项目的现金流出包括项目建设期的投资支出以及项目营运后的营运支出、利息支出及税务支出等。

(2)项目的财务评价。财务评价是以现金流量估价为基础,说明工程项目能产生足够的现金流以支付经营费用、债务清偿及税金,并且有充足的应急资金应付市场需求、汇率和利率以及通货膨胀率的变化。通常,财务评价应计算出项目的净现值、内部收益率和投资回收期,评估项目在支付一切费用后能否给项目公司和投资人带来净收益,以达到其权益收益率的目标。另外,财务评价还要给出贷款的偿还期和各年的偿还额。投资方要审查项目的偿还计划,以保证货款的按期归还。

(3)项目的宏观经济评价。项目的宏观经济评价主要是用费用与效益分析方法,运用影子价格、影子汇率、影子工资和社会贴现率等经济参数,计算评价项目需要国家付出的代价和对国家的贡献,考察该项目的经济合理性和宏观可行性。

3.项目社会评价

除项目技术评价、经济评价外,融资项目还应对工程项目的外部效果进行社会评价。所谓外部效果指项目的投入和产出除为项目本身带来直接费用和直接收益外,还有对社会其他相关部门产生的间接费用和间接收益,这些间接费用和收益称为外部效果。对这些外部效果能够用货币来衡量的,应尽可能计入项目的费用和收益中,不能用货币来衡量的,应对其影响作定性的证明。工程项目的社会评价内容主要涉及以下几个方面:

(1)项目位置评价。项目位置评价包括项目所在位置的地形、土壤类型、建设和经营使土壤侵蚀和下陷的可能性及项目选址的评价。例如,铁路和公路的修通带来沿线工商业和房地产业的发展,以及当地就业机会的增加等外部效益;土壤侵蚀和下陷的外部费用等。

(2)环境评价。环境评价包括项目建设期、生产经营期可能产生的空气污染、水污染、噪声污染等,以及由于污染的存在对人类健康、动植物、生态环境造成的潜在危害而形成的外部费用。

(3)人文评价。人文评价包括如果项目靠近历史或文化重地,例如名胜古迹等,项目建设对这些古迹或文物的影响;在水利建设项目中,可能涉及到的对当地居民的迁移问题等内容的评价。

(五)负责起草其他重要文件

1.基本文件

融资顾问不仅要做好以上各个文件,还要认真起草贷款和担保文件,而且要特别仔细地审阅项目发起方和其他各参与方之间的各项协议。这些协议是项目得以进行的基础,其中有些甚至在贷款方正式介入之前就已经签署完毕。下面列示的是这些项目基本文件的一个清单:

①政府的项目特许经营协议、其他许可证、缴纳政府费用协议;

②土地租赁协议、土地许可证等土地权利方面的文件;

③项目发起方之间的合资协议;

④股东协议;

⑤项目公司的公司章程等成立文件;

⑥项目管理协议和技术顾问合同；

⑦承建合同和次级承包合同；

⑧承建商和次级承建商的担保及预付款保函；

⑨项目投保合同；

⑩原材料供应协议；

⑪能源供应协议；

⑫产品购买协议；

⑬项目经营协议；

⑭技术可行性报告及技术许可证；

⑮独立技术专家的评估报告；

⑯规划和环境方面的许可证、批文；

⑰运输协议；

⑱项目发起方的其他融资文件。

2.融资文件

融资文件主要包括：

(1)贷款协议

贷款协议应包括以下基本内容：

①资金的数量和用途；

②利率及偿还期限；

③应向协调银行、代理银行和贷款银行交付的佣金及其他费用；

④贷款的先决条件：法律意见、董事会的决定、所有项目协议的副本、担保文件的转让、政府批文、弃权声明书、专家评估报告以及财务报告；

⑤对借款方及项目发起方追索权的限制；

⑥项目未来现金流量的使用；

⑦保护性条款：税收补偿、成本超额补偿、浮动利率、拖欠利息补偿及一般性补偿；

⑧说明与担保：项目公司的法律地位和权利、担保协议的履行、财务信息的准确性、合同义务的有效性等；

⑨项目附加要求：工艺是否达到标准，项目是否符合经营许可及有关法律、法规，项目的开发和经营是否符合开发计划和可行性报告，担保是否具有连续性等；

⑩限制性契约：借款限制、消极保证、同步条款、派发红利的限制；

⑪违约事件：加速偿款程序、担保的强制；

⑫项目完工：完工测试；

⑬项目的财务分析和预测；

⑭资金的撤出；

⑮代理条款、支付方法、银行间的协调及收入分配；

⑯出现纠纷时法律或法院的选择以及诉讼代理的指定。

(2)担保文件

担保文件应该包括以下内容：

①对土地、房屋等不动产抵押的享有权；

②对动产、债务以及在建生产线抵押的享有权；

③对项目基本文件(如经营许可、承建合同、供应协议)给予的权利的享有权;

④对项目保险的享有权;

⑤对销售合同、照付不议合同、产量或分次支付协议以及营业收入的享有权;

⑥项目现金流量的享有权;

⑦对项目管理、技术援助和顾问协议的享有权;

⑧对项目公司股份的享有权。

(3)支持性文件

支持性文件需要包括以下内容:

①项目发起方的直接支持:偿还担保、完工担保、营运资金保证协议、现金亏欠协议、承诺保证函和安慰信;

②项目发起方的间接支持:照付不议合同、产量合同、无条件的运输合同、供应保证协议;

③项目管理和经营合同;

④东道国政府的支持:经营许可、项目批准、特许权利、不收归国有的保证、外汇许可等;

⑤项目保险:商业保险、出口信贷担保以及多边机构的担保。

(4)其他文件

其他文件包括贷款方与其他方就项目担保所达成的内部协议、金融风险管理文件(如掉期协议、期权协议等)及其他筹资文件(如果贷款不是唯一或首要的资金来源的话)。

3. 专家报告

在向一个项目发放贷款之前,贷款方必须从以下几方获得令人满意的报告:

(1)工程师。就项目的技术可行性作出报告。

(2)环境顾问。就项目对环境的影响以及适用法律提交报告。

(3)保险专家。就项目保险的充分性作出论证。

(4)会计师事务所。对项目发起方及项目公司的财务状况和股本结构进行评估。

(5)东道国或其他相关国家的法律顾问。为担保过程中遇到的法律问题提供咨询。

法律意见应包括以下内容:

①各参与方在行使其在项目协议和信用担保文件中规定的义务时的法律地位和权利;

②项目文件的法律强制性;

③项目资产的所有权;

④需要获得经营许可和政府特许权的事项;

⑤有关外汇管制、关税和税务的法律法规;

⑥违约条款和其他补偿条款的法律强制性;

⑦当地法院对涉外事务的裁决;

⑧法律和法庭选择的有效性以及外国仲裁和判决的适用性;

⑨诉讼或财产查封的豁免权。

三、融资顾问必须关注的一些问题

项目融资是一种既复杂又灵活的融资方式,但在具体地运用过程中却存在一些尚待解决的问题,融资顾问对这些问题尤需关注。其主要表现在以下几个方面。

(一)对风险的判断

在项目融资中,一个最大的问题就是参与各方对风险的大小以及它们应该由谁来承担有着不同的判断意见，往往各说各理。这些风险包括国家风险、金融风险、完工风险、市场风险、环境风险等。总体来讲，项目东道国政府对项目风险的估计要比项目发起方的估计低得多，它们认为合理的投资回报也往往比投资者所要求的回报低。而项目投资者（特别是境外的发起方和贷款方）所认定的东道国国家风险（或政治风险）又往往比实际的风险要高出许多。所以，对风险估计不同，必然导致对风险“估价”不同，而“估价”不同又会引发一系列的争论，以致于使工程项目的进展受到影响。

（二）产业政策与法律环境

有些东道国政府缺乏明确的产业政策，没有配套的关税、税收等相关政策。这些政策的缺乏又会使投资者认为加大了项目的风险，因而促使它们要求更高的回报。

在大多数发展中国家，一个比产业政策更令投资者棘手的问题是法律环境。对无法可依、有法不依和依不如不依这几种情况都会使他们认为东道国法律环境恶劣，从而在好的投资项目前望而却步。

大多数投资者都不惧怕商业风险，它们回避的是与商业无关的风险。因此，如果项目东道国的法制体系不够健全，投资者势必要把项目的风险系数大大提高，造成融资成本的加大。

（三）政府的审批过程

几乎所有的投资者都对东道国政府有着共同的批评，那就是决策、审批过程缓慢，插手部门的要求也往往彼此矛盾，让人无所适从。政府的具体执行部门有时甚至公然违背上级的有关规定，从中加设关卡，强行渔利。在这种情况下，即使是上层决策部门全力支持的项目也可能由于下层执行部门的拖延与作梗而无疾而终。

另一方面，作为投资者也应该意识到，由于项目融资所涉及的项目大都是基础设施，这就不可避免地触及到国有资产的问题。即使在发达国家，政府对国有资产也会采取保护政策，以防止它的流失，更不用说经济基础还十分薄弱的发展中国家了。因此，东道国政府从保护国有资产的角度考虑，会对项目进行干涉，解决此问题的关键在于政府部门能否将其对国有资产的保护法制化、规范化，使得投资者有章可循，建立起必要的心理预期。

第四节　工程项目融资决策、投资决策及其互动

工程项目融资之所以独立于其他融资方式，关键在于它不仅仅是一种融资方式，而更多地体现着融资和投资的直接有机结合。项目融资涉及如何设计项目发起人相互间的投资关系，如何为项目安排合适的融资模式，如何选择合理的资金来源，如何提供各种切实可行的担保等问题。所以，工程项目融资是一个比较复杂的系统工程。

一、融资决策对投资决策的影响

项目的融资和投资是紧密相连、不可割裂的。从项目资本的继起性、并存性等特征看，“融”为“投”用，“融”是原因，“投”是结果。从项目资本的运作来看，必须是先有融资，而后才可能有投资，否则，投资便成为“无米之炊”。所以，项目的融资决策对投资决策产生着重大影响。融资决策的内容包括：融资结构、融资金额及融资成本等问题。

1.融资结构对投资效益的影响

如果拟定的投资项目经过专业评估后，认为是可行的话，那么接下来的重要工作便是

以可行的投资方案为指南，考虑如何筹集可接受的投资项目所需要的资金，进行融资决策。这时，无论采用哪个融资方案，都必须保证投资决策时的投资效益的实现。项目投资效益的评价指标很多，一般选择投资利润率(ROI)和项目经济增加值(EVA)两者作为分析指标。众所周知，投资利润率和经济增加值是体现项目获利能力的两个重要指标，是衡量项目投资效益的尺度。

投资利润率一般是指项目达到设计生产能力后的一个正常生产年份内年利润总额与项目总投资额的比率。对生产期内各年的利润总额波动幅度较大的项目，应计算生产期年均利润总额。其计算公式如下：

$$投资利润率=\frac{年均利润}{投资总额}$$

式中，投资总额即融资总额，投资利润率反映单位资金能给项目创造的全部利润。所以，在项目的现金流量和利润额一定时，资金运用数额的大小直接影响着投资利润率的高低。因此，融资决策对项目的投资效益具有重要影响。

项目经济增加值(EVA)的概念从不同角度扩展了传统的剩余收益概念，它凸显了资金成本因素。其计算公式为：

$$\mathrm{EVA}=\mathrm{NOPAT}-K_{\mathrm{w}}\mathrm{TC}=\mathrm{NOPAT}-K_{\mathrm{d}}D-K_{\mathrm{e}}E$$

式中：EVA——项目经济增加值；

NOPAT——项目税后净经营利润；

K_{w}——加权平均资本成本率；

TC——项目运用的全部资金总额；

K_{d}——债权资金成本率；

D——项目债权资金；

K_{e}——项目权益资金成本率；

E——项目权益资金。

从上述公式中可以看出，经济增加值 EVA 等于税后净经营利润减去债务和股权的成本后的剩余收入或经济利润，它反映了资金回报和资金成本的关系。式中，$K_{\mathrm{w}}\mathrm{TC}$ 的内容为债权和股权成本，它完全由项目的融资结构决定，所以说，在项目的现金流量和利润额一定时，融资结构决定着项目的经济增加值。因此，项目的融资结构也就影响着项目的投资收益。

2. 融资金额的筹措对投资决策实施的影响

投资项目一经评估认可后，所需的投资额便确立了下来。这些资金如何筹集便是融资决策的问题了。

任何项目，为了保证工程的正常进行或扩大规模的需要，都必须有一定数量的资金来保证投资项目的实施。资金可以从多种渠道、用多种方式来筹集。不同来源的资金，其可使用时间的长短、附加条款的限制和资金成本的大小等都不相同，这些都是制约投资决策实施的因素。所以，要求项目在融资时不仅需要从数量上满足工程投资总额的需要，而且还要考虑各种融资方式给项目带来的资金成本的高低、财务风险的大小、工程进度的安排等问题。如果融资方式选择运用得好，不仅可以筹集到急需的资金，而且可以改变资金结构，降低融资成本，实现最佳投资收益。所以，只有进行合理的融资决策，选择最佳的融资方式，才能使投资决策得到实施，从而实现项目的整体目标。

3. 融资成本对投资决策的影响

在项目的动态投资评价方法下，一般采用融资的资金成本作为项目的折现率。采用净现值法或获利指数法作为评价项目优劣的方法时，如果投资项目的净现值大于0或获利指数大于1，则说明该投资项目可以被接受；反之，如果投资项目的净现值为负值或获利指数小于1，则说明该投资方案不能被接受。如果投资项目采用内含报酬率作为投资评价方法，则项目的融资成本就成为投资决策的最低期望报酬率。只有投资项目的内含报酬率大于融资成本时，该项目才可能被接受。否则，该投资项目是不可以被接受的。所以，无论采用什么动态投资评价方法，融资成本都是投资项目必须达到的最低报酬率。因此，融资成本是项目投资决策的基准"取舍率"或"最低报酬率"。

随着制度经济学和信息经济学的发展，信息不对称假说从信息不对称角度出发对投融资关系进行了解释。由于企业内外部存在信息不对称，外部的资本提供者会要求较高的报酬率(资本溢价)，这使得外部资本成本大于内部资本成本，理性投资者选择融资来源的先后顺序是：优先考虑留存收益等内源融资，其次是债务融资，最后才考虑股权融资。信息不对称严重且内源融资不足的公司会面临严重的融资约束。面临融资约束的企业会更多地根据自身的现金流量状况来选择投资项目，甚至不得不放弃一些净现值大于零的项目，从而出现投资不足现象。然而，自由现金流理论指出，信息不对称假说没有考虑经理与股东之间的代理问题。经理们为了获得个人威望、权力、地位和报酬等额外私人收益而具有建立"经理帝国"的过度投资倾向。特别是当企业拥有过多的闲置资金即自由现金流时，帝国建立的偏好使经理们将剩余资金投资到能够扩大企业规模的非赢利项目，这导致企业出现过度投资现象。

二、投资决策对融资决策的影响

项目的投资决策与融资决策不是两个完全独立的过程，而是相互关联的、密不可分的两个相对独立的过程。投资决策是融资决策的前提，只有存在可行的投资项目，才有必要进行融资。从决策程序来说，先有投资决策，后才有融资决策。从项目资金结构上来分析，采用什么样的投资结构直接关系到发起人对资产的拥有形式，对现金流量的控制程度，以及在项目中承担的责任，它也关系到项目的融资结构。因此，项目的投资决策决定、制约着项目的融资决策。

1.投资预算对融资决策的影响

并非所有的投资方案都可被接受，在一定限度内起码存在着资金限量的问题。所以，工程项目在融资之前，决策者应对项目投资环境和投资内容进行细致的分析研究，对项目资金需要量进行科学的预测，编制合理的项目投资预算，选择最有效的投资方案。投资资本的筹措、安排和具体落实时间，对工程项目正常经营资金的影响和对外举债的资金数额等都是投资预算的内容，投资预算的规模影响着项目融资方式、融资渠道的选择。

特定时期项目的资金需要量一般包括两部分：建设投资对资金的需求和日常生产经营对资金的需求。正确地预测投资额有利于项目正确测算资金需求量。在大多数情况下，总是要在确定了有利的投资方向，有了明确的资金用途后，才进行合理的筹措资金。这样可避免出现两种极端的融资现象，两种极端现象：一为任意夸大投资总额，以获得高投资额。如果这时投资预算的规模超出公司的承受能力的话，就会迫使公司发行新的有价证券，从外部资金来源中筹集所需资金，这样会不断增加发行费用，融资的边际成本也会不断增加，而投资者会要求高于资本市场的平均报酬率，从而导致不利投资方案的影响。二是为了迅速获得资金，随意降低投资资金需求量，结果融得资金不足以维持项目正常地进行，处于进退两难的境地。

2. 投资决策对融资成本、融资方式、融资结构的影响

决策者之所以进行项目投资，除了追求项目的社会效益以外，更注重的是项目的经济效益。所以，项目经济效益的高低是投资决策的一项重要内容。评价投资方案优劣的指标有很多，投资报酬率和EVA是其中两个。从上述融资成本对投资决策的影响分析中可知，项目融资成本是投资项目必须达到的最低报酬率，而在投资额合理确定的前提下，决策者要想获得理想的投资报酬率，就必须高于融资成本。融资成本是项目选择资金来源、拟定融资方案的依据。所以，投资决策是以投资报酬率通过与融资成本的比较，从而影响着融资决策的。为了实现这一投资决策，必须调整融资方式和融资结构。通过发达的金融市场，多渠道、多方式地筹集资金，可降低加权平均资金成本，从而达到项目的最佳目标资金结构。

3. 投资资产特征对融资方式、融资结构的影响

企业契约论认为，投资资产的特征即资产专用性、依赖性、可塑性以及资产结构会对融资方式选择、融资结构产生影响。具体来说，资产的专用性越高，企业越倾向于权益融资，反之则倾向于负债融资；资产的专有性越高，企业越倾向于权益融资；资产的依赖性越高，企业越倾向于权益融资；随着资产可塑性的增加，企业则倾向于权益融资。如果这种作用机制强烈，则企业的资本结构将随着资产结构的变化而变化，这也就意味着企业没有最优的资本结构。

三、融资方式、融资结构、融资方案的选择

项目公司成立后，接下来的工作是安排融资，即对超出股本投资以外的项目所需资金进行筹集。这就需要选择适当的融资方式、融资结构和融资方案。项目融资结构是项目融资的核心部分，它包括两个方面的内容：一是项目融资方式；二是项目的资金结构。在项目融资中，经常采用的融资方式主要有：一是有限追索权或无追索权贷款，依靠项目现金流量来还款；二是用被称为“预先购买”或“产品支付”的方式预先支付一定数量的资金来购买项目的销售收益（或项目收益）。此外，还有BOT、ABS等方式。不论在哪一种情况下，供货方、购买方及使用方承担的“无条件责任”将有效地保证贷款人收回他们的资本，并获得一定的回报。在另外的方式中，贷款人依赖于开放市场中的项目产品收益或使用费，承受还款风险。

除上述融资方式以外，对适当的项目，还可以使用以下融资方式：

（1）融资租赁。有时，用融资租赁方式对部分甚至整个项目进行融资是很有吸引力的，特别是在对项目的资本性投资有税收减让的国家和地区。

（2）出口信贷。许多国家为鼓励本国机构设备和其他商品的出口，专门设立了出口信贷机构，发行优惠贷款。项目公司可根据这些出口信贷机构的要求申请买方信贷。

（3）发行证券。有时，在商业银行或其他担保人的支持下，可以采用发行证券的方法来降低总的融资成本。经营业绩好的项目能够在没有担保的情况下通过发行证券来融资。

项目的资金结构是指该项目的权益资金和债务资金的比例关系。进行项目资金结构的选择，最终的目的是合理利用债务融资，安排债务资金的比率，以达到最佳资金结构。从逻辑上讲，资金结构的选择及其优化，不但依赖于各种融资方式的成本、风险的比较与分析，更依赖于项目现在与未来的盈利状况、成本机会以及项目规模的大小。因此，项目资金结构的选择必须与资金来源、融资方式及项目的投融资政策相结合。

项目融资方案的选择除考虑融资方式、融资结构的选择外，还需考虑以下两个方面的问题：一是项目对资金的需求情况，如需求量的多少，期限的长短，到位的时间等。一般来讲，项目的资金来源与运用在长短期限上应保持结构平衡，资金到位时间应与项目的需要相吻合，以免造成融资成本增加或影响项目的进展。二是国际货币市场和资本市场的不同特点和供求状况。货币市场的贷款期限短、数量有限；资本市场的借款数额大、期限长。项目资金需求受这两个市场的制约。从项目融资的资金结构来看，贷款所占的比重逐渐下降，证券融资的比重逐渐上升，这是由于国际金融和世界经济中的一系列深刻变化所引起的，不断创新的金融工具和金融市场为项目借款人提供了满足其需求的多样化的融资手段和风险分散手段。金融创新使得项目融资方式的选择更为灵活和方便，使贷款将不再是项目融资的主要手段。

第四章 工程项目融资渠道与方式

第一节 工程项目融资渠道与方式概述

一、工程项目融资的渠道

融资渠道也称筹资渠道，是指客观存在的筹措资金的来源方向与通道。认识和了解各筹资渠道及其特点，有助于企业充分拓宽和正确利用筹资渠道。我国目前的筹资渠道主要包括：

1. 国家财政资金

国家对工程项目的直接投资是一种最主要的资金来源渠道，特别是国有独资企业，其资本全部由国家投资形成。在现有国有企业的资金来源中，其资本部分大多是由国家财政以直接拨款的方式形成的，除此以外，还有些是国家对企业"税前还贷"或减免各种税款而形成的。不管是通过何种方式形成的，从产权关系上看，它们都属于国家投入的资金，产权归国家所有。

2. 银行信贷资金

银行(包括各类银行，例如本国商业银行、世界银行、亚洲开发银行等)对工程项目及其公司的各种贷款，是我国目前各类工程项目最为重要的资金来源。我国银行分为商业性银行和政策性银行两种。商业银行是以盈利为目的、从事信贷资金投放的金融机构，它主要为企业提供各种商业贷款。政策性银行主要是为特定企业提供政策性贷款。

3. 非银行金融机构资金

非银行金融机构主要指信托投资公司、保险公司、租赁公司、证券公司、企业集团所属的财务公司等。它们所提供的各种金融服务，既包括信贷资金投放，也包括物资的融通，还包括为企业承销证券等金融服务。

4. 其他企业资金

企业在生产经营过程中，往往形成部分暂时闲置的资金，并为一定的目的而进行相互投资；另外，企业间的购销业务可以通过商业信用方式来完成，从而形成企业间的债权债务关系，形成债务人对债权人的短期信用资金占用。企业间的相互投资和商业信用的存在，使其他企业资金也成为企业资金的重要来源。

5. 居民个人资金

企业职工和居民个人的结余货币，作为"游离"于银行及非银行金融机构等之外的个人资金，可用于对工程项目及其企业进行投资，形成民间资金来源渠道，从而为工程项目及其企业所用。

6. 企业自留资金

它是指工程项目公司或企业内部形成的资金，也称企业内部资金，主要包括提取公积金和未分配利润等。这些资金的重要特征之一是，它们无需企业通过一定的方式去筹集，而直接由企业内部自动生成或转移。

二、工程项目融资的运作

(一)工程项目融资的框架结构

工程项目融资一般由4个基本模块组成,它们分别是:

1.工程项目的投资结构

工程项目的投资结构,即工程项目的资产所有权结构,是指工程项目的投资者对工程项目资产权益的法律拥有形式和工程项目投资者之间的法律关系。一般是通过投资决策分析,来确定工程项目的投资结构。确定投资结构需要考虑的因素包括:工程项目的产权责任、产品分配形式、决策等程序、债务责任、现金流量、税务结构和会计处理等内容。目前,国际上通行的投资结构有:单一工程项目子公司、非限制性子公司、公司型合资结构、合伙制或有限合伙制结构、非公司型合资结构等。

2.工程项目的融资结构

工程项目的融资结构是工程项目融资的核心。在工程项目融资中,要尽量设计和选择合适的融资结构,以实现投资者在融资方面的目标和要求。一般地,根据项目债务责任的分担要求、贷款资金数量上的要求、时间上的要求、融资费用等,来决定是否采取项目融资方式。如果决定采用工程项目融资方式之后,便要任命工程项目融资顾问,在评价工程项目的风险因素的基础上,设计工程项目的融资结构、资金结构和担保结构。

3.工程项目的资金结构

工程项目的资金结构,主要是决定工程项目中股本资金、准股本资金和债务资金的形式,相互之间的比例关系以及相应的来源等。

4.工程项目的信用担保结构

对于银行和其他债权人而言,工程项目融资的安全性来自两个方面:一方面来自于工程项目本身的经济强度;另一方面来自于工程之外的各种直接和间接担保。这些担保可以是由工程项目的投资者提供,也可以是由与项目有直接或间接利益关系的其他当事人提供。

(二)工程项目融资的依据

工程项目融资应以国家的有关政策、法规和工程项目的财务预算为依据。如《基本建设拨款暂行条例》、《基本建设贷款办法》等规章制度。具体依据的内容如下:

1.批准的设计任务书和设计文件

设计任务书是确定工程建设项目的建设地点、内容、方向、规模、投资额等内容的文件。有了批准的工程项目的设计任务书,才能委托设计单位进行设计,并据以编制概算(预算),确定项目造价,并为制订投资计划提供依据。

2.批准的工程项目年度建设计划和年度建设工程项目表

工程项目年度建设计划是确定年度投资规模、投资方向、投资结构和建设速度等内容的文件。工程项目表是工程项目的费用项目及其投资额等具体内容的计划,是编制工程项目施工图预算的基本依据。

3.施工图预算

施工图预算是确定工程项目建筑安装工程造价、签订施工合同、结算工程价款、实行工程包干和考核工程成本的依据,也是进行资金管理的直接依据之一。

(三)工程项目融资的阶段和步骤

工程融资项目一般要经过5个阶段与步骤：

1.投资决策分析阶段

工程项目发起人在作出决策之前，通过对宏观经济形式的判断、工业部门的发展态势以及该工程项目在工业部门中的竞争性的分析、项目的可行性研究等基本资料的了解，来初步决定项目的投资结构。

2.融资决策分析阶段

在此阶段，工程项目投资者将决定采用何种融资方式为项目筹集资金。主要通过成本与效益的分析，对各种可能的融资方案进行取舍。

3.融资结构分析阶段

这一阶段的主要任务是完成对工程项目风险的分析和评估，设计出项目的融资结构和资金结构，并对项目的投资结构进行修正和完善。

4.融资谈判阶段

通过对融资方案的反复设计、分析、比较和谈判，最后选定一个既能最大限度地保护工程项目投资人的利益，又能为贷款银行所接受的融资方案。其中包括：选择牵头银行、发出工程项目融资建议书、组织贷款银团；起草融资法律文件；融资谈判等。

这一阶段会经过多次的反复，在与银行的谈判中，不仅会对有关的法律文件作出修改，在很多情况下，也会涉及融资结构的调整问题，有时甚至会对工程项目的投资结构及相应的法律文件作出修改，以满足贷款银团的要求。此时，融资顾问、法律顾问的作用非常重要，强有力的融资顾问和法律顾问可以帮助加强项目发起人的谈判地位，保护投资者的利益，并在谈判陷入僵局时，及时、灵活地找出适当的变通办法，绕过难点解决问题。

5.工程项目融资的执行阶段

在正式签署工程项目融资的法律文件之后，融资的组织安排工作就结束了，工程项目融资便进入了执行阶段。在传统的融资方式中，一旦进入贷款的执行阶段，借贷双方的关系就变得相对简单明了了，借款人只要求按照贷款协议的规定提款和偿还贷款的利息和本金。然而，在工程项目融资中，贷款银团通过其经理人(一般由工程项目融资顾问担任)将会经常性地监督工程项目的进展，根据融资文件的规定，参与部分工程项目的决策和管理。

三、工程项目资金需要量的估算

确定工程项目的资金需要量，是工程项目财务管理，尤其是融资管理工作的一项重要内容，其具有十分重要的意义。第一，有利于工程项目公司(发起人)正确合理地筹集资金。工程项目公司(发起人)在筹资之前，必须合理地确定资金需要量。工程项目的筹资和投资是紧密相联、不可割裂的。因为在多数情况下，总是要在确定了有利的投资方向，有了明确的资金用途后，才能合理地进行筹资。因此，只有合理地确定了工程项目的资金需要量，才能合理地筹集资金。第二，有利于正确地评价投资方案的经济效果。评价投资方案经济效果的方法有很多，但不管采取哪一种方法，都必须正确估算投资项目的初始投资额。下面简要介绍工程项目投资额的基本内容及其确定方法。

(一)投资额的构成

投资额的构成，一般包括投资前费用、设备购置费用、设备安装费用、建筑工程费、营运资金的垫支、不可预见费用等。

1. 投资前费用

投资前费用是指在正式投资之前为做好各项准备工作而花费的费用，主要包括：市场调查研究费、勘察设计费、技术资料费、土地购入费和其他费用。投资前费用的总额，要在综合考虑以上费用的基础上，合理加以确定。

2. 设备购置费用

设备购置费用是指为购买项目所需各项设备而花费的费用。项目财务人员要根据所需设备的数量、规格、型号、性能、价格水平、运输费用等来确定设备购置的多少。

3. 设备安装费用

设备安装费用是指为安装各种设备所需的费用。这部分费用主要根据安装设备的多少、安装的难度、安装的工作量、当地安装的收费标准等因素来确定。

4. 建筑工程费

建筑工程费是指进行土建工程所花费的费用。这部分费用要根据建筑类型、建筑面积的大小、建筑质量的要求、当地的建筑造价标准来确定。

5. 营运资金的垫支

投资项目建成后，必须垫支一定的营运资金才能投入营运。这部分营运资金的垫支一般要到项目寿命终结时才能收回。所以，这种投资应看作是长期投资，而不属于短期投资。

6. 不可预见费用

不可预见费用是指在投资项目正式建设之前不能完全估计到的，但又很可能发生的一系列费用，如设备价格的上涨，出现自然灾害等。这些因素也要合理确定，以便留有余地。

（二）投资额确定的基本方法

确定投资额的方法有很多，现介绍几种最常用的方法。

1. 逐项测算法

逐项测算法就是对构成投资额基本内容的各个项目先逐项测算其数额，然后进行汇总来预测投资额的一种方法。

【例 4-1】 某企业准备建一条新的生产线，经过认真调查研究和分析，预计各项支出如下：投资前费用 1 万元；设备购置费用 50 万元；设备安装费用 10 万元；建筑工程费用 40 万元；投产时需垫支营运资金 5 万元；不可预见费按上述总支出的 5%计算。则该扩建项目的投资总额如下：

$$(10\,000+500\,000+100\,000+400\,000+50\,000)\times(1+5\%)=1\,113\,000(\text{元})$$

2. 单位生产能力估算法

单位生产能力估算法是根据同类项目的单位生产能力投资额和拟建项目的生产能力来估算投资额的一种方法。生产能力是指投资项目建成投产后每年达到的产量，如生产电视机 10 000 台、生产服装 50 000 件等。一般生产能力越大，则所需投资额越多，两者之间存在着一定的数量关系。预测投资额的计算公式如下：

拟建项目投资总额＝同类企业单位生产能力投资额×拟建项目生产能力

利用以上公式进行预测时，需要注意下列几个问题：

（1）同类企业单位生产能力投资额可从有关统计资料中获得，如果国内没有可供参考的有关资料，可以以国外投资的有关资料为参考标准，但要对其进行适当调整。

(2)如果通货膨胀比较明显,要合理考虑物价变动的影响。

(3)作为对比的同类工程项目的生产能力与拟建的投资项目的生产能力应比较接近,否则会有较大误差。

(4)要考虑投资项目在地理环境、交通条件等方面的差别,并相应调整确定出的投资额。

3. 装置能力指数法

装置能力指数法是根据有关项目的装置能力和装置能力指数来确定项目投资额的一种方法。装置能力是指以封闭型的生产设备为主体所构成的投资项目的生产能力。如制氧生产装置、化肥生产装置等。装置能力越大,所需投资额就越多。装置能力和投资额之间存在着如下关系:

$$y_2=\left(\frac{x_2}{x_1}\right)^t\times y_1\times K$$

式中:y_1——类似项目投资额;

y_2——拟建项目投资额;

x_1——类似项目装置能力;

x_2——拟建项目装置能力;

t——装置能力指数;

K——新老项目之间的调整系数。

公式中的装置能力指数 t,根据经验来取。装置压力较高并带有较多台数的大中型压缩机泵及工业炉的装置取 0.85,压力较低的装置取 0.7,一般情况下可取 0.8。

【例 4-2】 某化肥厂原有一套生产尿素的装置,装置能力为年产尿素 10 万 t,5 年前投资额为 1 000 万元,现该化肥厂拟增一套生产能力为 8 万吨的尿素装置,根据经验,装置能力指数取 0.8,因价格上涨,需要对投资进行调整,故调整系数取 1.4。试预测 8 万 t 尿素装置的投资额。

$$y_2=\left(\frac{x_2}{x_1}\right)^t\times y_1\times K=1\,171(\text{万元})$$

第二节 工程项目融资的权益资金融资方式

一、吸收直接投资

吸收直接投资(以下简称吸收投资)是指企业按照“共同投资、共同经营、共担风险、共享利润”的原则直接吸收国家、法人、个人投入资金的一种筹资方式。吸收投资中的出资者都是企业的所有者,他们对企业具有经营管理权。若企业经营状况好,盈利多,各方可按出资额的比例分享利润;但如果企业经营状况差,连年亏损,甚至被迫破产清算,则各方要在其出资的限额内按出资比例承担损失。

(一)吸收投资的种类

企业采用吸收投资方式筹集资金一般可分为以下 3 类:

1. 吸收国家投资

国家投资是指有权代表国家投资的政府部门或者机构以国有资产投入企业,这种情况下形成的资本叫国有资本。吸收国家投资是国有企业筹集自有资金的主要方式。根据《企业国有资本与财务管理暂行办法》第十三条、第十四条规定，国家对企业注册的国有资本实行保全原则。企业在持续经营期间，对注册的国有资本除依法转让外，不得抽回，并且以出资额为限承担责任。企业拟以盈余公积、资本公积转增实收资本的，国有企业和国有独资公司由企业董事会或经理办公会决定，并报主管财政机关备案；股份有限公司和有限责任公司由董事会决定，并经股东大会审议通过。吸收国家投资一般具有以下特点：①产权归属国家；②资金的运用和处置受国家约束较大；③在国有企业中采用比较广泛。

2. 吸收法人投资

法人投资是指法人单位以其依法可以支配的资产投入企业，这种情况下形成的资本叫法人资本。吸收法人投资一般具有如下特点：①发生在法人单位之间；②以参与企业利润分配为目的；③出资方式灵活多样。

3. 吸收个人投资

个人投资是指社会个人或本企业内部职工以个人合法财产投入企业，这种情况下形成的资本称为个人资本。吸收个人投资一般具有以下特点：①参加投资的人员较多；②每人投资的数额相对较少；③以参与企业利润分配为目的。

（二）吸收投资中的出资方式

企业在采用吸收投资方式筹集资金时，投资者可以用现金、厂房、机器设备、材料物资、无形资产等作价出资。

1. 以现金出资

以现金出资是吸收投资中一种最重要的出资方式。有了现金，便可获取其他物质资源。因此，企业应尽量动员投资者采用现金方式出资。吸收投资中所需投入现金的数额，取决于投入的实物以及工业产权之外尚需多少资金来满足建厂的开支和日常周转需要。外国公司法或投资法对现金投资占资本总额的多少，一般都有规定，我国目前尚无这方面的规定，所以，需要在投资过程中由双方协商加以确定。

2. 以实物出资

以实物出资就是投资者以厂房、建筑物、设备等固定资产和原材料、商品等流动资产所进行的投资。一般来说，企业吸收的实物应符合如下条件：①确为企业科研、生产、经营所需；②技术性能比较好；③作价公平合理。实物出资所涉及的实物作价方法应按国家的有关规定执行。

3. 以工业产权出资

以工业产权出资是指投资者以专有技术、商标权、专利权等无形资产所进行的投资。一般来说，企业吸收的工业产权应符合以下条件：①能帮助研究和开发出新的高科技产品；②能帮助生产出适销对路的高科技产品；③能帮助改进产品质量，提高生产效率；④能帮助大幅度降低各种消耗；⑤作价比较合理。

企业在吸收工业产权投资时应特别谨慎，需进行认真的可行性研究。因为以工业产权投资实际上是把有关技术资本化了，把技术的价值固定化了。而技术具有时效性，因其不断老化会导致价值不断减少甚至完全丧失，风险较大。

4. 以土地使用权出资

投资者也可以用土地使用权来进行投资。土地使用权是按有关法规和合同的规定使用土地的权利。企业吸收土地使用权投资应符合以下条件：①企业科研、生产、销售活动所需要的；

②交通、地理条件比较适宜;③作价公平合理。

(三)吸收投资的程序

企业吸收其他单位的投资,一般要遵循如下程序:

1. 确定筹资数量

吸收投资一般是在企业开办时所使用的一种筹资方式。企业在经营过程中,如果发现自有资金不足,也可采用吸收投资的方式筹集资金,但在吸收投资之前,必须确定所需资金的数量,以利于正确筹集所需资金。

2. 寻找投资单位

企业在吸收投资之前,需要做一些必要的宣传,以便使出资单位了解企业的经营状况和财务情况,从而有目的地进行投资。这将有利于企业在比较多的投资者中寻找最合适的合作伙伴。

3. 协商投资事项

寻找到投资单位后,双方便可进行具体的协商,以便合理确定投资的数量和出资方式。在协商过程中,企业应尽量说服投资者以现金方式出资。如果投资者的确拥有较先进的适用于企业的固定资产、无形资产等,也可用实物、工业产权和土地使用权进行投资。

4. 签署投资协议

双方经初步协商后,如没有太大异议,便可进一步协商。这里的关键问题是以实物投资、工业产权投资、土地使用权投资的作价问题。这是因为投资的报酬、风险的承担都是以由此确定的出资额为依据。一般而言,双方应按公平合理的原则协商定价。如果争议比较大,可聘请有关资产评估机构来评定。当出资数额、资产作价确定后,便可签署投资的协议或合同,以明确双方的权利和责任。

5. 共享投资利润

出资各方有权对企业进行经营管理。但如果投资者的投资占企业资金总额的比例较低,则一般并不参与经营管理,他们最关心的还是其投资报酬问题。因此,企业在吸收投资之后,应按合同中的有关条款,从实现利润中对吸收的投资支付报酬。投资报酬是企业利润的一个分配去向,也是投资者利益的体现,企业要妥善处理,以便与投资者保持良好关系。

(四)吸收投资的优缺点

1. 吸收投资的优点

(1)有利于增强企业信誉。吸收投资所筹集的资金属于自有资金,能增强企业的信誉和借款能力,对扩大企业经营规模、壮大企业实力具有重要作用。

(2)有利于尽快形成生产能力。吸收投资可直接获取投资者的先进设备和先进技术,有利于尽快形成生产能力,尽快开拓市场。

(3)有利于降低财务风险。吸收投资可以根据企业的经营状况向投资者支付报酬,企业经营状况好,要向投资者多支付一些报酬,比较灵活,所以财务风险较小。

2. 吸收投资的缺点

(1)资金成本较高。一般而言,采用吸收投资方式筹集资金所需负担的资金成本较高,特别是在企业经营状况较好和盈利较强时,更是如此。因为向投资者支付的报酬是根据其出资的数额和企业实现利润的多寡来计算的。

(2)容易分散企业控制权。采用吸收投资方式筹集资金,投资者一般都要求获得与投资数量相适应的经营管理权，这是接受外来投资的代价之一。如果外部投资者的投资较多，则投资者会有相当大的管理权，甚至会对企业实行完全控制，这是吸收投资的不利因素。

二、发行普通股

股票属于股份公司为筹集自有资金而发行的有价证券，是公司签发的证明股东所持股份的凭证，它代表了股东对股份制公司的所有权。发行普通股是股份有限公司筹集权益资金最常用的方式。

(一)股票的分类

根据不同标准，可以对股票进行不同的分类。

1.按股东享受权利和承担义务的大小分类

以股东享受权利和承担义务的大小为标准，可把股票分成普通股票和优先股票。

普通股票简称普通股，是股份公司依法发行的具有管理权、股利不固定的股票。普通股具备股票的最一般特征，是股份公司资本的最基本部分。

优先股票简称优先股，是股份公司依法发行的具有一定优先权的股票。从法律上讲，企业对优先股不承担法定的还本义务，是企业自有资金的一部分。

2.按股票票面是否记名分类

以股票票面上有无记名为标准，可把股票分成记名股票与无记名股票。

记名股票是在股票上载有股东姓名或名称并将其记入公司股东名册的一种股票。记名股票要同时附有股权手册，只有同时具备股票和股权手册，才能领取股息和红利。记名股票的转让、继承都要办理过户手续。

无记名股票是指在股票上不记载股东姓名或名称的股票。凡持有无记名股票的，都可成为公司股东。无记名股票的转让、继承都要办理过户手续，只要将股票交给受让人，就可发生转让效力，移交股权。

公司向发行人、国家授权投资的机构和法人发行的股票，应当为记名股票。

对社会公众发行的股票，可以为记名股票，也可以为无记名股票。

3.按股票票面有无金额分类

以股票票面上有无金额为标准，可把股票分为面值股票和无面值股票。

面值股票是指在股票的票面上记载每股金额的股票。股票面值的主要功能是确定每股股票在公司所占有的份额；另外，还表明在有限公司中股东对每股股票所负有限责任的最高限额。

无面值股票是指股票票面不记载每股金额的股票。无面值股票仅表示每一股在公司全部股票中所占有的比例。也就是说，这种股票只在票面上注明每股占公司全部资产的比例，其价值随公司财产价值的增减而增减。

4.按发行对象和上市地区分类

以发行对象和上市地区为标准，可将股票分为A股、B股、H股和N股等。

在我国内地，有A股、B股。A股是以人民币标明票面金额，B股是以外币认购和交易的股票。另外，还有H股和N股，H股为在香港上市的股票，N股是在纽约上市的股票。

(二)普通股股东的权利

普通股股票的持有人叫普通股股东，普通股股东一般具有如下权利：

1.公司管理权

普通股股东具有对公司的管理权。对大公司来说，普通股股东成千上万，不可能每个人都直接对公司进行管理。普通股股东的管理权主要体现为在董事会选举中有选举权和被选举权。通过选出的董事会代表所有股东对企业进行控制和管理。具体来说，普通股股东的管理权主要表现为：

(1)投票权。普通股股东有权投票选举公司董事会成员，并有权对修改公司章程、改变公司资本结构、批准出售公司重要资产、吸收或兼并其他公司等重大问题进行投票表决。

(2)查账权。从原则上来讲，普通股股东具有查账权。但由于保密的原因，这种权利常常受到限制。因此，并不是每个股东都可自由查账，但股东可以委托会计师事务所代表他去查账。

(3)阻止越权的权利。当公司的管理当局越权进行经营时，股东有权阻止。

2.分享盈余权

分享盈余也是普通股股东的一项基本权利。盈余的分配方案由股东大会决定，每一个会计年度由董事会根据企业的盈利数额和财务状况来决定分发股利的多少，并经股东大会批准通过。

3.出让股份权

股东有权出售或转让股票，这也是普通股股东的一项基本权利。股东出让股票的原因可能有：

(1)对公司的选择。有的股东由于与管理当局的意见不一致，又没有足够的力量对管理当局进行控制，便出售其股票而购买其他公司的股票。

(2)对报酬的考虑。有的股东认为现有股票的报酬低于所期望的报酬，便出售现有的股票，寻求更有利的投资机会。

(3)对资金的需求。有的股东由于一些原因需要大量现金，不得不出售其股票。

4.优先认股权

当公司增发普通股票时，原有股东有权按其持有公司股票的比例，优先认购新股票。这主要是为了使现有股东保持其在公司股份中原来所占的百分比，以保证他们的控制权。

5.剩余财产要求权

当公司解散、清算时，普通股股东对剩余财产有要求权。但是，公司破产清算时，财产的变价收入，首先要用来清偿债务，然后支付优先股股东，最后才能分配给普通股股东。所以，在破产清算时，普通股股东实际上很少能分到剩余财产。

(三)股票的发行

股票的发行是利用股票筹集资金的一个最重要问题，现简介如下：

1.股票发行的目的

明确股票发行的目的，是股份公司决定发行方式、发行程序、发行条件的前提。股份公司发行股票，总的来说，是为了筹集资金，但具体来说，又有不同的原因，主要有：

(1)设立新的股份公司。股份公司成立时，通常以发行股票的方式来筹集资金并进行经营。

(2)扩大经营规模。已设立的股份公司为不断扩大生产规模，也需通过发行股票来筹集所需资金。通常，人们称此类发行为增资发行。如果拟发行的股票在核定资本的额度内，则只需经董事会批准；如果超过了核定资本额度，则需召开股东大会重新核定资本额。在核定的资本额度内增资发行，董事会通过之后，还要呈报政府有关机构，办理各种规定的手续。

(3)其他目的。其他目的的股票发行通常与集资没有直接联系，如发放股票股利。

2.股票发行的条件

虽然股份公司和股票市场的产生是商品经济条件下极为普遍的现象，而且也是商品经济发达程度的重要标志，但股票的发行必须遵循一定的法律和规定。按国际惯例，股份公司必须具备一定的发行条件，取得发行资格，并在办理必要手续后才能发行股票。

《证券法》第十二条规定，设立股份有限公司公开发行股票，应当符合《中华人民共和国公司法》规定的条件和经国务院批准的国务院证券监督管理机构规定的其他条件。第十三条规定，公司公开发行新股，应当符合下列条件：

①须符合法律、行政法规规定的条件，并依法报经国务院证券监督管理机构或者国务院授权的部门核准；

②股份的发行，实行公平、公正的原则，同种类的每一股份应当具有同等权利；

③具备健全且运行良好的组织机构；

④具有持续盈利能力，财务状况良好；

⑤最近3年财务会计文件无虚假记载，无其他重大违法行为；

⑥经国务院批准的国务院证券监督管理机构规定的其他条件。

3.股票发行的基本程序

根据国际惯例，各国股票的发行都有严格的法律规定程序，任何未经法定程序发行的股票都不发生效力。这里介绍公开发行股票的最基本程序。

(1)公司做出新股发行决议；

(2)公司做好发行新股的准备工作，编写必备的文件资料和获取有关的证明材料；

(3)提出发行股票的申请；

(4)有关机构进行审核；

(5)签署承销协议；

(6)公布招股说明书；

(7)按规定程序招股；

(8)认股人缴纳股款；

(9)向认股人交割股票；

(10)改选董事、监事。

(四)股票上市

股票上市指股份有限公司公开发行的股票经批准在证券交易所进行挂牌交易。经批准在交易所上市交易的股票称为上市股票。股票获准上市交易的股份有限公司简称为上市公司。我国《公司法》规定，股东转让其股份，即股票流通必须在依法设立的证券交易场所进行。

1.股票上市应考虑的因素

股票上市作为一种有效的筹资方式，对公司的成长起着重要的作用。发达国家中绝大部分发展迅速的公司都选择了上市。然而，股票上市也会给公司带来一些负面效果，因此，在作出股票上市的决定前，公司管理者应该非常慎重地考虑，并且应该尽可能向专家或有过类似经历的企业家进行咨询,以便作出的决策能够达到预期目的。

(1)股票上市可为公司带来的益处

①有助于改善财务状况。公司公开发行股票可以筹得自有资金,能迅速改善公司财务状况,并有条件得到利率更低的贷款。同时,公司一旦上市,就可以在今后有更多的机会从证券市场上筹集资金。

②利用股票收购其他公司。一些公司常用出让股票而不是付现金的方式去对其他企业进行收购。被收购企业也乐意接受上市公司的股票。因为上市的股票具有良好的流通性,持股人可以很容易将股票出手而得到资金。

③利用股票市场客观评价企业。对于已上市的公司来说,每时每日的股市,都是对企业客观的市场估价。

④利用股票可激励职员。上市公司利用股票作为激励关键人员的手段是卓有成效的。公开的股票市场提供了股票的准确价值,也可使职员的股票得以兑现。

⑤提高公司知名度,吸引更多顾客。股票上市公司为社会所知,并被认为经营优良,这会给公司带来良好的声誉,从而吸引更多的顾客,扩大公司的销售。

(2)股票上市可能对公司产生的不利影响

①使公司失去隐私权。一家公司转为上市公司后,其最大的变化是公司隐私权的消失。国家证券管理机构要求上市公司需将关键的经营情况向社会公众公开。

②限制经理人员操作的自由度。公司上市后其所有重要决策都需要经董事会讨论通过,有些对企业事关重大的决策则需全体股东投票决定。股东们通常以公司盈利、分红、股价等来判断经理人员的业绩,这些压力往往使得企业经理人员注重短期效益而忽略长期效益。

③公开上市需要很高的费用。这些费用包括:资产评估费用、股票承销佣金、律师费、注册会计师费、材料印刷费、登记费等。这些费用的具体数额取决于每一个企业的具体情况、整个上市过程的难易程度和上市数额等因素。公司上市后尚需花费一些费用为证券交易所、股东等提供资料,聘请注册会计师、律师等。

2.股票上市的条件

公司公开发行的股票进入证券交易所交易必须受严格的条件限制。我国《证券法》第五十条规定,股份有限公司申请股票上市,应当符合下列条件:

(1)股票经国务院证券监督管理机构核准已公开发行;

(2)公司股本总额不少于人民币3 000万元;

(3)公开发行的股份达到公司股份总数的25%以上;公司股本总额超过人民币4亿元的,公开发行股份的比例为10%以上;

(4)公司最近3年无重大违法行为,财务会计报告无虚假记载。

证券交易所可以规定高于前款规定的上市条件,并报国务院证券监督管理机构批准。

3.股票上市的暂停与终止

我国《证券法》第五十五条规定,上市公司有下列情形之一的,由证券交易所决定暂停其股票上市交易:

(1)公司股本总额、股权分布等发生变化不再具备上市条件;

(2)公司不按照规定公开其财务状况,或者对财务会计报告作虚假记载,可能误导投资者;

(3)公司有重大违法行为;

(4)公司最近 3 年连续亏损；

(5)证券交易所上市规则规定的其他情形。

《证券法》第五十六条规定，上市公司有下列情形之一的，由证券交易所决定终止其股票上市交易：

(1)公司股本总额、股权分布等发生变化不再具备上市条件，在证券交易所规定的期限内仍不能达到上市条件；

(2)公司不按照规定公开其财务状况，或者对财务会计报告作虚假记载，且拒绝纠正；

(3)公司最近 3 年连续亏损，在其后一个年度内未能恢复盈利；

(4)公司解散或者被宣告破产；

(5)证券交易所上市规则规定的其他情形。

(五)普通股筹资优缺点

1. 普通股筹资的优点

(1)没有固定利息负担。公司有盈余，并认为适合分配股利，就可以分给股东；公司盈余较少，或虽有盈余但资金短缺或有更有利的投资机会，就可以少支付或不支付股利。

(2)没有固定到期日，不用偿还。利用普通股筹集是永久性的资金，除非公司清算才需偿还。它对保证企业最低的资金需求有重要意义。

(3)筹资风险小。由于普通股没有固定到期日，不用支付固定的利息，此种筹资实际上不存在不能偿付的风险，因此风险最小。

(4)能增加公司的信誉。普通股本与留存收益构成公司所借入一切债务的基础。有了较多的自有资金，就可为债权人提供较大的损失保障，因而，普通股筹资既可以提高公司的信用价值，同时也为使用更多的债务资金提供了强有力的支持。

(5)筹资限制较少。利用优先股或债券筹资，通常有许多限制，这些限制往往会影响公司经营的灵活性，而利用普通股筹资则没有这种限制。

2. 普通股筹资的缺点

(1)资金成本较高。一般来说，普通股筹资的成本要大于债务资金。这主要是股利要从净利润中支付，而债务资金的利息可在税前扣除，另外，普通股的发行费用也比较高。

(2)容易分散控制权。利用普通股筹资，出售了新的股票，引进了新的股东，容易导致公司控制权的分散。

此外，新股东分享公司未发行新股前积累的盈余，会降低普通股的每股净收益，从而可能引起股价的下跌。

三、发行优先股

优先股是一种特别股票，它与普通股有许多相似之处，但又具有债券的某些特征。但从法律的角度来讲，优先股属于自有资金。

(一)优先股的种类

按不同标准，可对优先股作不同分类，现介绍几种最主要的分类方式。

1. 累积优先股和非累积优先股

累积优先股是指在任何营业年度内未支付的股利可累积起来，由以后营业年度的盈利一起支付的优先股票。也就是说，当公司营业状况不好，无力支付固定股利时，可把股利累积下来，当公司营业状况好转，盈余增多时，再补发这些股利。一般而言，一个公司只有把所欠的优先股股利全部支付以后，才能支付普通股股利。

非累积优先股是仅按当年利润分取股利，而不予以累积补付的优先股股票。也就是说，如果本年度的盈利不足以支付全部优先股股利，对所积欠的部分，公司不予累积计算，优先股股东也不能要求公司在以后年度中予以补发。

显然，对投资者来说，累积优先股比非累积优先股具有更大的吸引力，所以，累积优先股发行比较广泛，而非累积优先股则因认购者少而发行量较小。

2. 可转换优先股与不可转换优先股

可转换优先股是股东可在一定时期内按一定比例把优先股转换成普通股的股票。转换的比例是事先确定的，其数值大小取决于优先股与普通股的现行价格。例如，每股可转换优先股的价格为 100 元，每股普通股的现行价格为 25 元，这时就可能规定在今后一定时期(如 2 年)内，以 1 股优先股转换 4 股普通股。显然，在规定的 2 年内，只有当普通股价格超过 25 元，或优先股的价格不超过 100 元时，这种转换才有利于优先股股东。

不可转换优先股是指不能转换成普通股的股票。不可转换优先股只能获得固定股利报酬，而不能获得转换收益。

3. 参加优先股和不参加优先股

参加优先股是指不仅能取得固定股利，还有权与普通股一同参加利润分配的股票。根据参与利润分配方式的不同，又可分为全部参加分配的优先股和部分参加分配的优先股。前者表现为优先股股东有权与普通股股东共同等额分享本期剩余利润，后者则表现为优先股股东有权按规定额度与普通股股东共同参与利润分配，超过规定额度部分的利润，归普通股所有。

不参加优先股是指不能参加剩余利润分配，只能取得固定股利的优先股。其特点是优先股股东对股份公司的税后利润，只有权分得固定股利，对取得固定股利后的剩余利润，无权参加分配。

4. 可赎回优先股与不可赎回优先股

可赎回优先股又称可收回优先股，是指股份公司可以按一定价格收回的优先股票。在发行这种股票时，一般都附有收回性条款，在收回条款中规定了赎回该股票的价格。此价格一般略高于股票的面值。至于是否收回，在什么时候收回，则由发行股票的公司业决定。

不可赎回优先股是指不能收回的优先股股票。因为优先股都有固定股利，所以，不可赎回优先股一经发行，便会成为一项永久性的财务负担。因此，在实际工作中，大多数优先股均是可赎回优先股，而不可赎回优先股则很少发行。

从以上介绍可以看出，累积优先股、可转换优先股、参加优先股均对股东有利，而可赎回优先股则对股份公司有利。

(二)优先股股东的权利

优先股的“优先”是相对普通股而言的，这种优先权主要表现在以下几个方面。

1. 优先分配股利权

优先分配股利的权利，是优先股的最主要特征。优先股通常有固定股利，一般按面值的一定百分比来计算。另外，优先股的股利除数额固定外，还必须在支付普通股股利之前予以支付。对于累积优先股来说，这种优先权就更为突出。

2. 优先分配剩余资产权

在企业破产清算时，出售资产所得的收入，优先股位于债权人的求偿之后，但先于普通股。其金额只限于优先股的票面价值，加上累积未支付的股利。

3. 部分管理权

优先股股东的管理权限是有严格限制的。通常，在公司的股东大会上，优先股股东没有表决权，但是，当公司研究与优先股有关的问题时其有权参加表决。例如，如果讨论把一般优先股改为可转换优先股或推迟优先股股利的支付时，优先股股东都有权参加股东大会，并有权表决。

(三)优先股的性质

优先股是一种具有双重性质的证券，它虽属自有资金，但却兼有债券性质。

从法律上讲，优先股是企业自有资金的一部分。优先股股东所拥有的权利与普通股股东相似。优先股的股利不能像债务利息那样从税前扣除，而必须从净利润中支付。但优先股有固定的股利，这与债券利息相似，优先股对盈利的分配和剩余资产的求偿具有优先权，这也类似于债券。

另外，公司的不同利益集团，以优先股有不同的认识。普通股的股东一般把优先股看成是一种特殊债券，这是因为，它必须在普通股之前取得收益，分享资产。投资人在购买普通股票时也往往把优先股看作债券。但是，从债券的持有人来看，优先股则属于股票，因为它对债券起保护作用，可以减少债券投资的风险，属于主权资金。从公司管理当局和财务人员的观点来看，优先股则具有双重性质，这是因为，优先股虽没有固定的到期日，不用偿还本金，但往往需要支付固定的股利，成为财务上的一项负担。所以，当公司利用优先股集资时，一定要考虑它这两个方面的特性。

(四)优先股筹资的优缺点

1. 利用优先股筹资的优点

(1)没有固定到期日，不用偿还本金。事实上，利用优先股筹资等于使用的是一笔无限期的贷款，无偿还本金义务，也无需作再筹资计划。但大多数优先股又附有收回条款，这就使得使用这种资金更有弹性。当财务状况较弱时发行，而财务状况较强时收回，有利于结合资金需求，同时也能控制公司的资金结构。

(2)股利支付既固定，又有一定弹性。一般而言，优先股都采用固定股利，但固定股利的支付并不构成公司的法定义务。如果财务状况不佳，则可暂时不支付优先股股利，那么，优先股股东也不能像债权人一样迫使公司破产。

(3)有利于增强公司信誉。从法律上讲，优先股属于自有资金，因而，优先股扩大了权益基础，可适当增加公司的信誉，加强公司的借款能力。

2. 利用优先股筹资的缺点

(1)筹资成本高。优先股所支付的股利要从税后净利润中支付，不同于债务利息可在税前扣除。因此，优先股成本很高。

(2)筹资限制多。发行优先股，通常有许多限制条款，例如，对普通股股利支付上的限制，对公司借债限制等。

(3)财务负担重。如前所述，优先股需要支付固定股利，但又不能在税前扣除，所以，当利润下降时，优先股的股利会成为一项较重的财务负担，有时不得不延期支付。

第三节　工程项目融资的负债资金融资方式

一、向银行借款

向银行借款就是由企业根据借款合同从有关银行或非银行金融机构借入所需资金的一种筹资方式，又称银行借款筹资。

(一)可供选择的银行借款的种类

可供选择的银行借款的种类很多，可按不同标准进行不同的分类。

1.按借款的期限分类

按借款的期限，银行借款可分为短期借款、中期借款和长期借款。短期借款是指借款期限在1年以内(含1年)的借款；中期借款是指借款期限在1年以上(不含1年)5年以下(含5年)的借款；长期借款是指借款期限在5年以上(不含5年)借款。

2.按借款的条件分类

按借款是否需要担保，银行借款可以分为信用借款、担保借款和票据贴现。信用借款是指以借款人的信誉为依据而获得的借款，企业取得这种借款，无需以财产作抵押；担保借款是指以一定的财产作抵押或以一定的保证人作担保为条件所取得的借款；票据贴现是指企业以持有的未到期的商业票据向银行贴付一定的利息而取得的借款。

3.按提供贷款的机构分类

按提供贷款的机构，可将银行借款分为政策性银行借款和商业银行贷款。政策性银行贷款一般是指执行国家政策性贷款业务的银行向企业发放的贷款。如国家开发银行为满足企业承建国家重点建设项目的资金需要提供贷款；进出口信贷银行为大型设备的进出口提供买方或卖方信贷。商业银行贷款是指由各商业银行向工商企业提供的贷款。这类贷款主要为满足企业生产经营的资金需要。此外，企业还可从信托投资公司取得实物或货币形式的信托投资贷款，从财务公司取得各种贷款等。

(二)银行贷款筹资的程序

企业向银行借款，通常要经过以下步骤：

1.企业提出贷款申请

企业向银行借入资金，必须向银行提出申请，填写包括借款金额、借款用途、偿还能力以及还款方式等主要内容的《借款申请书》，并提供以下资料：

(1)借款人及保证人的基本情况；

(2)财政部门或会计师事务所核准的上年度财务报告；

(3)原有的不合理借款的纠正情况；

(4)抵押物清单及同意抵押的证明，保证人拟同意保证的有关证明文件；

(5)项目建议书和可行性报告；

(6)贷款银行认为需要提交的其他资料。

2.银行审查借款申请

银行接到企业的申请后，要对企业的申请进行审查，以决定是否对企业提供贷款。这一般包括如下几个方面的内容：

(1)对借款人的信用等级进行评估。

(2)进行相关调查。贷款人受理借款人的申请后，应当对借款人的信用及借款的合法性、安全性和盈利性等情况进行调查，核实抵押物、保证人情况，测定贷款的风险。

(3)贷款审批。

3. 银企签订借款合同

为了维护借贷双方的合法权益，保证资金的合理使用，企业向银行借入资金时，双方需签订借款合同。借款合同主要包括如下4方面内容：

(1)基本条款。这是借款合同的基本内容，主要规定双方的权利和义务。具体包括借款数额、借款方式、款项发放的时间、还款期限、还款方式、利息支付方式、利息率的高低等。

(2)保证条款。这是保证款项能顺利归还的一系列条款，包括借款按规定的用途使用、有关的物资保证、抵押财产、担保人及其责任等内容。

(3)违约条款。这是规定双方若有违约行为时应如何处理的条款，主要载明对企业逾期不还或挪用贷款等如何处理以及银行不按期发放贷款的处理等内容。

(4)其他附属条款。这是与借贷双方有关的其他条款，如双方经办人、合同生效日期等条款。

4. 企业取得借款

双方签订借款合同后，贷款银行要按合同的规定按期发放贷款，企业便可取得相应的资金。贷款人不按合同约定按期发放贷款的，应偿付违约金。借款人不按合同的约定用款的，也应偿付违约金。

5. 企业还本付息

企业应按借款合同的规定，按时足额归还借款本息。一般而言，贷款银行会在短期贷款到期一个星期之前，中长期贷款到期一个月之前，向借款的企业发送还本付息通知单。企业在接到还本付息通知单后，要及时筹备资金，按期还本付息。

如果企业不能按期归还借款，应在借款到期之前，向银行申请贷款展期，但是否展期，由贷款银行根据具体情况决定。

(三)与银行借款有关的信用条件

按照国际惯例，银行发放贷款时，往往涉及以下信用条款：

1. 信贷额度

信贷额度亦即贷款限额，是借款人与银行在协议中规定的允许借款人借款的最高限额。如借款人超过规定限额继续向银行借款，银行则停止办理。此外，如果企业信誉恶化，即使银行曾经同意按信贷限额提供贷款，企业也可能得不到借款。这时，银行不会承担法律责任。

2. 周转信贷协定

周转信贷协定是银行从法律上承诺向企业提供不超过某一最高限额的贷款协定。在协定的有效期内，只要企业借款总额未超过最高限额，银行就必须满足企业任何时候提出的借款要求。企业享用周转协定，通常要对贷款限额的未使用部分付给银行一笔承诺费。

【例4-3】 某企业与银行商定的周转信贷额为2 000万元，承诺费率为0.5%，借款企业年度内使用了1 400万元，余额为600万元。则借款企业应向银行支付承诺费的金额为：

$$承诺费=600\times0.5\%=3(万元)$$

3. 补偿性余额

补偿性余额是银行要求借款人在银行中保持按贷款限额或实际借用额的一定百分比(通

常为10%～20%)计算的最低存款余额,以补偿其可能遭受的风险;但对借款企业来说,补偿性余额则提高了借款的实际利率,加重了企业的利息负担。

【例4-4】 某企业按年利率8%向银行借款100万元,银行要求保留20%的补偿性余额,企业实际可以动用的借款只有80万元。则该项借款的实际利率为:

$$补偿性余额贷款实际利率=\frac{名义利率}{1-补偿性余额比率}\times 100\%$$

$$=\frac{8\%}{1-20\%}\times 100\%=10\%$$

4.借款抵押

银行向财务风险较大、信誉不好的企业发放贷款,往往需要有抵押品担保,以减少自己蒙受损失的风险。借款的抵押品通常是借款企业的应收账款、存货、股票、债券以及房屋等。银行接受抵押品后,将根据抵押品的价值决定贷款金额,一般为抵押品账面价值的30%～50%。这一比率的高低取决于抵押品的变现能力和银行的风险偏好。抵押借款的资金成本通常高于非抵押借款,这是因为银行主要向信誉好的客户提供非抵押贷款,而将抵押贷款视为一种风险贷款,因而收取较高的利息;此外,银行管理抵押贷款比管理非抵押贷款更为困难,为此往往另外收取手续费。企业取得抵押借款还会限制其抵押财产的使用和将来的借款能力。

5.偿还条件

无论何种借款,一般都会规定还款的期限。根据我国金融制度的规定,贷款到期后仍无能力偿还的,视为逾期贷款,银行要照章加收逾期罚息。贷款偿还有到期一次偿还和在贷款期内定期等额偿还两种方式。一般来说,企业不希望采用后一种方式,因为这会提高贷款的实际利率;而银行则不希望采用前一种方式,因为这会加重企业还款时的财务负担,增加企业的拒付风险,同时会降低实际贷款利息。

6.以实际交易为贷款条件

当企业发生经营性临时资金需求,向银行申请贷款以求解决时,银行则以企业将要进行的实际交易为贷款基础,单独立项,单独审批,最后作出决定并确定贷款的相应条件和信用保证。如某承包商因完成某项承包任务缺少资金而向银行借款,当它收到委托承包者付款时,立即归还此笔借款。对这种一次性借款,银行要对借款人的信用状况、经营情况进行个别评价,然后才能确定贷款的利息率、期限和数量。

除了上述所说的信用条件外,银行有时还要求企业为取得借款而作出其他承诺,如及时提供财务报告,保持适当资产流动性等。如企业违背作出的承诺,银行可要求企业立即偿还全部贷款。

(四)借款利息的支付方式

1.利随本清法

利随本清法,又称收款法,是在借款到期时向银行支付利息的方法。采用这种方法,借款的名义利率(亦即约定利率)等于其实际利率(亦即有效利率)。

2.贴现法

贴现法是银行向企业发放贷款时,先从本金中扣除利息部分,而到期时借款企业再偿还全部本金的一种计息方法。采用这种方法,企业可利用的借款额只有本金扣除利息后的差额部分,因此,其实际利率高于名义利率。

【例4-5】 某企业从银行取得借款200万元,期限1年,名义利率10%,利息20万元。按

照贴现法付息,企业实际可动用的贷款为180万元(200万元－20万元),该项贷款的实际利率为:

$$贴现贷款实际利率=\frac{利息}{贷款金额-利息}\times100\%$$

$$=\frac{20}{200-20}\times100\%=11.11\%$$

或:

$$贴现贷款实际利率=\frac{名义利率}{1-名义利率}\times100\%$$

$$=\frac{10\%}{1-10\%}\times100\%=11.11\%$$

(五)银行借款筹资的优缺点

1.银行借款筹资的优点

(1)筹资速度快。发行各种证券筹集长期资金所需时间一般较长。做好证券发行的准备,如印刷证券、申请批准,以及证券的发行等都需要一定时间。而银行借款与发行证券相比,一般所需时间较短,可以迅速地获取资金。

(2)筹资成本低。就目前我国情况来看,利用银行借款所支付的利息比发行债券所支付的利息低,另外,也无需支付大量的发行费用。

(3)借款弹性好。企业与银行可以直接接触,可通过直接商谈,来确定借款的时间、数量和利息。在借款期间,如果企业情况发生了变化,也可与银行进行协商,修改借款的数量和条件。借款到期后,如有正当理由,还可延期归还。

2.银行借款筹资的缺点

(1)财务风险较大。企业举借长期借款,必须定期还本付息,在经营不利的情况下,可能会产生不能偿付的风险,甚至会导致破产。

(2)限制条款较多。企业与银行签订的贷款合同中,一般都有一些限制条款,如定期报送有关报告、不准改变借款用途等,这些条款可能会限制企业的经营活动。

(3)筹资数额有限。银行一般不愿借出巨额的长期借款。因此,利用银行借款筹资都有一定的上限。

二、发行公司债券

公司债券是指公司依照法定程序发行,约定在一定期限还本付息的有价证券。发行公司债券是公司筹集负债资金的重要方式之一。

(一)债券的基本要素

债券的基本要素包括到下几项:

1.债券的面值

债券面值包括两个基本内容:一是币种,二是票面金额。面值的币种可用本国货币,也可用外币,这取决于发行者的需要和债券的种类。债券的发行者可根据资金市场情况和自己的需要选择适合的币种。债券的票面金额是债券到期时偿还债务的金额。不同债券的票面金额大小可能相差十分悬殊,但考虑到买卖和投资的方便,多趋向于发行小面额债券。面额印在债券上,固定不变,到期必须足额偿还。

2. 债券的期限

债券都有明确的到期日，债券从发行之日起，至到期日之间的时间称为债券的期限。如果把商业票据也看成一种债券的话，那么债券期限从数天到几十年不等。但近些年来，由于利率和汇率剧烈波动，许多投资者都不愿投资于还本期限太长的债券，因而，债券的期限有日益缩短的趋势。在债券的期限内，公司必须定期支付利息，债券到期时，必须偿还本金，也可按规定分批偿还或提前一次偿还。

3. 债券的利率

债券上通常都载明利率，一般为固定利率，近些年也有浮动利率。债券上标注的利率一般是年利率，在不计复利的情况下，面值与利率相乘可得出利息。

【例 4-6】 某企业发行的债券面值为 1 000 元，年利率为 12%，则每年应计的利息为：

$$1\,000 \times 12\% = 120(\text{元})$$

4. 计息方式

计息方式主要有单利计息和复利计息。

5. 付息方式

付息方式主要有半年一次、一年一次、到期一次总付，这就使得票面利率与实际利率可能不一致。

6. 债券的价格

理论上，债券的面值就应是它的价格，但事实上并非如此。由于发行者的种种考虑或资金市场上供求关系、利息率的变化，债券的市场价格常常脱离它的面值，有时高于面值，有时低于面值，但其差额并不会很大，不像普通股那样相差甚远。也就是说，债券的面值是固定的，它的价格却是经常变化的。发行者计息还本，是以债券的面值为根据，而不是以其价格为根据。

(二)债券的种类

债券可以从各种不同的角度进行分类，现说明其主要的分类方式。

1. 按有无抵押担保分类

按有无抵押担保，可将债券分为信用债券、抵押债券和担保债券。

(1)信用债券。信用债券又称无抵押担保债券，是仅凭债券发行者的信用发行的、没有抵押品作抵押或担保人作担保的债券。企业发行信用债券往往有许多限制条件，这些限制条件中最重要的称为反抵押条款，即禁止企业将其财产抵押给其他债权人。由于这种债券没有具体财产作抵押，因此，只有历史悠久、信誉良好的公司才能发行这种债券。

(2)抵押债券。抵押债券是指以一定抵押品作抵押而发行的债券。这种债券在西方比较常见，当企业没有足够的资金偿还债券时，债权人可将抵押品拍卖以获取资金。抵押债券按抵押物品的不同，又可分为不动产抵押债券、设备抵押债券和证券抵押债券。

(3)担保债券。担保债券是指由一定保证人作担保而发行的债券。当企业没有足够的资金偿还债券时，债权人可要求保证人偿还。我国 1998 年 4 月 8 日颁布的《企业债券发行与转让管理办法》规定，保证人应是符合《担保法》的企业法人，且应同时具备以下条件：净资产不能低于被保证人拟发行债券的本息；近 3 年连续盈利，且有良好的业绩前景；不涉及改组、解散等事宜或重大诉讼案件；中国人民银行规定的其他条件。

2. 按债券是否记名分类

根据债券的票面上是否记名，可以将债券分为记名债券和无记名债券。

(1)记名债券。记名债券是指在券面上注明债权人姓名或名称，同时在发行公司的债权人名册上进行登记的债券。转让记名债券时，除要交付债券外，还要在债券上背书和在公司债权人名册上更换债权人姓名或名称。投资者须凭印鉴领取本息。这种债券的优点是比较安全，缺点是转让时手续复杂。

(2)无记名债券。无记名债券是指债券票面未注明债权人姓名或名称，也不用在债权人名册上登记债权人姓名或名称的债券。无记名债券在转让同时随即生效，无需背书，因而比较方便。

3.债券的其他分类

除按上述几种标准分类外，还有其他一些形式的债券，这些债券主要有：

(1)可转换债券。可转换债券是指在一定时期内，可以按规定的价格或一定比例，由持有人自由地选择转换为普通股的债券。

(2)无息债券。无息债券是指票面上不标明利息，按面值折价出售，到期按面值归还本金的债券。债券的面值与买价的差异就是投资人的收益。

(3)浮动利率债券。浮动利率债券是指利率随基本利率(一般是国库券利率或银行同业拆放利率)变动而变动的债券。发行浮动利率债券的主要目的是为了应对通货膨胀。

(4)收益债券。收益债券是指在企业不盈利时，可暂时不支付利息，而到获利时支付累积利息的债券。

此外，债券还可按用途分为直接用途债券和一般用途债券；按偿还方式分为提前收回债券和不提前收回债券，分期偿还债券和一次性偿还债券等。

(三)公司债券的发行

公司债券的发行需要经过做好有关准备、向有关部门提出申请、选择合适的承销人、向社会公布债券出售说明书，以及发行债券等若干步骤，这里不再详述。现仅就债券发行的几个特殊问题简要说明如下：

1.债券发行的条件

1998年12月29日通过、2005年10月27日修订的《证券法》对企业债券发行的条件进行了明确规定。

我国《证券法》第十六条规定，公开发行公司债券，应当符合下列条件：

①股份有限公司的净资产不低于人民币3 000万元，有限责任公司的净资产不低于人民币6 000万元；②累计债券余额不超过公司净资产的40%；③最近三年平均可分配利润足以支付公司债券一年的利息；④筹集的资金投向符合国家产业政策；⑤债券的利率不超过国务院限定的利率水平；⑥国务院规定的其他条件。公开发行公司债券筹集的资金，必须用于核准的用途，不得用于弥补亏损和非生产性支出。发行可转换的公司债券，除应具备上述条件外，还应符合股票发行的条件，并报请国务院证券管理部门批准。

2.债券的发行价格

债券的发行价格有3种：等价发行、折价发行和溢价发行。等价发行又叫面值发行，是指按债券的面值出售；折价发行是指以低于债券面值的价格出售；溢价发行是指按高于债券面值的价格出售。

债券之所以会存在溢价发行和折价发行，是因为资金市场上的利息率是经常变化的，而企业债券一经发行，就不能调整其票面利息率。从债券的开印到正式发行，往往需要经过一段时间，在这段时间内，如果资金市场上的利率发生变化，就要靠调整发行价格的方法来使债券顺利发行。

在按期付息，到期一次还本，且不考虑发行费用的情况下，债券发行价格的计算公式为：

$$债券发行价格=\frac{票面金额}{(1+市场利率)^n}+\sum_{t=1}^{n}\frac{票面金额\times 票面利率}{(1+市场利率)^t}$$
$$=票面金额\times(P/F,i_1,n)+票面金额\times i_2\times(P/A,i_1,n)$$

式中：n——债券期限；

i_1——市场利率；

i_2——票面利率。

如果企业发行不计复利、到期一次还本付息的债券，则其发行价格的计算公式为：

$$债券发行价格=票面金额\times(1+i_2\times n)\times(P/F,i_1,n)$$

【例 4-7】 华北 W 工程公司发行面值为 1 000 元，利息率为 10%，期限为 10 年，每年年末付息的债券。在公司发行债券时，认为 10%的利率是合理的。如果到债券正式发行时市场上的利率发生变化，那么就要调整债券的发行价格。现按以下 3 种情况分别讨论。

(1)资金市场上的利率保持不变，华北 W 工程公司的债券利率为 10%仍然合理，则可用等价发行。债券的发行价格为：

$$债券发行价格=1\,000\times(P/F,10\%,10)+1\,000\times 10\%\times(P/A,10\%,10)\approx 1\,000(元)$$

(2)资金市场上的利率有较大幅度的上升，达到 15%，则应用折价发行。发行价格为：

$$债券发行价格=1\,000\times(P/F,15\%,10)+1\,000\times 10\%\times(P/A,15\%,10)=749.06(元)$$

也就是说，只有按 749.06 元的价格出售，投资者才能购买此债券，并获得 15%的报酬。

(3)资金市场上的利率有较大幅度的下降，达到 5%，则可以采用溢价发行。发行价格为：

$$债券发行价格=1\,000\times(P/F,5\%,10)+1\,000\times 10\%\times(P/A,5\%,10)=1\,386.08(元)$$

也就是说，投资者把 1 386.11 元的资金投资于华北 W 工程公司面值为 1 000 元的债券，可获得 5%的报酬。

当然，资金市场上的利息率是复杂多变的，除了应考虑目前利率外，还要考虑利率的变动趋势。在实际工作中，确定债券的发行价格通常要考虑多种因素。

(四)债券的偿还时间、形式及规定

1.债券的偿还时间

债券偿还时间按其实际发生与规定的到期日之间的关系，分为提前偿还与到期偿还两类，其中后者又包括分批偿还和一次偿还两种。

(1)提前偿还

提前偿还又称提前赎回或收回，是指在债券尚未到期之前就予以偿还。只有在企业发行债券的契约中明确规定了有关允许提前偿还的条款，企业才可以进行此项操作。提前偿还所支付的价格通常要高于债券的面值，并随到期日的临近而逐渐下降。具有提前偿还条款的债券可使企业融资有较大的弹性。当企业资金有结余时，可提前赎回债券；当预测利率下降时，也可提前赎回债券，而后以较低的利率来发行新债券。

(2)分批偿还

如果一个企业在发行同一种债券的当时就为不同编号或不同发行对象的债券规定了不同的到期日，这种债券就是分批偿还债券。因为各批债券的到期日不同，它们各自的发行价格和票面利率也可能不相同，从而导致发行费较高；但由于这种债券便于投资人挑选最合适的到期日，因而便于发行。

(3)一次偿还

到期一次偿还的债券是最为常见的。

2.债券的偿还形式

债券的偿还形式是指在偿还债券时使用什么样的支付手段。可使用的支付手段包括现金、新发行的本公司债券(简称新债券)、本公司的普通股股票(简称普通股)和本公司持有的其他公司发行的有价证券(简称有价证券)。其中前3种较为常见。

(1)用现金偿还债券

由于现金是债券持有人最愿意接受的支付手段,因此本形式最为常见。

为了确保在债券到期时有足额的现金偿还债券,有时企业需要建立偿债基金。如果发行债券契约的条款中明确规定用偿债基金偿还债券,企业就必须每年都提取偿债基金,且不得挪作他用,以保护债券持有者的利益。

(2)以新债券换旧债券

这也叫"债券的调换"。企业之所以要进行债券的调换,一般有以下几个原因:原有债券的契约中有较多的限制条款,不利于企业的发展;把多次发行、尚未彻底偿清的债券进行合并,以减少管理费;有的债券到期,但企业现金不足。

(3)用普通股偿还债券

如果企业发行的是可转换债券,那么,可通过转换变成普通股来偿还债券。

3.债券偿还的有关规定

《企业债券发行与转让管理办法》对债券的偿还作出了明确的规定。面向社会公开发行的企业债券,在债券到期兑付之前,应由发行人或代理兑付机构于兑付日的15天以前,通过广播、电视、报纸等宣传工具向投资人公布债券的兑付办法,其主要内容应包括:兑付债券的发行人及债券名称;代理兑付机构的名称及地址;债券兑付的起止日期;逾期兑付债券的处理;兑付办法的公布单位及公章;其他需要公布的事项。

债券到期日前3天,债券发行人应将兑付资金划入指定的账户,以便用于债券的偿还。

(五)债券筹资的优缺点

1.债券筹资的优点

(1)资金成本较低。利用债券筹资的成本要比利用股票筹资的成本低。这主要是因为债券的发行费用较低,债券利息在税前支付,有一部分利息由政府负担了。

(2)保证控制权。债券持有人无权干涉企业的管理事务,如果现有股东担心控制权旁落,则可采用债券筹资。

(3)可以发挥财务杠杆作用。不论公司赚钱多少,债券持有人只收取固定的有限的利息,而更多的收益可用于分配给股东,增加其财富,或留归企业以扩大经营。

2.债券筹资的缺点

(1)筹资风险高。债券有固定的到期日,并定期支付利息。利用债券筹资,要承担还本付息,无异于釜底抽薪,会给企业带来更大的困难,甚至导致企业破产。

(2)限制条件多。发行债券的契约书中往往有一些限制条款,这种限制比优先股及短期债务严得多,可能会影响企业的正常发展和以后的筹资能力。

(3)筹资额有限。利用债券筹资有一定的限度,当公司的负债比率超过了一定程度后,债券筹资的成本要迅速上升,有时甚至会发行不出去。

三、融资租赁

(一)融资租赁的含义

租赁是指出租人在承租人给予一定报酬的条件下,授予承租人在约定的期限内占有和使用财产权利的一种契约性行为。

融资租赁又称财务租赁,是区别于经营租赁的一种长期租赁形式,由于它可满足企业对资产的长期需要,故有时也称为资本租赁。融资租赁是现代租赁的主要形式。

(二)融资租赁与经营租赁的区别

融资租赁与经营租赁(也称营业租赁、短期租赁)的区别如表 4-1 所示。

融资租赁与经营租赁区别对照表　　表 4-1

项　目	融资租赁	经营租赁
租赁程序	由承租人向出租人提出申请,由出租人融通资金引进承租人所需设备,然后再租给承租人使用	承租人可以随时向出租人提出租赁资产要求
租赁期限	租赁期一般为租赁资产寿命的一半以上	租赁期短,不涉及长期而固定的义务
合同约束	租赁合同稳定;在租赁期内,承租人必须连续支付租金,非经双方同意,中途不得退租	租赁合同灵活,在合理限制条件范围内,可以解除租赁契约
租赁期满资产的处置	租赁期满后,租赁资产的处置有 3 种方式可供选择:将设备作价转让给承租人;由出租人收回;延长租期续租	租赁期满后,租赁资产一般要归还给出租人
租赁资产的维修保养	租赁期内,出租人一般不提供租赁资产的维修和保养服务	租赁期内,出租人提供设备保养、维修、保险等服务

(三)融资租赁的形式

融资租赁可细分为如下 3 种形式:

1. 售后租回

根据协议,企业将某资产卖给出租人,再将其租回使用。资产的售价大致为市价。采用这种租赁形式,出售资产的企业可得到相当于售价的一笔资金,同时仍然可以使用资产。当然,在此期间,该企业要支付租金,并失去了财产所有权。从事售后租回的出租人为租赁公司等金融机构。

2. 直接租赁

直接租赁是指承租人直接向出租人租入所需要的资产,并付出租金。直接租赁的出租人主要是制造厂商、租赁公司。除制造厂商外,其他出租人都是从制造厂商购买资产出租给承租人。

3. 杠杆租赁

杠杆租赁要涉及承租人、出租人和资金出借者三方当事人。从承租人的角度来看,这种租赁与其他租赁形式并无区别,同样是按合同的规定,在基本租赁期内定期支付定额租金,以取得资产的使用权。但对出租人却不同,出租人只出购买资产所需的部分资金(如 30%)作为自己的投资;另外,以该资产作为担保向资金出借者借入其余资金(如 70%)。因此,它既是出租人又是借款人,同时拥有对资产的所有权,既收取租金又要偿付债务。如果出租人不能按期偿还借款,那么资产的所有权就要转归资金出借者。

(四)融资租赁的程序

1. 选择租赁公司

企业决定采用租赁方式筹取某项设备时，首先需了解各个租赁公司的经营范围、业务能力以及与其他金融机构的关系和资信情况，取得租赁公司的融资条件和租赁费率等资料，并加以比较，从而择优选定。

2. 办理租赁委托

企业选定租赁公司后，便可向其提出申请，办理委托。这时，筹资企业需填写“租赁申请书”，说明所需设备的具体要求，同时还要提供企业的财务状况文件，包括资产负债表、利润表和现金流量表等。

3. 签订租赁协议

由承租企业与租赁公司的一方或合作组织选定设备制造厂商，并与其进行技术与商务谈判，签署购货协议。

4. 签订租赁合同

租赁合同系由承租企业与租赁公司签订，它是租赁业务的重要法律文件。融资租赁合同的内容可分为一般条款和特殊条款两部分。

(1)一般条款。一般条款主要包括：①合同说明。主要明确合同的性质、当事人身份、合同签订的日期等。②名词解释。释义合同中重要名词以避免歧义。③租赁设备条款。详细列明租赁设备的名称、规格型号、数量、技术性能、交货地点及使用地点等。④租赁设备交货、验收和税款、费用条款。⑤租期和起租日期条款。⑥租金支付条款。规定租金的构成、支付方式和货币名称。

(2)特殊条款。特殊条款主要规定：①购货合同与租赁合同的关系；②租赁设备的所有权；③租期中不得退租；④对出租人免责和对承租人保障；⑤对承租人违约和出租人补救；⑥设备的使用和保管、维修和保养；⑦保险条款；⑧租赁保证金和担保条款；⑨租赁期满对设备的处理条款等。

5. 办理验货与投保

承租企业收到租赁设备后，要进行验收。验收合格后签发交货及验收证书，并提交给租赁公司，租赁公司据以向厂商支付设备价款。同时，承租公司向保险公司办理投保事宜。

6. 支付租金

承租企业按合同规定的租金数额、支付方式等，向租赁公司支付租金。

7. 处理租赁期满的设备

融资租赁合同期满时，承租企业应按租赁合同的规定，实行退租、续租或留购。租赁期满的设备通常都以低价卖给承租企业或无偿赠送给承租企业。

(五)融资租赁租金的计算

在租赁筹资方式下，承租企业要按合同规定向租赁公司支付租金。租金的数额和支付方式对承租企业的未来财务状况具有直接的影响，也是租赁筹资决策的重要依据。

1. 融资租赁租金的构成

融资租赁的租金包括设备价款和租息两部分，其中租息又可分为租赁公司的融资成本、租赁手续费等。

(1)设备价款是租金的主要内容，它由设备的买价、运杂费和途中保险费等构成。

(2)融资成本是指租赁公司为购买租赁设备所筹资金的成本，即设备租赁期间的利息。

(3)租赁手续费包括租赁公司承办租赁设备的营业费用和一定的盈利。租赁手续费的高低一般无固定标准,可由承租企业与租赁公司协商确定。

2. 租金的支付方式

租金的支付方式也影响到租金的计算。租金通常采用分次支付等方式,具体又分为以下几种类型:

(1)按支付时期的长短,可以分为年付、半年付、季付和月付等方式。

(2)按支付时期先后,可以分为先付租金和后付租金两种。先付租金是指在期初支付;后付租金是指在期末支付。

(3)按每期支付金额,可以分为等额支付和不等额支付两种。

3. 租金的计算方法

在我国融资租赁业务中,计算租金的方法一般采用等额年金法。现对其作详细介绍。

等额年金法是利用年金现值的计算公式经变换后计算每期支付租金的方法。因租金有先付租金和后付租金两种支付方式,需分别说明。

(1)后付租金的计算。承租企业与租赁公司商定的租金支付方式,大多为后付等额租金,即普通年金。根据年资本回收额的计算公式,可确定出后付租金方式下每年年末支付租金数额的计算公式:

$$A = P/(P/A, I, n)$$

【例 4-8】 某企业采用融资租赁方式于 2001 年 1 月 1 日从一租赁公司租入一设备,设备价款为 40 000 元,租期为 8 年,到期后设备归企业所有,为了保证租赁公司完全弥补融资成本、相关的手续费并有一定盈利,双方商定采用 18%的折现率,试计算该企业每年年末应支付的等额租金。

$$A = 40\,000/(P/A, 18\%, 8) = 40\,000/4.077\,6 = 9\,809.69(\text{元})$$

(2)先付租金的计算。承租企业有时可能会与公司商定,采取先付等额租金的方式支付租金。根据即付年金的现值公式,可得出先付等额租金的计算公式:

$$A = P/[(P/A, I, n-1) + 1]$$

【例 4-9】 假如例 4-8 采用先付等额租金方式,则每年年初支付的租金额可计算如下:

$$A = 40\,000/[(P/A, 18\%, 7) + 1] = 40\,000/(3.811\,5 + 1) = 8\,313.42(\text{元})$$

(六)融资租赁筹资的优缺点

1. 融资租赁筹资的优点

(1)筹资速度快。租赁往往比借款购置设备更迅速、更灵活,因为租赁是筹资与设备购置同时进行,可以缩短设备的购进、安装时间,使企业尽快形成生产能力,有利于企业尽快占领市场,打开销路。

(2)限制条款少。如前所述,债券和长期借款都有相当多的限制条款,虽然类似的限制在租赁公司中也有,但一般比较少。

(3)设备淘汰风险小。随着科学技术的迅速发展,固定资产更新周期日趋缩短,企业设备陈旧过时的风险很大,利用租赁集资可减少这一风险。这是因为融资租赁的期限一般为资产使用年限的,不会像自己购买设备那样整个期间都承担风险;且多数租赁协议都规定由出租人承担设备陈旧过时的风险。

(4)财务风险小。租金在整个租期内分摊,不用到期归还大量本金。许多借款都在到期日一次偿还本金，这会给财务基础较弱的公司造成相当大的困难，有时甚至会产生不能偿付的风险。而租赁则把这种风险在整个租期内分摊，可适当减少不能偿付的风险。

(5)税收负担轻。租金可在税前扣除，具有抵免所得税的效用。

2. 融资租赁筹资的缺点

融资租赁筹资的最主要缺点就是资金成本较高。一般来说，其租金要比举借银行借款或发行债券所负担的利息高得多。在企业财务困难时，固定的租金也会成为一项较沉重的负担。

四、利用商业信用

商业信用是指商品交易中的延期付款或延期交货所形成的借贷关系，是企业之间的一种直接信用关系。利用商业信用，又称商业信用融资，是一种形式多样、适用范围很广的短期资金筹措方式。

(一)可利用的商业信用的形式

利用商业信用融资，主要有以下几种形式：

1. 赊购商品

赊购商品是一种最典型、最常见的商业信用形式。在此种情况下，买卖双方发生商品交易，买方收到商品后不立即支付现金，可延期到一定时间以后付款。

2. 预收货款

在这种形式下，卖方要先向买方收取货款，但要延期到一定时间以后交货，这等于卖方向买方先借一笔资金，是另外一种典型的商业信用形式。通常，购买单位对于紧俏商品愿意采用这种形式，以便顺利获得所需商品。另外，对于生产周期长、售价高的商品，如轮船、飞机等，生产企业也经常向订货者分次预收货款，以缓解资金占用过多的矛盾。

3. 商业汇票

商业汇票是指单位之间根据购销合同进行延期付款的商品交易时，开出的反映债权债务关系的票据。根据承兑人的不同，商业汇票可分为商业承兑汇票和银行承兑汇票。商业承兑汇票是指由收款人开出，经付款人承兑，或由付款人开出并承兑的汇票。银行承兑汇票是指由收款人或承兑申请人开出，由银行审查同意承兑的汇票。商业汇票是一种期票，是反映应付和应收账款的书面证明。对于买方来说，它是一种短期融资方式。

(二)商业信用条件

所谓信用条件是指销货人对付款时间和现金折扣所作的具体规定，如“2/10，n/30”，便属于一种信用条件。信用条件从总体上来看，主要有以下几种形式：

1. 预收货款

这是企业在销售商品时，要求买方在卖方发出货物之前支付货款的情形。一般用于如下两种情况：①企业已知买方的信用欠佳；②销售生产周期长、售价高的产品。在这种信用条件下，销货单位可以得到暂时的资金来源，购货单位则要预先垫支一笔资金。

2. 延期付款，但不涉及现金折扣

这是指企业购买商品时，卖方允许企业在交易发生后一定时期内按发票金额支付货款的情形，如“net45”，是指在45天内按发票金额付款。这种条件下的信用期间一般为30～60天，但有些季节性的生产企业可能为其顾客提供更长的信用期间。在这种情况下，买卖双方存在商业信用，买方可因延期付款而取得资金来源。

3. 延期付款，但早付款可享受现金折扣

在这种条件下，买方若提前付款，卖方可给予一定的现金折扣，如买方不享受现金折扣，则必须在一定时期内付清账款。如"2/10，n/30"便属于此种信用条件。西方企业在各种信用交易活动中广泛地应用现金折扣，这主要是为了加速账款的收现。现金折扣一般为发票金额的1%～5%。

在这种条件下，双方存在信用交易。买方若在折扣期内付款，则可获得短期的资金来源，并能得到现金折扣；或放弃现金折扣，则可在稍长时间内占用卖方的资金。

(三)现金折扣成本的计算

在采用商业信用形式销售产品时，为鼓励购买单位尽早付款，销货单位往往都规定一些信用条件，这主要包括现金折扣和付款期间两部分内容。如果销货单位提供现金折扣，购买单位应尽量争取获得此项折扣，因为丧失现金折扣的机会成本很高。可按下式计算：

$$\text{放弃现金折扣的成本}=\frac{CD}{1-CD}\times\frac{360}{N}\times 100\%$$

式中，CD为现金折扣的百分比；N为失去现金折扣延期付款天数，等于信用期与折扣期之差。

【例 4-10】 某企业拟以"2/10，n/30"信用条件购进一批原料。这一信用条件意味着企业如在10天内付款，可以享受2%的现金折扣；若不享受现金折扣，货款应在30天内付清。则放弃折扣的成本为：

$$\text{放弃现金折扣的成本}=\frac{2\%}{1-2\%}\times\frac{360}{30-10}\times 100\%=36.73\%$$

这表明，只要企业筹资成本不超过36.73%，就应当在第10天付款。

(四)商业信用融资的优缺点

1. 商业信用融资的优点

(1)筹资便利。利用商业信用筹措资金非常方便，因为商业信用与商品买卖同时进行，属于一种自然性融资，不用作非常正规的安排。

(2)筹资成本低。如果没有现金折扣，或企业不放弃现金折扣，则利用商业信用集资没有实际成本。

(3)限制条件少。如果企业利用银行借款筹资，银行往往对贷款的使用规定一些限制条件，而商业信用则限制较少。

2. 商业信用融资的缺点

商业信用的期限一般较短，如果企业取得现金折扣，则时间会更短，如果放弃现金折扣，则要付出较高的资金成本。

第四节　BOT 融资方式

一、BOT 融资的含义

BOT 是英文 Build-Operate-Transfer 的缩写，即建设—经营—转让方式，是政府将一个基础设施项目的特许权授予承包商(一般为国际财团)。承包商在特许期内负责项目设计、融资、建设和营运，并回收成本、偿还债务、赚取利润，特许期结束后再将项目所有权移交政府。实质上，BOT 融资方式是政府与承包商合作经营工程项目的一种特殊运作模式。

BOT 融资方式在我国称为“特许权融资方式”，其含义是指国家或者地方政府部门通过特许权协议，授予签约方的外商投资企业（包括中外合资、中外合作、外商独资）承担公共性基础设施（基础产业）项目的融资、建造、经营和维护；在协议规定的特许期限内，项目公司拥有投资建造设施的所有权，允许向设施使用者收取适当的费用，由此回收项目投资、经营和维护成本，并获得合理的回报；特许期满后，项目公司将设施无偿地移交给签约方的政府部门。

BOT 的概念是由土耳其总理厄扎尔于 1984 年正式提出的。

二、BOT 融资方式的特点和种类

1. BOT 融资方式的特点

(1)BOT 融资方式是无追索的或有限追索的，债务偿还只能靠项目的现金流量。

(2)承包商在特许期内拥有项目所有权和经营权。

(3)名义上，承包商承担了项目全部风险，因此融资成本较高。

(4)与传统方式相比，BOT 融资项目设计、建设和营运效率一般较高，因此，用户可以得到较高质量的服务。

(5)BOT 融资项目的收入一般是当地货币，若承包商来自国外，对东道主国来说，项目建成后将会有大量外汇流出。

(6)BOT 融资项目不计入承包商的资产负债表，承包商不必暴露自身财务情况。

2. 融资方式的种类

BOT 融资一般指 BOOT 融资（即建设—拥有—营运—转让）。在实际运作过程中，BOOT 融资方式产生了许多变形，因此，BOT 融资方式是 BOOT、BOO（建设—拥有—转让）、BTO（建设—转让—经营）、BOOS（建设—拥有—营运—出售）、BT（建设—转让）、OT（营运—转让）等融资方式的总称。各种方式的应用取决于项目条件，如 BOO 方式在市场经济国家应用较多，我国以公有制为主体，因此 BOOT 项目较多。从经济意义上说，各种方式区别不大。

三、BOT 融资的运作过程

BOT 融资的运作有 8 个阶段，即项目的确定和拟定、招标、选标、开发、建设、营运和移交。

1. 项目的确定和拟定

首先，必须确定一个具体项目是否必要，确认该项目采用 BOT 融资方式的可能性和好处。这项工作通常是通过政府规划来完成的。有关部门将查明在某一特定期限内，是否需要一个发电厂、一条道路、一座桥梁、一项城市运输系统或者对国家经济具有重要作用的其他基础设施项目。然后，政府将重点研究采用 BOT 融资方式满足该项目需要的可能性。有时，也会由项目单位先确定一个项目，然后向政府提出项目设想。如果决定采用 BOT 方式，那么，下一步就要写一份邀请建议书，然后邀请投标者提交具体的设计、建设和融资方案。

2. 招标

(1)招标准备工作

招标有几种不同方式，包括竞争性招标、单一来源采购或某种有限的招标办法。大多数招标者会希望对潜在的投资者进行资格预审。经验表明，招标者不应以投标者人数众多为首要考虑因素。相反，投资的质量、成本和及时性，以及吸引有诚意的投资应该成为设计招标程序的出发点。

邀请建议书将提供关于项目的详细规定，列出必须达到的具体标准，包括规模、时间、履约标准以及项目收入的性质和范围。在招标邀请书中，最好还包括项目协定草案。从招标者的角度来说，这个阶段很重要。

一套高质量的招标文件，透明度高、招标和选标程序明确，对BOT融资项目的成功是至关重要的。有经验的投标者将招标文件和选标程序视为项目可行性和招标者做成该项目具有多大成功可能的重要因素，因此，必须明确规定并坚持各项竞争条件，否则会妨碍有诚意的竞争者参加竞争。

从招标者角度来看，招标和选标过程将确定所需要达到的“标准条件”，并在很大程度上决定竞争和投资者的质量。经验表明，选定最合适的项目投资者即中标者是BOT项目能否成功的最重要的因素。

(2)标书的编写和提交

作为对邀请书的响应，一些感兴趣的投资者或发起人通常会组成一个联营集团，共同提出一份满足邀请建议书要求的标书，一般说来，联营集团的成员在这个阶段会就费用分担、各成员在项目中应起的作用及可能的项目结构达成初步协定。如果涉及需要在项目参与者之间交流的保密性专利资料，那么，联营集团初步协定中还应包括适当的保密协议，或者由参与者另外签订这类协议。

联营集团将自己对项目的可行性进行更深入的研究，对作出开始融资的决定和增强其吸引资金的能力来说，这类研究将是一个至关重要的因素。然后，联营集团将争取潜在的贷款人、股本投资者及承包商和供应商，并且初步表示兴趣，并签订初步意向书，以便在此基础上编制标书。

下一步则是联营集团编写和提交标书。邀请建议书应要求标书中列入一项可信的融资计划，尽管不一定是确定的融资承诺。投标过程可成为项目拟定过程的继续，在标书中可能增加邀请建议书中没有包括的许多细节。在某些情况下，应当允许在标书中对项目的一个或几个方面提出修订或提出替代性方案，以便更好地完成项目建设。

3.挑选中标者

招标者对响应邀请建议书面提交的标书进行挑选，选出暂定中标人，评估标书的成员应该包括政府官员，技术、财务和法律顾问等。挑选项目的标书，一般来说不会仅以价格为依据，挑选的依据应包括价格、可靠性、经验等因素，以及所设想的拟议项目能在多大程度上给招标者带来其他利益。这类利益包括节约外汇、促进技术转让以及提供就业机会和为招标单位人员和承包商提供培训。

在某些情况下，招标者也许会通过投标人直接谈判，对最低限制标书作出改进。但是，不应过分依靠这类进一步谈判，以免影响竞争性投标程序的公正。如果该程序的公正性受到损害，不但会影响目前BOT项目的顺利进行，而且也为今后项目的展开作出了不好的示范。

在初步选定标书后，招标者请中标人制订并签署最后的合同文件。在某些情况下，招标者将向中标人发出一份意向书。双方签字后，意向书将使当事方承诺真诚合作，通过谈判达成并签署一份最后项目协定，然后实施该项目。在有些情况下，招标者和中标人可立即就项目协定中的未定因素进行谈判。

4. 项目开发

投标的联营集团中标后就可以作出更确定的承诺，组成项目公司或确定项目公司结构。如果尚未组成这样的公司，必须提供建设项目所需的股本金。同样，在招标者接受的基础上，发起人可以开始或再次与承包商和供应商联系，争取对有关条件和价格作出更明确的承诺，这些承诺将进一步确定项目建设的成本。

得到这些承诺后，项目公司就可以同政府就最后的特许权协议或项目协定进行谈判，并就最后的贷款协定、建筑合同、供应合同及实施项目所必需的其他附属合同进行谈判。在谈判这些相互关联的合同的过程中，必然对项目继续进行更加深入的研究。

经过谈判达成并签署所有上述协定后，项目将开始进行财务交割，财务交割即贷款人和股本投资者预交或开始预交用于详细设计、建设、采购设备及其顺利完成项目所必需的其他资金。

5. 项目建设

一旦进行财务交割，建设阶段即正式开始，当然，并不是所有特定项目都可以清清楚楚地分成这几个阶段。在有些情况下，一些现场组装或开发，甚至某些初步建设可能先于财务交割。但是，项目的主要建筑工程和主要设备的交货一般都是在财务交割后，那时才有资金支付这些费用。

工程竣工后，项目通过规定的竣工试验，项目公司最后接受而且政府也在原则上接受竣工的项目，建设阶段即结束。

6. 项目营运

这个阶段持续到特许权协议期满，在这个阶段，项目公司直接或者通过与营运者缔结合同按照项目协定的标准和各项贷款协议及投资者协定的条件来营运项目。在整个项目营运期间，应按照协定要求对项目设施进行保养。为了确保营运和保养按照协定要求进行，贷款人、投资者、政府都拥有对项目进行检查的权利。

7. 项目的移交

特许经营权期满后向政府移交项目。一般来说，项目的设计应能使 BOT 发起人在特许经营期间还清项目债务，并有一定利润。这样，项目最后移交给政府时是无偿的移交，或者项目发起人象征性地得到一些政府补偿。政府在移交日应注意项目是否处于良好状态，以便政府能够继续营运该项目。

四、BOT 融资项目的国内审批程序

(1)由项目发起人负责编制项目建议书(附可行性研究报告)、招标文件等，通过省、自治区、直辖市、计划单列市等地方计划委员会按照规定的程序报国家发展计划委员会(现更名为国家发展与改革委员会)审批。

(2)由项目发起的政府机构负责组织或委托招标、投标机构进行招标活动，来选择最终的外资合作人。由国家发展与改革委员会依法组织评标委员会负责对投资者的资格进行预审和标书的评定。

(3)中标者特许权协议、可行性研究报告和评标委员会的评审报告，按项目程序报国家发展与改革委员会审批。重大项目经国家发展与改革委员会初审后报国务院审批。

(4)按有关的外商投资企业法规定的程序设立项目公司，政府部门与项目公司正式签订特许权协议，协议一旦签订立即生效。

五、BOT 融资的招标、投标、评标程序

BOT 融资在我国的运作，是采用公开的竞争性的招投标方式进行的，一旦项目建议书得到批准，即进入到招投标程序。

(1)资格预审。要对投资者的法人资格、资信情况、项目的产业能力(包括技术、组织、管理、投资、融资等能力)、以往的经验和业绩进行公开评审。

(2)招标。BOT 融资的招标文件包括主件和附件，主要有以下内容：投标者须知(含评标标准与程序)，投标书内容的最终要求，项目的最低标准、规格与经济技术参数的规范，特许权协议草本，政府部门提供的条件。附件至少对以下参数作出说明：外汇汇率，通货膨胀及贴现率，建设期和项目筹备期，项目经营和收费标准，收费标准调整所使用的方式和参照的指数等。

(3)投标。投标者一般均为联合体，投标者至少应按投标须知提供以下文件：投标函，项目可靠性研究报告，项目融资方案，项目建设工期与进度安排，投标保证金，招标文件要求的其他文件。

(4)评标与揭标。由国家发展与改革委员会组织中央、地方政府有关部门、项目发起人，以及熟悉项目的技术、经济、法律专家参加，进行公开评标，选出最具有资格的投标者，对特许权协议进行确认谈判后，进行公开揭标。国家发展与改革委员会的主要职责是保证评标的公平、公开和公正。整个过程应依法由公证机构进行监督。

六、BOT 融资项目中特许权协议的主要内容

BOT 项目中特许权协议的主要内容包括：特许权协议签约各方的法定名称、住所，项目特许权内容、方式及期限，项目工程设计、建造施工、经营和维护的标准，项目的组织实施计划与安排，项目成本计划与收费方案，签约双方各自权利、义务与责任，项目转让、抵押、征收、中止条款，特许权期满，项目移交内容、标准及程序，罚责与仲裁。

七、融资项目的风险分担原则

项目公司自行承担项目的融资、建造、营运和维护等商业性风险。对项目公司不能预测而带来的风险采取以下承担原则：

(1)由于国家政策、法律法规的变化致使项目公司受到实质性的影响，政府部门可以通过调整收费价格，延长特许期限或采取其他相应措施予以补偿。

(2)自然不可抗力因素由项目公司通过保险方式承担。

(3)政治不可抗力，可通过协议协商加以解决。

八、BOT 融资项目中各方的权利与义务

(1)政府部门对项目公司的活动依法进行监督、检查和审计。如发现有不符合特许权协议的行为，政府部门有权要求采取修正措施，如拒不接受，其有权进行处罚。

(2)出于项目融资的目的，项目公司可以通过抵押等方式转移自己在特许权协议中合法拥有的权利与义务。

(3)若现有的特许权项目已能满足需要，签约方的政府部门便不再投资重复建设与之有过度竞争性的另一个项目。

(4)项目公司所组织的投标活动，同等有限地选择国内的设备供应商、工程承包商等，以促进公平竞争。

(5)特许权项目的工程设计、建造施工、经营和维护人员要雇用本地劳动力，并组织培训。

(6)政府依法保证项目公司将其收益所得人民币，按有关规定兑换外币，以对外支付外汇。

九、担保文件

担保文件是融资协议的一个十分重要的支持文件。在通常的情况下，项目贷款人要求项目贷款必须有较为详实的担保措施。一般常见的项目担保有以下几种：

(1)将项目收入汇入第三者保管账户，以该账户上的收入款项作为担保。采用这种措施担保时，工程项目营运收入不是直接付给项目公司，而是直接汇入一个或多个托管账户(即第三者保管账户)。管理托管账户的通常是贷款之中的某一家银行，它与项目公司完全无关。汇入托管账户的收入款项再按事前约定的优先顺序，依次付给应收款的各方。贷款人通常坚持建立一个特别的托管账户，并应在支付任何股东投资回报之后，该账户上一般应有足以支付6个月或更长时间债务的款项作为担保。

(2)用合同保证金等资金担保，即将工程项目公司签署的(作为合同一方)的有关合同的收益(例如，交钥匙建设合同、履约保证金、保证金等)和其他重要资产约定给担保受托方，并由其托管。

(3)银行一般坚持接管或担保方法。在工程项目营运过程中，一旦项目公司的营运状况达不到规定的财务和技术标准时，贷款银团(行)享有接管接受项目的权利，并在项目公司“破产”阶段前，引进新的承包商、供应商或营运商，以继续营运或完成项目。

(4)为主要的重大的风险进行投资投保。例如因政治风险、火灾及其他不可抗力灾害等造成的延迟完工等。

(5)以不同贷款人之间签订的内部协议作为担保文件。该协议中的主要承诺是各贷款人对担保物(包括动产和不动产)以及项目保险、项目收入等方面的享有权、权利顺序、比例以及各方的责任。

(6)以政府支持作担保。对那些项目发起人无力控制，并对项目可行性有重大影响或有可能使项目失败的重大不可控制风险或国家风险，商业贷款人、出口信贷机构和多边金融机构可要求政府采取具体的支持措施，以保护免受这些风险的冲击。

担保文件涉及的权利内容范围一般应包括：对土地、房屋等不动产抵押的享有权；对动产、债务以及在建生产线抵押的享有权；对项目基本文件给予的权利的享有权；对项目保险的享有权；对销售合同、照付不议合同、产量或者分次支付协议及营业收入的享有权；对项目现金流量的享有权；对项目公司股份的享有权；对项目管理、技术援助和顾问协议的享有权及其相应的责任等。

十、保险合同

BOT项目需要广泛地参与保险。此类保险应包括事故险、第三者责任险及其他的商业保险。国际保险市场上目前已开发出多种适用于项目的险种。项目购买何种保险，取决于东道国政府和贷款人对保险费用的认识，以及这种费用是否可以直接或间接地计入项目的总成本。在许多情况下，东道国政府也可以提供备用贷款，以覆盖同样的风险。

十一、BOT 融资项目中政府的监督与管理

在政府框架中规定了对以下行为的处罚条款：

(1)不履行规定的权利、义务的。

(2)不按特许权协议规定的标准施工建设及滥收费的。

(3)经营管理不善，设施、服务低下的。

(4)对环境造成污染不予以改进的。

对以上行为，国家和地方地府视情节轻重，将给予警告、罚款、停业整顿、没收非法所得、取消特许权等处罚。

十二、BOT 融资项目的争议解决方式和适用法律

(1)适用于国内法律和国务院颁布的行政法规。

(2)政府与项目公司的商业性的争议提交仲裁解决。

(3)项目公司与其客户的争议，按其性质也可提交法律程序解决。

十三、BOT 融资方式的新发展

有专家提出，电力工业利用 BOT 融资方式应该转变思路，从 TOT 起步。这是由于中外双方各有各的期望，使得 BOT 方式长期未能推广开，而矛盾的焦点集中在“建设”(即 B)，为了使国外资本和中国电力部门能够找到更多的融合点，应该从 TOT 起步。

所谓 TOT，是指中方把已经投产的电站移交(T)给外资经营(O)，凭借电站在未来若干年内的现金流量，一次性地从外商那里融得一部分资金，用于建设新电站。经营期满后，外方再把电站移交(T)给中方。由于这种方式避开了 B 中所包含的大量风险和矛盾，故比较容易使双方意愿达成一致。

有专家指出，TOT 方式对于中国电力企业的发展有以下几点好处：①积极盘活国有资产，符合当前国有企业改革的大方向；②为拟建项目引进资金，为建成项目引进管理，做到了有序开放；③不必等待投融资体制改革取得进展，就可以着手操作；④只涉及经营转让权，不存在产权、股权问题，可以避免许多争论；⑤把电力市场与开放电力装备市场、电力建筑市场分割开来，使问题简单化。同时，境外资本也能从 TOT 中受益。这是进入中国电力市场的一条捷径，投资者可以尽快从高速发展的中国电力工业中分获利益。当然，由于 TOT 的风险比 BOT 小很多，投资回报也将相应较低。另外，不仅是能源公司，金融机构、基金组织、私人资本等都有机会参与投资。

第五节　银 团 贷 款

由于工程项目融资金额较大，在很多情况下，银行长期债务融资是通过银团贷款的方式来进行的。

一、银团贷款的定义和基本特点

银团贷款(Syndication Loan)通常指由一家或几家银行牵头，若干家银行共同参加，组建的责任义务与权利收益共同体，签署共同融资协议，为一家项目/公司提供融资服务的银行业

务。银团贷款基本要点见表4-2。

银团贷款基本要点　　表4-2

利益共享	贷款银行按照融资协议规定的份额比例享有贷款利息，以及其他保证、抵押/质押物或担保等权利
风险共担	按照贷款份额承担贷款本息无法获得清偿的风险
统一管理	1.在银团贷款组建完成（银团贷款协议签署）前，由牵头行负责组建，并与项目/公司谈判； 2.银团贷款组建完成后，由贷款代理行负责审查并管理借款人对提款先决条件是否满足，是否存在违约事项、退款、还款、取消贷款、提前还款、利息偿还等，并负责召集集团会议（或由牵头行召集），代表银团向借款人违约求偿等
份额表决	1.贷款银行根据各自承诺贷款额（首次提款前）的份额占银团贷款总额的比例或贷款余额（首次提款后全部清偿前）的份额占银团贷款总余额的比例，对银团重大事宜进行表决； 2.对个别特殊事宜（如果银团贷款协议事先约定），允许任何单个银行行使否决权； 3.贷款银行必须服从银团表决结果，放弃绝对的独立判断及行为能力

此外，银团贷款也有其变种。如俱乐部贷款（Club Deal），这是一种小型的银团贷款，贷款银行家数通常在2～5家，各贷款银行的贷款份额可以完全相等，也可以不相等。与标准银团贷款的主要区别是，俱乐部贷款的成员银行同时参与银团条件、文本的谈判工作，不区分牵头行和参加行，银团的结构相对简单，比较容易组建，主要适用于金额相对较小的项目。

二、银团贷款方式对于项目发起人/项目公司的优缺点

1.优点

(1)可以筹集到金额很大、期限较长的融资；

(2)融资成本较为市场化；

(3)对贷款银行有了更大的选择余地，有利于获得更优质的银行服务；

(4)能够利用在业务合作中的银行平衡关系，制约想垄断业务关系的银行。

2.缺点

(1)对管理决策层融资观念和经办人员业务水平要求较高；

(2)银团的组建、谈判过程较长，贷款合同文本等技术性较强；

(3)受整个银团广泛制约，且银行关系复杂；

(4)银团融资成本相对较高。

三、银团贷款的组建流程

银团操作流程分为：前期准备、银团组建、银团管理三个阶段。其中银团前期准备和银团组建是关键，其流程介绍如图4-1所示。

1.前期准备

其中，银行提交的融资/融资框架（Proposal/Finance Framework），内容主要包括：融资方式、融资金额/期限/价格/结构/币种/提还款方式等、担保框架、其他融资条件、贷款/担保抵押/保险代理行等，主要内容为核心条件书/清单。

2.银团组建流程

银团组建流程见图4-1。

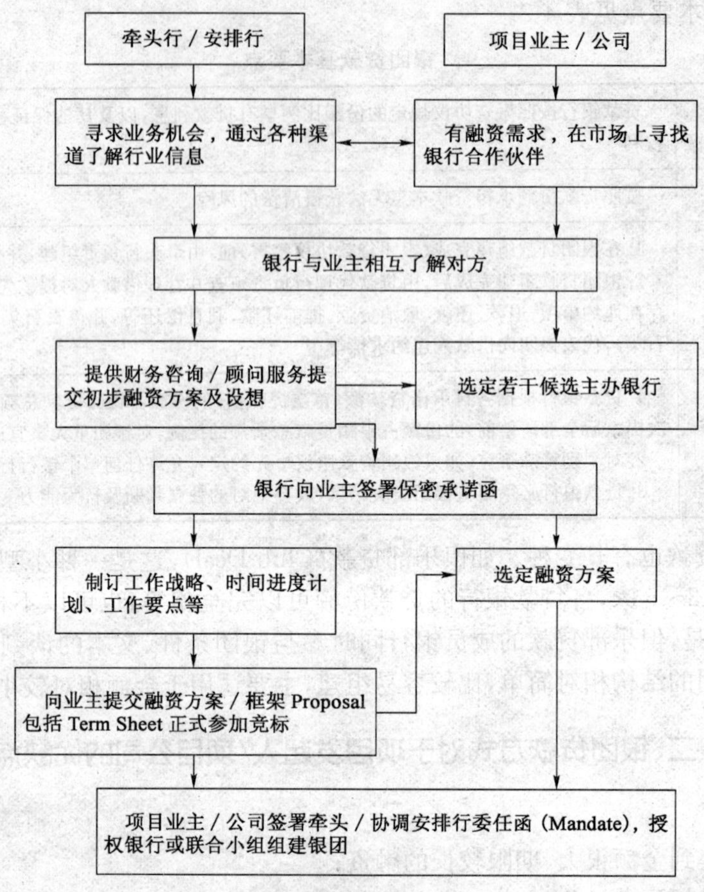

图 4-1 银团组建流程图

四、银团主要角色

1. 安排行/牵头行

安排行(牵头行)是指为满足借款人的融资需求，进行银团贷款的整体资金安排的主要银行，参与银团前期牵头安排工作且出资份额最大的第一层次的贷款银行，对银团有较大的影响力及引导作用。银团贷款流程见图 4-2。

2. 参加行

参加行即承担(相对于牵头行、安排行)较小份额银团贷款的贷款银行。根据不同参加份额，通常参加行被划分不同层次/等级，收取不同的费率，具有不同的表决份额。通常份额从大到小的层次/等级有副安排行、资深经理行、高级经理行、经理行等。

3. 代理行

代理行主要指贷款代理行，其职责包括：管理银团贷款协议生效确认、收费、提款、还款、付息等；接收借款人各种通知及申请，并根据银团贷款协议授权进行审核及回复，或提交给银团审议或表决等事宜。结构较复杂的银团，有时将贷款代理行的职责进一步拆分，并设立担保/抵押代理行、账户监管代理行、保险代理行等。

4. 中介机构

中介机构主要包括银团法律顾问/律师。结构较复杂的项目，银团会要求聘请保险顾问、技术顾问、会计顾问、工程顾问、商业顾问、税务顾问、环境顾问等，费用由贷款人支付。

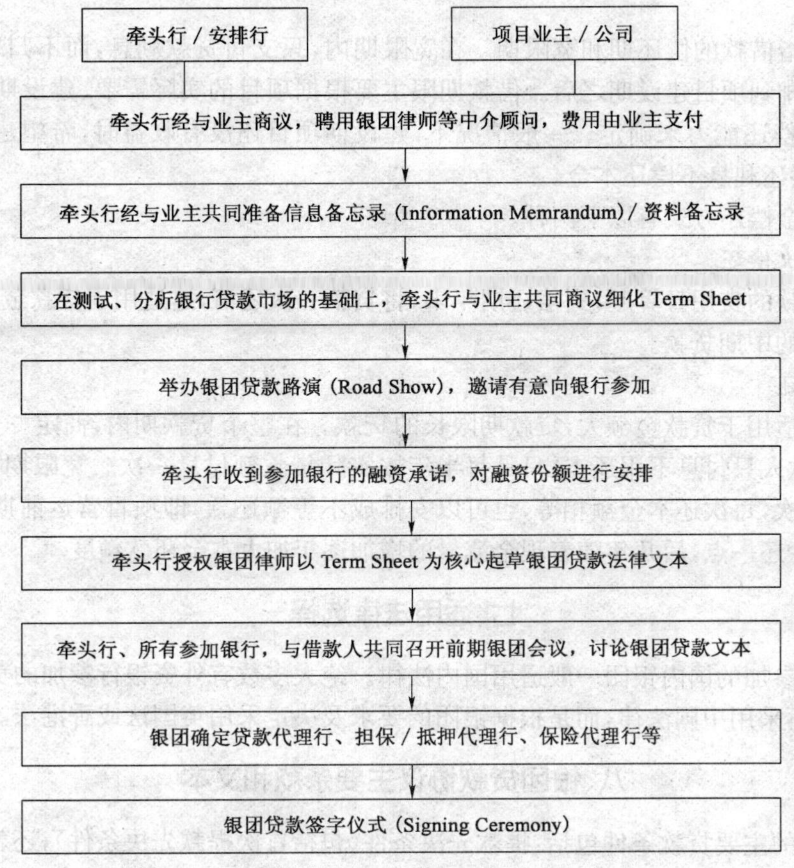

图 4-2　银团贷款流程图

五、银团利率和费用

1. 银团贷款利率

银团贷款的贷款利率，美元贷款以(通常为 6 个月的)LIBOR＋贷款利差(Margin)，人民币贷款则按照目前中国人民银行规定的基准利率及其浮动范围执行。

2. 银团贷款收费

银团贷款收费通常包括牵头安排费、管理费、承诺费、代理行费等。

3. 其他费用

其他费用主要包括律师费用等中介顾问公司费用。

银团贷款利差和费用的确定，主要受以下因素的影响：

①贷款市场整体资金供应和利率水平；

②该项目所处行业的风险状况；

③项目本身的贷款结构、担保结构所构成的风险状况；

④银企双方之间的谈判策略。

如果项目公司非常熟悉银行的惯例和银团贷款业务，或者项目公司聘请了专业的融资顾问协助进行贷款结构设计和银企贷款，其贷款的综合成本会有所节约。

六、贷款期限与偿还方式

贷款期限指借款的偿还期和宽限期。在宽限期内，只支付贷款利息，而不归还贷款本金，宽限期一般安排到项目建设期之后。借款期限主要根据项目的实际需要、建设期长短和获得收益的时间及偿还能力来确定。一般情况下，建设期项目还没有收益时，希望建设期为宽限期，此期间只偿还利息不偿还本金。

贷款的本金偿还方式有以下两种。

1. 到期一次偿还

从每次贷款的支用日算起，到偿还期年末，将贷款一次还清，这适用于贷款金额相对不大，贷款期限较短的中期贷款。

2. 分次偿还

这种方式适用于贷款金额大，贷款期限长的贷款。在整个贷款期内，商定一个宽限期，在宽限期内，借款人只付息不用还本，只是每半年按实际贷款额付息一次。宽限期满后，每半年还本并付息一次，每次还本金额相等，也可以安排成不等额还款，即项目营运前期现金流量较少，贷款本金少还一点，后几年随着现金流量的增加逐年加大本金还款额度。

七、适用法律选择

国内银行参加的国内银团一般适用国内法律。绝大多数有外资银行参加的美元贷款银团贷款，通常并不采用中国法律，而是根据银团的要求及决定采用英国法或香港法。

八、银团贷款协议主要条款和文本

银团贷款的主要贷款条件包括：提款先决条件（包括首次提款先决条件），还款，利率、费用与税金，陈述与保证，积极承诺（又称肯定承诺），消极承诺（又称否定承诺），账户监管（现金流量与项目账户），违约事件、违约处理，贷款代理行与贷款人权利的行使，法律适用、司法管辖等。

银团贷款需要签署一整套贷款文本，一般包括：银团贷款主协议，贷款人之间的协议，担保函，房地产抵押协议，机器设备抵押协议，账户抵押协议，技术转让协议权益转让协议，设备供应协议权益转让协议，应收账款/销售合同/委托代工合同权益抵押协议，保险权益转让协议，建设总承包合同履约担保转让协议，原材料供应协议权益转让协议，项目发起人股权质押协议，存货抵押协议，项目投资人/保荐人支持函，备用融资协议等。

九、项目业主如何选择银团牵头银行/其他参加银行

牵头行在组织银团贷款过程中的地位极其重要，是贷款成功发行的关键，它的职责在上面已述。牵头银行通常由一两家大银行组成，有时对于特大型项目，可以包括多家银行。牵头银行由借款人选择与决定，借款人常选择与自已关系密切或者有着良好记录的大银行担当。借款人有时还采用招标制，在银行贷款市场上公开宣布借款意图和招标截止期限，从众多投标银行中择优选定牵头银行。

借款人在选择牵头银行时要应考虑：参加行在金融市场上的地位，不要将大银行作为参加行，小银行作为牵头行，这将影响到该银团的信誉和稳定性；银行专业服务水准，服务效率；参加行内部贷款政策规定，一般各个银行内部对某行业、地区及单个贷款客户都有贷款限额。

第六节　工程项目融资的其他特殊方式

一、ABS 融资方式

(一)ABS 融资的含义

ABS 是英文 Asset Backed Securitization 的缩写，它是以项目所属的资产为支撑的证券化融资方式。它是以项目所拥有的资产为基础，以项目资产可以带来的预期收益为保证，通过在资本市场发行债券来募集资金的一种项目融资方式。

(二)ABS 融资方式的独到之处

按照规范化的证券市场的运作方式，在证券市场发行债券，必须对发债主体进行信用评级，以揭示债券的投资风险及信用水平。债券的筹资成本与信用等级密切相关。信用等级越高，表明债券的安全性越高，债券的利率越低，从而使通过发行债券筹集资金的成本越低。债券评级一般是由具有独立性和超脱地位的资信评估机构来进行。美国的穆迪投资者服务公司(Moody's Investors Service inc.)、标准普尔评级公司(Standard & Poor's Rating Co.)、达夫菲尔普斯公司(Duff & Pheleps Credit Ratings Co.)，以及日本投资者服务公司(Nippon Investors Service Inc.)都是国际公认的权威性的资信评估机构，按照标准普尔公司的信用等级划分方法，长期债券的信用等级划分为 AAA、AA、A、BBB、BB、B、CCC、CC、C、D 十级。其中 AAA、AA、A、BBB 为投资级，即债券的信用等级只有达到 BBB 以上级别时，才具有投资价值，才能在证券市场上发行债券，募集资金。在投资级债券中，AAA 级和 AA 级属于高档投资债券，信用风险小，融资成本低。因此，利用证券市场筹集资金，一般都希望进入高档投资级证券市场。但是，对于不能获得权威性资信评估机构较高级别信用等级的企业或其他机构，都无法进入高档投资级证券市场。ABS 运作的独到之处就在于，通过信用增级计划，使得没有获得信用等级或信用等级较低的机构，照样可以进入高档投资级证券市场，通过资产的证券化来募集资金。

(三)ABS 融资方式的运作过程

(1)组建一个特别用途的公司 SPC(Special Purpose Corporation)。该机构可以是一个信托投资公司、信用担保公司、投资保险公司或其他独立法人，该机构应能获得权威性资信评估机构较高级别资信等级(AAA 或 AA 级)。由于 SPC 是进行 ABS 融资的载体。所以成功组建 SPC，是 ABS 能够成功运作的基本条件和关键因素。

(2)SPC 寻找可以进行资产证券化融资的对象。原则上，投资项目所附的资产只要在未来一定时期内能带来现金收入，则都可以进行 ABS 融资。能够带来现金注入量的收入形式是：信用卡应收款；房地产的未来租金收入；飞机、汽车等设备的未来营运收入；项目产品出口贸易收入；航空及铁路的未来运费收入；收费公路及其他公用设施收费收入；税收及其他财政收入等。

拥有这种未来现金流量所有权的企业(项目公司)称为原始收益人。这些未来现金流量所代表的资产，是 ABS 融资方式的基础。在进行 ABS 融资时，一般应选择未来现金流量稳定、可靠、风险较小的项目资产。一般应选择未来现金流量收入的资产，其本身具有很高的投资价值，但是由于各种客观条件的限制，它们无法获得权威资信评估机构授予的较高级别的资信等级，因此，无法通过证券化的途径在资本市场筹集项目建设资金。

(3)以合同、协议等方式将原始权益人所拥有的项目资产的未来现金收入的权利转让给SPC，转让的目的在于将原始权益人本身的风险和项目资产及其未来的现金收入的风险隔断。SPC获得这种未来现金收入的权利后，无论原始权益人的信用好坏，甚至在原始收益人具有破产风险的情况下，SPC照样可以获得这种收入的权利。与原始权益人有关的各种债权债务关系，都与SPC无关。这样，SPC在进行ABS融资时，其融资风险仅与项目资产的未来现金收入有关，而与建设项目的原始权益人本身无关。在实际操作中，为了确保这种风险"隔绝"万无一失，SPC一般要求原始权益人或有关机构提供充分的担保。

(4)利用信用增级手段，使该组资产获得预期的信用等级。信用增级是提高信用安全性的一种手段。一般的做法是，首先调整项目资产现有的财务结构，降低项目自身的实际风险，使项目融资债券实际上能够达到投资级水平，达到SPC关于承保ABS债券的条件要求。然后，SPC通过提供专业化的信用担保进行信用升级。信用增级的渠道有：利用信用证、开设现金担保账户、直接进行金融担保。

(5)委托资信评估机构，对即将发行的经过担保的ABS债券进行信用评级。信用风险的测定一般通过压力测试进行，即在对债券的按期还本付息能力的不利因素的各种假设条件下，分析可能出现的各种信用问题，考查项目资产的债券的资信等财务结构、担保条件，确定ABS债券的资信等级。

(6)SPC直接在资本市场发行债券募集资金，或者经过SPC通过信用担保，同其他机构组织债券发行，并将通过发行债券募集的资金用于项目建设。由于SPC的信用等级很高(一般都获得权威性资信评估机构授予的AAA或AA信用等级)，按照信用评级理论和惯例，由它发行的债券或者通过它提供信用担保的债券，也自动具有相应的信用等级，从而使得项目能够在高档投资级证券市场上，以较低的资金成本募集项目建设所需资金。

(7)SPC通过项目资产的现金注入量，清偿债权人的债券本息。项目资产是ABS债券的担保品，由它来支持债券的还本付息。

(四)ABS的特点

(1)通过证券市场发行债券筹集资金，是ABS不同于其他项目融资方式的一个显著特点；无论是产品支付、融资租赁，还是BOT融资，都不是通过证券化进行融资的，而证券化融资代表着项目融资的未来发展方向。

(2)由于是通过SPC发行高档投资级债券募集资金，这种负债不反映在原始权益人自身的"资产负债表"上，从而避免了原始权益人资产质量的限制。

(3)利用成熟的项目融资改组技巧，将项目资产的未来现金流量包装成高质量的证券投资对象，充分显示了金融创新的优势。

(4)由于证券投资者的还本付息资金来源于项目资产的未来收入，因此，证券投资风险取决于可预测的现金收入，而不是项目原始收益人自身的信用状况，并且不受原始权益人破产等风险的牵连。

(5)由于债券在证券市场上由众多投资者购买，从而使投资风险得到了分散。

(6)债券的信用风险得到了SPC的信用担保，是高档投资级证券，并且还能在二级证券市场进行转让，变现能力强，投资风险小，因而具有较大的吸引力，易于债券的发行推销。

(7)和BOT等融资方式相比，ABS融资涉及的机构少，从而最大限度地减少了酬金、差价等中间费用，并且使融资费用降到较低水平。

(8)ABS融资债券由于是高档投资级证券，利息率一般较低，但比普通储蓄的投资回报要高。

(9)因为通过证券市场筹集资金，操作比较规范，一般应有高质量的专业咨询机构的参与，并且按照严格的专业标准提供服务。

(10)这种融资方式适于大规模地筹集资金，特别是在国际市场筹集资金更是如此。

(五)SPC的性质和功能

1. SPC的性质

进行ABS融资，实际上是金融保险业务在项目融资中的一种特殊运用。SPC是一种ABS融资市场的专营公司，它实际上是一个专营ABS项目融资保险业务的金融担保机构，其本身一般具有标准普尔、穆迪、达夫、全日等国际知名资信评估机构的AAA级或者AA级信用等级。SPC的经营活动，实际上就是利用自己的信用等级，也可以说，SPC是一个专门从事信用增级活动的金融服务机构。这就要求SPC具有很强的风险管理能力，并且具有对ABS融资各个环节综合运筹的能力。因此，SPC一般采用股份制的形式，吸收拥有各种优势的股东，共同进行ABS融资活动。SPC的股东有的具有很强的经济实力，有的在一个国家或地区经济活动中占有重要地位，也有的在国际金融市场上具有很强的运作能力，他们强强联合，形成一个以利益驱动为基础的经济联合体，共同进行ABS融资行为。

2. SPC的主要功能

SPC的主要功能有：提供融资者与国内、国际金融市场接触的机会；降低资金成本；在结构融资、信用风险管理和金融工具创新方面，提供最先进的技术和专业化的金融服务；通过合资、控股等形式，和国际知名的信用评级机构、国际知名的再担保公司之间建立强有力的业务合作关系；向投资者提供投资及投资机会，并为投资者带来有吸引力的投资回报，提高项目资产的流动性和长期性。

在实际操作中，SPC的众多功能由单一机构去独立完成往往是非常困难的。所以，在实际的ABS操作过程中，SPC往往是由多家联合组成的，共同实现SPC的功能。其通常做法是，分别设立ABS融资策划公司和ABS债券信用担保公司。ABS融资策划公司是一个专职的项目融资咨询机构，拥有一流的项目风险评估专家、项目包装专家、金融市场运作专家、证券风险管理专家，为ABS融资方案的制订和操作提供一系列的策划服务。ABS债券担保公司是专职的信用担保机构，有很强的经济实力，具有从事金融担保的足够能力，并有很高的资信等级。如果这个ABS债券担保公司的信用等级仍然不够理想，可以采用再担保的形式，向信用等级更高的信用担保公司进行再担保，以保证最终满足ABS融资的要求。

(六)ABS融资方式对各方的益处

1. 对项目主办单位的益处

(1)吸收国外或当地的长期投资，达到筹措资金的目的。

(2)为项目主办单位分散项目的各种风险。

(3)有效地将风险分配给那些能够对其进行最有效管理的机构和专家。

(4)为项目主办单位提供一个能使其重新调整资产结构的机会。

(5)减少资金成本，并且能够筹集较长期限的债券资金。

(6)使项目主办者能够更容易被投资者认可和接受,有利于项目顺利筹措建设资金。

2. 对原始权益人的益处

(1)获得更高投资级别的债券信用等级。

(2)开发一种新的融资渠道。

(3)降低项目建设资金的筹措成本。

(4)提供原始权益人资产负债表之外的负债融资,使项目资产和债务相匹配,更好地管理利率风险。

(5)以出售未来可能实现的收益权利来募集项目建设资金,从而更有效地为更大规模的项目提供建设资金。

(6)克服了项目投资的风险集中于原始权益人的问题,使原始权益人大大降低了各种风险的压力。

(7)由 SPC 担保发行债券,克服了当地监管机构对原始权益人进行金融监管方面的一些限制。

3. 对投资者的益处

(1)能够获得按期还本付息的保证。

(2)能够获得专业化、高质量的风险管理服务,以有限的风险获得较高的投资回报。

(3)国际资信评估机构对获得担保的债券作出投资级别的评级,增强了债券的流动性、可兑换性,降低了投资者的风险损失。

(4)由 SPC 的风险评估专家利用其丰富的经验和专业能力对其所担保的 ABS 融资债券的资产负债项目进行长期性的监控,减少了债券到期不能按时偿还的风险。

(七)ABS 融资方式适合的项目和 ABS 融资操作模式

ABS 融资由于能够以较低的资金成本筹集到期限较长、规模较大的项目建设资金,因此,其对于投资规模大、周期长、资金回报慢的城市基础设施项目来说,是一种理想的融资方式。在电信、电力、供水、排污、环保等领域的基本建设、维护、更新改造以及扩建项目中,ABS 得到了广泛的应用。以这些项目为支撑发行的 ABS 债券,其收入来源通常是协议合同指定的收入项目(如高速公路过路费、机场建设费、电力购买合同、自来水购买合同等)。这些项目的建设,有很多是以社会效益为主的,并可能在不同程度上有公营、私营或者合资、合作经营的情况,为了保证以资产为支撑的债券能够有足够的按期还本付息的能力,提高项目的还款能力,一般由多种不同的资产收入形式共同支撑一个特定的 ABS 债券。

ABS 融资方式的具体操作模式参见图 4-3。

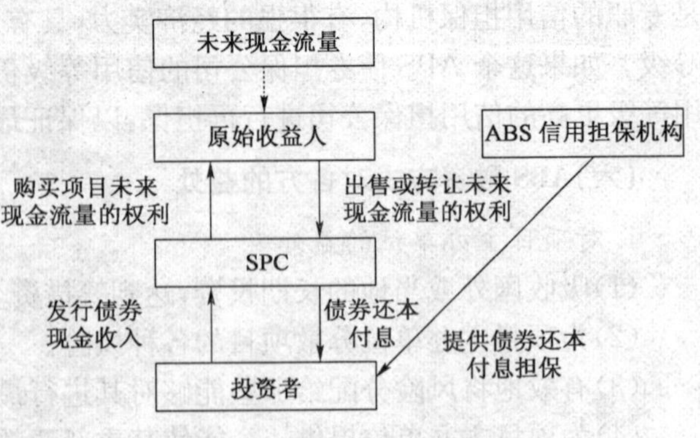

图 4-3 ABS 融资方式的操作模式图

(八)ABS 融资方式的风险评估和信用担保的原则与对策

1. 考察和评估

SPC 对 ABS 融资进行担保,必须对项目风险进行充分的考察和评估,考察的内容有:

(1)主权风险。包括主权国家的政治风险及外汇汇兑风险。

(2)项目资产的风险。包括项目资产的形成和营运过程中的经济敏感度、工程建设风险、工程设计工艺方案的风险、实际操作风险等。

(3)管理风险。

(4)项目所处的宏观经济环境、金融环境风险。

(5)财务结构、业务经营结构风险。

(6)法律变更风险、政策风险。

在对各种风险进行调查和分析的基础上,对风险进行评估和审计。

2. 担保原则

SPC 承保的 ABS 项目,一般遵循无亏损原则,根据专门的评估机构的标准进行评估、修正 ABS 操作方案,直到达到规定的标准,并对所承保的项目进行高标准的监控,确保万无一失。

SPC 在承保 ABS 债券的过程中,为了规避风险,达到“零亏损”的目标,一般采取如下方式对风险结构进行调整:

(1)由第三方承保项目可能遇到的政治风险,即进行普通的政治风险投保。

(2)建立一个由 SPC 控制的债务清偿储备基金,该基金相当于债务清偿一定时期内(至少 1 年)所需的全部费用,并能保证以 ABS 融资相同的币种及时兑换。

(3)建立一个外汇兑现的可行渠道,保证能够及时提供所必需的外汇兑现支持,从而降低货币贬值和收入不稳定的风险。

(4)延长债务的还本期限,以增加债务清偿覆盖面,降低债务清偿费用,从而降低货币贬值和收入不稳定的风险。

(5)在债务结构设计上尽量保障避免货币贬值、转让和外汇兑换的风险。

(6)吸收银行等金融机构参与,进行信用担保,或采取其他手段,进一步分散融资风险,满足项目在资金规模、期限等方面的要求。

(九)ABS 融资方式在我国的应用前景

ABS 作为一项有效的新型融资方式,在我国同样具有广阔的应用前景。

改革开放 30 年来,我国在利用外资方面取得了举世瞩目的成绩。但是,多年以来,我国引进外资多采用股权融资方式,一般采用创办中外合资、合作企业,外商独资和政府贷款,国外商业银行贷款等形式利用外资。一方面,采取“超国民待遇”的优惠政策,极大地加大了筹资成本;另一方面,由于受到企业规模、项目的生产经营、外商的资金来源渠道过于单一等条件的限制,影响了引进外资的规模。最近,我国有关机构开始注意到了利用“项目融资”引进外资的融资方式,在这种情况下,ABS 融资方式,可能成为我国项目融资的一种选择,其理由如下:

(1)ABS 融资方式摆脱了信用评级的限制。进入国际高档投资级证券市场(目前这类市场有 80 000 亿美元的市场容量),必须获得国际认可的几家评级机构的信用等级。因此,这几家评级机构实际上控制着世界各国进入国际高档证券市场的入场券。我国作为社会主义国家,一直被西方国家认为存在较大的国家政治风险,再加上我国正处于经济转型时期,经济发展水平较低,产业结构存在许多不合理的因素,因此,使得我国的国家主权信用评级一直不高。我国的国家主权被穆迪投资者服务公司授予的信用等级为 BBB+,被标准普尔公司授予的信用等级为 BBB。按照信用评级理论,企业或机构的信用等级不应高于所在国主权的信用等级。这样,目前我国企业直接进入国际高档投资级证券市场将十分困难。而 ABS 融资方式通过信用担保和信用增级计划,使我国的企业和项目进入国际高档投资级证券市场成为可能。

(2)我国大量优质的投资项目，为引进ABS融资方式提供了物质基础，高速度的经济增长使我国经济具有了强大的投资价值和市场潜力。随着我国经济持续、快速、健康的发展，大量的收入稳定、回报率高的投资项目不断涌现，这些优质的投资项目是ABS融资对象的理想选择。

(3)我国已初步具备ABS融资的法律环境。改革开放30年来，我国经济、金融、投资的法律环境正不断得到改善。《担保法》、《保险法》、《票据法》、《信托法》、《证券法》、《招标投标法》等法律相继出台，从而为开展ABS融资构筑了必要的法律框架。

(4)ABS融资拓宽了现有融资渠道。如上所述，目前我国利用外资方式基本集中在政府贷款、国外商业银行贷款等传统融资渠道上，这些融资渠道固然发挥了重要作用。但是，这些融资渠道同时也是很狭窄的。而ABS融资是一种主要通过民间的、非政府的途径，按照市场经济的规则运作的融资方式。目前，随着改革开放的不断深入，我国的金融市场正在成熟，ABS融资方式将会得到人们的广泛认可，从而拓宽了现有的融资渠道。

(5)开展ABS融资，将促使我国尽快进入高档次项目融资领域。由于ABS融资方式是在国际高档投资级市场上通过证券化进行的融资，从而使我国有机会直接参与国际高档融资市场，学习国外高档证券市场运作及监管的经验，感受国际金融市场的最新动态。同时，通过资产运作及监管的经验，感受国际金融市场的最新动态。同时，通过资产证券化进行融资，也是项目融资未来的发展方向。开展融资，将极大地拓展我国项目融资与国外资本市场融合的步伐，并可促进我国外向型经济的发展。

(十)我国进行ABS融资面临的主要问题

在我国正在建立和完善社会主义市场经济体系的过程中，进行ABS融资还面临很多问题。

(1)法律限制问题。虽然我国进行ABS融资的法律框架已初步形成，但毕竟由于刚刚起步，缺乏具有丰富实践经验的ABS融资的法律专业人才，这对于主要依赖合同开展融资活动的ABS融资方式来说，无疑是一个比较大的障碍。

(2)国外投资者对中国缺乏了解。尽管改革开放已30年，但是国外许多投资者对我国的政治制度仍然缺乏深刻的了解，有的还存在着偏见甚至错误认识。再加上国际上几个权威资信评估机构对中国的主权信用评级一直很低，容易给海外投资者造成一种在中国投资政治风险大的错觉。

(3)政策限制问题。在目前的情况下，特别是在国际金融危机的背景下，国家对ABS债券融资方式不可能放开，只能逐步试点，取得经验，然后一点点普及。

(4)信用评级问题。进行ABS融资，需要有信用评级，现在中国境内还没有权威性的评估机构，接受国外评估机构的评级，手续不但繁琐，而且费用也相当高。

(5)税收问题。ABS融资方式是以项目资产未来收益偿还发行债券的本息的，我国的增值税、营业税、印花税、所得税等税目、税率都与国际惯例有区别。

(6)人民币汇兑问题。在ABS融资方式中，资金投入、产品销售、债券还本付息等都涉及币种兑换问题。但是，目前我国资本项目下还没有实现人民币的自由兑换，这在一定程度上制约了ABS融资方式的开展。

虽然ABS作为一种项目融资方式，在我国开展还存在着一些限制因素，但相信随着改革开放和投融资体制改革的不断深入，ABS在我国一定有十分广阔的前景。ABS项目融资方式在国外的开展仅有20年左右的历史，但已被证明是一种十分有效的项目融资方式。以美国为例，美国1995年公开发行的ABS融资债券达到1 000亿美元。目前，资本市场的项目证券化融资迅速增长，投资者逐步熟悉并接受ABS债券。同时，ABS融资策划公司充分利用其在金融市场策划的经验，设计出许多不同结构和期限的ABS品种，信用增级的方式越来越新颖，增强了投资者的信心。当前，国外一些较大的金融中介机构纷纷看好我国的ABS项目融资市场，并采取了一些强有力的攻势希望占有并控制我国的ABS项目融资中介服务市场。由于ABS融资方式必须成立一个专门公司SPC，而且SPC只有在国家主权信用等级比较高的国家，如美国、日本及西欧一些经济发达国家注册，并且具有良好的经济实力及资产质量，才能获得权威性评估中介机构授予的较高级别的资信等级，因此采用ABS融资方式进行项目融资，必须有国外机构的参与。目前，我们急需要做的工作是，选择一些有实力的金融机构、投资咨询机构设法尽快进入国外专门为开展ABS融资而设立的信用担保公司、投资保险公司、信托投资公司中，力争成为SPC的股东或发起单位，同时继续研究ABS融资方式的方法和技巧，为将来ABS融资方式有规模地进入我国项目融资市场铺平道路。

二、政府贷款

(一)政府贷款的含义与特点

1. 政府贷款的含义

政府贷款是由贷款国用国家预算资金直接与借款国发生的信贷关系。政府贷款多数是政府间的双边援助贷款，少数是多边援助贷款，它是国家资本输出的一种形式。

政府贷款通常由政府有关部门出面洽谈，也有的是政府首脑出国访问时，经双方共同商定，签订贷款协议。如：法国对外提供贷款时，其主管部门是法国财政部国库司。国库司代表法国政府对外谈判，签订贷款总协议，拟定贷款的额度、期限等一般条件，然后，还要听取法国国民议会有关机构的意见。日本政府贷款主要由外务省、大藏省、通商产业省和经济企划厅负责，每笔贷款由内阁总理大臣交给这4个部门协商提出贷款方案，由内阁会议决定。

许多西方国家为了扩大本国资本货物出口，增强本国出口商品的竞争力，还采用混合信贷方式，即为援助和用于资助贷款国专项出口的政府贸易信贷相结合的贷款。

2. 政府贷款的特点

(1)贷款期限长、利率低。政府贷款具有双边经济援助性质，按照国际惯例，政府贷款一般都含有25%的赠与部分。据世界银行统计，1978年世界各国政府贷款平均年限为30.5年，利率为3%。

(2)贷款与专门的项目相联系。比如用于一国的交通、农业、卫生等大型开发项目。

(3)有时规定购买限制性条款。所谓购买限制性条款，是指借款国必须以贷款的一部分或全部购买提供贷款国家的设备。

(4)政府贷款的规模不会太大。政府贷款受贷款国国民生产总值、财政收支与国际收支状况的制约，其规模不会太大，而且一般在两国政治外交关系良好的情况下进行。

(二)政府贷款的程序

各国政府对我国贷款的程序不尽相同，一般来说有以下几个步骤：

(1)由贷款国有关机构向我国外国政府贷款的对外窗口部门(日本能源贷款的对外窗口是中国银行，除日本能源贷款外的外国政府贷款的对外窗口是中华人民共和国财政部，1998年以前是中华人民共和国对外经济贸易合作部)提出贷款意向，窗口部门将贷款国的贷款意向及要求上报国家发展与改革委员会。

(2)国家发展与改革委员会根据贷款条件、贷款国特点，以及地方、部门上报的项目，或者批准的项目建议书、可行性研究报告，按照国家产业政策、行业规划、地区政策、项目建设条件及贷款偿还能力等选择备选项目，并下达备选项目安排方案。

(3)对外窗口单位按照国家发展与改革委员会下达的备选项目方案对外提出并进行谈判，对方承诺贷款和项目，双方签署贷款备忘录或者贷款协议。

(4)国家发展与改革委员会审批限额以上项目(贷款金额在500万美元以上)可行性研究报告或者利用外资方案，限额以下项目(贷款金额在500万美元以下)按隶属关系由主管部或省(区)、直辖市的计划部门审批项目可行性研究报告。

(5)承担采购任务的外贸公司按照国内有关规定及贷款国有关规定对外进行技术和商务谈判，或进行国际招标，并签订商务合同。

(6)有关金融机构根据政府贷款协议和商务合同与对方签订金融协议，并办理国内转贷手续。

(7)商务合同生效，项目进入实施阶段。

按现行规定，列入备选项目的项目一般已批准项目建议书。但要在项目可行性研究报告批准后方可正式对外签约。在对外工作中，如项目有重大变化，要报原审批单位重新审定。此外，在项目签订商务合同前，项目单位要按规定办理有关进出口设备审查手续。

(三)政府贷款项目建议书审批程序

项目建议书是项目建设程序的第一步，是投资决策前对拟建项目的轮廓设想。项目建议书经批准(即项目立项)后，有关单位据此进行项目可行性研究，对外开展一般性的技术考察等工作。

1.政府贷款项目建议书应包含的内容

(1)建设的必要性和依据。改扩建项目要说明现有企业概况；需引进技术和进口设备的，还要说明国内外技术差距、概况及引进理由。

(2)市场预测。包括产品国内外供需情况的现状和发展趋势预测、销售预测和价格分析。

(3)建设规模和产品方案设想。包括对建设规模的分析和产品方案是否符合行业发展规划、技术政策、产业政策以及产品结构调整方向。

(4)项目选址和选线论证。包括建设地点的地质、地形、社会经济条件的初步评价；选址是否符合地区布局的要求。

(5)生产经营及外部协作配套条件。包括资源、原材料、动力、供水及外部运输条件等。

(6)项目对环境影响的简要说明。

(7)主要技术及工艺设想。技术设备引进国别；厂商的初步设想；主要单项工程与辅助、配套工程的总体部署设想。

(8)投资总额初步估算以及建设资金来源和主要筹措方式。其中利用外国政府贷款部分，要说明拟利用金额、国别和依据，以及国外贷款的大致使用方案。

(9)经济效益和社会效益的初步评价。包括效益、风险分析、投资回收、贷款偿还的测算，以及外汇平衡情况和国外贷款偿还方式。

(10)建设工期和进度安排。项目建议书的深度要求，其投资估算与实际误差不超过20%；所需国内资金已与资金提供方签订意向性协议，项目建成后所需资金，有关银行已出具意向性证明。

2.项目建议书的审批

政府贷款的项目建议书的审批权限和程序按国家固定资产投资的有关规定办理。

(1)大中型和限额以上基本建设项目的项目建议书由各地方、部门、计划单列企业集团报国家发展与改革委员会审批。需经国务院批准的,由国家发展与改革委员会审查意见后,报国务院审批。国家发展与改革委员会审批前要有行业归口部门的初审意见。必要时,还应委托有资格的工程咨询公司进行评估。

(2)限额以上技术改造项目的项目建议书由各地方、部门、计划单列集团报国家经贸委(现归并商务部)审批,并抄送国家发展与改革委员会。商务部在审批时要会签国家发展与改革委员会;需经国务院批准的,由商务部初审并会签国家发展与改革委员会后报国务院审批。在审批前,要有行业归口部门的意见,必要时,还应委托有资格的工程咨询公司进行评估。

(3)小型基建项目和限额以下技术改造项目的项目建议书按隶属关系由各地方、部门、单列企业集团审批,并分别抄报国家发展与改革委员会、商务部及行业主管部门备案。

利用国外贷款的项目,在立项时就须明确贷款偿还责任。

(四)政府贷款项目可行性研究报告的审批程序

项目可行性研究是对建设项目在技术上、经济上是否可行的一种科学分析方法。其目的是通过对建设项目的主要方面进行深入、科学的技术和经济论证,经多方面比较,确定项目在经济上、技术上是否可行,为项目决策提供可行的依据,并保证项目投产后取得尽可能好的经济效益。因此,项目可行性研究在项目前期决策工作中具有特殊的地位和作用。项目可行性研究经批准后,即项目已经成立,国家同意建设该项目,建设单位可进行初步设计工作,对外则可进行签订贷款协议、设备采购、签订商务合同等工作。

1.项目可行性研究报告的编制

(1)根据市场调查和经济预测,确定项目建设规模和产品方案。

(2)资源、原材料、燃料及公用设施落实情况。

(3)建设条件和选址方案。

(4)技术工艺、主要设备选型、建设标准和相应的技术经济指标。引进技术设备的,要说明来源国别,设备的国内外分交设想。

(5)主要单项工程、公用辅助设施、协作配套工程的构成,总体方案和土建工程估算。

(6)环境保护、城市规划、防震、防洪、文物保护、移民安置等要求和采取的相应措施和方案。

(7)企业组织、劳动定员和人员培训设想。

(8)建设工期和实施进度。

(9)投资估算和资金落实方案,包括国外贷款、国内配套资金、生产流动资金估算及来源和筹措方式等。

(10)利用国外贷款方案,包括主要采购内容和采购方式。列出主要机电设备、材料清单(含数量、型号和主要技术参数等)。

(11)经济效益和社会效益评价,包括运用动态分析和敏感性分析法,从不同角度对项目进行财务、经济等可行性分析,计算出不同的投资利润率、内部收益率、投资回收期、贷款偿还期等经济指标。

(12)借款偿还，包括外汇平衡情况、有关部门对国外贷款偿还的安排意见和偿还方式等。

此外，在上报可行性研究报告时，还应附上如下文件：征地和外部协作条件的意向性协议；国内配套资金筹措落实文件；环境保护部门的意见。

可行性研究报告的深度除要求满足项目决策和大型、专用设备预订货的要求外，还要求投资估算与实际投资的误差不超过 10%。

项目可行性研究报告由各部门、地方、企事业单位委托有资格的工程咨询公司或设计院，根据批准的项目建议书，在大量调查研究、收集资料的基础上，对项目的经济、技术、工程和外部配套条件等方面进行全方位分析、反复论证和多方案比较，提出最佳方案，在此基础上，按照国家规定的可行性研究报告内容和要求进行编制。对利用国外贷款引进技术设备的项目，为摸清国外技术水平和商务情况，可派有关专业人员组成精干的考察小组出国进行技术考察，国内尚无建设经验的工程，必要时，可委托国外工程咨询公司进行可行性研究，或聘请国外专家进行咨询。可行性研究报告在送审前，有关部门、地方要组织有关设计、科研机构、企业和有关方面专家，进行进一步论证和预审，并写出预审报告。

项目可行性研究报告是工程项目决策的依据，必须做到科学、客观、公正，资料要全面准确，深度要达到国家规定的要求。

2. 编制利用外国政府贷款项目可行性研究报告时需要注意的问题

利用外国政府贷款项目的可行性研究报告，虽然在编制方法上与内资项目的可行性研究报告大体相同，但由于外国政府贷款有其自身特点，因此，对项目可行性研究报告提出了新的要求，在某些方面要比内资项目要求更高、深度更深。需要注意以下几个问题：

(1)由于外国政府贷款除日本、科威特外都必须购买贷款国的技术设备，因此，利用这些国家政府贷款的项目必须充分调查贷款国的技术水平和供货能力是否满足项目的要求。这是确定是否利用该国政府贷款的前提。

(2)在编制贷款使用方案时，不但要列出利用贷款的设备、材料清单，而且其深度应满足国内机电设备进口审查和对外采购的要求，积极、合理、有效地使用国外贷款，该由内资解决的应尽可能用内资解决。国外贷款应尽可能地用于引进国外先进技术装备上，不得用国外贷款进口与项目无关的非生产性设备，如小轿车、彩电等。

(3)经济分析和财务评价内容需进一步深化，一般还应包括项目的国外贷款偿还能力、外汇平衡情况，以及明确贷款偿还方式和偿还责任。要充分考虑国外贷款的利率、汇率等各种风险，尤其是汇率风险。

3. 项目可行性研究报告的审批

利用外国政府贷款项目可行性研究报告的审批，按固定资产投资的有关规定办理。

(1)基本建设大中型项目的可行性研究报告，按项目隶属关系由各地方、部门、计划单列企业集团报国家发展与改革委员会审批。需经国务院批准的，由国家发展与改革委员会初审后报国务院审批。国家发展与改革委员会在审批前，要有行业主管部门的初审意见；国家发展与改革委员会还要委托有资格的工程咨询公司进行评估；涉及中央投资的项目，还需要国家专业投资公司提出意见。

(2)技术改造限额以上项目可行性研究报告的审批，按企业隶属关系，由各地方、部门、计划单列企业集团报商务部审批，并抄送国家发展与改革委员会。商务部初审并会签国家发展与改革委员会后报国务院审批。

(3)小型基建项目和限额以下技改项目的可行性研究报告，按隶属关系由各地方、部门、计划单列企业集团审批，并分别抄报国家发展与改革委员会、商务部和行业主管部门备案。

(五)利用外资方案的审批程序

审批利用外资方案是国家加强对贷款使用管理的重要手段，也是深化项目前期准备工作、适应对外工作的需要，同时又是国家有关部门对进口机电设备审查的依据。其目的是为了合理、有效地利用国外政府贷款，提高贷款的使用效益。贷款金额超过 1 000 万美元(含 1 000 万美元)的利用外国政府贷款项目，有以下情况之一的，国家发展与改革委员会需单独审批利用外资方案：一是已经批准可行性研究报告后提出利用国外贷款，而且建设规模、产品方案等主要建设内容与原批准的可行性报告无重大变化的项目；二是已批准的可行性研究报告虽已包括国外政府贷款的内容，但由于可行性研究报告深度不够，利用外资的内容和深度都满足不了对外工作的需要和机电设备审查的要求，如未列出主要设备、材料清单等；三是项目可行性研究报告批准后，贷款采购内容有较大的调整的，项目单位要补报利用外资方案；四是按审批权限由各地方或部门审批项目建议书、可行性研究报告的项目。

1. 利用外国政府贷款项目的利用外资方案应包括的主要内容

(1)项目概况，包括建设规模、配套条件及项目批准情况、组织实施机构等。

(2)项目总投资，包括利用国外贷款金额、国别机构、国内配套资金的来源、出资单位的书面证明。

(3)利用国外贷款方案，包括贷款采购内容，主要设备和材料清单、数量、规格等。

(4)建设工期和实施计划，包括建设计划、投资安排计划、贷款采购计划等。

(5)经济分析和财务评价。

(6)贷款偿还，包括外汇平衡情况、贷款偿还方式和偿还责任，以及有关部门对贷款偿还的安排意见(包括建设期利息的偿还)。

(7)国外贷款落实情况。

(8)利用国外贴息贷款竞争性的项目，还应比较各竞争者提供的贷款条件、设备价格以及设备的技术水平等。

(9)结论和建议。

此外，利用外资方案还应附上已批准的可行性研究报告文件。利用外资方案的深度要满足对外采购的要求，估算的贷款额与实际相差不应超过±10%。

在编制利用外资方案时，重点应放在贷款使用方案和经济效益分析、贷款偿还能力测算及偿还责任的落实上。估算的利用国外贷款金额应包括物价上涨因素和不可预见费；在进行经济效益分析时，要特别考虑贷款的汇率、利率风险等。

2. 利用外资方案的审批

利用外资方案按项目隶属关系，由各地方、部门、计划单列企业集团报国家发展与改革委员会审批。

(六)利用外国政府贷款备选项目的选择、确定权限和程序

1. 外国政府贷款备选项目的确定权限和程序

所有利用外国政府贷款的备选项目统一由国家发展与改革委员会负责，经综合平衡后确定并下达，或由国家发展与改革委员会提出备选项目安排意见，报国务院批准后下达。

利用外国政府贷款金额大于 500 万美元(含 500 万美元)的项目，按项目隶属关系由各地方、部门报国家发展与改革委员会选定。贷款金额小于 500 万美元的项目由各地方、部门报财

政部(1998年前报对外贸易经济合作部),并抄报国家发展与改革委员会。财政部根据各地方和部门批准的项目建议书或可行性研究报告及贷款申请,经初选后报国家发展与改革委员会综合平衡后审定。

2.外国政府贷款的备选项目要明确以下几点

(1)贷款备选项目是国内有关部门对外开展工作的依据,也是贷款国审查、选择项目的基础。各对外窗口部门、银行及外贸公司必须按国家发展与改革委员会下达的备选项目对外开展工作,未经国家发展与改革委员会统一列入备选项目的不得对外提出。

(2)国家发展与改革委员会下达的备选项目不得随意变更。如因国内原因出现变更(如更换贷款渠道)或撤销(如推迟建设)的情况,需由各地方或部门按程序报经国家发展与改革委员会同意。例如,在对外工作中,需对备选项目进行调整(如更换项目,或补充备选项目),由国家发展与改革委员会和窗口部门统一办理。

(3)原按限额以下(小于500万美元)办理的项目,在对外工作中变为限额以上(超过500万美元)项目,需由各地方或部门按程序报经国家发展与改革委员会批准后方可对外签约。

(4)由若干子项目组成的"打捆"项目,对外作为一个项目提出的,其贷款金额超过500万美元的,必须按限额以上项目办理。

3.政府贷款备选项目选择确定原则

政府贷款一般是贷款国分批向我国提供的,有的国家是一年定一次,有的国家是几年定一次。因此,备选项目是根据各国政府贷款提供情况分批选择下达的,国家发展与改革委员会在选择备选项目时一般遵循以下原则:

(1)项目要符合国家中长期发展计划、行业发展规划、产业政策和技术装备政策,一般要求项目已批准立项。

(2)优先安排国家重点项目以及国家优先发展产业(农业、水利、交通、通信、能源、主要原材料等)的项目和增加出口创汇的项目。

(3)项目配套资金及主要建设条件能够落实,并具有一定的经济效益和还贷能力。

(4)贷款偿还责任落实。

(5)各地方、部门已有的贷款项目实施情况和债务状况以及贷款偿还信誉。

(6)对中西部地区实行同等优惠政策。

(7)结合贷款的特点和要求,尽可能符合贷款国的有关规定和要求。对限制采购的贷款还要考虑贷款国的技术水平和供货能力。

需要指出的是,目前国家有关部门正在研究外国政府贷款新的管理办法,新办法与上述内容将有较大区别。

三、境外基金方式

(一)境外基金的含义

基金的称谓在各国和地区稍有不同,在美国叫"共同基金"或"互惠基金",在英国和我国香港地区叫"单位信托基金",在日本和我国台湾叫"证券投资信托基金"。虽叫法不一,但其内涵无明显区别,其基本功能都是汇集众多个人投资者的资金交由专门的投资机构管理和运作,投资、理财专家根据基金设定的目标,将资金分散投资于特定的资产组合,投资收益归还个人投资者,管理机构只收取一定的服务费用。基金的种类繁多,按不同标准有不同的划分方式。

(二)境外基金的种类

1. 按基金成立时设定的目标分类

(1)成长基金。成长基金的目标强调为投资者提供获取资本迅速增值的机会,让资金在不太长的时间内获得可观的增幅,使投资者在短期内得到较高的投资回报。此类基金的资产组合一般以股票为主。

(2)收益基金。收益基金的目标强调为投资者获取长期稳定的收益,而不是重点考虑资金在短期内的迅速升值。此类基金的资产组合,投资于政府或大企业的中长期债券的比例较大。退休基金、养老基金大都属于此类基金。

(3)平衡基金。平衡基金的目标是既要求资本在短期内获得一定增值,又要考虑其具有长期相对稳定收益,它除了定期派发一定合理水平的收益给投资者外,还将其剩余部分收益保留在基金内进行再投资。此类基金的投资组合分布的领域较广,变化也较大。保险基金、信托基金大部分属于此类。

2. 按基金设立后能否追加或撤回投资分类

(1)封闭型基金。封闭型基金设立前规定,其发行单位凭证的总量是固定的,发行期满后,基金就封闭起来,投资者既不能追加购买也不能赎回投资,只能在市场上转让套现。此类基金通常规模不大,而且设立前已选定了投资项目,投资总额是确定的,不需增加或减少。封闭型基金有利于申请上市。

(2)开放型基金。开放型基金在发行后可以中途追加投资或者撤回投资,基金总额是可以变动的。该资金在运作过程中,其资产净值已发生变化,投资者若是中途追加购买或是赎回投资,此时基金单位的价格按基金公司当天公布的价格计算,与原始发行价有较大差异。此类基金一般规模较大,投资目标也较多。特别是在基金运作看好时,能吸引大量投资者追加投资,得以扩大基金规模。

3. 按基金投资对象或自身特点分类

(1)股票基金,主要投资于股票及其衍生工具。如股票期货、期权和股票指数期货等,以赚取股息红利或获得资本增值。

(2)货币基金,投资对象主要是各种货币期货等。此类基金的投资组合资产流动性较强。

(3)基金中的基金,是较特殊的一种基金,其投资对象是市场上可交易的各种基金。普通基金是通过分散投资来降低风险的,而基金中的基金则是通过将基金分散投资于各种不同管理集团,使其风险进一步降低。

(4)雨伞基金,指在一个基金下设若干个“子基金”,或是在同一商号下,设立若干个“成分基金”。各子基金都自行订立投资目标,且管理工作均独立进行。雨伞基金为投资者提供一个在同一基金内可有多种投资目标选择的机会,有利于基金总量及其市场价格的稳定。

(5)“创业基金”,是指以股本方式投资于一些有发展潜能的企业,以获得未来的利润。通常是直接投资。投资对象大都选择还未具有上市规模的中小型公司,经投资改造后,达到上市规模,以获取超额利润。

(三)引进国外基金的方式和途径

1. 按项目行业的不同选择基金对象

(1)高科技、高附加值项目。这些项目因拥有商标、专利或专有技术等高科技手段,因此拥有很大的发展潜能。但由于其技术还未正式使用,新产品还需接受市场的检验,故存在一定的经营风险。但成功的高科技产业将给投资者带来比其他行业投资者高得多的利益。所以,高科技产业最适合吸收“创业基金”和“成长基金”来投资,因这两类投资基金的设定目标就是要在短期内使投资者获得较高的资本增值和丰厚的投资回报。

(2)交通、能源、原材料项目。

①交通项目经营期限长,特别是城市道路、铁路(地铁)等项目,总投资巨大,需要较长时间才能回收投资。此类项目收益稳定,随着经济的发展,其收益还会逐步提高,故特别适合“收益基金”的投资。

②能源项目的投资额虽不如交通项目,但仍比其他项目投资额大,能源项目一般利润较可观,适合吸引“平衡基金”和“收益基金”投资。

③原材料项目在我国利润不高,但收入较稳定,项目投资额一般不大,可选择“雨伞基金”中的相应子基金作为引资对象。对开发新产品的建材行业,还可考虑选择“创业基金”为引资对象。

(3)城市基础设施项目。城市基础设施,从广义上讲,包括水、电、气、热、交通、通信、环保等。其中水、电、气、热项目收益稳定,不会因经济周期的波动而大起大落,项目建设周期也不会太长,适于引进“平衡基金”或“收益基金”。通信项目建设周期短,投资收益快,适于吸引“成长基金”投资。环保项目投资大,建设周期长,但通常有政府担保,项目建成后收益稳定,适合吸引“收益基金”投资。

(4)房地产项目。房地产项目投资额大,建设周期长,在经济增长时期房地产价格上涨幅度远大于经济增长幅度,而在经济调整或衰退时期,其价格下跌幅度也远大于经济增长水平。故存在较大风险。但因其在经济增长时期能给发展商带来超额利润,迎合了人们普遍存在的“急功近利”的偏好,这恰好是以高增长(必然伴随着高风险)为投资目标的基金的投资对象,故“成长基金”、规模较大的“创业基金”、部分“平衡基金”都是房地产项目的引资对象。

(5)国有企业技术改造项目。国有企业有雄厚的技术力量和良好的生产基础,有稳定的销售市场和供应渠道以及廉价的劳动力。通过对这些企业的收购改造后重组上市,投资者可获得巨大收益。因此,“股票基金”、“创业基金”、“雨伞基金”、“成长基金”和“平衡基金”等都是恰当的引资对象。

2.按项目投资金额和期限选择引进基金方式

项目总投资的大小以及建设期限的长短,是基金管理集团投资前必须慎重考虑的因素。基金管理对投资有所限制,例如,规定对单一项目的投资不超过该项目的35%,对每一投资项目投入的金额不多于基金净资产的20%等(不同的基金有不同的规定),这是基金投资分散化,避免风险过于集中而造成其业绩不稳定的基本要求。因而基金总额的大小及基金设定时的目标,决定了基金的投向。大项目的投资必须选择资产较大的基金,建设周期长的项目,必须选择资产雄厚的基金,如退休基金、养老基金、保险基金和平衡基金等。项目建设周期长时,宜选择开放型基金,便于项目进行二、三期工程时能使原投资者追加投资,扩大基金对项目的投资能力。而对小额投资项目,所受的限制少得多,但必须注意,较小的投资额不应寻找太大的基金作为引资对象。通常,基金的规模远大于一般中小企业自有资金,当项目投资过小时,基金不愿意参与投资,以免资产组合过于分散,不便于管理和运作。

3.直接在境外设立中国基金

上述都是利用境外已成立的基金,通过项目洽谈,引进基金投资于国内项目。由于项目本身的包装好坏,境外基金管理人对国内市场及项目了解的程度,以及中介人的资信和谈判技巧都将影响项目引资能否成功。因而,以中资机构在境外直接设立中国基金,将所筹资金直接投资于国内项目，无疑是融资的较佳途径。

中银集团在香港设立了中银中国基金，仅第一阶段集资就达到1.5亿美元，收到了良好的效果。北京市政府通过集中一批已投资生产或已立项并具有良好盈利前景的项目，在香港设立了香港ING北京基金，这样就避免了一般基金先筹资后找具体项目的现象，保证了基金到位后立即可以投入使用，提高了资金的使用效率。由中资机构在境外设立的中国基金，不仅比外商对国内的宏观产业政策及市场情况更了解，对项目也更熟悉，加上基金由中资机构直接管理和运作，减少了引资的时间，降低了项目的融资成本，有利于项目投资双方的利益。

四、产品支付

产品支付(Product Payment)融资是工程项目融资的早期形式之一，其起源于20世纪50年代美国的石油天然气项目开发的融资安排。这种形式是针对项目贷款的还款方式而言的。借款方在项目投产营运后不以项目产品的销售收入来偿还债务，而是直接以项目产品来还本付息。在工程项目贷款得到偿还前，贷款方拥有工程项目部分或全部产品的所有权。当然，这并不意味着贷款银行真的要储存几亿桶石油或足以燃亮一座城市的电力，在绝大多数情况下，产品支付只是产权的实质转移而已，而非产品本身的转移。通常，贷款方要求项目公司重新购回属于它们的产品或充当它们的代理人来销售这些产品。因此，产品支付融资适用于资源储量已经探明，并且项目生产的现金流量能够比较准确地计算出来的工程项目。

以产品支付为基础安排的工程项目融资，具有其他融资方形式所不具备的特征：第一，用来清偿债务本息的唯一来源是工程项目产品。第二，贷款的偿还期一般短于工程项目预期的有效生产期。第三，贷款银行只为项目的建设和资本费用提供融资，而不提供项目生产费用的资金，并且要求项目公司提供最低生产量、最低产量质量标准等方面的担保。

五、远期购买

远期购买，亦称“以设施使用协议为基础的工程项目融资方式”。国际上，一些工程项目融资是围绕一个工业设施或服务性设施的使用协议为主体来安排的。这种“设施使用协议”(Tolling Agreement)，有时也称为“委托加工协议”，是指在某种工业设施或服务性设施的提供者和使用者之间达成的一种具有“无论提货与否均需付款”或“无论使用与否均需付款”性质的一种协议。根据该协议，项目设施的使用者在融资期间承诺：定期向设施的提供者支付预先规定的最低数量的项目设施使用费，这个承诺是无条件的，即不管项目设施的使用者是否真正利用了项目设施所提供的服务，支付义务都继续存在。项目设施提供者即项目发起人再将该协议的权益转让给贷款人，由此取得有限追索的融资安排。

以设施使用协议为基础的项目融资安排，主要应用在一些带有服务性质的项目，例如油气管道项目、发电设施、某种专门产品的运输系统以及港口、铁路设施等。

第五章 工程项目融资结构设计、资金成本与资本结构

第一节 工程项目融资结构设计

工程项目融资结构是指工程项目资金来源中各项资金的构成及其比例关系，是工程项目融资的核心内容。一旦项目的投资者在确定投资结构问题上达成一致意见后，接下来的重要工作就是设计和选择合适的融资结构，以实现投资者在融资方面的目标要求。不同的融资渠道筹得的资金具有不同的资金成本，给工程项目带来的风险也不一样，因此，资金结构的安排和资金来源的选择在项目融资中起到了至关重要的作用。对于项目融资者来说，其内涵是指通过什么渠道，采取什么方式融通资金，融通多少资金，以满足投资估算确定的投资额及其使用计划对投资数额、时间和币种的要求，并实现工程项目融资和投资营运中资金效率最大化的问题。

一般而言，工程项目融资结构的资金来源分成两大部分：工程项目公司的股本金和债务资金。

一、项目公司的股本金

项目公司的股本金是指在建设项目总投资中，由投资者认缴的出资额，对建设项目来说，是非债务性资金，项目法人不承担这部分资金的任何利息和债务；投资者按其出资比例依法享有所有者权益，也可转让其出资，但一般不得以任何方式抽回。投资主体投入项目的资本，是投资者本身对于项目的投资责任承诺，实际上就是一种风险投资，构成了项目融资的基础。股本金是一种权益资本，体现了投资主体对项目资产和收益的所有权，它既是承担项目风险的需要，也是为了获取投资收益的需要。

在项目融资中，股本资金的比例不一定非常大，但其所起到的作用却是非常大的。一方面，股本金可提高项目的抗风险能力。股本金属于自有资金，在资金偿还序列中排在最后一位。它标志着项目有一个稳固的财务基础。从贷款银行等其他债权人的角度来分析，一旦项目投资失败，在破产清偿程序上，银行贷款等债务资金的清偿程序优于投资者股本金，即股本金起到风险"垫底"的作用。而且，股本金的投入也代表了投资者对于项目今后现金流量和效益的充分信心，因此，一定比例的股本金投入可以增强银行及其他债权人的参与此项目的信心。另一方面，股本资金投入的多少也代表着投资者对项目的关心程度。投资者在项目中投入的股本金越大，与自身的利益关系越密切，对项目前途和项目管理的关心程度也就越高，尤其是在项目碰到困难时克服困难的决心就越大，这样也能相应地降低贷款银行等其他债权人的风险。

但从投资者的角度看，因为贷款利息进入财务成本冲抵所得税，而且由于贷款银行等债权

人在项目融资中仅仅按照约定的利率赚取“贷款利差”，即贷款收益是相对固定的，而投资者将赚取的是扣除成本以后的利润，赚取空间将大大高于银行的贷款利差。所以债务资金比例越高，则投资者自有资金的出资压力越低，同时，其自有资金的内部收益率就越高。相反，如果投资者投入的股本金越高，则大大提高了投资者资金的筹资压力，并降低了自有资金的收益率。

股本金比例到底多高才是合适的？一方面看项目融资结构的其他风险机制的安排，同时也是投资者和银行等债权人之间谈判的结果。但一般在一定地区、特定行业内会逐渐形成一种“惯例”：对于现金流量相对稳定、可控的行业，如电力行业等能源和基础设施项目，股本金比例要求较高，否则很难满足银行融资要求，比如上海的中芯和宏力芯片制造项目，总投资均在15亿美元左右，股本金比例均达到或超过50%以上。

另外，国家对于项目资本金的比例有一个原则性的规定，根据《国务院关于固定资产投资项目试行资本金制度的通知》，投资项目资本金占总投资的比例，根据不同行业和项目的经济效益等因素确定，具体规定如下：交通运输、煤炭项目，资本金比例为35%及以上；钢铁、邮电、化肥项目为25%及以上；电力、机电、建材、化工、石油加工、有色、轻工、纺织、商贸及其他行业的项目，资本金比例为20%及以上。根据国民经济发展的实际情况，政府有关部门可能调整建设项目的资本金比例。2004年4月国务院决定，钢铁项目资本金比例由25%及以上提高到40%及以上，水泥、电解铝、房地产开发项目（不含经济适用房项目）资本金比例由20%及以上提高到35%及以上。2005年11月，国务院又决定将铜冶炼项目资本金比例由20%及以上提高到35%及以上。投资项目资本金的具体比例，由项目审批单位根据投资项目的经济效益以及银行贷款意愿和评估意见等情况，在审批可行性研究报告时核定。

二、项目债务资金

项目债务资金是项目资金来源的重要组成部分，一般来说，项目资金的大部分来源于债务资金，这是项目融资区别于传统融资的一个重要特点，其债务资金来源主要有如下渠道：

1. 国际金融机构贷款

国际金融机构贷款是国际金融组织按照章程向其成员国提供的各种贷款。许多国际性和地区性金融机构投资于项目的建设，有些国际性金融机构成立的宗旨就是为项目，尤其是为发展中国家的大型项目建设提供资金，如国际货币资金组织、世界银行、亚洲开发银行等地区性开发银行是这方面的活跃力量，这些机构不仅以股权投资的方式参与项目的建设，同时也以各种各样的债权投资方式参与有关国家和地区的大型项目建设。这类资金具有贷款期限长（20年左右）、资金供应量大的特点。但国际金融组织一般都有自己的贷款政策，只有这些组织认为应当支持的项目才能得到贷款。另外，这类贷款具有谈判周期长、附加条件多等缺点，同时，随着我国GDP的快速增长，国际金融组织给我国的年度贷款在逐年减少。

2. 外国政府贷款和出口信贷

外国政府贷款是一国政府向另一国政府提供的具有一定的援助或部分赠与性质的低息优惠贷款。政府贷款是具有双边经济援助性质的优惠性贷款，一般是发达国家向发展中国家提供的贷款，主要用于环境保护、教育和卫生条件等方面的改善投资。外国政府贷款具有期限长（最长可达20年）、利率优惠等优点。就上海而言，利用外国政府贷款支持了一大批公共设施项目建设，如浦东国际机场、地铁一号线、浦东垃圾焚烧厂等项目。外国政府贷款也有缺点：一般会指定在贷款国采购，无形中将加大设备采购成本；政治色彩浓、易受两国关系影响，以及申请手续较复杂、办理时间长。

出口信贷是贷款国为了支持和扩大本国大型设备的出口，加强国际竞争力，由本国银行对本国出口商或外国进口商(或银行)提供利率较低的一种贷款。出口信贷资金贷款期限一般在5～10年之间，贷款利率通常要低于国际上商业银行的贷款利率，但需要支付一定的附加费用(管理费、承诺费、信贷保险费等)。另外，我国政策规定，外国政府贷款和出口信贷，需要由国内银行(主要是国家开发银行、进出口银行等政策性银行，以及四大国有银行)进行转贷，这对于项目业主来说，将增加银行项目评估和转贷条件谈判等手续，以及增加转贷成本，转贷银行一般会收取转贷利差。

3. 发行债券

债券市场是项目建设的重要债务资金来源之一。债券代表着发债企业和债券投资者之间的一种债权债务关系。债券投资者是企业的债权人，不是所有者，有权按期收回本息，但无权参与和干涉企业经营管理。债券发行筹集的资金具有期限长、成本低的特点，特别适用于资金需求大、偿债能力较强的建设项目的融资需求。与银行借贷资金相比，债券发行的缺点是程序复杂，需要资信评估机构的比较严格的评估以及发行费用高等。常用于项目建设的债券发行包括国债、市政债券、企业债券、国际债券以及ABS债券等收益性债券。我国债券市场相对于国外发达国家债券市场来说还处于起步阶段，但近年来获得了很大的发展，在项目建设融资中发挥着越来越大的作用。例如举世瞩目的三峡工程从三峡二期工程开始，三峡总公司就把发行债券作为一种重要的融资手段。到2004年底共计发行六期三峡债券，发行总额为190亿元。这些债券的发行提供了银行贷款无法比拟的中长期债务，优化了债务期限结构，而且大大地节约了资金成本，至2004年末，已直接节约财务成本约7.4亿元人民币。

4. 商业银行贷款

商业银行贷款是项目融资中最普遍和最主要的融资来源。这主要是因为商业银行具有雄厚的资金实力和评估项目贷款信贷风险的能力。商业银行针对具体项目的贷款期限，在详细评估项目状况后，根据预期现金流量情况测算决定是否贷款。就贷款形式而言，在项目融资中，商业银行主要提供项目长期贷款、项目流动资金贷款、过桥贷款3种形式的贷款。项目长期贷款是由商业银行提供与项目现金流量相匹配的长期贷款支持，还款期限和每年还款金额，将根据项目的实际还贷能力来进行安排；项目流动资金贷款则用以满足生产营运所需的日常运作资金需求。这类贷款一般以授信额度的方式，由项目公司根据需要灵活进行提款和还款，流动资金贷款一般由长期贷款银行一并提供，这样，避免了贷款法律地位、监管等纠纷。另外，由于项目长期贷款有一个长期的谈判过程，并且长期贷款合同一般附加许多提款前提条件，所以在长期贷款过程中，或者长期贷款合同提款前提条件未能满足之前，为了项目建设合理之需要，投资者或者项目公司会寻求过桥贷款支持。有时出于谈判策略考虑，项目投资者(项目公司)在与银行长期贷款谈判的同时，会向其他银行商借一笔临时过桥贷款支持。过桥贷款还款来源一般为项目长期贷款的正式提款，或者投资者股本金的投入等资金来源。

按照贷款银行参与数目来划分，商业银行贷款可分成单一银行贷款、多家银行双边贷款、银团贷款3种形式。由于项目融资具有所需资金量大、风险大的特点，因此，银团贷款是大型项目融资中较多采用的融资方式，即由多家银行组成一个集团，由一家或几家银行牵头，采用同一贷款协议，按照共同约定的贷款计划，向借款人提供贷款的贷款方式。银行之间按照贷款份额共担风险，共享利益。

5. 租赁融资

所谓租赁是一种使用者(即承租人)可以获得某一设备或某一工厂的使用权而不需要在使

用初期支付该设备或工厂全部资本开支的一种融资手段。租赁经常被作为项目融资结构中一项重要的债务资金来源，这种融资方式适用于以购买设备为主的建设项目。基础建设项目往往需要大批施工设备，与其他信贷筹资方式相比，租赁筹资成本较高，租金包含了设备价格、租赁公司为购买设备的借款利息及投资收益。但采用租赁的方式，项目发起方或承包商不必预先筹资一大笔相当于资产买价的资金就可以获得需要资产的使用权，可以缓解项目的资金压力。另外，承租人的租金支出是在支付所得税前列支，可起租金免税之效。此外，租赁还可使项目实体避免设备过时的风险。

三、从属贷款资金

银行借款、发行债券等外来债务资金，也称之为高级债务资金，在破产清偿程序中，排在前列。而投资者的股本金排在清偿程序的最后。在介于银行贷款资金和股本金之间，还有从属贷款资金。

从属贷款资金(Subordinated Debt)是投资者或者与项目利益有关的第三方所提供的一种从属性债务。相对于股本金而言，从属贷款资金在债务本金的偿还上更具有灵活性，不需规定在某一特定期间强制性地要求项目公司偿还从属性债务；其在项目资金偿还优先序列中低于其他的债务资金，但是高于股本金。当项目公司破产清偿时，银行贷款等其他高等级债务资金获得清偿之前，从属贷款不能获得清偿，所以从某种角度理解，从属贷款也被看作是股本金的一部分，称之为准股本资金。

从属贷款可以以现金投入的方式，与股本金、银行贷款资金同步进入项目建设，这样就可以减少股本金的实际投入，减轻股本金的筹资压力；其也可以以准备金的形式，用于支付项目建设超支、生产营运现金流量不足，以及满足其他贷款银行为了进一步保障贷款风险而要求投资者承担的资金责任的要求，从而增强贷款银行的信心。

第二节 资 金 成 本

一、资金成本的概念与作用

(一)资金成本的概念

在市场经济条件下，项目融资是需要付出一定代价的，这种代价就是资金的成本。具体来讲，资金成本就是项目公司为筹集和使用资金而支付的各种费用，它又称资本成本。虽然项目公司筹集和使用长短期资金都要发生相应的成本，但资金成本仅指项目公司为筹集和使用长期资金(包括自有资本和借入长期资金)而发生的成本，而短期资金成本一般在资金成本中忽略不计。资金成本包括筹资费用和使用费用两部分内容。

1.筹资费用

它是指项目公司在筹措资金的过程中为获取资金而付出的花费，如向银行借款支付的手续费，因发行股票、债券而支付的发行费用、评估费用等。通常，这部分费用在筹资过程中一次性发生，用资过程中不再发生，可视为筹资金额的一项扣除。

2.用资费用

它是指项目公司在投资及经营过程中因使用资金而付出的费用，如向股东支付的股利、向银行和债券持有者等债权人支付的利息等，它是资金成本的主要内容。资金的用资费用实际上包含了三个部分：一是所使用资金的无风险报酬（又称为时间价值），即资金经历一定时间的投资和再投资所增加的价值；二是通货膨胀贴水，指由于所处社会发生通货膨胀而需要弥补货币贬值的部分；三是风险补偿，是所有者因资金被具有一定风险的项目使用而要求获取的额外报酬。

资本成本是资本所有权和资本使用权相分离的产物。在不考虑筹资费用和所得税的前提下，资本成本既是筹资者为获得资本使用权所必须支付的最低价格，又是投资者提供资本所要求的最低收益率。

（二）资金成本的计算

资金成本的表示方法有两种，即绝对数表示方法和相对数表示方法。绝对数表示方法是指为筹集和使用资本到底付出了多少费用。相对数表示方法则是通过资金成本率来表示，用每年用资费用与筹得的资金净额（筹资金额与筹资费用之差）之间的比率来定义。因为绝对数不利于不同资金规模的比较，所以人们更习惯使用后一种表示方法。其计算公式表示如下：

$$资金成本率=\frac{资金占用费}{筹集资金总额-资金筹集费}\times 100\%$$

由于资金筹集费一般与筹集资金总额成正比，所以一般用筹资费用率表示资金筹集费，因此，资金成本率公式也可以表示为：

$$资金成本率=\frac{资金占用费}{筹集资金总额\times(1-筹资费用率)}\times 100\%$$

（三）资金成本的作用

资金成本可以在多方面加以应用而发挥其作用，它主要用于筹资决策和投资决策。

(1)资金成本是比较筹资方式、选择筹资方案的依据。资金成本有个别资金成本、综合资金成本、边际资金成本等形式，它们在不同情况下具有各自的作用。

①个别资金成本主要用于比较各种筹资方式资本成本的高低，是确定筹资方式的重要依据。工程项目筹集长期资金一般有多种方式可供选择，如长期借款、发行债券、发行股票等。运用不同的筹资方式，个别资金成本是不同的。这时，个别资金成本的高低可作为比较各种融资方式优劣的一个依据。

②综合资金成本是项目公司进行资本结构决策的依据。通常项目所需的全部长期资金是采用多种筹资方式组合构成的，这种筹资组合往往有多个筹资方案可供选择。所以，综合资金成本的高低就是比较各个筹资方案，作出最佳资金结构决策的基本依据。

③边际资金成本是项目公司追加筹资决策的重要依据。项目公司为了扩大项目规模，增加所需资产或投资，往往需要追加筹集资金。在这种情况下，边际资金成本就成为比较选择各个追加筹资方案的重要依据。

(2)资金成本是评价投资项目可行性的主要经济标准。项目公司筹资的目的是为了投资，而只有投资项目预期的投资收益率超过资金成本，投资项目才是可行的；反之，当投资项目预期的投资收益率低于资金成本时，投资项目不可行。因此，国际上通常将资金成本视为投资项目的"最低收益率"或者是否采用投资项目的取舍率，是比较、选择投资方案的主要标准。

(3)资金成本是评价项目经营业绩的最低尺度。资金成本从投资报酬方面而言是项目最低限度的投资收益率。任何一项投资不论所需资金是如何筹集的，必须实现这一最低的投资收益率，以满足投资者和资本市场中的中介人的收益要求。因此，资金成本的高低就成为衡量工程项目投资收益率的最低标准。只有项目公司的资本收益率大于资金成本，才认为经营富有成效。

二、个别资金成本

个别资金成本是指各种资金来源的成本。项目公司从不同渠道、不同方式取得资本所付出的代价和承担的风险是不同的，所以个别资金成本是不同的。企业的长期资金一般有长期借款、债券、优先股、普通股、留用利润等，其中前两者统称债务资金，后三者统称权益资金。根据资金来源的不同，个别资金成本也就相应地分为长期借款成本、债券成本、优先股成本、普通股成本、留用利润成本等，前两者统称债务成本，后三者统称权益成本。

（一）债务资金成本

债务资金成本由债务资金筹资费用和债务资金占用费用组成。债务资金筹资费用是指债务资金筹集过程中支付的费用，如承诺费、发行手续费、担保费、代理费以及债券兑付手续费等；债务资金占用费用是指债务资金在使用过程中发生的经常性费用，如贷款利息和债务利息。

含筹资费用后的税后债务资金成本的表达式为：

$$P_0(1-F)=\sum_{t=1}^{n}\frac{P_t+I_t(1-T)}{(1+K_d)^t}$$

式中：P_0——债券发行额或长期借款金额，即债务现值；

F——债务资金筹资费用率；

I_t——约定的第 t 期末支付的债务利息；

P_t——约定的第 t 期末偿还债务本金；

K_d——所得税后债务资金成本；

T——所得税率；

n——债务期限，通常以年表示。

上述公式中，等号左边是债务人的实际现金流入；等号右边为债务引起的未来现金流出的现值总额。本公式中未计入债券兑付手续费（可忽略不计）。另外，使用该公式时应根据项目具体情况确定债务期限内各年的利息是否应乘以$(1-T)$，如：在项目的建设期内则不应乘以$(1-T)$，在项目运营期内的所得税免征年份也不应乘以$(1-T)$。

【例 5-1】 为筹措项目资本，某公司决定发行面值为 1 000 元，票面利率为 12%，10 年到期的公司债券，假设筹资费率为 5%，所得税率为 25%。债券每年付息一次，到期一次还本。则该债券的资金成本计算如下：

$$1\,000\times(1-5\%)=\sum_{t=1}^{10}\frac{1\,000\times12\%\times(1-25\%)}{(1+K_d)^t}+\frac{1\,000}{(1+K_d)^{10}}$$

采用试算法可解得债券资本成本为 9.81%。

如果债券期限很长，且每年债券利息相同，则可视为永续年金，利用简化的公式计算债券资金成本的近似值，即

$$K_d=\frac{I(1-T)}{P_0(1-F)}$$

按例 5-1 利用简化的公式计算债券资金成本：

$$K_d=\frac{1\,000\times12\%\times(1-25\%)}{1\,000\times(1-5\%)}=9.47\%$$

【例 5-2】 某项目公司取得长期借款 1 000 万元,年利率为 10%,每年末付息一次,到期一次还本,所得税率为 25%,假设不考虑筹资费。该项借款的资金成本为:

$$K_{d}=\frac{1\,000\times 10\%\times(1-25\%)}{1\,000}=7.5\%$$

另外,项目公司申请长期借款,银行往往要求借款人从贷款总额中留存一部分以无息回存的方式,即补偿性余额的方式作为担保。在这种情况下,长期借款筹资额应扣除补偿性余额,这样,项目公司实际使用的资金成本高于无补偿性余额的资金成本。

在例 5-2 中,如果银行要求保留 10%的补偿性余额,则项目公司的实际借款资金成本为:

$$K_{d}=\frac{1\,000\times 10\%\times(1-25\%)}{1\,000\times(1-10\%)}=8.33\%$$

(二)权益资金成本

1. 优先股资金成本

优先股是介于债券和普通股之间的一种混合证券,与债券相同之处在于要定期支付股息,不同之处在于它没有到期日。与普通股相同之处在于它所筹集到的资金是可供企业永久使用的股权资本。项目公司发行优先股筹资时,需要支付发行费用和支付优先股股利,而优先股股利通常是固定的,可视为永续年金,采用下列公式计算资金成本:

$$K_{p}=\frac{D_{p}}{P_{0}(1-F)}$$

式中:K_{p}——优先股资金成本;

D_{p}——优先股年股利;

F——优先股筹资费用率;

P_{0}——优先股筹资额。

【例 5-3】 某项目公司发行优先股总面额为 1 000 万元,总发行价为 1 200 万元,融资费用率为 5%,年股利率为 13%。则优先股资金成本计算如下:

$$K_{p}=\frac{1\,000\times 13\%}{1\,200\times(1-5\%)}=11.40\%$$

2. 普通股资金成本

普通股资金成本的估算比较困难,因为很难对项目未来的收益以及股东对未来风险所要求的风险溢价作出准确的测定。可采用的计算方法主要有:资本资产定价模型法、税前债务成本加风险溢价法和股利增长模型法。

(1)采用资本资产定价模型法,普通股资金成本的计算公式为:

$$K_{s}=R_{f}+\beta(R_{m}-R_{f})$$

式中:K_{s}——权益资金成本;

R_{f}——社会无风险投资收益率;

β——项目的投资风险系数;

R_{m}——市场投资组合预期收益率。

(2)采用税前债务成本加风险溢价法,普通股资金成本的计算公式为:

$$K_{s}=K_{b}+RP_{c}$$

式中:K_{s}——权益资金成本;

K_{b}——所得税前的债务资金成本;

RP_c——投资者比债权人承担更大风险时所要求的风险溢价。

(3)利用股利增长模型法，普通股资金成本的计算公式为：

$$K_s=\frac{D_1}{P_0(1-F)}+G$$

式中：K_s——权益资金成本；

D_1——预期年股利额；

P_0——普通股筹资额；

F——普通股筹资费用率；

G——普通股利年增长率。

【例 5-4】 某项目公司发行普通股筹资，股票面值为 1 000 万元，实际发行价格为 2 000 万元，筹资费率为 5%，第一年年末股利率为 10%，预计股利每年增长 4%。则普通股资金成本的计算如下：

$$K_s=\frac{1\,000\times10\%}{2\,000\times(1-5\%)}+4\%=9.26\%$$

3. 留存收益资金成本

项目公司的留存收益是由公司税后净利润形成的。从表面上看，公司使用留存收益似乎不花费什么成本。实际上，这部分收益是股东权益的一部分，是股东放弃一定的股利对公司的追加投资，以期望获得更多的股利。因此，留存收益也有成本，不过是一种机会成本。留存收益资金成本的确定方法与普通股基本相同，差别在于它不必考虑发行费。留存收益的资金成本计算公式为：

$$K_e=\frac{D_1}{P_0}+G$$

三、综合资金成本

为了比较不同筹资方案的资金成本，需要计算加权平均资金成本。加权平均资金成本是指项目全部长期资金的总成本，通常是以各种资金占全部资金的比重为权数，对个别资金成本进行加权平均确定的，故亦称综合资金成本。计算公式如下：

$$K_w=\sum_{j=1}^{n}K_jW_j$$

式中：K_w——综合资金成本；

K_j——第 j 种个别资金成本；

W_j——第 j 种个别资金成本占全部资金的比重(权数)。

【例 5-5】 某项目公司共有长期资金(账面价值)10 000 万元，其中长期借款 1 000 万元、债券 2 500 万元、优先股 1 000 万元、普通股 3 500 万元、留用利润 2 000 万元，其成本分别为 5%、6%、11%、15%、14%。该公司的加权平均资金成本可分两步分别计算如下：

第一步，计算各种不同性质的资金占全部资金的比重。

长期借款所占比重：1 000÷10 000＝0.10

债券所占比重：2 500÷10 000＝0.25

优先股所占比重：1 000÷10 000＝0.10

普通股所占比重：3 500÷10 000＝0.35

留用利润所占比重：2 000÷10 000＝0.20

第二步，计算加权平均资金成本。

$$K_w=5\%\times0.10+6\%\times0.25+11\%\times0.10+15\%\times0.35+14\%\times0.20=11.15\%$$

四、边际资金成本

上述个别资金成本和综合资金成本是项目公司过去筹集的或目前使用的资金的成本。然而，随着项目公司工程规模的扩大和融资环境的变化，个别资金成本会随着变化，项目的综合资金成本也会发生变动。因此，项目公司在未来追加筹资时，不能仅仅考虑目前所使用资金的成本，还需考虑新筹资的成本，即边际资金成本。

边际资金成本是指企业每增加一个单位量的资本而形成的追加资本的成本。该成本是筹资决策的依据。项目追加筹资，有时可能只采取某一种筹资方式。但在所筹资金数额较大，或在目标资本结构既定的情况下，则需通过多种筹资方式的组合来实现。这时，边际资金成本需要按加权平均法来计算，其权数必须为市场价值权数，不应采用账面价值权数。边际资金成本的计算公式为：

$$\text{边际资金成本}=\sum\text{追加某种筹资的资金成本}\times\text{追加该种资金的来源构成}$$

显然，影响边际资金成本的因素有两个，即个别资金成本和资本来源构成(即资本结构)。在计算边际资金成本时，如果追加的各类资本的资金成本保持不变，且新增资本的结构与原资本结构相一致，则边际资金成本与增资前相同；如果追加的各类资本的资金成本保持不变，但为筹措资本而改变了原有的资本结构，则新增资金的边际资金成本也将发生变化；如果资本结构不变，但个别资金成本发生了变化，新增资金的成本也会发生变化。事实上，项目公司资金的筹资总额越大，资金供应者要求的报酬率就越高，这就会使不同追加筹资总额范围内的边际资本成本不断上升。如果资金成本在某一点发生变化，那么加权平均资金成本就会在这一点上发生变化，这一点就称为筹资总额分界点，即特定筹资方式下的资金成本变化的分界点，计算公式如下：

$$\text{筹资总额分界点}=\frac{\text{某特定资金成本下筹集的某种资金}}{\text{该项资金在资本结构中的比重}}$$

在分界点范围内筹资的资金成本水平不会发生变化，一旦筹资总额超过分界点，即使保持现有的资本结构，其资金成本也将发生变化。

【例 5-6】 某项目公司目前拥有长期资本 10 000 万元，其中，长期债务 2 000 万元，优先股 3 000 万元，普通股权益 5 000 万元。为了满足扩大工程规模的需要，公司拟筹措新资，试确定筹措新资的资金成本。

资金成本的计算可按下列步骤进行。

第一步，确定目标资金结构。

假定该项目公司目前的资本结构处于目标资本结构范围内，在今后增资时应予保持，即长期债务 0.20，优先股 0.30，普通股 0.50。

第二步，测算各种资金的成本率。

随着公司筹资规模的扩大，各种资金的成本也将发生变化，测算结果如表 5-1 所示。

第三步，测算筹资总额分界点，如表 5-2 所示。

公司追加筹资测算资料表

表 5-1

资金种类	目标资本结构 (1)	追加筹资数额范围(元) (2)	个别资金成本率(%) (3)
长期债务	0.20	20 000 以下	5
		20 000～50 000	6
		50 000 以上	7
优先股	0.30	30 000 以内	10
		30 000 以上	11
普通股	0.50	60 000 以下	13
		60 000～80 000	14
		80 000 以上	15

公司筹资总额分界点测算表

表 5-2

资金种类	个别资金成本率 (%)	各种资金筹资范围 (元)	筹资总额分界点 (元)	筹资总额范围 (元)
长期债务	5	20 000 以下	$\frac{20\,000}{0.2}=100\,000$	100 000 以下
	6	20 000～50 000	$\frac{50\,000}{0.2}=250\,000$	100 000～250 000
	7	50 000 以上		250 000 以上
优先股	10	30 000 以内	$\frac{30\,000}{0.3}=100\,000$	100 000 以下
	11	30 000 以上		100 000 以上
普通股	13	60 000 以下	$\frac{60\,000}{0.5}=120\,000$	120 000 以下
	14	60 000～80 000	$\frac{80\,000}{0.5}=160\,000$	120 000～160 000
	15	80 000 以上		160 000 以上

第四步,测算边际资金成本率。

根据测算的筹资分界点,可以得出以下 5 个新的筹资总额分界范围:①100 000 元以下;②100 000～120 000 元;③120 000～160 000 元;④160 000～250 000 元;⑤250 000 元以上。对以上 5 个范围分别计算加权平均资金成本,即可得到各种筹资范围的资金率,如表 5-3 所示。

边际资金成本率规划表

表 5-3

序号	筹资总额范围 (元)	资金种类	目标资本结构	个别资金成本率 (%)	边际资金成本率 (%)
1	100 000 以下	长期债务 优先股 普通股	0.20 0.30 0.50	5 10 13	1.00 3.00 6.50
第一个筹资总额范围的边际资金成本率=10.50%					
2	100 000～120 000	长期债务 优先股 普通股	0.20 0.30 0.50	6 11 13	1.20 3.30 6.50
第二个筹资总额范围的边际资金成本率=11.00%					
3	120 000～160 000	长期债务 优先股 普通股	0.20 0.30 0.50	6 11 14	1.20 3.30 7.00
第三个筹资总额范围的边际资金成本率=11.50%					

续上表

序　号	筹资总额范围（元）	资 金 种 类	目标资本结构	个别资金成本率（%）	边际资金成本率（%）
4	160 000～250 000	长期债务 优先股 普通股	0.20 0.30 0.50	6 11 15	1.20 3.30 7.50
第四个筹资总额范围的边际资金成本率＝12.00％					
5	250 000 以上	长期债务 优先股 普通股	0.20 0.30 0.50	7 11 15	1.40 3.30 7.50
第五个筹资总额范围的边际资金成本率＝12.20％					

第五步，将上述各个筹资方案的筹资总量、边际资金成本率及其预计的边际投资报酬率相比较，以判断有利的投资与筹资机会。

第三节　资 本 结 构

一、资本结构概述

(一)资本结构的概念

资本结构是指项目融资方案中各种资金来源的构成及其比例关系，又称资金结构。在项目融资活动中，资本结构有广义和狭义之分。广义的资本结构是指项目公司全部资本的构成，不但包括长期资本，还包括短期资本，主要是短期债务资本。狭义的资本结构是指项目公司所拥有的各种长期资本的构成及其比例关系，尤其是指长期的股权资本与债务资本的构成及其比例关系。

(二)资本结构分析

在融资方案分析中，资本结构分析是一项非常重要的内容。资本结构包括项目资本金与项目债务资本的比例、项目资本金内部结构的比例和项目债务资本内部结构的比例。

1. 项目资本金(股本资本)与项目债务资本的比例

项目资本金与项目债务资本的比例是项目资本结构中最重要的比例关系。对于项目债务资本，一方面，由于债务资本的利息在所得税前列支，在考虑公司所得税的基础上，债务资本成本要比股本资本成本低很多，而且由于财务杠杆的作用，在项目投资财务内部收益率高于负债利率的前提下，提高债务资本的比例能提高项目资本金财务内部收益率。另一方面，无论项目融资主体今后经营效果好坏，债务资本必须按期还本付息，从而形成公司固定的财务负担。这样，项目的财务状况和抗风险能力会随着负债率的提高而降低。而且，当资本金比例降低到银行不能接受的水平时，银行将会拒绝贷款。

相反，项目资本金筹集到的是股权资本，一般不得以任何方式抽回，是确定项目产权关系的依据，也是项目获得债务资本的信用基础。如果一个项目使用的资本全部是股本资本，那么，项目将会有一个稳定的财务基础和较高的抗风险能力，但这却大大提高了资本使用的机会成本，从而也会大大提高项目的综合资本成本。

因此，对于绝大多数项目，资本安排中实际的资本结构必须在项目资本金和项目债务资本间达成一个合理的比例关系，它们之间的合理比例需要由各个参与方的利益平衡来决定。一般认为，在符合国家有关资本金（注册资本）比例规定、金融机构信贷法规及债权人有关资产负债比例要求的前提下，既能满足权益投资者获得期望投资回报的要求，又能较好地防范财务风险的比例是较理想的资本金与债务资本的比例。

2. 项目资本金内部结构比例

项目资本金内部结构比例是指项目投资各方的出资比例。投资方对项目不同的出资比例决定了投资各方对项目的建设和经营所享有的决策权、应承担的责任以及项目收益的分配。采用新设法人筹资方式的项目，应根据投资各方在资本、技术、人力和市场开发等方面的优势通过协商确定各方的出资比例、出资形式和出资时间。采用既有法人筹资方式的项目，在确定项目资本金结构时要考虑既有法人的财务状况和筹资能力，合理确定既有法人内部筹资与新增资本金在项目筹资总额中所占的比例，分析既有法人内部筹资与新增资本金的可能性与合理性。因为既有法人将自身所拥有的现金和非现金资产投资于拟建设项目，一方面，在其投资额度上受到公司自身财务资源的限制，另一方面，投资的这一部分资产将被拟建项目长期占用，势必会降低自身的财务流动性。

另外，按照我国现行的相关制度规定，有些项目不允许国外资本控股，有些项目要求必须由国有资本控股。因此，对于国内投资项目，应分析控股股东的合法性和合理性；对于外商投资项目，要注意对外商投资建设项目的规定，分析外方出资比例的合法性和合理性。如2007年12月1日起施行的《外商投资产业指导目录》（2007年修订）中明确规定，核电站、铁路干线路网、城市地铁及轻轨等项目，必须由中方控股。

3. 项目债务资本结构比例

项目债务资本结构比例反映债权各方为项目提供债务资本的数额比例、债务期限比例、内债和外债的比例，以及外债中各币种债务的比例等。不同类型的债务资本融资成本不同，融资风险也不一样。譬如增加短期债务资本能降低总的融资成本，但会增大公司的财务风险；而增加长期债务虽然能降低公司的财务风险，但会增加公司的融资成本。因此，项目公司在确定项目债务资本结构比例时，需要在融资成本和融资风险之间取得平衡，既要降低融资成本，又要控制融资风险。

具体来说，项目公司在举债时，首先，应当合理搭配短期、中长期债务比例，根据债务的偿还期限来安排负债结构。项目公司负债结构是否合理的一个重要标志是使债务的偿还期与项目现金流入的时间相吻合，使债务的偿还金额与项目现金流入量相适应。另外，项目公司应当合理安排债务资本的偿还顺序。尽可能先偿还利率较高的债务，后偿还利率低的债务。对于有外债的项目，由于有汇率风险，通常应先偿还硬货币（指货币汇率比较稳定，且有上浮趋势的货币）的债务，后偿还软货币（指汇率不稳定，且有下浮趋势的货币）的债务。此外，项目公司还应当合理确定利率结构。当资本市场利率水平相对较低，且有上升趋势时，应尽量借固定利率贷款；当资本市场利率水平相对较高，且有下降趋势时，应尽量借浮动利率贷款。最后，项目公司在债务融资过程中可能还会涉及外汇币种，在选择外汇币种时，为了有效地防范外汇风险和降低融资成本，项目公司应遵循选择可自由兑换货币，付汇用软货币，收汇用硬货币的原则。

二、影响资本结构决策的因素

从理论上讲，每个项目公司均应有使公司价值最大化而加权平均资金成本最低的最佳资本结构。但由于理论上的分析将实际现象理想化并抽象掉了许多现实的因素，因此，在实际工作中，由于融资活动本身和外部环境的复杂性，项目公司很难十分准确地确定这个最佳点，资本结构的决策仍需依靠财务人员的经验和主观判断。

在现实中，制约资本结构的因素很多，除了前已述及的资本成本、财务风险以外，还有如下一些重要因素，项目公司在资本结构决策中应予以充分考虑。

1.项目投资者和管理人员的态度

项目资本结构的决策最终是由项目投资者和管理人员作出的，因此，他们的态度对资本结构有着重要影响。众所周知，发行新股会减少老股东在公司中的持股比例，进而减少其对公司的控制权；而债务筹资对其控制权的影响则相对较少。因此，如果项目投资者和管理人员不愿使公司的控制权旁落，则可能不愿增发新股，而尽量采用债务融资。相反，如果管理人员不愿承担较大的财务风险，则可能较多采用发行股票的方式筹资，而较少利用财务杠杆，尽量减低债务资本的比例。

2.项目公司经营状况的影响

项目公司经营状况的好坏直接影响到公司的财务状况和发展能力，进而影响到公司的资本结构。可以观察到，具有很高投资利润率的公司很少使用债务，因其可以利用较多的留存收益来解决筹资问题。另外，如果项目因扩展规模而需要进行外部筹资时，经营状况越好的公司获利能力越强，财务状况越好，就越有能力承受财务上的风险，较易获得债务资本。

3.贷款人及信用评信机构的态度

虽然项目公司对于如何适当地运用财务杠杆进行资本结构决策都有自己的分析和判断，但在涉及较大规模的债务融资时，贷款银行和信用评级机构的态度往往成为决定项目财务结构的关键因素。大部分贷款人都不希望项目公司的负债比例过高，如果项目公司使用过多的债务，贷款人可能拒绝贷款或者在相当高的利率条件下才增加贷款。而且，当项目公司债务比例过高时，信用评级机构则可能降低公司的信用等级，这样就会影响公司的再筹资能力，并提高公司的再筹资成本。

4.税收政策的影响

按照税法规定，债务的利息可以抵税，而股票的股利不能抵税。因此，所得税率越高，利息免税的效应越显著，项目举债的好处就越大。所以，税收政策实际上对项目债务资本的安排会产生一种刺激作用。

5.资本结构的行业差别

在资本结构决策中，所处行业的特点以及该行业资本结构的一般水准对项目资本结构起着重要的影响作用。不同行业以及同一行业的不同公司，在运用债务融资时所采用的策略和方法大不相同，从而会使资本结构产生差别。一般而言，从事对国计民生影响较大的基础工业、公用事业和基础设施建设的大项目，必须维持连续不断的供应和提供长期稳定的服务。所以，项目的负债量应以不影响项目公司的长期经营为限，避免出现财务拮据而导致供应的短缺和中断。在同一行业的公司之间，由于不同因素的影响，资本结构也存在着明显的差别，跨国公司、集团公司和大型工程项目可以在国际资本市场上融资，其获取资本的能力强，筹资成本低，故可增大负债比例。而中小型项目资本来源渠道少，资本获取能力差，负债比例则不易过大。需要注意的是，资本结构不会停留在一个固定的水准上，随着项目的启动建设和内外界环境的变化，资本结构也会发生一定的变动，所以，需要根据具体情况进行合理的调整。

6.项目资产结构的影响

资产结构影响着公司的筹资方式和资本结构。因固定资产具有占用资本数额大、专用性强、不易变现等特点，所以拥有大量固定资产的项目公司主要通过长期负债和发行股票来筹集资本，而拥有流动资产较多的项目公司则更多地依赖流动负债来筹集资本。另外，资产适合抵押担保的项目公司一般举债数额较多，如房地产公司，而以技术研究开发为主的项目公司则负债较少。

7. 利率水平变动趋势的影响

利率水平的变动趋势也会影响到项目公司的资本结构。当资本市场利率水平相对较低，且有上升趋势时，项目公司会尽量采用固定利率贷款或大量发行长期债券，从而在较长时间内将债务资金成本固定在较低的水平上；当资本市场利率水平相对较高，且有下降趋势时，项目公司则尽量借浮动利率贷款，以降低利息支出水平。

三、资本结构决策的方法

1. 每股收益无差别点分析法

判断资本结构是否合理，一般可以通过分析每股收益的变化来衡量，凡是能够提高每股收益的资本结构就是合理的，反之，则是不合理的。一般来说，每股收益不仅受资本结构的影响，而且受销售水平的影响。处理三者之间的关系，可以运用"筹资的每股税后收益分析法"，这种分析法是利用"每股收益无差别点"进行的。

所谓的每股收益无差别点是指两种或两种以上筹资方案下普通股每股收益相等时的息税前利润点，亦称息税前利润平衡点或筹资无差别点。根据每股收益无差别点，分析判断在什么情况下可利用什么方式筹资来安排及调整资本结构，进行资本结构决策。

每股收益无差别点的计算公式如下：

$$\frac{(\overline{\mathrm{EBIT}}-I_1)(1-T)-D_{\mathrm{p1}}}{N_1}=\frac{(\overline{\mathrm{EBIT}}-I_2)(1-T)-D_{\mathrm{p2}}}{N_2}$$

式中：$\overline{\mathrm{EBIT}}$——息税前利润平衡点，即每股收益无差别点；

I_1,I_2——两种增资方式下的长期债务年利息；

$D_{\mathrm{p1}},D_{\mathrm{p2}}$——两种增资方式下的优先股年股利；

N_1,N_2——两种增资方式下的普通股股数。

项目管理者可以在依据上式计算出不同筹资方案间的无差别点之后，将无差别点的EBIT与公司预期的EBIT进行比较，如果无差别点的EBIT大于公司预期的EBIT，则说明公司预期的盈利能力不足，应当采用股权筹资；如果无差别点的EBIT小于公司预期的EBIT，则说明公司预期有充足的盈利能力，可以采用负债筹资。具体分析时，可以借助EBIT-EPS分析图直观地来进行判断。

【例 5-7】 某项目公司原有资本 5 000 万元，其中长期债务资本 2 000 万元，优先股股本 500 万元，普通股股本 2 500 万元。该公司每年负担的利息费用为 200 万元，每年发放的优先股股利为 55 万元。该公司发行在外的普通股为 100 万股，每股面值为 25 元。该公司的企业所得税税率为 25%。因该公司决定扩大项目规模，为此需要追加筹集 2 500 万元长期资本。现有两种备选方案。

(1)全部发行公司债券，票面利率为 12%，利息为 300 万元；

(2)全部发行普通股，增发 100 万股普通股，每股面值为 25 元。

有关资料详见表 5-4。

某项目公司目前和追加筹资后的资本结构资料表(单位:万元)　表 5-4

资本种类	目前资本结构		追加筹资后的资本结构			
			增发债券		增发普通股	
	金额	比例	金额	比例	金额	比例
长期债务	2 000	0.40	4 500	0.60	2 000	0.26
优先股	500	0.10	500	0.07	500	0.07
普通股	2 500	0.50	2 500	0.33	5 000	0.67
资本总额	5 000	1.00	7 500	1.00	7 500	1.00
年债务利息额	200		500		200	
年优先股股利额	55		55		55	
普通股股数(万股)	100		100		200	

假设该项目公司预期追加筹资后的息税前利润为 1 200 万元,接下来测算这两种筹资方式追加筹资后的普通股每股收益,如表 5-5 所示。

某项目公司预计追加筹资后的每股收益测算表(单位:万元)　表 5-5

项目	增发债券	增发普通股
息税前利润	1 200	1 200
减:长期债务利息	500	200
所得税前利润	700	1 000
减:公司所得税(25%)	175	250
所得税后利润	525	750
减:优先股股利	55	55
普通股可分配利润	470	695
普通股股数(万股)	100	200
普通股每股收益(元)	4.70	3.48

从表 5 5 中可以看出,不同的筹资方式对普通股每股收益的影响是不同的。在本例中,当息税前利润为 1 200 万元时,以增发债券的方式筹资比增发普通股筹资的方式更能提高普通股每股收益,是比较合理的选择。但表 5-5 反映的只是息税前利润为 1 200 万元时的情形,那么,息税前利润究竟为多少时,采用哪种筹资方式更为有利呢？这就需要根据每股收益无差别点来判断。

将项目公司相关资料代入每股收益无差别点计算公式,可得:

$$\frac{(\overline{\text{EBIT}}-500)(1-25\%)-55}{100}=\frac{(\overline{\text{EBIT}}-200)(1-25\%)-55}{200}$$

解方程,求得 $\overline{\text{EBIT}}=873.33$(万元)。

此时的普通股每股收益为:

$$\frac{(873.33-500)(1-25\%)-55}{100}=2.25(\text{元})$$

这就是说,当息税前利润大于 873.33 万元时,采用负债筹资方式较为有利;当息税前利润低于 873.33 万元时,采用发行普通股筹资方式较为有利;而当息税前利润等于 873.33 万元时,采用两种方式无差别。该项目公司预期息税前利润为 1 200 万元,故采用负债筹资方式较为有利，如图 5-1 所示。

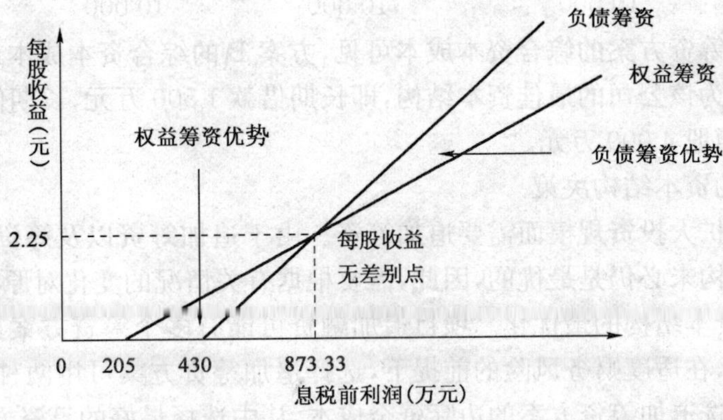

图 5-1 EBIT-EPS 分析图

2. 比较资金成本法

比较资金成本法是指在适度财务风险的条件下，测算不同资本结构方案的综合资金成本，并以此为标准，通过对不同资本结构方案的比较来进行资本结构决策的方法。

项目筹资可分为创立初期的初始筹资和发展过程中的追加筹资两种情况。与此相应地，项目资本结构决策可分为初始筹资的资本结构决策和追加筹资的资本结构决策。下面分别比较说明资金成本法在这两种情况下的运用。

(1)初始筹资的资本结构决策

项目公司对拟定的项目筹资总额通常要采用多种筹资方式来筹资，由此会形成若干预选资本结构或筹资组合方案。资金成本比较法的目的是通过测算比较不同筹资方案的综合资本成本，从中选出最优资本结构的方案。

【例 5-8】 某项目公司在初创时需资本总额 10 000 万元，有三个筹资方案可供选择，假设这三个筹资方案的财务风险相当，有关资料经测算已汇入表 5-6。

某项目公司初始筹资方案测算表(单位:万元)　　表 5-6

筹资方式	方案 A		方案 B		方案 C	
	筹资额	个别资本成本(%)	筹资额	个别资本成本(%)	筹资额	个别资本成本(%)
长期借款	1 000	6	1 500	7	1 200	6.50
长期债券	3 000	7	4 000	8	3 500	7.50
优先股	500	12	500	12	300	12
普通股	5 500	15	4 000	15	5 000	15
合计	10 000		10 000		10 000	

方案 A 的综合资本成本为：

$$\frac{1\,000}{10\,000}\times 6\%+\frac{3\,000}{10\,000}\times 7\%+\frac{500}{10\,000}\times 12\%+\frac{5\,500}{10\,000}\times 15\%=11.55\%$$

方案 B 的综合资本成本为：

$$\frac{1\,500}{10\,000}\times 7\%+\frac{4\,000}{10\,000}\times 8\%+\frac{500}{10\,000}\times 12\%+\frac{4\,000}{10\,000}\times 15\%=10.85\%$$

方案 C 的综合资本成本为：

$$\frac{1\,200}{10\,000}\times 6.50\%+\frac{3\,500}{10\,000}\times 7.50\%+\frac{300}{10\,000}\times 12\%+\frac{5\,000}{10\,000}\times 15\%=11.27\%$$

比较上述三个筹资方案的综合资本成本可见，方案 B 的综合资本成本最低(10.85%)，由此形成的资本结构为该公司的最佳资本结构，即长期借款 1 500 万元，长期债券 4 000 万元，优先股 500 万元，普通股 4 000 万元。

(2)追加筹资的资本结构决策

项目有时会因扩大投资规模而需要追加筹资。由于追加筹资以及筹资环境的变化，项目原有的最优资本结构未必仍是最优的，因此，需要根据有关情况的变化对原有的最佳资本结构进行调整，以实现资本结构的最优化。项目追加融资可能有多个筹资方案可供选择。按照最佳资本结构的要求，在适度财务风险的前提下，选择追加筹资方案可用两种方法：一种方法是直接测算比较各备选追加筹资方案的边际资金成本，从中选择最好的筹资方案；另一种方法是分别将各备选追加筹资方案与原有最佳资本结构汇总，测算比较各个追加筹资方案下汇总资本结构的综合资金成本，从中选择最好的筹资方案。

【例 5-9】 上述某项目公司为了扩大项目规模，拟追加筹资 10 000 万元，现有两个追加筹资方案可供选择，有关资料经测算已汇入表 5-7。

追加筹资方案资料测算表(单位:万元)　　表 5-7

筹资方式	原资本结构		追加筹资方案 I		追加筹资方案 II	
	筹资额	个别资金成本(%)	筹资额	个别资金成本(%)	筹资额	个别资金成本(%)
长期借款	1 500	7	500	7.50	3 000	8.50
长期债券	4 000	8	2 000	9	4 000	10
优先股	500	12	1 000	13	1 000	13
普通股	4 000	15	6 500	16	2 000	16
合计	10 000		10 000		10 000	

方法一：直接比较各备选追加筹资方案的边际资本成本。

追加筹资方案 I 的边际资本成本为：

$$\frac{500}{10\,000}\times 7.50\%+\frac{2\,000}{10\,000}\times 9\%+\frac{1\,000}{10\,000}\times 13\%+\frac{6\,500}{10\,000}\times 16\%=13.88\%$$

追加筹资方案 II 的边际资本成本为：

$$\frac{3\,000}{10\,000}\times 8.50\%+\frac{4\,000}{10\,000}\times 10\%+\frac{1\,000}{10\,000}\times 13\%+\frac{2\,000}{10\,000}\times 16\%=11.05\%$$

追加筹资方案 II 的边际资金成本比追加筹资方案 I 的边际资金成本低，故追加筹资方案 II 较好。

方法二：比较各追加筹资方案下汇总资本结构的综合资本成本。

若采用追加筹资方案 I，则追加筹资后的综合资本成本为：

$$\frac{1\,500\times 7\%+500\times 7.50\%}{20\,000}+\frac{4\,000\times 8\%+2\,000\times 9\%}{20\,000}+$$

$$\frac{500\times 12\%+1\,000\times 13\%}{20\,000}+\frac{4\,000\times 15\%+6\,500\times 16\%}{20\,000}=12.36\%$$

若采用追加筹资方案 II,则追加筹资后的综合资本成本为:

$$\frac{1\,500\times7\%+3\,000\times8.50\%}{20\,000}+\frac{4\,000\times8\%+4\,000\times10\%}{20\,000}+$$

$$\frac{500\times12\%+1\,000\times13\%}{20\,000}+\frac{4\,000\times15\%+2\,000\times16\%}{20\,000}=10.95\%$$

比较两个追加筹资方案与原有资本结构汇总后的综合资本成本,方案 II 与原有资本结构汇总后的综合资本成本为 10.95%,低于方案 I 与原有资本结构汇总后的综合资本成本 12.36%,可见采用追加筹资方案 II 比较有利。

第六章　工程项目融资风险管理

第一节　融资风险概述

一、融资风险的含义及分类

(一)融资风险的含义

要明确融资风险的含义，首先必须明确风险的含义。那么，究竟什么是风险呢？一般地，风险的含义可以从不同的角度来加以考察。

首先，风险同人们有目的的活动有关。人们从事活动，总是预期一定的结果。如果对于预期的结果没有确定的把握，人们就会认为该项活动有风险。其次，风险与将来的活动和事件相关。某项活动或项目如果已经结束，成为了既成事实，则后果无法改变。而对于将来的活动、事件或项目，总是有多种行动方案可供行为人选择，但没有哪一个行动方案可以确保达到预期的结果。这说明风险与行动方案的选择有关。那么，应该采取何种办法和行动才能不受或少受损失，并不断逼近预期结果呢？再次，如果活动或项目的结果不理想，甚至是失败，那么能否改变以往的行为方式或路线，把以后的活动或项目做好呢？此外，当客观环境或人们的想法、方针或行动路线发生变化时，活动或项目的结果也会发生变化。因此，风险还与这些变化有关。

在辞海中，风险被定义为：人们在生产建设和日常生活中遭遇能导致人身伤亡、财产受损及其他经济损失的自然灾害、意外事故和其他不测事件的可能性。现代汉语字典则把风险定义为：可能发生的危险。一些英文字典将其定义为：遭受危险，蒙受损失或伤害等的可能或机会。因此，可能性(或然性)是与风险密切相关的概念。肯定蒙受或肯定不蒙受的损失不是风险。

归纳以上观点可见，具有不确定性的事件并不一定是风险，只有当事件、活动或项目具有以下特征时，才有可能是风险：

(1)有损失或收益与事件或活动相联系；

(2)事件或活动涉及某种或然性或不确定性；

(3)必须在多种事件或活动中进行选择。

因此，我们可以这样来定义风险：风险是事件或活动消极的、人们不希望的后果发生的潜在可能性。更一般地，可以将风险定义为：风险是指对某一事件或活动的全过程的预期目标，可能产生的不利因素发生的概率极其后果。为了准确地把握风险的概念，可以从以下几个方面去理解：

(1)某一事件是指我们要研究、关心的某一问题，如一项工程、一笔资金等。

(2)全过程包括事件的初期、中期和后期，即要动态考虑哪一时期的风险最大。

(3)将预期目标与结果进行对比才能发现是否存在风险。如行为人的经营目标是1 000万元，结果取得了900万元，那么就存在10%的风险。但如果行为人的经营目标是1 000万元，结果取得了 1 100 万元，此时就应视为没有风险。从这个角度来分析，风险也可以界定为实际后果偏离预期目标产生不利结果的可能性。

(4)可能产生的不利因素发生的概率，所谓“风险越大、盈利越大”。其隐含的意义为：不利因素发生的概率成为损失，而没有发生的概率则成为了利润。

(5)风险是既考虑概率，又考虑后果的总称。

在明确风险含义的基础上，我们可以界定融资风险的定义。所谓融资风险，指的是在融资这一事件或过程中，对于融资目标可能产生的不利因素发生的概率极其后果。

(二)融资风险的分类

融资风险按照是否可以分散为标准可以分为两大类，即系统风险和非系统风险。

系统风险又称市场风险，也称不可分散风险。一般是指那些与宏观市场环境有关的、超出行为人控制范围的风险。系统风险具备以下三个方面的典型特征：

(1)系统风险是由共同因素引起的。这些共同因素包括经济、政治和社会因素。如经济方面的利率、汇率、通货膨胀、宏观经济政策、货币政策、能源危机和经济周期等。政治方面的因素则包括政权的更替、战争冲突等。社会方面的因素则包括所有制改革和体制变革等。

(2)系统风险对市场上的所有行为人都产生相似的影响。

(3)系统风险不能通过行为人的分散投资来加以分散。

非系统风险又称作公司特有风险，也叫可分散风险，一般是指对某个公司产生影响的风险。该种风险为投资者可以自行控制和管理，且通过多样化、分散化投资战略来避免或降低的风险，如信用风险、完工风险、生产经营风险、环境保护风险等。

需要特别指出的是，系统风险和非系统风险的划分并不是绝对的。系统风险有时可以通过一定的手段予以削减，而非系统风险有时却无法避免。

二、融资风险的内容

根据融资风险的分类，下面分别介绍系统风险和非系统风险所包含的主要内容。

(一)系统风险包含的主要内容

1. 国家风险

国家风险是指那些由于战争、国际关系变化、政权更替、政策变化等因素的影响而导致资产和利益受到损害的风险。这种风险在国际性工程项目融资过程中表现得更加敏感，其主要原因如下：

(1)工程项目在建设过程中需要所在国政府的某种特许或授权，如公共基础设施项目中的高速公路、港口、机场建设等项目需要得到所在国政府部门的许可。

(2)工程项目融资涉及的项目对于所在国的经济基础或国计民生起着非常重要的作用，如公路、电力、航空、铁路、隧道等工程项目，所在国政府不得不对此加以限制和管理。

国家风险是国际工程项目融资中最重要的风险，因为国家风险会对其他所有项目风险产生重要的影响。在一些发展中国家，国家风险还包括其劳动力的不确定以及建设设备禁止进口和没收而造成工程工程项目在紧要阶段被迫停工等方面的风险。如在“两伊”战争开始后的几年里，两国的许多项目不得不被取消或废弃。伊朗投资总额达 45 亿美元的 Barder Khomneml 石油化工综合厂项目中由于其所在地经常遇到敌机的不断空袭，业主只好放弃该项目，日本的三菱银行 1987 年为该项目支出的 10 亿美元也因此付之东流。

国家风险如再进一步进行分类，还可以划分为以下几个方面的风险：

(1)主权风险。主权风险是指由于政变、政权更替、领导人的变动等政治体制崩溃给项目所造成的损失和影响。

(2)没收或国有化风险。没收或国有化风险是指项目资产被所在国没收或者国有化，从而使项目建设业主无法取得预期报酬。

(3)获准风险。获准风险是指由于种种原因未能及时取得项目所在国政府对项目的授权或许可批准，从而造成项目误工，使得整个项目无法按期完成，更无法及时开始营运，最终导致项目收益的不确定。

(4)税收风险。税收风险是指项目所在国政府可能征收比较高的税收或者取消项目公司应享有的减免税优惠，而实行有选择性的水手政策，从而对项目公司的经济强度产生重大影响。

(5)法律变更风险。法律变更风险是指项目所在国因变更与项目有关的法律、法规及规章制度，从而给项目公司带来的项目开发和经营风险。

2.金融风险

金融风险是指项目发起人或投资者不能控制的、由于金融市场的可能变化而对项目产生的不利影响或者损失。金融市场的变化因素包括：

(1)外汇汇率的变化；

(2)利率的波动；

(3)项目所需商品的国际市场价格的非预期上涨；

(4)项目产成品价格在国际市场上价格的非预期下跌；

(5)通货膨胀；

(6)国际贸易保护和关税壁垒。

在国际工程项目融资过程中，最为敏感的金融风险是与货币有关的风险，其主要内容如下：

(1)外汇不可获得风险。由于项目所在国外汇短缺可能导致工程项目公司不能按照当地货币转换成需要的外国货币，从而不能及时偿还对外债务和履行其他对外支付契约，致使工程建设项目无法正常建设。通常在发展中国家，一般优先将外汇用来偿还多边开发银行的贷款、必要的进口支付、支付金融机构对公共部门的贷款等。如果外汇尚有结余，工程项目公司才能竞争这些有限的外汇，其获得外汇的保障程度将大打折扣。

(2)外汇不可转移风险。由于外汇管制，工程项目公司的经营所得可能无法转换成需要的外汇汇到国外，即使工程项目公司产生了大量的现金流量，若不能兑换成外汇，外国投资者就无法及时取得利润。

(3)货币贬值风险。外汇汇率波动使得当地货币贬值而给工程项目公司带来的可能损失。因为工程项目公司借入外汇，而其收入大多是项目所在国的当地货币。当地货币贬值，需要更多的当地货币才能换到原来同样多的外币。这就意味着工程项目公司不能产生足够的现金流量来偿还外币贷款。

(4)利率风险。利率波动直接或间接地造成工程项目价值的降低或收益受损的风险。如果工程项目投资方采用浮动利率融资，一旦利率上升，工程项目的生产成本也必然上升；若采用固定利率融资，一旦市场利率下降，便会造成机会成本的提高，此时就要付出比市场行情更高的代价去做同样的事情。

(二)非系统风险

1. 信用风险

工程项目融资信用风险是指工程项目参与各方由于无法履行或拒绝履行合同所规定的责任与义务的可能性,也就是违约风险。对于有限追索的工程项目融资是依靠有效的信用担保结构支撑起来的。这个框架结构中的参与各方是否有能力及是否乐意执行其职责就构成了工程项目的信用风险,也可将这种风险称作“合作风险”。

2. 完工风险

对于工程建设项目,如果不能按照预定计划建成投产,就无法产生预期收益,工程项目融资赖以依存的基础就会受到根本性的破坏,即还款的来源受到破坏。所谓工程项目的完工风险,是指工程建设项目无法完工、延期完工或者完工后无法达到预定营运标准等风险,可以说是与时间有关的期限性风险。工程建设项目的完工风险对工程建设项目公司而言意味着利息支出的增加、贷款偿还期的延长以及错过市场机会。

3. 经营风险

在工程建设项目的生产经营过程中,由于经营者的疏忽发生重大的经营问题,最终会影响工程项目的获利能力。工程建设项目的经营风险主要表现在以下几个方面:

(1)技术风险,即技术工艺能否保持先进、会不会被新技术所替代、技术人员的专业水平能否达到要求等带来的风险;

(2)生产条件风险,即原材料、能源供应是否可靠,交通、通信等公用基础设施是否便利等带来的风险;

(3)管理风险,即工程建设项目发起人或投资者是否有能力管理好所开发的工程项目所产生的风险。

4. 市场风险

工程建设项目的市场风险是指工程建设项目所生产的产品在市场上的销路及其他方面的不确定性,主要包括价格风险、竞争风险、市场需求风险等。

5. 环保风险

工程建设项目涉及面广,影响范围很大。社会公众越来越关注工程项目建设过程中对自然环境及人们的生活和工作环境所引起的破坏。许多国家都颁布了比较严格的环境保护法律、法规及规章制度,要求各经济主体严格按照环境保护法律、法规及规章制度的要求从事生产经营活动。工程项目的环境保护风险是指工程建设项目的发起人或投资者可能因为严格的环境保护法律、法规及规章制度的规定而被迫降低工程项目生产效率,增加生产成本,或通过增加投入来改善工程建设项目的生产环境。

三、融资风险管理的意义

对工程项目融资实行风险管理的实际意义在于:

(1)通过风险分析,可加深对工程项目风险的认识和理解,澄清各方案的利弊,了解风险对工程项目的影响,以便减少或分散风险;

(2)通过检查和考虑所有信息、数据和资料,可明确工程项目的各有关前提和假设;

(3)通过风险分析不但可提高工程项目各种计划的可信度,还有利于改善工程项目执行组织内部和外部之间的沟通;

(4)使编制应急计划时更有针对性；

(5)能够将处理风险后果的各种方式更灵活地组合起来，在工程项目管理中减少被动，增加主动；

(6)有利于抓住机会，利用机会；

(7)为今后工程项目的规划和设计工作提供反馈，以便在规划和设计阶段就采取相应措施以防止和避免风险损失；

(8)风险即使无法避免，也可以明确工程项目到底应该承受多大损失或损害；

(9)为工程项目施工、营运选择合同形式和制订应急计划提供依据；

(10)通过深入的研究和情况了解，可以使决策更有把握，更符合工程项目的方针和目标，从总体上使工程项目减少风险，保证工程项目目标的实现；

(11)可推动工程项目执行组织和管理班子积累有关风险的资料和数据，以便改进日后的项目管理。

四、融资风险管理的侧重点及方法

从以上分析可以看出，任何工程建设项目都是有风险的。工程项目融资之所以受到工程项目发起人或投资者的高度重视，就在于贷款方对他们的追索权有限，从而大大降低了工程项目发起人或借款方的风险。而工程项目面临的各种风险是客观存在的，不会因采用工程项目融资方式而消除。因此，工程项目融资过程中的风险同样是不可避免的。作为工程项目的发起人、投资者或管理者，关键是要尽可能准确地识别风险、估计风险和评价风险，进而合理地规避或分散风险，使用多种管理方法、技术和手段对工程项目活动涉及的风险实行有效控制，采取主动行动，创造条件，尽量扩大工程项目风险事件的有利结果，妥善地处理风险事故造成的不利后果，以最少的成本保证安全，从而实现工程项目融资的总目标。千万不能只满足于资本的机会成本取决于工程项目的风险的说法，而必须要清楚如何定义风险，机会成本与风险之间到底有怎样的联系以及作为工程项目融资管理者怎样才能在实践中应付和处理风险。

工程项目融资的风险来源、风险的形成过程、风险潜在的破坏机制、风险的影响范围以及风险的破坏力是错综复杂的，单一的管理技术或单一的工程、技术、财务、组织、教育和程序无法有效地控制工程项目的风险。因此，风险控制主体只有综合运用多种方法、手段和措施，才能以最少的成本将各种不利后果减少到最低程度。从这个角度而言，工程项目风险管理是一种综合性的管理活动，其理论和实践涉及自然科学、社会科学、工程技术、系统科学、管理科学等多种学科。例如，在风险估计和风险评价中就要用到概率论、数理统计以及随机过程的理论和方法等。

实际上，工程项目风险管理是风险识别和评价工作的自然延续，也是工程项目管理的一个重要组成部分。一般性的风险管理概念可以这样表述：按事先制订好的计划对风险进行控制，并对控制机制本身进行监督以确保其成功。图 6-1 所示为一个广义的风险管理架构。

通常，在工程项目风险识别和评价的基础上，工程项目风险管理主要包括以下三个方面的工作：

(1)针对工程项目融资所面对的风险因素，决定是否作出反应；

(2)如果答案是肯定的，则对各种可能的风险管理方案进行取舍，制订合理且符合实际的行动方案，要考虑风险对工程项目影响的重要程度、可能采取的手段及其管理成本等多方面因素；

(3)在工程项目的建设和生产过程中实施这些方案。

工程项目风险管理方案有两种类型：

(1)行动性方案。这种方案针对已经确认的风险要素制订的具体处理措施。通过实施这些方案，可能会立刻降低和消除某一种风险要素对工程项目的影响。

(2)预防性方案。这种方案用来防止由于某些风险要素的发生对工程项目可能造成的影响。

通过风险管理方案的实施，希望达到避免、减轻或者转移、合理分配某种风险的目的，这也是风险管理的目的所在。研究项目融资风险的分配与管理是项目融资的一项核心内容。

对于不同类型的风险，其管理侧重点和方法各有不同。

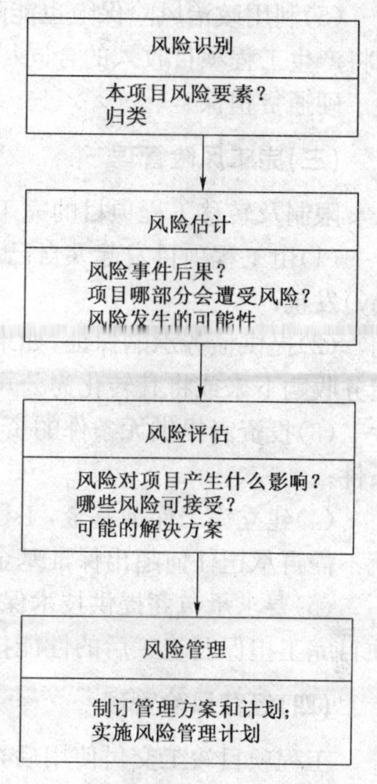

图 6-1 风险管理基本架构

(一)国家风险管理

在管理国家风险的实践中，有以下方法可供选择：

(1)贷款银行与世界银行等多边金融机构和地区性开发银行共同对工程项目发放贷款。一般一国政府都不愿激怒这些金融机构，以免失去这些金融机构未来有吸引力的信贷支持。

(2)形成一个国际性的投资和贷款者集团共同投资工程项目。如果工程项目被没收，将导致该国对国际性投资和贷款者集团违约，从而危机国家信用。

(3)向某些私人保险机构和政府保险机构购买政治风险保险，如英国的出口信贷担保局(ECGD)、德国的赫尔梅斯保险公司(HERMES)、美国的进出口银行(EXIM)等。从工程项目的政府主管部门取得允许工程项目在固定期限内自由利用特定财产的许可。

(4)把各种担保置于东道国管辖范围之外，尽可能避免东道国政府可能采取的干预行动。

(5)在借贷法律文件中选择以外国法或国际法为依据，以避免受东道国法律的影响。

(6)与政府部门谈判以确定当发生某些政治波动、法律变更等事件时，由东道国政府给予适当的补贴。中国政府目前一般不准对工程项目作任何形式的担保或承诺，中方机构也不得对外出具借款担保。所以说，目前在中国进行工程项目融资，政治风险尚不能由中国政府机构来承担。

(二)金融风险的管理

金融风险主要表现在利率风险和汇率风险两大方面，一般可以通过以下方法来对金融风险进行管理：

(1)构造不同的合同结构使工程项目的收入与债务支出货币相匹配，尽量降低货币贬值风险。

(2)通过在当地举债，尽量减少债务偿还时货币兑换引起的货币贬值。

(3)与东道国政府谈判，取得东道国政府保证工程项目公司优先获得外汇的协议和由其出具外汇可获得的担保。

(4)利用金融衍生工具，如掉期(Swaps)、期权(Options)、期货(Futures)、远期(Forwards)等合约，减少货币贬值风险。

(5)利用政治风险保险也能降低一些外汇不可获得风险。如果合同一方是政府部门时，可以将产生工程项目收入的合同尽量以硬通货支付，即相当于政府以合同的方式为工程项目提供了硬通货担保。

(三)完工风险管理

限制及转移工程项目的完工风险是完工风险管理的目标，一般有以下方法可供选择：

(1)由工程项目发起人自己承担工程项目的建设或按总承包方式(交钥匙合约——Turnkey)发包；

(2)提供债务承购保证，如果工程项目最终不能达到商业完工标准，由工程项目发起人将债务收购下来或将其转化为公司债务，即由有限追索项目融资转化为完全追索的公司融资；

(3)投资者提供无条件的资金支持，以保证工程项目可以达到贷款人规定的“商业完工”条件；

(4)建立完工保证基金，工程项目发起人提供一笔固定数额的资金作为保证基金，投资者就不需再承担任何超出保证基金的项目建设费用；

(5)要求承包商提供技术保证承诺，这在工程建设领域已成惯例，即要求承包商提供工程项目完工担保及竣工后的性能担保。

(四)经营风险管理

工程项目竣工交付使用后，都有一个缺陷责任期，一般是一年。在此期间，若由于施工原因出现材料及工艺方面的缺陷，承包商有责任对其进行维修或修补，并承担维修费用。这在签订承包合同时已经明确，并且业主按合同规定扣留一定百分比的保修金，待缺陷责任期满支付给承包商之后，工程项目进入正常营运期，就需要工程项目管理者来承担经营风险。一般可以采用以下方法来对工程项目经营风险进行管理：

(1)签订原材料、设备等无条件供应合同，以便稳定营运成本；

(2)签订无条件销售合同，如或取或付合同(Take or Pay Supply Contract)、工程项目公司所发生的成本全部或部分转让给工程项目产品买方的转嫁性合约(Pass-Through Agreement)。

(五)市场风险管理

市场风险管理主要侧重于两方面的内容：一是工程项目初期的可行性研究要做充分，避免工程项目盲目上马；二是产品销售合同，确定好产品定价策略，如基础设施项目，一般在谈判长期销售协议时确定一个固定价格，并在协议期按某一预定价格指数加以调整。

(六)环境风险管理

环境风险管理的关键是在可行性阶段了解、熟悉所在国环境保护方面的法律、法规及规章制度，估计工程项目的环境责任风险。

第二节　利率风险管理

一、利率风险的含义

利率和汇率波动是构成工程项目融资金融风险的两大主要因素。利率和汇率风险也可以称为“价格风险”，反映的是因利率或汇率的变动造成金融资产(或负债)市场价值的改变，从而给经济主体带来损失的可能性。利率风险是指一定时期内由于利率的变化而导致国际投资者生产成本的变化和资产价值的波动。

由于利率与汇率一样是浮动的，金融市场上的利率亦跌宕起伏，上下波动。但是，利率行情还是遵循一定的经济规律而变动。引起国际利率变动的因素主要包括：社会平均利润率、借贷资本的供求关系、物价水平、国际经济变动、国际资金流向、经济状况和官方的货币政策等。上述因素决定了某一时期利率的一般水平。但是，某种金融资产的利率水平还受到资产种类、借贷期限结构、借款人资信、管理成本、服务质量等因素的影响。

利率波动的主要原因如下：

(1)受社会平均利润水平限制的影响。利息是利润的一部分，通常把社会平均利润水平作为决定利率的最高标准。当一国社会平均利润水平保持在较高的水平，则利润水平在一个相当长的时期内也相应地呈增高的趋势。因此，在国际市场上，市场经济发达国家以利率作为调整经济的手段，通过不断地提高或降低利率来干预宏观经济或进行经济结构和产业结构的调整。频繁的利率变动常常波及其他国家竞相调整利率，从而导致国际交易和国际融资的风险。

(2)通货膨胀对利率变化的直接影响。当社会物价水平上涨，货币贬值，其结果是实际利率水平下降。实际利率水平下降又需要增加货币投放和信贷供应，促使形成进一步的通货膨胀。这种不断的互相影响形成了利率的波动和风险。一些国家为了控制通货膨胀，在一定时期内，采取强制调整利率的紧缩措施，也会导致利率波动和利率风险。

(3)国际货币市场利率变化的影响。国际货币市场作为一个开放的商业竞争场所，其市场利率的变化必然是经常性的，尤其是一些主要发达国家为了提高本国经济的国际竞争能力和改善国际收支状况，往往通过提高利率的办法来达到降低通货膨胀和吸引外国资金的目的。他们之间的竞争成为国际货币市场利率变动的重要原因，并进而导致各国国内利率的变动，形成国际货币市场上融资利率风险。

利率变动对资产收益和筹资成本的影响主要体现在以下两个方面：

(1)利率变动导致在固定利率的证券上的投资收益发生变化。一般来说，市场利率比债券利率高，债券的价值将降低；相反，市场利率比债券利率低，债券的价值将增加。

(2)利率变动导致筹资成本发生变化。企业在发行债券之后，其未来的利息支付是固定的。对企业来说，不存在对债券的重新定价问题，除非发生债务重组。因此，一般来说，市场利率的变动对发行后的债券无影响。然而，在债券发行之前，市场利率的变化却会影响到债券发行的价格。

债券面值、发行价格与票面利率、市场利率四个量之间有如下关系：

(1)当票面利率＜市场利率，发行价格＜债券面值(折价发行)；

(2)当票面利率＝市场利率，发行价格＝债券面值(平价发行)；

(3)当票面利率＞市场利率，发行价格＞债券面值(溢价发行)。

票面利率是债券发行者承诺将来支付利息的依据，是根据债券的票面价值来计算的。当市场利率低于票面利率时，按面值发行的发行者将遭受损失。因为，此时投资者已从利差中获得了好处，发行者成本太高。为弥补发行者的损失，发行价格就必须按高于面值的价格发行，即采用溢价方式发行。同理，当市场利率高于票面利率时，投资者购买这种债券将遭受损失，因为他在购买债券的同时损失了其他投资机会，而这些机会带来的收益(市场利率)要比这种债券的收益高。因此，为弥补投资者的损失，债券就必须按低于面值的价格发行，即采用折价方式发行。当市场利率与票面利率相等时，发行价格等于面值，即平价发行。

上文主要是针对固定利率债券而言。在这种情况下，利率风险实际上都由投资者承担了。而浮动利率债券的发行则不同，利率风险由借款人和投资人共同承担。当市场利率上升时，借款人筹资成本加大，投资者收益提高；当市场利率下降时，借款人筹资成本降低，投资者收益减少。

应该看到，这两种债券在利率风险面前是各有利弊的。发行浮动利率债券在利率下降时对发行人有利，因为此时发行人的利息支出会减少，但在市场利率上升时是不利的，因为随着利率的上升，利息负担也越来越重；相反，发行固定利率债券在市场利率上升时是有利的，因为此时发行人可以按比市场利率低的息票固定利率支付利息，但是在市场利率下跌时，发行人却不能享受利率降低带来的好处。

二、利率风险防范

融资中的利率风险防范主要包括两个方面内容：银行的利率风险防范和融资机构的利率风险防范。

(一)银行在国际借贷中的利率风险防范

银行在国际借贷中的利率风险存在于银行头寸暴露部分之中，存在于贷款展期日与最后的到期日参差不一的不对称(不平衡头寸)之中。如何表明融资风险和存在多少利率风险，要通过某种外币存款不对称一览表和外币利率不对称一览表综合计算出轧不平的头寸，即暴露部分的头寸，尤其是按利率间隔期的不同计算出不平衡的头寸，以观察最近日到最远日的超贷、超借以及利率变化中的利息收入盈亏，在此基础上再采取一定的防范措施。

银行防范利率风险的方法和措施，就如同控制外汇风险一样，首先是限制过分的交易活动，控制顾客全部未偿的外币合同，包括购买或销售，近期和远期等合同总金额的限制；其次是限制包括银行全部未抵补的、未结清的外汇头寸；再次是限制时间长短不同的不对称头寸的交易限额。一般期限短的不对称头寸限额可分配多些，期间长的限额少些。此外还应对每日允许的风险价值，即信贷额度，作出限额规定。除总限额外，要通过控制和分配，对每个客户都分别规定总信贷限额。

(二)国际融资机构或企业的利率风险防范

1. 选择最优的借款结构

国际融资中借款国的计划主管部门以及代理银行，每年度都要按照借款对象的特点，尤其是利率高低不同的特点，安排好国际融资的结构。选择最优的借款结构可以从以下几个方面入手：

(1)尽量争取世界银行、国际开发协会、亚洲开发银行或地区性开发基金的低息、无息贷款和捐赠。

(2)属于中等利率的外国“出口信贷”和其他属于比市场利率低的优惠贷款也要充分利用。

(3)对于利率和费用较高的商业银行贷款和国际银团贷款，根据其优点的一面(满足国内大额资金的要求，与世界银行等国际金融机构配合贷款等)，也可以作为借款对象。为实现国际融资中的最优资金结构，借款单位要提前筛选报批，主管部门和外汇银行要综合分析，并根据借款结构计划安排好项目，切不可盲目求多，不顾及利息的偿还能力和企业效益，也不能只求减少利息支付而放弃收益好但利率稍高的借款机会。

2. 选择适当的固定利率与浮动利率比例结构

在固定利率与浮动利率同时存在的过渡时期，固定利率借款因市场利率波动较大需要承担利率较大的风险，要适当且尽可能多地利用浮动利率贷款。浮动利率贷款的优势在于不论市场利率波动幅度有多大，贷款要按市场利率升降定期调整，使市场利率的波动风险较合理地由借贷双方共同负担，从而可以减轻双方的利率风险。

3. 利率调换措施

固定利率对浮动利率的调换是近年来国际金融市场上采用较普遍的新型融资技术之一。通过利率调换业务，使固定利率与浮动利率进行调换，可以有效地将债券市场和货币市场联系起来，使交易双方都得到好处，从而减轻借用资金的利息成本，使调换双方各自都获得更好的、各自所需的利率结构。通过调换，银行也可通过代理收取手续费。

例如，甲公司筹集到一笔200万瑞士法郎(SF-Switzerland)的5年期、6%固定利率资金。乙公司筹集到一笔等值于200万瑞士法郎的5年期浮动利率美元债务，利率为6个月LIBOR(London Interbank Offered Rate，伦敦银行同业拆借利率)+3.375%，两笔债务的付息日一样。如果在甲、乙双方各自在对市场预测基础上进行货币和利率的交叉调换，则调换过程中的交易、付息、交割过程具体如下：

(1)在调换业务的生效日，甲公司将所筹集到的200万瑞士法郎按1美元(US$)兑换1.5瑞士法郎的汇率卖给乙公司，乙公司支付给甲公司133万美元，如图6-2所示。

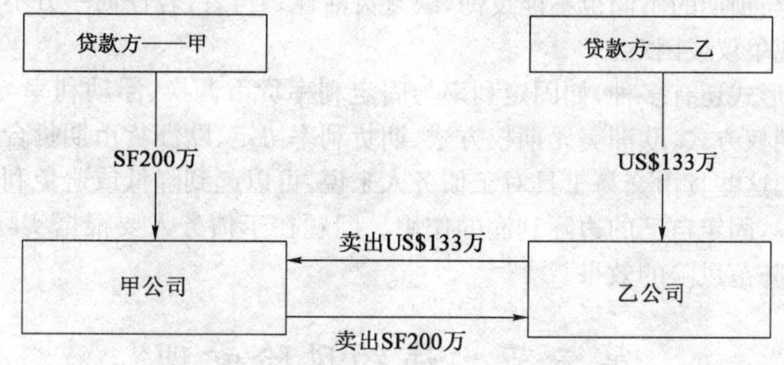

图 6-2 调换执行之一

(2)在币种进行了调换后，双方互相替对方支付利息，如图6-3所示。

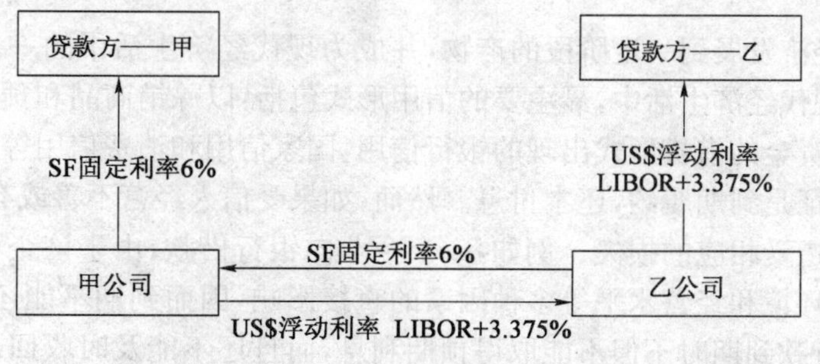

图 6-3 调换执行之二

(3)在到期时，双方调换业务结束，进行交割，按预定汇率(1美元兑换1.5瑞士法郎)买回当初卖出的贷款，并分别偿还各自的贷款，如图6-4所示。

由此例可以看出，通过这项调换交易，甲公司将原有的固定利率瑞士法郎债务换成了浮动

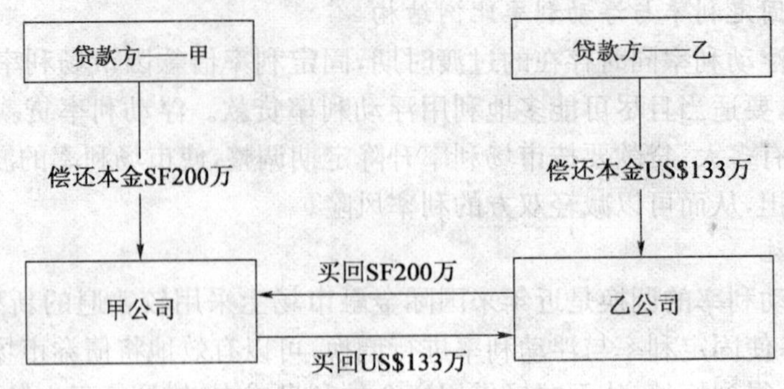

图 6-4　调换执行之三

利率美元债务，而乙公司则把原有的浮动利率美元债务换成了固定利率瑞士法郎债务，并成为互相替对方支付债务利息的代理人。其中，甲公司的资金成本为 LIBOR＋3.375%的美元浮动利息，乙公司的成本为 6%的瑞士法郎固定利息。双方调换的基础是对美元与瑞士法郎之间的汇率变化以及美元浮动利率和瑞士法郎市场利率水平变化的不同预期。调换的目的在于根据自己对上述预期和对本身所处的市场地位的分析作出避免风险、减少损失的选择。由于调换不涉及本金，所以承担的风险很小。但这种方法也有不足之处，主要表现在：甲、乙双方不一定都能按照设想的优惠条件借到资金，而且所借资金很难是等值的。此外，合同签订后，如果市场利率变动与预期的不同也不能反悔，缺乏灵活性。再者，若任何一方不能履约付息或本金延付，则将出现争议或困难。

利率调换的形式还有多种，如固定利率与固定利率货币调换、浮动利率与浮动利率调换。此外，还有利息期权方式、欧洲美元期权方式、期货利率协定、欧洲货币期货合同和欧洲美元期货、期权方式等。这些货币交易工具对于债务人来说，可以起到降低或避免利率变化带来的损失，减少借款成本，固定自己的边际利润的作用。问题在于债务人要根据实际情况加以选择，以期达到最佳的防范风险的效果。

第三节　违约风险管理

一、违约风险的含义及分类

信用是商品经济发展到一定阶段的产物，并成为现代经济生活中的一个显著特征。信用的形式很多。在现代经济生活中，最主要的信用形式包括：以赊销商品和预付货款形式出现的商业信用，以货币资金的借贷形式出现的银行信用，国家信用和消费信用等。无论是哪一种信用，其最基本的特征是到期履约，还本付息。然而，如果受信人经营不善或有意欺诈，到期不能履约，授信人就将遭受相应的损失。例如，一个企业向银行借款，由于该企业的偿债能力受客观经济条件、经营环境和经营水平等多种因素的直接影响，因而到期不能还本付息，则贷款给该企业的银行在贷款到期时不但不能取得预期利息，而且还不能及时收回部分甚至全部贷款的本金。因此，在债权人贷出资金至债务人偿还本息的这段时期内，债权人将面临着受到损失的威胁。由于信用活动中存在不确定性而遭受损失的可能性，就是信用风险。违约，实际上就是信用出了问题。

从银行这个角度来分析，违约风险是指贷出或投资出去的资金无法收回的风险，即由于借款单位或借款人借款到期后，不履行借款契约，无力或不愿偿还欠款，致使银行贷款本息不能收回而遭受损失的一种风险。违约风险是银行业风险中最普遍的一种风险。违约风险是通过收取利息来弥补的。这就给商业银行的管理带来了一个非常现实的问题：为了实现银行利润最大化，银行必须选择能够产生高效益的资产。而这往往也就意味着更大的违约风险。因此，银行管理者需要一定的技巧和能力去评估各种可能的投资机会，评估它们可能产生的收益和需要承担的风险。如果一项贷款或投资不能收回，银行的收益就会减少，而且银行的偿付能力也会受到损害。为了能够控制违约风险带来的损失，银行必须保持较高的信用等级，分散投资或贷款，并且采取积极的避险组合措施。

有限追索性质的工程项目融资方式是依靠有效的信用保证结构支撑的。各个保证结构的参与者能否按照法律条文在需要时履行其职责，提供其应承担的信用保证，就是工程项目的信用风险。在工程项目融资过程中，信用风险的表现形式是多样的，如工程项目承建商不能在规定的工期内完成工程项目的施工建设或不能按质按量交付工程，最终产品的购买者不按规定接收产品或接收后不支付款项，借款人无力偿还债务或拒绝偿还债务等。这一风险贯穿于整个工程项目的建设、营运过程中，而且主要来源于违约风险。

信用风险是金融业所面临的一个主要问题。当今世界上，许多国家的银行都被坏账、呆账所困扰。例如，20 世纪 80 年代末，日本的"泡沫经济"破灭形成了巨额坏账。据日本大藏省 1998 年 1 月 12 日公布，按日本新的统计标准，该国 146 家银行的不良债权总额为 76.6 万亿日元。巨额坏账问题已严重地威胁着日本银行体系的稳定，成为阻滞日本经济复苏的一个关键因素。又如，法国著名的里昂信贷银行于 1994 年度公布的呆账和坏账总额高达 500 亿法国法郎。在中国，前几年由于企业间相互拖欠，形成了严重的"三角债"。近几年来，随着银行和企业改革的深入，银行的呆账、坏账问题也有所显现。

信用风险不同于利率风险和汇率风险的一个重要方面在于它在任何情况下都不可能产生意外的收益。它的后果就是损失，甚至是巨大的损失。例如，银行发放的巨额信用贷款因企业破产而成为坏账。又如，一家企业由于交易对方可能不履行合约而难以及时取得生产原料或难以及时销售产品，形成积压或难以及时收回销货款等，严重地影响了企业的生产经营活动。

造成信用风险的因素很多，有的来自于主观原因，由债务人的品质、能力等决定，如在远期外汇交易中，公司可能因为持有外汇多头的投机者在外币贬值时不履行合同而蒙受损失；有的来源于客观原因，由债务人的资本金所处环境等决定，如经济恶化、公司倒闭，这些债务人将丧失偿债能力。在各种金融资产中，银行贷款的信用风险最大。而在银行贷款中，不同种类的贷款，其信用风险也不同。例如，长期性贷款的信用风险往往比短期贷款的信用风险大，因为在较长的时期内将有更多的公司倒闭，导致信用风险的因素将增多。又如，大额贷款的信用风险比小额贷款的信用风险大，因为一旦损失产生，大额贷款的损失将更大。再如，保证贷款的信用风险比抵押贷款的信用风险大，因为在抵押贷款中，借款人提供的抵押品为清偿债务提供了第二来源。除了银行贷款以外，各种债券也是信用风险较大的资产。由于经营不善、财务状况不佳等原因，债券发行人也许不能按规定要求履约付款，甚至丧失偿债能力，投资者将因此而蒙受损失。当然，不同的债券，其信用风险的大小也不同。一般情况下，政府债券的信用风险较小，而公司债券的信用风险较大。

二、违约风险的防范与规避

在工程项目融资结构中，参与者较传统的公司融资复杂得多，其基本的当事人包括：工程项目的发起人或投资者,工程项目公司(借款者),工程项目的贷款银行(贷款者),工程项目产品的购买者或工程项目设施的使用者,工程项目建设的工程公司或承包商,工程项目设备、能源或原材料的供应者,工程项目融资顾问,法律或税务顾问以及有关政府机构等。这些众多的当事人出于各自的目的以合同、协议的方式联系在一个工程项目中,必须认真地履行各自的义务,行使各自的权利,保证有效、成功地合作,以实现他们的共同目标,促使工程项目成功。但是,在工程项目的运作过程中,肯定会存在这样或那样的矛盾与冲突,或由于各种原因,某个当事人不能完全履行合同的义务或因履行合同义务不符合约定而违约。这不仅对与其签约的另一方当事人造成损失,而且会产生连锁反应,影响到整个工程项目的正常运作。例如,承包商违约,将导致工程项目不能如期完成或达不到质量标准。对工程项目发起人或工程项目公司而言,工程项目不能如期完成就意味着工程项目无法如期获得效益。而借款者也就无法按期从工程项目的营运现金流中偿还贷款。这样就把贷款者也暴露在风险之下。由此可见,违约的后果并不单单是某一方遭受损失,因此,各当事人对违约风险管理的方式或侧重点也有所不同。

(一)业主对违约风险的防范

在工程项目的正式运作过程中,工程项目发起人或投资者和工程项目公司相当于业主的角色。一般承包商都是通过投标与工程项目公司签订承包合同,那么在工程项目的执行期,即从业主选择了设计与监理咨询顾问后的工程施工招标、投标至承包商缺陷责任期结束,工程项目公司就暴露在各种风险之下,而且其风险在规模、频率、成因及防范上与承包商有很大区别。

1.业主风险的来源

在工程项目执行阶段,业主的风险主要来自他要求承包商递交保函或保证金的几个环节及要求承包商保险方面。

(1)保函、担保对象的风险

按国际惯例,业主要求承包商递交的保函或保证金有投标保证金、履约保函、预付款保函及缺陷责任保函四种。保函与担保是不同的概念,两者有联系又有区别。首先,担保在范围上要远远大于保函。保函只是担保中的一项业务,而担保还包括保函以外的票据保付、信用证保兑等业务。其次,保函,顾名思义,仅是书面形式的信用,而担保既可以是书面的,也可以是口头的。担保可以像保函一样以支付手段表达信用,也可以只是一种口头的承诺。在国际工程项目执行中,担保不是惯例,因为它可能是对他人行为或不行为的保证,也可以是对自己行为或不行为的保证;而保函是以第三者的信用保证某种义务的履行,因而它是通行的使另一方当事人免遭违约风险的信用工具。

①投标保函抵御的风险。投标保函抵御的风险实际上就是业主招标的风险。这种风险主要是来自工程项目招标费用的损失以及招标失败带来的机会成本。在一个按国际惯例执行的工程项目中,业主在招标之前就已做了许多工作,在财力、时间上都有巨大投入。首先,业主已完成了整个投资前期的研究(机会研究、可行性研究、项目评估决策),还可能已经完成了与融资机构贷款协议的谈判,并落实了建设资金。尽管业主在投资决策前进行过长期的认真研究与评估,但任何一个融资机构都不会轻信业主对工程项目的评估,即使是委托专业咨询公司所作的可行性研究也是如此。融资机构出于工程项目融资风险的敏感,必然要对业主的决策依据进行审查。这一过程少则一年,多则几年。

只有建设资金落实的业主才可能从事工程项目建设。为此,他必须要按国际惯例,在一定范围内、以一定的方式进行工程项目广告宣传，而这种国际广告宣传费用也是十分可观的。

更重要的是，工程项目一旦付诸国际招标，不仅意味着上述所有工作完成并由业主付出了相关费用，也意味着业主选择的工程项目设计与监理顾问编制的所有招标文件完成，业主与咨询顾问之间的设计合同与监理合同已经生效。在工程项目执行国际惯例中，设计与监理的费用是很高的，仅设计一项就达到工程项目建设费用的5%以上。一旦与咨询顾问签约，业主就承担了投入的风险。

工程项目招标的目的是通过在国际范围内对工程项目的广告宣传，激起国际上有兴趣的投标人之间的竞争，以达到降低工程成本的目的。然而，业主并不一定都能如愿。因为就整个国际建筑市场而言，施工承包商人数很多，其中有相当一部分是刚进入市场不久没有经验的承包商，当然也有些是有经验的投机者。他们往往花几百甚至上千美元购买一个中型或大型工程项目的标书，发现行就干，不行就放弃，损失的也只是少部分资金。有的承包商虽然中了标，并且已接到业主要求就工程合同谈判与签约的通知，但他发现由于在报价中漏项或市场调查不力，使报价低于施工的成本和管理费。这类项目中标的承包商意识到，一旦干下去要么亏本，要么破产。国际建筑市场上许多公司因此销声匿迹。当然，除此之外还会有其他一些原因（如承包商受命撤出等）致使承包商不能按规定的时间与业主进行合同谈判和签约，或者是他们虽然派人去参加与业主进行的合同谈判与签约，但是不能按《投标人须知》的要求交纳履约保函。这些均说明承包商没有履约的诚意与能力。种种原因导致的“不作为”必然构成业主的风险，因为业主已付出了很大的代价，却没有达到预期的目的，重新招标意味着增加一倍的成本。这就是一个机会成本的问题。

②履约保函抵御的风险。在国际工程项目中的履约担保中，“约”是指所有招标投标文件，具体来讲是工程施工图纸（包括施工中的临时变更与大样图），技术规范，咨询顾问编制，承包商报价的工程量表以及合同条件（包括“通用条件”、“特殊条件”及从开工至缺陷责任修复证书过程中咨询顾问作出的指示等）。这些文件及现场工程师的指示对承包商均有约束力。约束力可以理解为责任，在经济活动中，它是经济责任，也就是风险。进入现场后，在现场工程师严厉、苛刻的监理下，一个经验不太丰富的承包商会发现，履约的困难远不是他报价时所能想象到的。比如，他可能想到工程项目施工期很紧，一旦延期他将被处以罚款，但他可能没想到咨询顾问不允许他晚上或节假日进行实质性的施工。在这种情况下，对承包商来说履约就是风险。然而，一旦他不履约，业主就被暴露在风险之中。总之，履约保函抵御的风险主要是由于合同文件条件苛刻，承包商发现难以履约而不履约，从而使工程不能按时竣工或材料与工艺质量恶劣而给业主带来的风险。

③预付款保函抵御的风险。按照国际惯例，除了带资承包的工程项目以外，一旦合同签订，承包商如约交纳了履约保函，业主应对承包商支付合同10%的预付款作为承包商的动员费。承包商在递交履约保函时，业主就要将承包商的投标保函或保证金退还，而承包商在签约前所递交的履约保函的金额一般与业主支付承包商的施工预付款金额相等，所以一旦承包商觉得他不能干下去了，就可能中止合同，因为他已得到与履约保函额度相等的预付款。因此，如果由于遇到上述履约过程中相同的困难而中途解约，承包商可以将损失降到最低程度。这也意味着业主被置于风险之中。尽管履约保函与预付款保函的内容及目的不同，但是业主的风险都来自于承包商的不履约——违约。由于预付款与履约保函金额相等，一旦承包商不履约，业主貌似没什么经济损失，但业主有机会成本。机会成本是其风险的主要表现形式。

④缺陷责任保函抵御的风险。在现实中，许多工程项目在施工中乃至竣工验收时不太容

易暴露缺陷，往往经过一定时间运行后就可能出现问题，使业主的营运受到影响，甚至瘫痪。例如，公路工程项目中路基或地基没有处理好，刚开始通车时，交通流量不大，路面看不出什么问题。一旦交通流量增长到一定程度，路面就会因没有良好支承(路基)而出现严重破损，从而影响交通。为了保证正常交通，就要挖开维修。这些未预料到的工程缺陷显然会让业主付出额外的代价，受到程度不同的风险。

(2)可投保的风险

上述保函抵御的风险可以说是来自于承包商的“不作为”，而可投保的风险是由于各种原因造成承包商的工程、设备灭失以及第三者财产与人身的损失和伤亡。这种风险有一般风险和特殊风险之分。

一般风险的范围是指业主工程项目上已竣工的工程中，所有权过户到业主手中的机具、设备和材料的灭失风险以及由于施工造成的第三方财产与人员损失和伤亡的风险。尽管业主就是工程项目的买主，但从对承包商的月工程进度款支付的方式看，业主并不是最终一次性地购买建筑这种契约商品的。这种支付方式决定了业主是以支付工程进度款的方式逐渐地购买工程项目，直到最后竣工移交时才买到工程项目的全部所有权。这样，在竣工前支付了工程进度款的工程是属于业主的财产，这个财产存在一个保险问题。在大型、复杂的工程项目中，特别是那些业主雇用了承包商，承包商又雇用了分包商或需要分段招标、分段施工、分期竣工的项目，保险更为重要，因为由于难以协调造成的工程与设备灭失的机会更大。就设备与材料而言，业主也存在风险。首先，承包商在投标时对机具设备已报价并分摊，业主授标意味着对此确认。这些机具设备是为保证承包商正常施工直到工程移交，在很大程度上讲，它们是业主的财产。从材料上看，承包商所有运抵现场的材料一旦检查测试合格，可以在当月工程进度款中报销60%～70%的发票价值。这部分材料能否及时报销发票价值是决定承包商现金流量的一个关键因素。一般说来，一旦材料运抵现场，承包商就会及时地请现场工程师检查验收，并获得材料报销证明。根据国际惯例，只要现场工程师出具了这种材料发票报销证明，即便只能报销发票60%～70%的价值，这部分材料的所有权就过户到业主手中。因此，成为业主财产的材料也存在一个保险问题。

在一般风险中的第三者保险也是十分重要的。第三者保险指由于承包商的施工、材料与设备的运输造成的对邻近建筑物、基础设施的损害和人员的伤亡。例如，承包商运载重型工程设备的车辆损坏了桥梁，弄断了空中或地下的通信线路、地下的水、汽管线，使一定范围的正常生活与生产、交通运输中断；施工爆破给附近造成了人员的伤亡。一般说来，受害方会找工程业主进行交涉。由于第三者的损失面比较广，并且比较严重，有的甚至使工程中途中断，所以第三者保险在国际通行的项目合同中是必不可少的。

业主可投保风险的特殊风险主要是由于某些不可抗力或咨询顾问设计造成的或无法预测的任何自然界力量的破坏造成的风险。根据 FIDIC 合同文件第 65.5 款规定，业主应偿付承包商任何与特殊风险有关的工程施工费用。这一规定使业主处于风险之中。FIDIC 合同文件第 20.4 款规定的特殊风险包括：

①战争、敌对行动(不管是否宣战)，入侵、外敌行动；

②叛乱、革命、暴动、军事或非军事政变或内战；

③离子放射或核燃料燃烧产生的核废料、放射性毒气爆炸引起的放射性污染或爆炸性核装置或核成分带来的其他危险；

④音速或超音速飞行的飞机或其他飞行器引起的压力波；

⑤骚乱、骚动和动乱(承包商及其分包商的成员因执行合同所引起的除外);

⑥因业主使用或占用的永久性工程的某一区段或部分而造成的损失与损坏(合同中规定的除外);

⑦因工程设计不当造成的损失与破坏,而这种设计不是由承包商提供的或不是由承包商负责的;

⑧一个有经验的承包商通常无法预测与防范的任何自然力的破坏。

2.业主风险的防范与管理

如上所述,国际工程项目的业主风险有可投保风险与不可投保风险之分。不可投保风险是指上述承包商递交的保函抵御的风险。对这两类风险的防范与管理主要是要求承包商办理保函、自己投保及采取可能的仲裁程序。

(1)承包商应递交的保函及要求

业主的现场工程师之所以在施工过程中能迫使承包商认真履约,严格地执行所有合同文件,并随时发出指示,从根本上讲是业主以经济手段在约束承包商从投标至工程缺陷责任期结束这一阶段必须"作为"。这种约束机制的基础就是投标人与承包商在上述阶段中必须递交几个保函或保证金这类的保证措施。国际上通行的担保形式比较多,常见的有:

①第三者保证书。所谓"第三者",是指独立于工程项目双方当事人之外的另一法人。他除依法成为法人实体外,还应有公认的经济实力、信誉记录,并为被担保方正式书面认可。

②银行保函。根据国际惯例,为承包商出具保函的银行地位已在招标文件中规定。它必须是项目所在国家的银行及业主认可的外国银行在工程项目所在国家的分支机构,也可以是业主认可的承包商国家银行在工程项目所在国家的代理行。但是,这些银行或外国银行分支机构必须是经工程项目所在国中央银行认可或有关机构批准的,才有资格出具这类保函。

③保险公司出具的担保书。对保险公司的地位要求除与上述银行的地位要求相同外,其担保金额应在有关部门对其限制的范围之内。

④不可撤销的银行备用信用证。

⑤财产的物权担保。

在上述各类担保形式中,银行保函是国际工程投标及施工中最常见的备用担保凭证。它不是一般的履约担保文件,而是一种货币履约保证书,一笔以银行的承诺文件形式出具的抵押金。银行用这种特定的书面格式承诺为被担保方因违约造成的损失与损害赔偿。银行出具这种保函也是有前提的,它除了审查担保项目的潜在风险外,主要还需要担保申请人与银行签订一份补偿协议。在此之前,申请人还得有足够的资金存入该银行或者以有效的抵押品作为抵押。协议规定,一旦申请人违约,银行应支付受益人任何规定的担保金额,并可以立即从申请人在该银行的存款中扣除担保金额及担保手续费。如果申请人没有足够的存款,但有抵押品在银行手中,银行有权变卖抵押品,并从中扣除担保金额及手续费。可作为抵押品的有:固定资产的所有权凭证、银行存款单、政府国库券。银行不接受公司股票或债券作为抵押品,因为它们的价值及兑现机会难以保证。

国际工程项目投标与施工中的银行保函担保对象不同,但必须完整、严谨、公正与明确地包括以下内容:

①担保人,即担保银行。应写明全称(如果是某银行分支机构也应写明分支机构全称)与法定地址。

②申请人或被担保人。这里多半指承包商,也应写明申请人的全称与法定地址,并应与合

同文件中的完全一致，同时声明该保函是应申请人申请出具的以示替申请人地位承担赔偿责任。

③受益人。这里一般指业主，业主的全称与法定地址必须与合同上的完全一致。

④担保因由。指申请人与受益人有何种契约关系，应写明合同名称及合同号码，申请人有履约义务。

⑤担保金额。应写明担保的赔偿币种名称与最高限额。

⑥有效担保期限。应包括担保的起始日期与失效日期。因为递交标书的日期是规定的，竣工期有合同竣工期与实际竣工期之别，所以，保函必须写明具体有效担保起始日期与失效日期。

⑦担保责任。因为这是保函中至关重要的问题，许多招标文件附有业主设计的保函格式，非业主要求的保函格式不予受理。这部分内容是陈述了担保银行在何种条件、何种时期内有偿付责任。

⑧索偿兑现条件。即受益人在何种条件下以及凭什么文件向银行索偿。这也是保函的核心内容之一。通常有两种，一种是有条件保函，一种是无条件保函，两者有很大区别。

⑨保函的失效与退回。写明保函有效期满或其他自动失效的条件。

⑩保函的出具方式。书面形式的保函应有担保银行负责人签字。

(2)两种形式保函的区别

有条件保函与无条件保函的责任与索偿兑现条件有很大的不同，因而对申请人有着不同的责任与风险。

①有条件保函。这类保函的核心是强调受益人索偿时应出示申请人未能履约的权威证明，也就是说担保人的承诺同申请人履约的责任有连带关系，担保人只承担申请人违约并造成的实际损失的赔偿责任。对这种“造成的实际损失”的评估与证明，在实际运作中不能单方面地由受益人提出，多半要依赖仲裁的结果。由于存在实际损失评估、责任界定及仲裁旷日持久的弊端，在业主占支配地位的国际工程项目执行中，有条件保函几乎不可能被采用。

②无条件保函。无条件保函也称独立保证书，其特点是受益人首次要求赔偿就要立即兑现，无须出示申请人违约的证据，因此，也称首次要求即付保函。它的索偿独立于申请人履约的义务。受益人只需声明申请人违约，而且其索偿金额在保函担保金额之内，索付日期并未超过保函有效日期，担保银行有义务按受益人要求付款而无权要求后者出示任何评估与责任界定证明，也不需事前征得申请人的同意。这就是说，这种保函的提款权完全掌握在受益人手中，受益人的风险降低到零。对银行来说，只要申请人有充分的抵押，它也会毫不迟疑地出具这种保函。这几乎是所有国际工程项目业主坚持要求的保函形式。正是这种作为业主风险约束工具的无条件保函，从根本上保障了业主的“效率”目的。

3.业主可投保风险的防范与管理

业主可投保风险的防范与管理也就是风险的保险与理险。保险的内涵是在规定的事件发生后，保险方(保险人)对投保人(被保险人)履行赔偿义务以保障投保人的利益。保险人与投保人之间的权利与义务是由他们之间的保险合同规定的。这种合同中应包括一种称作保险单的文件。要使这种合同有约束力，投保人必须提交一定的保险费。

一般说来，保险合同的基础是保险人与投保人双方之间的相互信任。因此，投保人应彻底地向保险人说明每一件重要事件的真相。所谓重要事件的真相是指那些一旦公开将影响保险人判断的信息。在填写建议书时，即便是无意识地错填，也会使保险人宣布保险单作废。保险单具有一定的标准格式，每一个保险单的保险条件必须明确无误并附有对某些经济责任的排除声明。

一旦发生了导致投保人坚持向保险人索赔的情况，投保人必须在合理的时间内将事件通知保险人。这种索赔致函一般会传到保险公司损失理算师的手中。这种例行的手续，即使索赔金额再小也不例外。损失理算师将根据保险单评价损失金额及应赔偿金额。尽管损失理算师是代表保险公司履行公职，但他的评估必须公正无偏，否则保险公司就会失去信誉，甚至造成客源枯竭。在国际工程项目执行过程中，特别是在那些规模大、技术复杂的工程项目中，业主与承包商可能会分别雇佣别的保险公司的损失理算师代表他们与所投保的保险公司进行理赔谈判。通用的国际工程施工合同中的可投保风险及保险如下。

(1)人身与财产的伤害及业主的免责

它是针对承包商或者其雇用的分包商实施工程时造成的人员损伤与死亡事故的，业主的免责意味着一旦出现这类事故，第三方(如伤亡者家属)对业主要求索赔时，承包商应为业主提供保护。承包商还有义务免除业主对财产灭失的责任。这种财产的灭失适用于任何形式的财产，并且是由承包商或其雇用的分包商在实施工程中引起的。只有两点例外，那就是这种财产的灭失是由于业主的疏忽或者是由业主自己指定的承包商导致的。

(2)人员与财产伤害的保险

根据通行的国际施工合同条件，主承包商除了免除业主对人员与财产伤害的责任之外，还必须对整个工程的安全负责，包括其分包商所完成的工程，因为业主不与分包商直接打交道。主承包商则要求所有分包商对其负有同样的免责义务，免除其对业主负有的所有责任。但如果分包商不能对主承包商提供适当的保险保护，一旦发生事故，主承包商仍应对业主负责，除非事故或事件的发生是由业主或业主应负直接责任者的疏忽所造成的。

业主要求承包商的保险还包括一旦发生财产与人员的灭失及伤亡，当第三者提出索赔时，业主没有理赔义务。这种第三者是指财产的主人和居民以及公众，也包括所有到现场参观检查及有进入现场合法资格者。

业主还应要求承包商提交其为自己工人进行责任保险的凭据。在西方国家，尽管由全国保险当局为受伤的雇员提供补偿，但根据共同法，业主仍然有义务对疏忽造成的伤亡雇员给以补偿，不管这种疏忽是由他自己还是由其他雇员造成的，所付的保险费是按年度工资单计算的。业主随时有权要求主承包商或任何分包商出示保险凭据，以确信所有该投保的风险方面均已保险。

对上述风险向保险公司投保应得到业主的认可。承包商也必须出示保险单及支付保险费的凭证。

对所述事件、事故造成的人员与财产伤亡与损失的保险额规定在合同的附件中。在保险金额方面，业主会寻求专家的建议，因为任何情况下承包商在报价时都会将其第三者保险单价格定得比实际高出许多。

(3)工程危险的保险

在工程项目缺陷责任期结束之前，承包商一般应负责对所要求的地方进行复原与修补工作(不管谁应对保险负责)。然后，他可以从有关保险公司那里得到补偿。

根据国际惯例，在工程项目施工过程中，界定修复对工程损害成本的责任时，有三条可供选择的方案，一旦选中其中的一条，其余两条就不能再被采用。这些条件并不考虑在任何情况下承包商在工程项目实际交工后还有保险的义务。就保险项目而言，这些条件考虑的前提是，一旦工程项目正式移交，项目的所有责任在业主一方。

根据惯例，承包商还必须与业主联名对工程合同有关条款中的财产灭失危险投保。这些危险在合同中规定为火灾、雷击、爆炸、风暴、暴雨、洪水、水箱等容器或管道的爆裂与超载、地震、飞机或其他飞行器的坠落、暴动和内乱。承包商应对其完全复原的价值投保，包括专业费用，其金额也规定在合同的附件之中。承包商的这种投保只是针对永久性工程。如果承包商要求对临时工程及设备保险，应另立保险项目。由于这种保险是以双方联名形式办理的，它也自然地属于业主。

（二）商业贷款人对违约风险的防范

信用风险又称违约风险，站在贷款人立场上，它是指因借款人偿债能力不足而给贷款人带来损失的可能性。通常，可分为一般信用风险和国家信用风险。一般信用风险是指作为借款人的企业或个人出现无力偿还借款而使贷方受损的可能性，尤其是贷款逾期不归还，使银行贷款坏账、资金损失严重。除了难以预料的天灾人祸之外，经济形势萧条和贷款质量不高也是造成贷款方本金损失的主要原因。这是一般银行经营中违约风险的概念。

信用风险是最使贷款人头痛的问题，它贯穿于工程项目的各个阶段，提供工程项目信用保证的项目参与者（包括工程项目的发起人或投资者、工程公司、产品购买者、原材料的供应者等）的资信状况、技术和资金能力、以往的表现和管理水平等都是评价工程项目信用风险程度的重要指标。为尽量规避信用风险，要求贷款人对工程项目的各个参与者进行认真的评估和筛选，分析参与者的上述情况，选择那些信誉卓著的参与者加盟。

采用项目融资这种形式，得到的资金远远超出主办公司的资产负债比率允许的范围，而不对主办公司的财产和收入有全面的追索权。这是项目融资与传统的直接融资的主要区别。而从商业贷款人来说，对项目贷款仅准备接受正常的信用风险，而不接受股本方面的风险。贷款人坚持要求得到工程项目收入的担保、对主办人的一般追索以及第三方的承诺，造成项目融资的复杂性：项目主办人以有限的追索权取得高程度的负债资金比例，而项目贷款人的风险又只能维持在可接受的水平。项目融资的关键是将私人贷款者不能接受的重大项目风险转移给股权所有人或第三方，而项目融资的方案包含风险的分散以及收益由各方分享。

大型工程项目必须要有严密的可行性研究与工程规划，这一阶段的风险由项目发起人或投资者来承担。项目正式动工建设之后，大量的资金投入到购买工程用地、购买工程设备、支付工程施工费用中，贷款的利息也由于项目还未产生任何收入而计入资本成本。从贷款银行的角度来分析，随着贷款资金的不断投入，该阶段项目的风险也随之增加。在项目建设完工时，项目风险将达到或接近最高点。这时，如果因为任何不可控制或不可预见的因素造成项目建设成本超支，不能按预定时间完工，甚至无法完成，贷款银行的损失也是最大的。因此，项目融资在这一阶段均要求投资者提供强有力的信用支持以保证项目的顺利完成。除建设阶段外，贷款人仍然担心当项目到达经营阶段时，由于不可控制的原因，经营成本、市场价格和所在国政治事态发展出现的不稳定性和风险可能威胁项目的可靠性，某些项目可能会失败，使贷款不能按期收回。为此，贷款人常常要求项目参与人或与项目有共同利害关系的人作出担保。如果在工程建设进行阶段发生费用超支或中途停建，在营运阶段出现开工不足或不开工等问题，担保人要负偿还全部贷款的责任。而贷款人被要求以无追索权或有限追索权的融资接受项目的风险，因此他们必须独立地分析项目的经济安全性。

为了对项目融资的风险进行管理，首先必须进行项目可靠性的评估。项目可靠性评估是国际项目融资的关键环节。主办人和贷款人都要对项目的一般特征和全面可行性进行透彻调查,并相信项目能如期完成和经营,产品有确定的市场,项目的赢利能充分满足债务的偿还,为投资的股权提供有吸引力的收益。除了需要专职的人员(如工程师)之外,还要有独立的投资顾问来评价项目的技术方面、生产所要求的设施和技术过程、项目的固定资本成本等。项目可靠性的分析方法一般有现金流量贴现法、敏感度分析和同行业项目成本状况比较法等几种。

在工程建设过程中影响贷款偿还的风险及其防范措施主要有以下几种。

1.费用超支风险

在工程建设过程中,由于建造、通货膨胀、环境和技术方面的问题或者由于政府的新规定或币值波动,工程建造的实际费用往往会超过原来的预算,许多工程项目的成本溢出比原预算成本高百分之几十到一百以上,甚至未预料的资本成本严重得足以造成主办人不得不放弃工程项目。如不解决超支资金的来源,工程项目会因资金缺乏而半途而废,贷款的归还也要落空。为了解除贷款人的后顾之忧,可以通过预订合同的方式,对可能发生超支所需的资金予以落实,如:

(1)由发起人提供超支资金,并签订不规定限额的承担超支资金协定;

(2)由贷款人提供一定数量的超支资金;

(3)由国家银行提供一定金额的备用信贷;

(4)由工程项目产品的购买者或设施用户提供一定比例的超支资金;

(5)由希望工程完工的政府提供相应的超支资金。

2.不能按期完工的风险

在工程项目建设过程中,常因错误设计、施工能力差、成本超支、贷款用完尚未建成或自然灾害等原因致使工程项目不能按期建成。为防范这一风险,贷款人需要得到工程项目具体完工日期的保证,以免贷款到期不能收回。按规划要求,选择施工质量高、经营作风良好的设计师与承包商,以保证工程按期完工。

3.中途停建的风险

尽管具备了完成工程建设的足够资金,但由于技术、政治或其他经济原因致使工程建造中途停顿,从而导致偿还贷款的资金来源中断。为防止这类偶然事件的发生,贷款人常常要求工程项目承建单位、项目产品购买人、设施用户或其他信誉良好的机构给予担保。若工程中途停建,则由担保人承担对贷款的归还责任。

4.工程停工或开工不足风险

工程项目完工后,由于不可预计的原因,在营运阶段会出现停工或开工不足,使项目停产或产品不足,无法按合同向产品购买人或设施用户提供产品和服务,后者当然不支付或少付贷款,从而使偿还贷款的资金来源中断或不足,贷款人蒙受损失。为防止贷款人因工程停工或开工不足而蒙受风险,一般需要签订如下合同:

(1)最低支付额合同。如果工程项目产品为国际市场的紧缺商品,如石油、天然气、矿产品等,或者产品购买人、设施用户迫切需要这一产品,则购买人与承办单位之间常常签订最低支付额合同,规定产品购买人或设施用户即使未购到产品或未使用设施,也承担向贷款人支付一定最低金额以抵偿承办单位对贷款人应偿还债务的义务。

(2)差额支付协议。即由工程项目的东道国、中央银行或跨国公司参与对贷款偿付的担保,他们与承办单位签订差额支付协议,对工程所得的收益与债务偿还额之间的不足部分,承担支付义务。

(3)直接担保。即由工程项目东道国信用良好的银行、承办单位的外国合伙人或其他外商担保。如遇到工程项目收益不足以偿还债务时,担保人承担该工程债务的支付义务。但是,直接担保并非直接承担还债义务,仅是或有负债,即在承办单位不能偿还债务时,担保人才承担对该债务的偿还。

贷款银行为了确保贷款的安全回收,避免一旦工程项目失败而造成的损失,必须对贷款项目进行多方面的评估,从技术、经济、财务等方面进行深入论证和研究,力争选择理想的项目,并给予贷款。同时,为了把风险减到最低限度,贷款银行要千方百计分散工程项目风险,并采取比较有力的防范措施。具体的措施如下:

(1)产权投资。大多数银行不贷出项目的百分之百的开发费用,而希望项目发起人或投资者在项目中的投资金额充足,并根据不同的项目有不同的比例。

(2)各种担保。银行要求工程项目发起人出具完工保函,对工程项目超支、产品销售进行担保,或者与某产品需求者签订与贷款相同期限的销售合同。

(3)各类保险。贷款银行要求借款人向保险公司投保,并且要保一切能保的险别,保险费由借款人支付。同时,借款人要将保险项下的一切权益转让给贷款人。

(4)留置权和限制抵押。贷款银行为了保障自己的利益,要求对借款人的全部资产和权益享有留置权。为使这些权利获得充分保障,贷款银行可以对借款人其他的额外借款进行严格限制。禁止借款人未经银行同意,再找其他债权人。此外,限制借款人将资产再抵押给其他债权人。

(5)代保管账户。贷款银行为了保证工程项目投产后的收益首先用于偿还银行贷款,要求借款人必须在贷款银行开立代保管账户,工程项目投产后的一切财务收支均通过代保管账户进行,使银行对借款人的财务支出实行严格控制,直至借款人还清全部贷款本息,从而保证贷款的安全回收。

将融资与项目联系在一起,能降低项目的风险。如果项目融资大多是无追索性质的,而贷款集团又是国际金融市场中的重要机构,那么工程项目所在国政府有碍工程项目成功的可能性就会减少。如果贷款人是主要的国际银行、国际金融机构,如世界银行等,参与工程项目融资也能降低政治风险。重要的国际金融机构参与工程项目融资会相应地减少东道国造成工程项目违约的可能性。

第四节　工程项目融资信用担保结构

防范工程项目融资风险的手段之一就是建立健全的工程项目融资的信用保证结构。

一、工程项目担保人

在工程项目融资过程中,充当工程项目担保的担保人主要有项目发起人、第三方当事人和商业担保人三种。

1. 项目发起人(Sponsor)

工程项目的发起人或投资者作为担保人是工程项目融资结构中最主要和最常见的一种形式。在多数工程项目融资结构中,工程项目的发起人通过建立单一目的的工程项目公司(SPV)来建设、拥有和经营工程项目。但是,由于工程项目公司在资金、经营历史等各方面都不足以支持融资，因此，在实际运作中贷款人往往要求作为工程项目公司的发起人或投资者提供某种形式的担保。

2. 第三方当事人(Third Party)

当贷款人认为工程项目发起人或投资者提供的担保不充足时，就必须要求第三方当事人提供担保。每一个工程项目融资的参与者都是潜在的第三方担保人。这些第三方担保人一般不愿在工程项目融资中承担直接的无条件担保责任，因此由第三方担保人提供的担保多为有限责任的间接担保。可能的第三方担保人一般包括：

①工程承包公司。为了在激烈的竞争中获得大型工程项目的承包合同，很多工程承包公司都热衷于项目融资，并提供一定形式的担保，如以"交钥匙"承包合同提供的完工担保。

②供应商。有的供应商急于推销自己的产品或副产品，愿意为使用其产品的工程项目提供担保；有的供应商希望自己的产品得到深加工，愿意为加工项目提供担保等。

③产品购买者或用户。需要工程项目产品或服务的公司愿意为生产此种产品或提供此种服务的建设项目提供担保。在能源、原材料工业和基础设施项目中经常是项目用户以长期合同或预付款的形式提供担保。

④世界银行、地区开发银行、多边担保机构等国际性金融机构。这类机构与工程项目的开发没有直接的利益关系，但为了促进发展中国家的经济建设，可对一些重要的工程项目提供贷款担保。

3. 商业担保人

商业担保人以提供担保为一种赢得手段，承担项目的风险，并收取担保服务费用。商业银行、保险公司和其他的一些专营商业担保机构是主要的商业担保人。

二、项目融资担保的合同结构

在一般的担保实务中，一般涉及担保人、被担保人和受益人三方当事人，担保结构相对简单。但是，在项目融资的担保实务中，担保结构是由复杂的合同链条组建起来的，链条的一端系着贷款人，另一端则系着为项目融资提供担保的最终保证人。这种特殊的担保链条主要有以下三种构架方式❶。

1. 二联式担保结构(图 6-5)

二联式担保结构是把两个合同联结起来的一种担保结构。首先，贷款人与项目公司订立贷款协议，由前者向后者提供贷款。然后，项目发起人与贷款人订立各种担保协议，由发起人直接向贷款人提供各种担保。其中包括在项目完工以前由发起人与贷款人订立的完工担保，以及在项目完工之后由发起人与贷款人订立的投资协议或购买项目产品的协议。

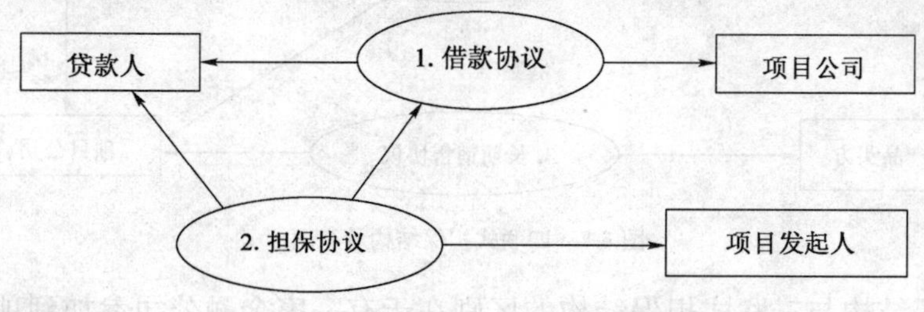

图 6-5　二联式项目担保结构示意图

❶　沈达明，冯大同. 国际资金融通的法律与实务. 北京：对外经济贸易大学出版社，1998 年第 2 版，第 94 页。

2. 三联式担保结构(图 6-6)

三联式担保结构是把三个合同联结起来的一种担保结构。第一,贷款人与项目公司订立借款协议,由前者向后者提供贷款。第二,项目投产后,项目公司同买主订立长期买卖合同,最好是采用无论提货与否均需付款的合同。项目产品的买主可以是第三人,也可以是发起人。项目公司用买卖合同项下的收入向贷款人偿还贷款的本金和利息。第三,发起人为买主依据无论提货与否均需付款合同所承担的义务向项目公司提供担保,然后由项目公司将无论提货与否均需付款合同项下的权利以及发起人对该合同所提供的担保让与贷款人作为担保。

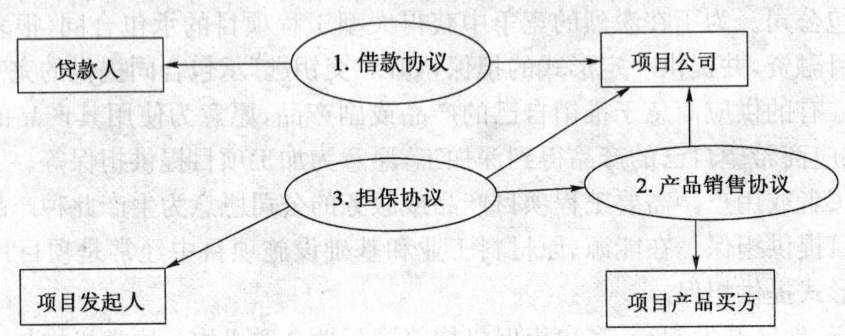

图 6-6　三联式担保结构示意图

3. 四联式担保结构(图 6-7)

四联式担保结构是把四个合同联结起来的担保结构。第一,贷款人同由他拥有全部股权的金融公司订立借贷协议,向后者提供贷款。第二,金融公司把从贷款人处借到的款项支付给项目公司,作为购买项目公司产品的预付款。第三,项目投产后,项目公司向金融公司交付产品,一般由项目公司作为金融公司的代理人同项目产品的买方签订无论提货与否均需付款的合同,再将其代理所得返还给金融公司,后者用其偿还贷款人的贷款。第四,发起人就项目公司依据先期购买协议所承担的义务向金融公司提供担保,同时对项目产品买方依据无论提货与否均需付款的合同所承担的义务向项目公司提供担保。项目公司取得此项担保后即将其转让给金融公司。最后由金融公司将上述合同项下的权利以及发起人提供的各项担保统统转让给贷款人,作为后者提供贷款的担保权益。

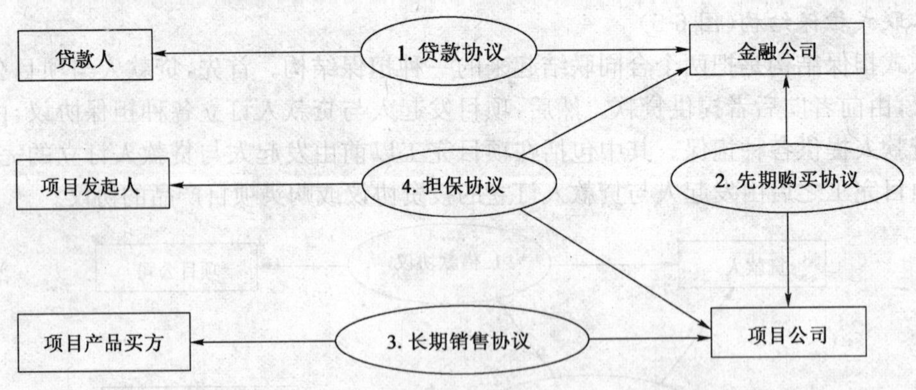

图 6-7　四联式担保结构示意图

四联式担保结构与三联式担保结构的区别在于有一家金融公司参加到项目融资交易中来。这样做有以下三个好处:第一,贷款人所属国家的银行法也许禁止银行参与非银行性质的商业交易,所以贷款银行需要通过金融公司开展项目融资业务,以规避有关法律的禁止规定。

第二，如贷款人是几家银行时，由一家金融公司负责统一办理购买和销售项目产品的业务比由几家银行分别去做要方便得多。第三，从税务上考虑，使用一家金融公司对贷款人可能更为有利等。

三、工程项目担保的主要类型

1. 直接担保(Direct Guarantee)

直接担保是指担保人以直接的财务形式为项目公司(借款人)按期还本付息而向贷款银行提供的担保。这种担保形式具有直接性和无条件性，但它在时间或数量上是有限的，是项目融资所必需的最低信用保证结构。其主要操作方式包括完工担保和资金缺额担保两种。

(1)完工担保(Completion Guarantee)

根据完工担保协议，项目发起人或投资者向贷款人保证，除原计划内的融资以外，在必要的时候发起人或项目投资者将进一步提供使项目能于预定日期完工的资金。

(2)资金缺额担保(Cash Deficiency Agreement)

根据资金缺额担保协议，项目发起人保证为工程项目完工后收益不足的风险提供担保。其主要内容是保证工程项目具有正常运行所必需的最低现金流量，即具有至少能支付生产成本和偿还到期债务的能力。

2. 间接担保(Indirect Guarantee)

间接担保是指工程项目担保人不以直接的财务担保形式为项目提供的一种担保。间接担保多以商业合同形式出现。间接担保的形式主要有以下几种：

(1)以"或付或取"销售合同提供的间接担保形式

"或付或取"销售合同也称无论提供与否均需付款合同(Take－or－Pay Sales Contract)，是指买方和卖方达成协议，买方承担根据规定的价格按期向卖方支付最低数量项目产品销售金额的义务，而不问事实上买方是否收到合同项下的产品。这里的买方可以是项目发起人，也可以是其他与项目利益有关的第三方担保人，卖方则是项目公司。这种合同的无条件性和不可撤销性，使其成为项目融资中最受欢迎的一种担保形式。

(2)以"提货与付款"销售合同提供的间接担保形式

"提货与付款"销售合同(Take and Pay Sales Contract)是指只有在买方取得货物后，即在项目产品交付或项目劳务实际提供给买方以后，买方才支付某一最低数量的产品或劳务的金额给项目公司。在这种合同结构中，货款的支付是有条件的，项目购买者只承担取得货物并付款的义务。这种合同如果与强有力的项目投资者的其他保证加在一起，在一定情况下是可以被贷款银行所接受的。

(3)以一揽子承包合同(Turnkey Contracts)提供的担保形式

在这种合同中，存在一个"单一"的承建商(A Single Contractor)。它保证在满足规定标准前提下承担按时完成项目的所有风险。通常由项目公司规定项目的所有完工标准和承建商的责任标准，承建商保证承担包括规划设计和建设在内的全部工作。项目公司通常要求承建商提供全面的完工担保。这种合同通常被用来担保完工风险。

3. 或有担保(Contingent Guarantee)

或有担保是针对一些由于项目投资者不可控制或不可预测因素所造成的项目损失所提供的担保。或有担保按或有风险的性质，可划分为以下三种基本类型：

①针对项目由于不可抗力因素造成的风险所提供的担保。提供这类或有担保的担保人通

常是商业保险公司。

②针对项目的政治风险所提供的担保。

③针对与项目融资结构特性有关的且一旦变化将严重改变项目经济强度的一些项目环境风险所提供的担保。这类风险通常由项目发起人提供有关的担保，一旦项目出现类似情况，由项目发起人提供必要的财务支持。

4.意向性担保(Implied Guarantee)

从严格意义上分析，意向性担保不是一种真正的法律担保，它仅仅是一种道义承诺，无法律后果，也就不具有法律上的约束力，仅仅表现出担保人有可能对项目提供一定支持的意愿。提供意向性担保的方法通常是由项目发起人或东道国政府部门向项目公司或项目贷款人出具有"安慰信"或"支持信"(Letter of Comfort)，以表示对项目投融资活动的支持。

第七章　工程项目外汇风险管理

第一节　外汇风险管理概述

一、外汇汇率及标价方法

(一)外汇的概念

外汇的概念包括动态和静态两种含义。动态的含义是将一个国家的货币转换为另一个国家的货币,以适应各种目的的国际支付或清偿的国际性货币兑换行为。而静态的含义是指可以用作国际清偿的支付手段和资产。根据我国《外汇管理条例》的规定,我国的外汇包括外国货币、外汇支付凭证、外币有价证券、特别提款权、欧洲货币单位及其他外汇资产。

(二)外汇的种类

根据我国外汇有关法律法规及规章制度的规定和外汇业务的情况,可以将外汇分为以下几类:

1.按照国家法律法规及规章制度的规定分类

根据我国《外汇管理暂行条例》第二条的规定,本条例所称的外汇是指:

(1)外国货币,包括钞票、铸币等;

(2)外币有价证券,包括政府公债、国库券、公司债券、股票、息票等;

(3)外币支付凭证,包括票据、银行存款凭证、邮政储蓄凭证等;

(4)其他外汇资金。

上述4种外汇基本上属于现汇。其中有的可以立即用作国际结算的支付手段,有的在兑付、收妥或在市场上出售以后,可以用于国际结算或国际清偿。

2.按照外汇是否可以自由兑换分类

(1)自由外汇

根据《国际货币基金组织协定》第八条规定,自由兑换是指国际性经常项目,包括贸易和非贸易的支付不加限制,不采取差别性的多种汇率,在另一会员国的要求下,随时有义务换回对方经常项目所累计的本国货币。自由兑换的货币也称为自由外汇,是指以外币表示的各种支付凭证,能够在国际市场上流通转让,并能够自由兑换成其他国家的货币,如美元、英镑、瑞士法郎、德国马克等。这些货币可以广泛地在国际经济贸易中使用、流通,不需要货币发行国外汇管理当局的批准,也可以兑换成其他国家的货币,用作国际结算的支付手段。

(2)有限制的自由兑换货币

这类货币基本上是《国际货币基金组织协定》第十四条规定的成员国货币。这些国家对国际性经常项目,包括贸易和非贸易的支付,有一定的限制,主要表现在以下几个方面:第一,实行多种汇率,如同时规定贸易汇率、金融汇率、旅游汇率等;第二,区域性货币的有限制兑换,如非洲金融共同体法郎在兑换法国法郎以外的其他货币时，受不同程度的限制；第三，在外汇交易上的限制，如有些外汇的买卖，允许按照外汇官价进行交易，而另一些外汇买卖，只能按自由市场汇率进行交易。

(3)不能自由兑换货币

这类货币主要指前苏联、东欧国家的货币。由于这些国家和地区之间没有外汇市场，虽然可以利用“转账卢布”进行双边或多边的国际结算，但是“转账卢布”不能兑换成自由兑换的货币。

3.按照外汇的来源和用途分类

(1)贸易外汇

贸易外汇是指一国出口贸易收入的外汇和进口贸易支出的外汇以及与进出口贸易有关的从属费用外汇，如运费、保险费、样品费、宣传广告费、推销费等。

(2)非贸易外汇

非贸易外汇是指进出口贸易以外所收支的各种外汇，如侨汇、旅游、旅游用品、港口、航空、铁路、海运、对外承包工程等方面收入和支出的外汇。此外，还有公派和民间出国的差旅费等方面支出的外汇。

4.按照管理的对象分类

(1)居民外汇和非居民外汇

凡一国境内的机关、部队、团体、学校、国有企事业单位、城镇集体经济组织以及住在本国境内的中国人、外国侨民和无国籍人所收入和支出的外汇，均为居民外汇。驻在本国的外国外交代表机构、领事机构、经济商务机构及国际组织机构和外国的民间机构以及这些机构所属常驻人员等所收入或支出的外汇，均为非居民外汇。

(2)单位外汇和个人外汇

单位外汇是指机关、团体、学校、国有企业、三资企业、集体所有制单位所收入和支出的外汇。个人外汇则是指居住在本国境内的本国人民、外国侨民和无国籍人通过私人渠道所收入和支出的外汇。

(三)外汇汇率的概念

外汇汇率是一国货币与另一国货币相互折算的比率。也就是说，在两国货币之间，用一国货币表示另一国货币的价格。国际间政治、经济、文化的联系以及贸易和非贸易往来所引起的货币收支和债权债务，都要在有关国家之间办理国际结算，而这种结算就是通过经常的、大量的外汇买卖来进行的。外汇买卖必须有一个兑换的比率，即汇率或汇价，才能使交易达成。所以，每一个国家都规定本国货币对其他国家货币的汇率。简单地说，外汇汇率就是两种不同货币之间的比价。外汇汇率的高低由外汇市场供求关系和其他有关经济、政治因素所确定，同时又对一国的国际收支和经济发展起着十分重要的反作用。

(四)外汇汇率的标价方法

确定两种不同货币之间的比价关键是要先确定以哪个国家的货币为标准。由于确定的标准不同，便产生了两种外汇汇率的标价方法，即直接标价法和间接标价法。

1.直接标价法

直接标价法是指以一定数量的外国货币为标准，折算为一定数量的本国货币的一种汇率标价方法。或者说，以外国货币为标准，来计算应付多少本国货币，因此该种标价法又称为应付标价法。在直接标价法下，外国货币的数额固定不变，本国货币数额则随外国货币或本国货币币值的变化而变化。外汇汇率的涨跌与本国货币标价数额的增减趋势是一致的。本国货币标价数的提高就表示外汇汇率的上涨，本国货币标价数的降低则表示外汇汇率的下跌。如果一定单位外币折算的本国货币越多，说明外汇汇率上升，即外国货币的币值上升或本国货币的币值下降。反之，一定单位外币折算为本国货币越少，说明外汇汇率下跌，即外国货币的币值下降或本国货币的币值上升。例如，1992 年 10 月 27 日，人民币的美元牌价为 100 美元＝555.55 元人民币，1993 年 8 月 24 日变为 100 美元＝578 .18 元人民币。这表示美元可以兑换的人民币增多了，就是外汇汇率的升高，说明外国货币（美元）升值，而本国货币（人民币）贬值。反之，则是外汇汇率的下跌。目前世界上大多数国家，如中国、德国、日本等都采用直接标价法。美国长期以来也采用直接标价法，但从 1978 年 9 月 1 日以来，除对英镑等个别货币继续采用直接标价法以外，改用间接标价法公布汇价，以便与国际外汇市场对美元的标价统一起来。

2. 间接标价法

间接标价法是指以一定数量的本国货币为标准，折算为一定数量的外国货币的外汇汇率标价方法。或者说，以本国货币为标准，来计算应收多少外国货币，所以该种标价法又称应收标价法。在间接标价法下，本国货币的数额固定不变，外国货币的数额则随本国货币或外国货币币值的变化而变化。外汇汇率的涨跌与外国货币标价数额的增减趋势是反方向的，即外汇市场上标价数的提高，外汇汇率下跌；标价数的降低，外汇汇率上涨。例如，纽约外汇市场 1992 年 10 月 26 日的德国马克牌价为 1 美元＝1.531 5 马克，1993 年 8 月 24 日变为 1 美元＝1.684 5 马克。这表示德国马克可兑换的美元减少了，就是外汇汇率的下跌，说明外国货币（德国马克）贬值，本国货币（美元）升值。反之，则是外汇汇率上升。目前资本主义国家中的美国和英国采用的是间接标价法。

间接标价法与直接标价法在标价变动的形式上相反，但实质内容是一致的。无论是直接标价法，还是间接标价法，外汇汇率都是指外币对本币的汇率。例如，我国公布的外汇牌价，就是指美元、日元、马克等外币对人民币的汇率。人民币汇率就表示人民币对外币的汇率。在纽约外汇市场上，外汇汇率是各种货币对美元的汇率。因此在具体使用外汇汇率这一概念时，必须注意明确是在哪种标价法或在汇率前面冠以货币的名称，如“英镑汇率”、“美元汇率”等，以避免出现混淆。

（五）外汇汇率的种类

由于分类的标准不同，可以将外汇汇率分为很多种，具体的分类标准和结果如下：

1. 按照外汇银行经营外汇业务的角度来分类

（1）买入汇率

买入汇率，又称买入价，是指外汇银行买入外汇时的汇率。在直接标价法下，外币折算成本国货币较少的价格为买入价；在间接标价法下，本币折算成外国货币较多的价格为买入价。

（2）卖出汇率

卖出汇率，又称卖出价，是指外汇银行卖出外汇时的汇率。在直接标价法下，外币折算为本币数额较多的是卖出价；在间接标价法下，本币折算为外币数额较少的是卖出价。例如，1 美元＝2.003 6 马克/2.003 7 马克，在法兰克福外汇市场上，这是直接标价法，前者为买入价，后者为卖出价。在纽约外汇市场上，这是间接标价法，前者为卖出价，后者为买入价。

外汇银行买价和卖价之间的差额，称为兑换收益，属于银行的一种业务收益。这个差价的幅度，在我国约为千分之五。国际市场上的汇率差价，则根据不同的货币交易以及市场的供求情况而有所不同。例如，美元、英镑的买卖差价，约为万分之五，其他如西欧国家货币的买卖差价，则从千分之三到千分之五不等。

外汇银行买价和卖价之间的平均价，称为中间价。这是未经加减“兑换收益”的汇率，也是两国货币的实际比价。有时我们见到报纸电视的外汇行市只报一个价，如1美元＝1.683 5马克，一般是指中间价。

我国外汇银行业务中，通常将中间价称为结算价。根据中国银行规定，自1974年8月12日起，对外贸公司买卖“贸易外汇”和“贸易从属费用外汇”结汇时，按照清算价结算，不收“兑换收益”，另外收取千分之三的财务费。

2. 按照不同的汇兑方式分类

(1)电汇汇率

电汇是指银行在售出外汇的当天，即以电报委托其在国外的分行或代理行，将汇款付给收款人的一种汇兑方式。由于这种方式银行不能利用资金，所以汇率最高。电汇汇率是两国货币真实比价的反映，一般都被看成是标准汇率。各国公布的外汇牌价，除另有注明的外，一般都是电汇汇率，其他汇率都是以电汇汇率为基础计算出来的。

(2)票汇汇率

票汇是指外汇银行卖出外汇时开立一张指定外国银行作为付款人的汇票交给汇款人，由汇款人自行携带或邮寄国外收款人的一种汇兑方式。外汇银行承办票汇业务时，可以利用客户资金大约一个航空邮程的时间。因此，票汇汇率低于电汇汇率，相当于一个航空邮程的利息。

(3)信汇汇率

信汇是指外汇银行通过航空邮件，向国外解付银行发出信汇委托书，以代替汇票。由于与票汇相似，所以信汇汇率通常与票汇汇率相同。

3. 按照外汇交易不同的交割期来分类

(1)即期汇率

凡外汇交易在成交后两天之内交割，称为即期外汇交易，其汇率称为即期外汇汇率。外汇市场和官方外汇牌价未标明远期字样者，都是即期汇率。

(2)远期汇率

凡外汇交易买卖双方成交之后签订远期外汇合约，规定在未来一定时期内交割，称为远期外汇交易，其汇率称为远期汇率。远期外汇汇率包括外汇市场远期汇率和买卖双方协议的远期汇率。

4. 按照制定外汇汇率的方法不同来分类

(1)基本汇率

一国将其国际收支中，特别是国际贸易中使用最多的、外汇储备中所占比例最大的以及国际经济贸易活动中使用最广泛的货币，称为关键货币。本国货币与关键货币所确定的汇率，称为基本汇率。基本汇率一般不对外公布，只是作为内部掌握的起主导作用的汇率。一般在基本汇率确定以后，再据以计算本国货币与其他货币的汇率。

(2)套汇汇率

目前主要货币的套汇汇率在报纸的汇率行市栏内均有报道。但有些货币的套汇汇率，报纸上没有报道,可根据即期汇率计算出来。

5.按照不同的汇率制度来分类

(1)固定汇率

两国货币之间的比价基本固定,汇率上下波动比例限定在一定的幅度以内,称为固定汇率。在金本位制度下,金属货币根据国家规定,包含一定重量和成色的黄金,即所谓的含金量。不同金属货币含金量之比是决定汇率的基础。黄金输送点是汇率波动的界限。在纸币流通制度下,各国政府以法令规定纸币代表的金量。两国货币代表金量之比,称为黄金平价。第二次世界大战以后,根据《国际货币基金组织协定》规定,成员国货币的汇率只能按照黄金平价之比,在一定幅度内波动。当汇率波动达到上下限幅度时,各国政府有义务干涉市场,保持外汇汇率的稳定。

(2)浮动汇率

一国货币对外国货币的汇率根据外汇市场的供求变化而自由涨落,称为浮动汇率。实行浮动汇率制度的国家往往根据各自经济政策的需要,对外汇汇率变动进行干预或施加影响。因此,国际上通行的做法是根据浮动汇率有无干预,将其分为"自由浮动"汇率和"管理浮动"汇率。

(3)联合浮动汇率

这是一种介于固定汇率和浮动汇率之间的汇率。对联合浮动汇率制成员国之间的货币实行固定汇率制,其汇率波动幅度不能超过规定的上下限。当汇率波动达到上下限时,有关国家的政府有义务进行干预。但是对于联合浮动汇率制以外的其他国家的货币则实行自由浮动汇率,任其按照市场供求情况变动。欧洲经济共同体的欧洲货币体系实行的就是联合浮动汇率制度。

(4)中心汇率

1971 年 12 月美元第一次贬值后,有关国家的汇率都进行了相应的调整。有些国家在调整汇率时,未公布货币新的含金量,只通过本国货币对特别提款权或某种货币的比价计算出对美元的比价。由于这种比价不是根据货币金量计算出来的,所以称为中心汇率。此外,欧洲货币体系的"欧洲货币单位"对成员国货币的基准汇率,也称为中心汇率。

6.按照外汇管制情况的不同来分类

(1)官方汇率

官方汇率是指一国货币当局或主管部门明文规定或正式挂牌的汇率。根据国际货币基金组织《国际金融统计》资料,目前成员国官方规定汇率分为下面 6 种:

①钉住某一种货币而规定;

②有限弹性地钉住某一种货币;

③合作安排规定;

④根据一套指标进行调整的;

⑤按管理浮动规定的;

⑥按照独立浮动制定的。

(2)市场汇率

市场汇率是指在自由市场进行外汇交易的实际汇率。有些国家的官方汇率往往只起到基准汇率的作用,容许外汇市场汇率根据供求情况变化在不偏离官方汇率太大的范围内自由浮动。当政府对市场汇率无力进行干预或控制时,往往采取宣布货币贬值的办法来解决。

7. 按照汇率管理政策来分类

(1)贸易汇率

贸易汇率通常是一国官方制定并维持其稳定,适用于进出口贸易及其从属费用的结算。制定这种汇率的目的在于促进本国出口贸易的发展和国际收支的改善。

(2)金融汇率

金融汇率主要适用于国际资金的流动、国际旅游和非贸易收支的结算。金融汇率的制定主要是适应政策的需要,通过对汇率的调整或影响,使其对资金,特别是短期资金的流动起到鼓励或限制作用。金融汇率一般高于贸易汇率,因而有限制资本输入的作用。

8. 按照汇率的使用范围来分类

(1)单一汇率

单一汇率是指一国对外只规定一种汇率。在实行单一汇率制的国家,外汇买卖不分贸易和非贸易外汇收支,均按照一种汇率进行外汇买卖。在外汇管制较松、国际收支状况较好的国家,通常实行单一汇率。国际货币基金组织原则上只允许其会员国采用单一汇率。

(2)多元汇率

多元汇率是指本国货币与另一国货币的交换同时规定两种或两种以上的汇率。一国货币行政当局对贸易和非贸易外汇买卖分别实行不同的汇价。在某些实行外汇管制的国家,根据进出口商品的类别和非贸易收支的不同性质,规定多种进口汇率、出口汇率和非贸易汇率,借以抑制某些高档商品和高级消费品的进口,鼓励必需品的进口;抑制必需品的出口,鼓励非必需品的出口;限制非必需品的其他外汇收支;对某种特定的外汇开支予以扶持等。

9. 按照汇率变动与通货膨胀率的变动关系来分类

(1)名义汇率

名义汇率包括"名义双边汇率"和"名义有效汇率"两种。前者是指两国货币之间双边汇率的变动;后者是指一国和有关贸易伙伴因各种货币的加权平均汇率,是以某一年度为基期,反映基期以后年度该国货币对伙伴国货币汇率变动的指数。这两种名义汇率都属于理论分析工具。"名义双边汇率"的相互变动可能在一定程度上导致相互抵消或相互调整,而"名义有效汇率"则对一国经济的影响更为重要。

(2)实际汇率

实际汇率包括"实际双边汇率"和"实际有效汇率"两种。前者是指按照两国同一时期相对通货膨胀率调整而得;后者则以"名义有效汇率"为基础,按照一国和贸易伙伴国相对通货膨胀率予以调整,或者以一国和贸易伙伴国各个"实际双边汇率"为基础,按照某种加权法或规定的计算方法得出的平均值。

自20世纪70年代实行浮动汇率制以来,外汇汇率变动一直是国际社会广泛关注的重要问题。尽管从理论上分析,一国的货币汇率是由该国货币和有关国家货币实际代表的价值决定的。但是,市场汇率受国际收支、资产选择流动和货币政策的影响,使市场汇率的变动偏离正常的汇率水平,即外汇汇率的变动与实际的购买力相脱节。在两国间经济发展不平衡、政策也不协调的情况下,如果一国相对于另一国通货膨胀率上升,其名义汇率不但没有下降,反而维持不变,甚至上升,就不可避免地出现定值偏高的现象。反之,则会出现定值偏低的现象。

编制名义汇率的作用在于衡量外汇汇率变动对一国贸易流量的影响以及对该国国内价格的影响。而编制实际汇率的作用在于显示汇率变动与通货膨胀率变动以及通货膨胀率的偏离程度,从而进一步衡量有关国家的价格、成本的国际竞争力。

二、外汇风险及其类型

(一)外汇风险的概念

一个组织、经济实体或个人持有的以外币计价的资产(或债权)与承担的负债,因未预料到的外汇汇率波动而引起其价值上涨或下降的可能性,称为外汇风险。对持有以外币计价的资产或承担负债的关系人而言,外汇风险的结果不外乎两种:一是获得收益;二是遭受损失。

自西方主要国家实行浮动汇率制度以后,汇率再无波动上下限的限制,各主要货币的汇率不仅大幅度、频繁地波动,而且它们之间的强弱变化经常难以预料。这就大大地加深了涉外经济交易主体的外汇风险。因此,对工程项目融资主体而言,如果融资过程中涉及外汇,则应该采取合理的措施防范外汇风险,从而尽可能地降低、甚至消除外汇风险。

(二)外汇风险的特点

1. 外汇汇率波动的幅度增大,政府干预非常频繁

自从浮动汇率制取代固定汇率制以来,由于外汇汇率的上浮或下降不受任何限制,西方国家在经济发展不平衡的情况下,各国政府都根据各自经济政策的需要,采取各种积极的措施,对本国货币的汇率进行干预或施加影响,造成国外外汇市场上主要货币汇率一直动荡不定。其中以美元对西方国家货币汇率的波动为代表。当外汇汇率波动威胁到一些发达国家的共同利益时,这些国家往往采取“联合干预”的措施,以缓解它们之间的矛盾。如 1985 年 2 月美元对英镑、西德马克和日元的汇率比 1980 年底分别上升了 116.7%、69.4%和 27.8%,这对美国和其他发达国家经济十分不利。这些国家及时召开五国财长会议,决定采取“联合干预”的手段,使美元汇率逐步下降。

2. 主要货币强弱地位反复转换

在浮动汇率制度下,国际外汇市场的主要货币,特别是美元对西德马克和日元的汇率波动十分频繁,导致货币强弱地位出现反复转换,突出表现在以下三个阶段:

(1)1973 年到 1979 年,美国经济经历了严重的创伤,出口萎缩,国际收支出现持续逆差,导致美元地位的相对削弱。而同期前联邦德国和日本由于经济实力的不断增强,国际收支状况强于美国,因而其货币地位也不断加强。

(2)1980 年到 1985 年 3 月,美国为了抑制通货膨胀,弥补财政赤字,扭转滞胀困境,采取了较紧的财政政策和较松的货币政策,特别是高利率政策吸引了前联邦德国和日本等发达国家大量的资金流入美国,使美元对马克和日元的汇率出现了明显的优势,从而出现了美元转为强势地位、马克和日元转为弱势地位的格局。

(3)1985 年 3 月到 1986 年 12 月,由于美国实行高利率政策,吸引西方国家大量的资金流入,引起西方国家强烈的不满,使美元经济陷入高利率、高汇率、高财政赤字和低增长的困境。为此,美国不得不与其他发达国家一起,采取“联合干预”的措施,压低汇率,以缓解经济困难。从而再次出现美元转为弱势地位、马克和日元转为强势地位的格局。

3. 国际汇率制度的多样化

自从固定汇率制度崩溃以后,国际货币基金组织下的临时委员会于 1976 年 1 月在牙买加会议上达成协议,各国可以自由选择货币汇率制度。根据国际货币基金组织编制的《国际金融统计》1988 年 4 月的资料,各成员国的汇率制度大致可以分为 6 类:

(1)钉住一种货币,如美元、法国法郎、英镑和其他货币,以及钉住特别提款权或其他复合

货币浮动的，有 92 个国家；

(2)有限弹性，比照某种单一货币浮动的，有 4 个国家；

(3)通过国际合作对汇率进行安排的，有 8 个国家；

(4)根据一套指标进行调整的，有 5 个国家；

(5)实行管理浮动的，有 23 个国家；

(6)实行独立浮动的，有 18 个国家。

从上述情况来看，虽然各国实行的汇率制度多种多样，但实质上都属于浮动汇率制度。

(三)我国外汇风险的主要表现

我国的外汇风险主要表现在以下三个方面：

在对外贸易方面，对货币的选择反应迟钝，汇率观念不强。1985 年 2 月以后，美元的汇率持续下跌，而其他西方国家货币的汇率不断上升。作为出口方，应当争取多使用一些汇率上升的货币；而作为进口方，应当多使用一些汇率下降的货币。可是在外贸货币策略上却出现了对我国极为不利的反方向变动。根据我国某地区贸易收付的统计，我国出口收汇中美元所占的比重，从 1984 年的 51.9%上升到 1986 年第一季度的 73.1%；而同期我国进口付汇中美元所占的比重，却从 77.4%下降到 62.1%。因“汇率下浮货币”收入的增加和支出的减少，直接使我方蒙受的汇率损失和收益损失达数千万美元。

引进设备不计算汇率风险，听任外方安排，导致大量的外汇损失。如某企业为工程项目从日本引进大型设备，总价和费用都按照日方的要求以日元结算，共计 320 亿日元。签约时，美元汇率下跌，日元汇率上升，汇率为 1 美元＝247 日元，320 亿日元折算为 1.3 亿美元。而后日元不断升值，到预付定金时，按照新汇率计算，则折算为 1.88 亿美元。该企业因此而蒙受的汇率波动损失达 5 800 万美元。这一项损失就占该企业所在省当年用汇计划的 7%。

在外汇贷款方面，企业借美元外汇贷款，而以其他货币支付，造成巨额的外汇损失。如 1985 年某企业使用中国银行美元外汇贷款从前联邦德国进口柴油发电机，总价为 469.5 万马克，按签约时的汇率计算，折算为 166.3 万美元，另加运费等，共向中国银行贷款 171 万美元。而 1986 年 5 月收到运货单据，付款时西德马克汇率上浮，原贷款数额不够支付，利息也相应增加，从而使该企业遭受汇率波动损失达 60 万美元。

外汇风险损失给不少企业的生产经营管理带来了许多不利的影响。有些项目不仅遭受相当于合同金额 10%～50%的贷款损失，还要承担由此而增加的关税和贷款利息损失，以致不能按照原定计划进行生产和经营。有些企业遭受外汇风险损失以后，使外汇和人民币都出现缺口，不得不多方奔走，申请追加外汇指标和银行贷款，从而使设备不能按时进口，影响改建、扩建或技改计划的顺利实施和生产计划的完成。此外，有些企业由于外汇汇率风险损失，造成外汇指标的突破，外汇利润计划无法完成，外汇收支不能达到平衡，从而给企业带来一系列的问题。

(四)外汇风险的种类

外汇风险主要包括：交易风险、经济风险、会计风险、储备风险和政治风险 5 种。

1. 交易风险

交易风险是指以外币计价成交的交易中，由于外币与本币之间以及外币与外币之间汇率变动，使交易者蒙受损失的可能性。交易风险又可以进一步分为买卖风险和交易结算风险。

买卖风险又称金融性风险，以买卖外汇为基本业务的外汇银行以及以外币为借贷对象的企业承担的主要是金融性风险。如我国某金融机构在日本筹集一笔总额为100亿日元的资金，以此向国内某工程项目建设业主发放10年期美元固定利率贷款。按照当时日元对美元的汇率（1美元＝200日元），该金融机构将100亿日元折成5 000万美元。但是10年后，日元对美元的汇率变成1美元＝110日元，仅仅100亿日元的本金，就需要9 090.9万美元。而该金融机构到期收回本金5 000万美元与利息（按12%计算）600万美元，总计5 600万美元，连借款的本金都难以弥补，更不用说利息了。这就是该金融机构因所借外币汇率上升所蒙受的风险。

交易结算风险是指由于涉及合同的交易各方在清算过程中产生的风险，主要包括流动性风险和赫斯塔特风险。流动性风险是指交易双方在不存在履行支付问题的情况下，因操作技术上的失误或结算系统本身存在的问题而引起的无法结算的风险。赫斯塔特风险是指交易一方已经完成交付，而另一方可能破产并无法支付外汇交割的风险。从本质上分析，该种风险是外汇支付的违约风险。

从总体上分析，交易风险主要表现在以下几个方面：

(1)以即期或延期付款为支付条件的商品或劳务的进出口，在货物装运或劳务提供以后，而货款或劳务费用尚未收支这一段时间内，外汇汇率发生变化所产生的风险。以商品出口为例，成交日与支付日之间有一段时间间隔。如果在支付日外汇汇率上升了，出口商所得收入以本国货币衡量便有所增加。反之，如果支付日外汇汇率下降，出口商所得收入以本国货币衡量则减少。

(2)以外币计价的国际投资和借贷活动中的汇率风险。国际投资是指资金流出、投资于某种外币资产，若今后该外币汇率下降，则投资的本息收入折成为本国货币的数额就会减少。而国际筹资和借债是指外币资金的流入，流入货币与实际使用货币（如借入美元，换成人民币使用）以及流入货币与本国货币之间的汇率变动也可能导致损失。如我国某一公路建设业主向世界银行贷款3 000万美元，贷款日美元对人民币的汇率为1美元＝8.2元人民币，如果还款日汇率变为1美元＝9.0元人民币，则该建设业主贷款日获得24 600(3 000×8.2)万元人民币资金，而还款日为偿还3 000万美元，需要动用27 000(3 000×9.0)万元人民币资金购买美元。这一借贷业务将导致该公路建设业主损失2 300万元人民币。

(3)待交割的远期外汇合同的一方，在该合同到期时，由于外汇汇率变化，交易的一方可能要拿出更多或较少的货币去换取另一种货币的风险。

2.经济风险

经济风险又称经营风险，是指意料之外的汇率变动引起企业未来一定期间收益或现金流量变动的一种潜在风险。其中，收益主要是指税后利润，现金流量主要是指经营活动现金流量。一般情况下，其金额等于税后利润加上折旧。外汇汇率的变化通过对产品的销售价格、销售成本以及销售数量等的影响，使企业的最终收益发生变化。经济风险定义中的外汇汇率变化仅仅是指意料之外的汇率变动，而不包括意料之中的外汇汇率变动。这是因为企业在进行生产经营决策时，已经将意料之中的外汇汇率变动对未来收益的影响考虑进去，所以这种意料之中的外汇汇率变动并不一定构成风险。

当一国货币贬值时，出口商一方面因出口商品外币价格下降，有可能刺激出口，使其出口额增加而获得收益；另一方面，如果出口商进行产品生产所使用的原材料为进口产品，因为本币贬值，会提高以本币表示的进口原材料的价格，企业生产成本会相应地增加。这样一来，出口商将来的纯收入有可能增加，也有可能减少，此种风险即为经济风险。

3. 会计风险

会计风险又称折算风险或转换风险，是由于外汇汇率变化而引起资产负债表中某些外汇项目金额变动的风险。具体地说，会计风险是经济主体对资产负债表进行会计处理时，将功能货币转换成记账本位币时，因外汇汇率变动而出现账面损失的可能性。当经济主体将其以外币计量的资产、负债、收入、费用等项目折算成以记账本位币表示的有关项目时，外汇汇率的变动很可能给经济主体造成账面损失。这种风险就是由于货币转换而带来的。会计风险的大小程度主要受不同国家的会计制度和税收制度的制约。

例如，我国某合资企业以美元作为记账本位币。年初其英镑银行存款账户余额为20 000英镑，年初英镑对美元的汇率为1英镑＝1.83美元，在该企业会计报表中这笔英镑存款可折算为36 600美元。年底该企业编制会计报表时，英镑对美元的汇率变为1英镑＝1.50美元，则这笔英镑存款经过重新折算，仅仅为30 000美元。同样金额的英镑存款经过不同汇率的折算，最终账面价值减少了6 600美元。

4. 储备风险

储备风险是指经济主体特别是政府将其外汇以不同外币存放在银行，不同外币因汇率变动所导致的收入亏损的风险。20世纪70年代以后，各国政府储备货币开始多元化，不同储备货币之间的汇率水平以及所储备的货币与本国货币之间的汇率经常发生变化，由此引起某种货币储备资产的实际价值产生损失。

5. 政治风险

政治风险起源于一个国家的独立政治主权。作为主权国家的货币管理当局，一般对外汇实施较为严格的管理制度及其他干预外汇市场的措施，这对资金筹集方和投资方而言，就有可能产生财产损失的政治风险。

三、外汇风险管理及其主要方法

外汇风险管理是指经济主体针对外汇汇率变动的趋势及特点，采取相应的管理方法，最大限度地降低因外汇汇率变动而导致的亏损。外汇风险管理的主要方法包括：外汇汇率预测法、国际信贷法、远期合同法、借款—即期合同—投资法、提前收付—即期合同—投资法、保付代理法、投保货币风险法和资产负债表保值法。

（一）外汇汇率预测法

经济主体避免外汇风险的首要前提是对外汇汇率的变化趋势作出准确的预测。在浮动汇率制度下，外汇汇率的变化基本上取决于外汇市场上各种货币的供求关系。一般来说，影响外汇供求关系的因素主要包括：经济增长率、失业率、通货膨胀率、利率、货币的供应量、贸易收支状况、按购买力计算的基础汇率、各国的货币政策和财政政策的变化等。此外，世界政治发展趋势都有可能直接或间接地影响各种货币的汇率。从理论上分析，某种货币汇率的预测方法有两种，即定量预测法和定性预测法。

1. 定量预测法

定量预测法主要是根据过去比较完备的外汇汇率历史资料，运用一定的数学方法进行科学的加工处理，借以充分揭示有关外汇汇率之间的联系，作为预测外汇汇率依据的一种预测方法。定量预测法包括两种类型：一种是趋势预测法；另一种是因果预测法。前者是把未来作为"过去历史的延伸"，以外汇汇率过去的变化趋势作为预测的依据。后者是对外汇汇率与其他指标的相互联系进行分析，以它们之间规律性的联系作为预测的依据，通常是以一个指标的变动情况为基础，来推断外汇汇率变动将达到什么程度。

趋势预测法是根据外汇汇率过去的、按时间顺序排列的数据，运用一定的数学方法进行加工、计算，借以预测外汇汇率未来发展趋势的预测方法，也称时间序列预测法。其实质就是运用事物发展变化的连续性原理（把未来看是历史的延伸）和数理统计的方法来预测事物的发展趋势。趋势预测法主要包括移动平均法、指数平滑法等几种具体方法。

(1)移动平均法

移动平均法是趋势预测法中的一种基本方法，应用非常广泛。所谓移动平均法是指从外汇汇率历史数据的时间先后顺序的第一项数值开始，按一定项数求序时平均数，逐项移动，边移动边平均。这样就可以得出一个由移动平均数构成的新的时间序列。它把原有外汇汇率的历史统计数据中随机因素加以过滤，消除数据中的起伏波动情况，使不规则的线形大致上规则化，以显示出外汇汇率的发展方向和趋势。

移动平均法又可分为：简单移动平均法、加权移动平均法、趋势修正移动平均法和二次移动平均法。这里主要介绍简单移动平均法和加权移动平均法。

简单移动平均法又称一次移动平均法，是在算术平均数的基础上，通过逐项分段移动，求得下一期外汇汇率的预测值。其计算公式为：

$$x_t = \frac{y_t + y_{-1} + \cdots + y_{t-n}}{n} = \frac{\sum_{i=t}^{t-n} y_i}{n}$$

式中：x_t——第 t 期简单移动平均值；

y_i——第 i 期（$t-1, t-2, \cdots, t-n$）的实际值；

n——移动平均时的分段数据的项数。

上式可以改写成：

$$x_t = x_{t-1} + \frac{y_{t-1} - y_{t-(n+1)}}{n}$$

此公式说明，在计算移动平均数时，只要在前一期移动平均数的基础上，加上一个修正项 $\frac{y_{t-1} - y_{t-(n+1)}}{n}$，即可求得所需要的移动平均数。

移动平均法的分段数据项数 n 的选择是一个关键的问题。如果 n 取得过大，移动平均值对数列起伏变动的敏感性差，反映新水平的时间长，随着 n 取值的增加，趋势线逐渐平稳，但其滞后现象也愈来愈显著。如果 n 取值小，其灵敏度高，反映新水平的时间短，对于随机因素反映敏感，容易造成错觉，导致预测失误。因此，在确定 n 时，要从以下几个方面加以考虑：

①处理的数据项数的多少。若数据项数多，n 可取得大些。

②对新数据适应程度的要求。n 取得小，对新数据反映灵敏，但反映过快，容易把意外情况错当为趋势；反之，反映过慢，又缺乏适应性。

③考查时间序列的变动是否有明显的周期性波动。若有，应以其周期作为 n，可消除周期性波动，使移动平均序列反映长期趋势。

④凭长期积累经验，决定 n 值的大小。

简单移动平均法计算简便，容易理解和掌握，但其缺点也很明显：一是会出现滞后偏差。如果近期内情况发展变化较快，利用移动平均法预测要通过较长时间才能反映出来，存在着滞后偏差。二是一次移动平均法对分段内部的各期数据同等对待，没有考虑时间的先后顺序对预测值的影响。实际上，各个不同时期的历史数据对预测值的影响是不一样的。越是接近预测期的数值，对预测期的影响就越大。为了弥补这两个方面的缺陷，可以采用加权移动平均法、趋势修正移动平均法和二次移动平均法。

加权移动平均法就是在计算移动平均数时，并不同等对待各时间序列的数据，而是给近期的数据以较大的权数，使其对移动平均数有较大的影响，从而使预测值更加接近于实际。其计算公式为：

$$x_t = \frac{a_1 y_{t-1} + a_2 y_{t-2} + \cdots + a_n y_{t-n}}{n}$$

式中：x_t——第 t 期加权移动平均值，即预测值；

a_i——加权系数，$\frac{\sum a_i}{n}=1$，且 $0<\frac{a_i}{n}<1$。

(2)指数平滑法

指数平滑法是在移动平均法的基础上发展起来的一种预测方法，是移动平均法的改进形式。使用移动平均法有两个明显的缺点：一是它需要有大量历史观察值的储备；二是要用时间序列中近期观察值的加权方法来解决。因为最近的观察值中包含着最多的未来情况的信息，所以必须比前期观察值赋予更大的权数，即对最近期的观察值应给予最大的权数，而对较远的观察值就给予递减的权数。指数平滑法就是既可以满足这种原理，又不需要大量历史观察值的一种新的移动平均预测法。

指数平滑法又分为一次指数平滑法、二次指数平滑法和三次指平滑法。这里主要介绍一次指数平滑法。

一次指数平滑法的基本公式为：

$$x_t = a y_{t-1} + (1-a) x_{t-1}$$

式中：x_t——第 t 期的预测值；

y_{t-1}——第 $t-1$ 期的实际观察值；

x_{t-1}——第 $t-1$ 期预测值；

a——加权系数，$0 \leqslant a \leqslant 1$。

由上式可见，加权系数 a 取值的大小直接影响平滑值的计算结果。a 越大，其对应的观察值 y_{t-1} 在 x_t 中所占的比重越高，所起的作用也就越大。在实际应用中，选取 a 值的应该经过反复试算而确定。

因果预测法是根据外汇汇率与其他有关指标之间的相互依存、相互制约的规律性联系来建立相应的因果数学模型进行预测的方法。它的实质是通过事物发展的因果关系来推测事物的发展变化趋势。在因果预测法中，最常用的方法是回归分析法。

回归分析是根据某项指标与其他有关指标之间相互关系的形式，拟合一条直线或曲线，用这条直线或曲线代表指标间的一般数量变化关系。这条直线或曲线在数学上称为回归直线或曲线，表现这条直线或曲线的数学公式称为回归方程。

在回归分析中，所选定的因变量是需要求得预测值的那个变量，即预测对象。自变量则是影响预测对象变化的与因变量有密切关系的那个变量。回归分析法包括一元回归分析法和多元回归分析法。这里仅介绍一元线性回归分析法。

一元线性回归分析法是根据历史数据在直角坐标系上描绘出相应的点，再在各点间做一条趋势直线，使直线到各点的距离之和最小，即偏差的平方和最小的数学方法。因为这条直线最能代表实际数据的变化趋势，所以最适合作为预测的依据。一元线性回归分析的基本公式为：

$$y = a + bx$$

式中：x——自变量；

y——因变量；

a——直线的纵轴截距；

b——直线的斜率。

一元线性回归分析法的关键是确定回归直线方程中的两个参数 a 和 b，其具体步骤如下：

①确定反映预测指标（因变量）与相关指标（自变量）之间关系的各观察值。各观察值一般为相关的历史数据。

②确定预测指标与相关指标之间的线性相关程度。设 x 表示相关指标（自变量）总数，y 表示预测指标（因变量）总数，n 表示所取观察值的组数，则相关系数：

$$r=\frac{n\sum xy-\sum x\sum y}{\sqrt{[n\sum x^2-(\sum x)^2]\cdot[n\sum y^2-(\sum y)^2]}}$$

一般而言，相关系数 $|r|\leqslant 1$。当 $r=0$ 时，表明 y 与 x 之间不存在线性关系；当 $r=1$ 时，表明 y 与 x 之间存在完全正相关关系；$r=-1$ 时，表示 y 与 x 之间存在完全负相关关系。r 的绝对值越大，两个变量之间的相关程度越高；r 的绝对值越小，两个变量之间的相关程度越小。

如果根据所取观察值所确定的 r 值表明 y 与 x 之间线性相关，则可以进行第三步，否则不能采用此方法。

③利用各观察值，求解回归直线方程 $y = a + bx$ 中的参数 a 和 b。严格来说，计算 a 和 b 两个参数要运用最小二乘法。为了简便起见，我们用以下"简捷法"来说明。

$$y = a + bx \tag{7-1}$$

先以总和（$\sum$）的形式表述式(7-1)中的每一项：

$$\sum y=na+b\sum x \tag{7-2}$$

以 x 乘式(7-1)：

$$xy=ax+bx^2 \tag{7-3}$$

再以总和（$\sum$）的形式表述式(7-3)中的每一项：

$$\sum xy=a\sum x+b\sum x^2 \tag{7-4}$$

依据式(7-2)和式(7-4)，可以解出式(7-1)中的 a 与 b 值，其结果如下：

$$b=\frac{n\sum xy-\sum x\cdot\sum y}{n\sum x^2-(\sum x)^2}$$

$$a=\frac{\sum y-b\sum x}{n}$$

或

$$a=\frac{\sum x^2\cdot\sum y-\sum x\cdot\sum xy}{n\sum x^2-(\sum x)^2}$$

2. 定性预测法

定性预测法是一种依靠人的主观经验判断预测未来的方法。它主要由熟悉外汇汇率的专家根据过去的经验分析、判断，提出外汇汇率预测的初步意见，然后再通过一定的形式（如座谈会、函询调查征集意见等）进行综合，作为预测外汇汇率变化的主要依据。这种预测方法主要是在没有完整历史资料或主、客观条件有了很大的改变，不可能根据历史资料来推断的情况下采用。

定性预测方法是建立在经验、逻辑思维、逻辑推理的基础上的。因此，对事物、信息等主要由人去处理，而不用数学模型去推算。这就要求在预测过程中选择有经验的专家，发挥专家们的聪明才智，以便取得最好的预测结果。

定性预测偏重于对外汇市场行情的发展方向和影响外汇汇率的因素进行分析。这种预测方法能发挥专家的经验和主观能动性，比较灵活，而且简便易行，可以较快地提出外汇汇率的预测结果。但在进行预测时，也要尽可能地搜集数据，运用数学方法，其结果通常也是从数量上作出测算。

定性预测方法主要有：专家会议法、德尔菲法、主观概率法等。下面分别予以介绍。

(1)专家会议法

专家会议法是指用召开专家会议的形式，进行集体判断。参加会议的专家一般由具有丰富经验，对外汇市场和外汇汇率比较熟悉，并有一定专长的人员组成。专家们利用他们的经验、知识，就外汇汇率预测问题进行讨论、分析、推理、判断，最后综合大家意见，作出外汇汇率预测结论。这种方法的优点是有利于到会专家交换意见，集思广益，可以避免依靠个人的经验进行外汇汇率预测而产生的片面性。但这种方法的缺点也很明显，主要是权威专家有可能左右会议，妨碍与会者各抒己见地展开充分讨论，从而影响预测质量。另外，使用该方法，外汇汇率预测值经常会出现较大的差异。在这种情况下，一般可采用预测值的平均值或加权平均值作为外汇汇率的预测结果。

(2)德尔菲法

德尔菲法又称专家调查法，由美国兰德公司在20世纪40年代首先使用。它主要采用通信的方法，通过向有关专家发出外汇汇率预测问题调查表的方式来搜集和征询专家的意见，并经过多次反复综合、整理、归纳各专家的意见后，作出外汇汇率预测判断。德尔菲法具有以下几个方面的特点：

①保密性。针对外汇汇率预测项目先成立专家组(约15～20人)，然后发信给每位专家征求意见，并要求他们独立地作出判断，提出自己的书面意见，不得与其他成员商量，互相保密，以防止彼此之间的心理干扰。

②反馈性。企业把各专家寄来的各种书面意见，加以整理归纳，然后反馈给每一位专家，但不注明是谁的意见。要求他们参考别人意见，修改自己的第一次判断，并在保密的情况下作出第二次判断。经过多次的反馈，专家们的意见趋向成熟。

③集中判断。经过几次反复征求意见后，企业把最后一次不同意见采用中位数、平均数或加权平均数的方法加以综合，提出外汇汇率的预测结果。

这种方法的优点在于各个专家可以各抒己见；调查单位可以了解各种不同的看法，分别告知各个专家，从而取长补短；对专家意见进行综合分析，有利于克服决策的片面性。但是这种方法的缺点在于时间可能拉得比较长。

(3)主观概率法

主观概率是指对外汇汇率未来变化的程度作出主观估计。例如，某位管理者对美元汇率在计划期上涨5%的可能性估计是70%，那么，该事件发生的主观概率则是0.7。主观概率法是指允许专家在预测时可以提出几个估计值，并评定各个值出现的可能性(概率)，然后计算出各个专家预测值的期望值，最后对所有专家预测值进行平均，其平均值即为预测结果。该种方法的计算公式如下：

$$E_i=\sum_{j=1}^{m}(F_{ij}\cdot P_{ij})$$

$$E=\frac{\sum_{i=1}^{n}E_i}{n}$$

式中：F_{ij}——第 i 个专家所作出的第 j 个估计值；

P_{ij}——第 i 个专家对其第 j 个估计值评定的概率，$\sum_{j=1}^{n}P_{ij}=1$，且 $0\leqslant P_{ij}\leqslant 1$；

E_i——第 i 个专家的预测的期望值；

E——所有专家预测值的平均值，即预测结果；

n——专家人数；

m——允许每个专家作出的估计值的个数。

在实际工作中，定量预测法与定性预测法往往要结合起来使用，才能充分发挥作用，提高外汇汇率预测效果的准确性。在具备比较完备的外汇汇率历史资料的情况下，应该先使用一定的数学分析方法进行加工处理，找出外汇汇率与有关变量之间的规律性联系，以此作为预测外汇汇率的一个重要依据。但是任何数学方法的使用，都是以过去资料赖以产生的条件作为基础来预测未来，如果预测期内一些影响较大的因素发生变化，那么根据数学计算所得到的结果还要根据这些因素的变化进行修正。在这种情况下，依靠熟悉情况和业务的专家进行分析判断，提出修正意见，才能使外汇汇率的预测结果更加接近实际。

（二）国际信贷法

国际信贷法主要包括出口信贷法和福弗延法两种。

1. 出口信贷法

出口信贷是指出口国的官方金融机构或由政府给予补贴的商业银行，以优惠利率向本国出口商和外国进口商提供的与出口项目相联系的中、长期资金。出口信贷的目的是为了鼓励本国大型成套设备和大型工程机械设备的出口。出口信贷又可以分为买方信贷和卖方信贷两种形式。

买方信贷包括出口国的银行直接向买主或买方银行提供的，用以购买贷款提供国设备的贷款。一般的做法是：进口商与出口商签订现汇成交的贸易合同，并与出口方银行签订贷款合同，买主先付15%左右的现汇订金，其余贷款由买方以借到的资金按现汇付款条件支付给卖方。然后买方按照贷款协议分期偿还卖方银行并支付贷款利息。使用买方信贷需要签订两个合同：一是买卖双方的贸易合同；二是出口方银行与进口方签订的贷款合同。买方信贷不仅使出口商可以较快地得到货款和承担较少外汇风险，而且买方信贷中各项费用不计入货价，在贷款协议中分别列明，便于买方与出口方讨价还价。

卖方信贷是出口方银行以优惠利率向本国出口商提供中、长期贷款，再由出口商以分期付款赊销的方式，将成套设备卖给进口商。然后由买方分期偿还货款。在这种方式下，出口商将贷款利息、保险费、承担费、管理费等均计入货价，所以延期付款的货物价格要高于现汇支付货价的3%～4%，有时甚至达到8%～10%。在卖方信贷条件下，出口商得到出口贷款后，可以将这笔外汇收入在现汇市场上卖出，换成本币，加速本币资金周转。该项贷款用进口商陆续支付的外汇抵付。这样，出口商从银行的借款为其应向进口方收取的款项所轧平，即使得到出口信贷后汇率变动，出口商也不会蒙受损失。

2. 福弗延法

福弗延业务1965年产生于瑞士，其业务主要是对得不到其他出口信贷和政府资助或票据贴现有困难的出口方融通资金，并且仅仅适用于大型或成套设备的贸易。在这种方式下，出口商将进口商承兑的期限在半年以上到五六年的远期汇票无追索权地出售给出口商所在地银行或大金融公司，提前取得货款。由于这种融资方式使出口商可以在进口商付款前取得货款，避免了因延期收汇造成的汇率风险，因此福弗延业务可以作为避免外汇风险的一种方法。福弗延业务的主要内容是：

(1)在洽谈贸易时，出口方如欲使用福弗延方式，应事先与出口方所在地银行或大金融公司约定好，做好信贷安排；

(2)贸易合同中注明使用福弗延方式，进口方开立的偿付票据应由进口方银行担保，担保银行须经出口方银行同意；

(3)进口方的延期票据可以是远期汇票或本票；

(4)出口方取得票据以后，按照与买进此票据银行的事先约定，依照放弃追索权的额定原则，办理该项票据的贴现业务，取得现款。

福弗延业务与一般票据贴现业务极为相似，但又有所区别：

(1)出口方将票据卖给出口方银行，由于不带追索权，当以后票据遭到拒付时，出口方不承担任何责任；

(2)福弗延业务仅仅适用于与设备出口相关联的票据；

(3)办理福弗延业务的票据，因为金额大，贴现银行承担的风险也大，因此必须有一流的银行来提供担保。

(三)远期合同法

1. 远期合同法的概念

远期合同法是指具有外汇债权或债务的经济主体与外汇银行签订出售或购买远期外汇的交易合同，从而消除外汇风险的一种外汇风险管理方法。所谓远期外汇交易，即外汇交易的交割日为成交日后两个营业日以上者。在远期外汇交易中，交易成立的当天，买卖双方并不存在实际的外汇收付，而是约定在未来的某一特定日期，以约定的远期汇率买卖某种一定数额的外汇。

2. 远期外汇交易的报价方法

采用远期合同法对外汇风险进行管理，关键在于经济主体与外汇银行签订合理的远期外汇交易合同，而远期外汇交易合同的签订，合同主体之间谈判的重点集中在外汇汇率的确定。对经济主体而言，采用合理的报价方法，对于促进双方签订远期外汇交易合同具有特别重要的意义。一般来说，远期外汇交易的报价方法主要有以下两种：

(1)完全报价法。所谓完全报价法，即以媒体公布的远期外汇汇率数字或外汇银行对一般顾客所报的远期外汇汇率数字为基础，直接报出外汇汇率的全部数字的一种报价方法。这种报价方法与即期外汇汇率的报价方法完全相同。

(2)点数报价法。所谓点数报价法，是指以即期外汇汇率为基础，高出或低于即期外汇汇率一定百分比的报价方法，点数即远期外汇汇率与即期外汇汇率之间的差额。当远期外汇汇率低于即期外汇汇率时，称该国货币的远期外汇为贴水；而当远期外汇汇率高于即期外汇汇率时，称该国货币的远期外汇为升水。在不同的外汇汇率标价法下，远期外汇汇率的报价方法不同:在直接标价法下,远期外汇汇率等于即期外汇汇率加上升水(或减去贴水);而在间接标价法下,远期外汇汇率等于即期外汇汇率减去升水(或加上贴水)。

3.远期合同法在工程项目融资中的运用

对于工程项目融资方而言,如果在资金融通过程中具有外币流入(如向世界银行等国际性金融机构贷款),则工程项目融资方可以借助于远期外汇交易合同,创造与外币流入相对应的外币流出,从而消除外汇汇率变动风险。

例如,我国某一港口建设业主向世界银行贷款5 000万美元,在贷款日,我国某外汇银行美元的购买价为1美元=8.1元人民币,美元的卖出价为1美元=8.3元人民币。该建设业主通过预测,未来一年内美元对人民币的汇率将持续上涨,为了防止美元汇率波动的风险,该建设业主与本国外汇银行签订了购买5 000万美元的1年期远期合同。签订远期外汇交易合同时美元对人民币的汇率为1美元=8.4元人民币。1年后,该建设业主履行远期外汇交易合同,与外汇银行交割,从外汇银行购买5 000万美元,只需要人民币42 000万元。如果还款日外汇银行的卖出价为1美元=8.6元人民币,则建设业主为了偿还5 000万美元需要人民币43 000万元,但由于该建设业主与外汇银行签订了远期外汇交易合同,业主只需要42 000万元人民币就可以如期履行还款的义务,从而节约了1 000万元人民币,规避了美元汇率变动的风险。

4.工程项目融资方采用远期合同法必须注意的问题

(1)远期合同法作为外汇风险管理的一种方法,工程项目融资方在运用时应具有良好的心态,在做远期外汇买卖时千万不能抱有侥幸的心理去从事投机活动,应该立足于外汇的保值和交易成本的核算。由于工程项目建设业主往往缺乏外汇交易的经验和技巧,又缺乏快速的通信工具,加之外汇市场信息传递渠道不通畅,因此从事投机活动往往会产生失误。如果在签订远期合同时约定了远期汇率,则交易成本就相对固定,从而避免了外汇汇率变动的风险。

(2)工程项目融资方必须正确分析外汇汇率的变动趋势。通过对外汇市场的预测分析,如果在付汇前后外汇汇率将有下跌趋势,则根本不需要做远期的外汇买卖;如果在收汇前后外汇汇率将有上升的趋势,同样也不需要做远期外汇买卖。只有在付汇前后外汇汇率将呈上升趋势或收汇前后外汇汇率将呈下降趋势时,才需要做远期外汇买卖。对于经验丰富的外商而言,他们常常在交易的货币上打主意。因此,对于工程项目融资方而言,在与外商签订交易合同之前,最好请外商提出两种不同的付汇货币,然后再征求外汇银行的意见,根据即期汇率推算出远期汇率,从中选择价格上合理的付汇货币,尽可能达到防范外汇汇率风险的目的。

(3)由于外汇银行比较清楚外汇市场上汇率的走势,加之其信息来源渠道通畅,工程项目融资方可以从外汇银行索取较为可靠的外汇市场信息。因此,工程项目融资方如果想利用远期合同法管理外汇风险,就必须与外汇银行保持密切的联系,建立良好的银企合作关系。

(4)必须强化外汇的风险意识。工程项目融资方每签订一笔大额的合同,只要涉及外币,而且通过预测,未来外汇汇率将朝对其不利的方向变动,则必须与外汇银行签订远期外汇的买卖合同。只有这样,才能防范外汇风险,从而减少因外汇汇率变动造成的损失。

(四)借款—即期合同—投资法

1.借款—即期合同—投资法的概念

借款—即期合同—投资法又称为BSI法,是指在有应收外汇账款的情况下,为了防止应收外币的汇率波动,首先借入与应收外汇相同数额的外币,将外汇风险的时间结构转变到办汇日，借款后外汇的时间风险消除。具体做法是将借入的外币卖给外汇银行换作本币，外币与本币价值波动的风险不再存在。这种做法虽然在消除风险过程中会发生一定的费用，但如果将所借外币通过即期合同法卖得的本币存入银行或进行投资就可以获得投资收益，而投资收益可以抵减部分采取防范措施的费用支出，从总体上而言，对企业是有利的。

2. 借款—即期合同—投资法在工程项目融资中的运用

例如，我国某建设业主从国外采购价值500万美元的机械设备，支付条件为120天的远期信用证。该建设业主为了防止120天后美元汇率上涨遭受损失，从我国的外汇银行借入一笔人民币，借款期限为120天。然后与该外汇银行或其他银行签订一个即期外汇购买合同，以借入的人民币购买500万美元，再将借入的美元投放于某一货币市场（或存款或购买短期债券），投资时间也是120天。120天后，该建设业主的债务到期，而其美元投资期限也届满，以其收回的美元投资偿还其债务500万美元。由于通过BSI法实现了应付美元的反向流动，所以消除了应付美元账款的风险。

3. 工程项目融资方使用借款—即期合同—投资法必须注意的问题

(1)工程项目融资方必须对未来外汇汇率的变动趋势作出准确预测，在预测的基础上合理决定是否采用该种方法。如果未来外汇汇率将呈不断上升的趋势，那么根本没有必要采用该种方法。只有当预测未来外汇汇率变动呈逐渐下降的趋势时，才采用该种方法。

(2)工程项目融资方使用该种方法，必须在借款成本和投资收益之间作出权衡。在权衡时应该遵循成本效益原则，即投资收益必须大于或等于借款成本才是可行的，否则将得不偿失。

(3)工程项目融资方必须考虑其资金运作的能力，即是否能够顺利地借入款项以及为资金找到合适的投资机会。

(4)工程项目融资方必须考虑未来的现金流量是否能够在借款到期时有足够的现金偿还借款本金和利息，否则借款到期无法偿还，将加大工程项目融资方的财务风险。

(五)提前收付—即期合同—投资法

1. 提前收付—即期合同—投资法的概念

提前收付—即期合同—投资法又称为LSI法，是指具有应收外汇账款的经济主体在征得债务方同意的前提下，请债务方提前偿还货款，并给予债务方一定的现金折扣。应收外汇账款收讫后，外汇时间风险予以消除。然后再通过即期合同，换成本币后消除货币风险。为获得一定的收益，将换回的本币再进行投资。LSI法与BSI法的过程基本相似，只不过将第一步从银行借款对其支付利息改为提请债务人提前偿还，需相应地给债务人一定现金折扣而已。

2. 提前收付—即期合同—投资法在工程项目融资中的运用

例如，某高速公路建设业主建设一条长10km，双向8车道的高速公路。该公路建成竣工后，将公路经营权转让给某一外商，双方约定经营权转让的时间为10年，每年外商支付给该建设业主1 500万美元该公路的维护修理在转让期间由外商自行负责。该高速公路总投资额为20亿元人民币。建设业主为了融通资金和防范外汇风险，在签订公路经营权转让合同时，鼓励外商提前付款，给出的付款条件为：如果一次性支付10年的转让费用，则给予5%的现金折扣；如果分10年付款，则在每年的年末支付1 500万美元。签订合同时，美元汇率为1美元＝8.5元人民币。该外商为了享受5%的现金折扣，于签订合同后立即一次性支付了1.425亿美元。该建设业主收到款项后将其兑换为人民币，兑换时外汇银行的买入价为1美元＝8.0元人民币，建设业主可以从外汇银行获得11.4亿元人民币，再将这笔资金投资于利率为3%，期限为 10 年的国库券，每年可以获得利息收入 0.342 亿元的投资收益。这样即使未来美元对人民币的汇率上升，只要因外汇汇率上升给建设业主带来的收益不超过国库券投资收益与现金折扣之间的差额，对该建设业主而言，就达到了防范外汇风险的目的。

由于这种外汇业务涉及的时间很长，为了更加精确地衡量这种外汇风险防范方法在经济上是否可行或者考察这种外汇风险防范方法经济上可行的最低限度，可以在考虑货币时间价值的前提下作出决策，即利用净现值法和内含报酬率法来作出决策。

仍以上述资料为例，设该建设业主要求的必要报酬率为 10%。该建设业主给予外商的现金折扣为 750 万美元，折算人民币 6 000 万元即为建设业主提前收款的成本。未来 10 年内，如果外汇汇率呈上升趋势，汇率如表 7-1 所示。

未来 10 年外汇汇率表　　表 7-1

1	2	3	4	5	6	7	8	9	10
1:8.1	1:8.2	1:8.1	1:8.0	1:8.2	1:8.3	1:8.0	1:8.1	1:8.3	1:8.2

按照上述资料，无论是提前收款，还是不提前收款，该公路建设业主的投资额 20 亿元和公路建成后每年的折旧额都相同，因此这两个因素为无关因素，在决策时可以不加以考虑。在提前收款方式下，每年投资国库券获得的利息收入 3 420 万元，其净现值计算如下：

$$NPV=3\,420\times(P/A,10\%,10)-6\,000=3\,420\times6.144\,6-6\,000=15\,014.532(\text{万元})$$

在分年收款方式下，各年的收益计算如表 7-2 所示。

分年收款方式下各年收益计算表(单位:万元)　　表 7-2

年　份	汇 兑 收 益	未丧失的现金折扣	合　计
1	[1500×(1−5%)×(8.1−8.0)]=142.5	[1 500×5%×8.1]=607.5	750
2	[1 500×(1−5%)×(8.2−8.0)]=285	[1 500×5%×8.2]=615	900
3	[1 500×(1−5%)×(8.1−8.0)]=142.5	[1 500×5%×8.1]=607.5	750
4	[1 500×(1−5%)×(8.0−8.0)]=0	[1 500×5%×8.0]=600	600
5	[1 500×(1−5%)×(8.2−8.0)]=285	[1 500×5%×8.2]=615	900
6	[1 500×(1−5%)×(8.3−8.0)]=427.5	[1 500×5%×8.3]=622.5	1 050
7	[1 500×(1−5%)×(8.0−8.0)]=0	[1 500×5%×8.0]=600	600
8	[1 500×(1−5%)×(8.1−8.0)]=142.5	[1 500×5%×8.1]=607.5	750
9	[1 500×(1−5%)×(8.3−8.0)]=427.5	[1 500×5%×8.3]=622.5	1 050
10	[1 500×(1−5%)×(8.2−8.0)]=285	[1 500×5%×8.2]=615	900

利用表 7-2 的有关数据可以计算出分年收款方式下的净现值，其计算过程和结果如表 7-3 所示。

分年收款方式下净现值计算表(单位:万元)　　表 7-3

年　份	分年收款方式下各年的收益	现 值 系 数	现　值
1	750	0.909 1	681.825
2	900	0.826	743.76
3	750	0.751 3	563.475
4	600	0.683 0	409.8
5	900	0.620 9	558.81

续上表

年　份	分年收款方式下各年的收益	现值系数	现　值
6	1 050	0.564 5	592.725
7	600	0.513 2	307.92
8	750	0.466 5	349.875
9	1 050	0.424 1	445.305
10	900	0.385 5	346.95
合计			5 000.715

通过计算，提前收款方式下净现值 15 014.532 万元大于分年收款方式下的净现值 5 000.715 万元，从经济上分析，该种收款方式是可行的。这说明即使在未来外汇汇率上升的情况下，使用该种收款方式获得的净收益完全能够弥补因外汇汇率上升所造成的损失，可起到防范外汇风险的作用。如果未来外汇汇率下降，则使用该种方法防范外汇汇率变动风险的作用会更加明显。

3. 工程项目融资方使用提前收付—即期合同—投资法应注意的问题

工程项目融资方使用提前收付—即期合同—投资法必须注意以下几个方面的问题：

(1)工程项目融资方首先必须在不考虑外汇汇率变动的情况下，考虑货币的时间价值，作出工程项目融资方为了提前收款给予现金折扣的最大比例。在具体决策时，可以用净现值指标来评价。其决策的基本依据为未来每年未丧失的现金折扣现值之和等于一次性收款丧失的现金折扣。

(2)工程项目融资方必须采用合理的外汇汇率预测方法来对未来外汇汇率进行准确的预测。从某种意义上而言，对未来外汇汇率进行准确预测是使用该种方法来防范外汇风险的基础。

(3)工程项目融资方如果通过预测，未来外汇汇率将呈下降的趋势，则可以合理扩大外汇现金折扣的比例。具体扩大到多少，则应该进行决策，实践中可以利用净现值指标来进行决策。

(4)工程项目融资方如果通过预测，未来外汇汇率将呈上升的趋势，则现金折扣的比例一般不能再扩大。如需扩大，则必须为提前收回的款项找到合理的投资渠道。在这种情况下，必须利用合理的评价方法来对提前收付—即期合同—投资法这一外汇风险管理方法作出经济上是否可行的决策。

(六)保付代理法

保付代理，又称包理，是指出口商在争取不到以进口商开立信用证方式收取货款的条件下，并且对进口商的资信不太了解时，可以向保付代理商提出保付代理申请。出口商将进口商应付货款的单证转卖给包理商，包理商根据延期付款的期限和自己将要承担的风险，确定对出口商的贴现比例，有时最高可以达到票据金额的 80%～90%，其余货款到期收进。在此种方式下，出口商支付一定的手续费或贴息，就能提前收回大部分货款，从而起到减轻外汇风险的作用。保付代理的业务方式主要有：

(1)直接保付代理，即出口商直接与进口商的保付代理商进行交易；

(2)银行作为中介人的保付代理，即出口方银行代出口商与进口国保付代理商进行交易；

(3)双方对代理商的保付代理。

保付代理业务在西欧和北美应用比较普遍，它为出口商提供了一种优于普通托收的结算方式。目前，我国银行也已经与一些国家银行所属的保付代理机构签订了协议，我国的企业也可以通过中国银行进行保付代理业务。

(七)投保货币风险法

目前，世界上许多国家和地区都对某些外汇风险给予保险服务，只是保险的标的、范围以及具体的做法有所不同。涉外经济主体只要购买了外汇保险，一旦外汇汇率发生变动蒙受经济损失，就可以凭借保险条款向保险公司索取赔偿。以日本为例，日本只对长期外币债权持有者中的设备和零备件出口商以及向海外提供技术者提供保险服务。保险的范围仅仅限于日元升值3%～20%时所造成的经济损失，也就是说，日元升值3%不能弥补，汇差损失超过20%的部分也不能填补，适用的币种也只包括美元、英镑、马克、法国法郎和瑞士法郎。而在美国，则由国际开发署承担外汇汇率变动的保险责任，其保险的标的为美国居民的对外投资。

(八)资产负债表保值法

涉外经济主体对折算风险的管理，通常是实行资产负债表保值。这种方法要求在资产负债表上各种功能货币表示的遭受风险的资产与遭受风险的负债数额相等，以使其折算风险头寸为零。只有这样，外汇汇率变动才不至于带来会计折算上的损失。实行资产负债表保值，一般应做到以下几点：

(1)弄清楚资产负债表上各账户、科目各种外币的金额，并明确综合折算风险的大小。

(2)确定资产负债表的调整方向。如果以某种外币表示的遭受风险的资产大于遭受风险的负债，则需要减少遭受风险的资产，或增加遭受风险的负债，或同时并举；反之，则增加遭受风险的资产，或减少遭受风险的负债，或同时并举。

(3)明确调整方向和规模以后，进一步明确对哪些科目及账户进行调整，并进行分析和权衡，使调整的综合成本最小。

第二节　外汇风险的防范

任何可以完全或部分消除外汇风险的技术称为保值措施或外汇风险的防范方法。具有外汇风险的工程项目融资主体应结合不同外汇交易的特点与其自身的财务条件，采取以下几个方面的措施来防范外汇风险：做好货币选择与优化货币组合，提前或推迟收付款，选择正确的结算方式，调整价格法、借款法、投资法等措施。

一、做好货币选择、优化货币组合

(一)货币选择应该遵循的原则

做好货币选择主要是选择合适的货币作为计价货币，对工程项目融资主体而言，选择货币必须遵循以下基本原则：

(1)尽可能使用可以自由兑换的货币。目前，可以自由兑换的货币主要有美元、欧元、日元、英镑、瑞士法郎、加拿大元等。选择这样的货币既便于资金的调拨运用，也有助于转移货币的汇率风险，而且可以根据汇率变化趋势，随时在外汇市场上兑换转移。

(2)尽可能使用本币计价结算，在清偿时不会发生本币与外币之间的兑换风险，因而外汇风险也无法产生。

(3)如果享有债权，则应选择硬币或外汇汇率具有上浮趋势的货币作为计价货币；如果承担债务，则应该选择软币或具有下降趋势的货币作为计价货币，从而减缓外汇收支可能发生的价值波动损失。

(4)如果工程项目融资主体在坚持上述原则选择货币时仍然蒙受损失，也可以在享有债权时采取一半用硬币，一半用软币的方法，使债权和债务双方都不至于吃亏，平等互利。而在承担债务时，也可以采用同样的方法以规避外汇汇率变动风险。

(5)在实际外汇交易中，由于外汇汇率的变动，"软币"和"硬币"是相对的。此外，作为交易双方还必须考虑货币的交易条件和利率的高低动向。因此，在交易中，要根据实际情况，在权衡得失利弊的基础上，作出正确决策。当涉及金额较大的债权和债务且交易双方各执己见时，则可以采用多种货币来计价交易，使不同货币的急升急降风险缓冲抵消。这样就可以防止使用单一货币计价，因外汇汇率突然变化，使债权债务双方遭受重大损失，从而分散外汇风险。

例如，我国某工程建设业主作为卖方，欧洲某公司作为买方，签订了一项工程合同，合同期为5年，合同货币为美元、欧元和德国马克，已分别进行工程价款结算。其中，美元占25%，欧元占25%，马克占50%。这三种货币美元为硬币，欧元为软币，马克为中币，三者搭配使用。在分期付款或一次性付款的合同有效期内各种汇率有不同的变化，有升有降，硬有可能变软、变中，软也可能变硬、变中，但是总的价值相对稳定，可以减少风险。

(二)具体选择货币时应注意的问题

(1)各种货币的"软"和"硬"是相对的，对外汇汇率的中期预测也十分困难，因而在选择货币时必须慎重从事。

(2)货币选择对交易双方而言是对立的，选择何种货币并非一厢情愿，双方在这一点上具有很大的争议，通常很难成交。

(3)从利率方面分析，软货币利率一般较高，而硬货币一般利率较低。有时外汇汇率之间的差异有可能被利率差异所抵补。

基于上述三个方面存在的问题，在实践中必须根据实际情况灵活选择货币进行计价。

(三)工程项目融资主体的货币选择

工程项目融资主体在国际融资中选择何种货币，直接关系到其是否承担外汇风险以及承担多大的外汇风险。因此，工程项目建设业主在国际融资中可以采取以下策略：

(1)融资货币的多元化。由于国际金融市场上外汇汇率变化无常，对一种货币的汇率走势也很难准确地把握，因此在利用债务融资方式时，最好采取融资货币多元化策略，即坚持多种货币组合的债务策略。一种货币的升值导致债务增加，依赖另一种货币贬值的债务减少来抵消。只要合理选择货币的组合，就可以降低单一货币汇率波动造成的损失。

(2)选择可自由兑换的货币。选择可自由兑换的货币，既便于工程项目建设业主外汇资金的调拨和运用，也有助于转移外汇汇率的风险，即可以根据外汇市场上外汇汇率的变化趋势或外汇资金的需要，随时在外汇市场上兑换和转移。目前我国对外经济贸易中使用的可自由兑换的外币包括美元、英镑、法国法郎、德国马克、日元、瑞士法郎、荷兰盾、加拿大元、意大利里拉及港元。工程建设业主在融资过程中尽可能选择上述货币。

(3)筹款货币与用款货币、还款货币尽可能保持一致，或者筹借与用款、还款货币的汇率波动具有相似性的货币。从总体上分析，尽量使筹借的货币与自身创汇的货币一致，如对外发行债券，债券的面值货币币种应尽量与其使用的币种和创汇的币种相一致，这样就可以避免由于汇率变动，几种货币互换而产生的外汇风险。反之，则会使工程项目融资主体经常处于汇率风险之中。如果不同外汇的汇率波动具有相似性，就意味着无论外汇汇率怎样波动，多头的外汇都能较好地抵消单头的外汇，使现金流量保持相对的稳定。

(四)工程项目融资主体货币组合的优化

优化货币组合是指工程项目融资主体在采用多种货币计价时，在合理选择货币的基础上，采取计划货币从优，合理选择其他货币进行计价，从而不断消除外汇汇率波动的风险。若工程项目融资主体采用的货币中一种货币发生升值或贬值，而其他货币的价值不变，则该货币价值的改变不会给其带来很大的风险，或者说风险因分散开来而减轻；若计价货币中几种货币升值，另外几种货币贬值，则升值货币所带来的收益可以抵消贬值货币所带来的损失，从而减轻外汇风险的程度或消除外汇风险。

二、提前或推迟收付法

提前或推迟收付法，即工程项目融资主体根据有关货币对其他货币汇率的变动情况，更改货币收付日期的一种防范外汇风险的方法。

一般来说，在提前支付的情况下，工程项目融资主体承担的债务若提前支付，则可得到一笔一定金额的现金折扣。从这种意义上而言，提前支付的效果类似于投资，其获得的现金折扣类似于投资收益。而提前收取款项与借款类似，一般会给对方一定比例的现金折扣，如对方享受现金折扣，那么债权人就损失了一部分现金。因此，工程项目融资主体必须根据外汇市场上汇率波动情况的预测结果，选择适当的时机提前结汇，从而最大限度地减轻因外汇汇率剧烈变动所受到的损失。

推迟收付是指工程项目融资主体推迟收回债权或推迟支付债务。尽管推迟收付与提前收付在操作方向上相反，但它们所起的作用相同、目的相通，即都是为了改变外汇风险的时间结构。

三、正确选择结算方式

对于工程项目融资主体而言，必须根据实际情况灵活选择合理的结算方式来了结债权和债务，从而分散外汇风险。

如果工程项目融资主体是债权人，其应该向对方收取外汇，并遵循“安全及时”的原则。所谓“安全”具有两层含义：一是债权人应该收取的外汇不致遭受外汇汇率波动的损失；二是应该收取的外汇收入不至于遭到拒付。而及时收汇，则外汇汇率变动的时间风险大大缩小，同时拒付的可能性也受到限制。因此，要做到安全及时收汇，防止外汇收入不能及时收回的风险，必须根据业务的实际情况，慎重考虑收取外汇的结算方式。

一般来说，即期信用证结算方式最符合安全及时收汇的原则。即期信用证是债权人收到国外开来的信用证，根据信用证条款的规定，于债权的条件成立后，签发即期跟单汇票交债权方外汇银行。外汇银行审核单证相符以后，就办理议付或付款，并以电报或航寄跟单汇票向国外银行收取外汇。这种结算方式十分迅速，对债权人而言，收取外汇的时间最短，因而外汇时间风险也最小。远期信用证结算方式虽然收取外汇也比较安全可靠，但由于这种结算方式不及时，因此外汇汇率发生波动的概率很高，从而削弱了收取外汇的安全性。至于托收结算方式，由于商业信用代替了银行信用，其安全性大打折扣。D/A 结算方式安全性、及时性最差。即使是 D/P 结算方式，当外汇管制加强时，也不能按时收汇，外汇风险也很大。因此，为了达到安全及时收取外汇的目的，债权人必须根据实际情况，慎重灵活地选择结算方式。

如果工程项目融资主体是债务人，其应向对方支付外汇，则其在正确选择结算方式时，刚好与债权人相反。

四、调整价格法

调整价格法是指在进出口贸易中为了防止外汇汇率变动风险，通过调整进出口货物价格的方式，减少外汇汇率变动的损失，其具体操作思路如下：

(1)如果进口商坚持以本国货币作为计价货币，出口商的外汇风险就会增加。为此，在卖方市场条件下，出口商可适当调高出口产品的货价，以弥补因使用对方货币可能蒙受的损失；如为买方市场，则货价不宜提高，因为提高货价一定会使出口商的出口量大幅度降低。

(2)如果进口商接受以出口商所在国的货币作为计价货币，则可以压低其售价，从而弥补接受对方货币所蒙受的损失。

调整价格法并不等于没有风险，实际上外汇风险仍然存在，只不过该种方法可以减轻外汇风险的程度而已。

五、借 款 法

借款法是指具有远期外汇收入的经济主体通过向外汇银行借入一笔与远期外汇收入相同金额、相同期限、相同货币的贷款，从而实现融通资金、防范外汇风险时间结构的一种方法。

例如，我国某公司半年后将从美国收回一笔 200 万美元的外汇收入。该公司为了防止半年后美元外汇汇率下降的风险，利用借款法向我国某外汇银行借入相同金额(200 万美元)、相同期限(半年)的美元借款，并将这笔美元作为现汇卖出，以补充其人民币流动资金。半年后，再利用其从美国获得的美元收入，偿还其从外汇银行借入的款项。这样一来，即使半年后美元严重贬值，对该公司而言也并无多大经济影响。因为该公司用这笔美元，偿还其从外汇银行取得的货款，从而避免了美元汇率变动的风险，而该公司的净利息支出即为防范外汇风险所花费的成本。

借款法的采用还可以改变外汇风险的时间结构，将其缩短到该公司债权成立时到从外汇银行取得借款前这一短暂时间。时间结构的改变，减缓了风险的严重程度。

借款以后，随之换成本币，同时消除了外币对本币价值变化的风险。若只借款而不变卖成本币，则只消除了时间风险，仍然存在外币对本币价值变化的风险。

六、投 资 法

所谓投资法，即某一经济主体将资金投放于某一市场，一定时期后连同投资收益和本金收回资金的经济过程。闲置资金投放的典型市场为短期货币市场，投资对象为规定到期日的银行定期存款、存单、银行承兑票据以及国库券和商业票据等。对工程项目融资主体而言，投资意味着现时有一笔资金流出，而未来有一笔反向的资金流入(其金额等于投资本金加上投资收益)。在存在外汇风险的情况下，投资的作用像借款一样，主要是为了改变外汇风险的时间结构。

例如，A 公司在 5 个月后有一笔 100 万美元的应付款，该公司可将一笔同等金额的美元(期限为 5 个月)投放在货币市场上，以使未来的外汇风险转至现时。

投资法虽然表面上与借款法相似，即都能改变外汇风险的时间结构，但具体情况并不完全相同。投资法是将未来的支付转移到现在，而借款法是将未来的收入转移到现在。

七、平衡抵消法

(一)平衡抵消法的概念

平衡抵消法，是指在对外经济交易活动中，按照使用的不同货币，力求使货币的收支数额达到或接近平衡，以抵消或减轻外汇汇率变动的风险。

(二)平衡抵消法的种类

平衡抵消法有两种：一种是单项平衡法；另一种是综合平衡法。

1. 单项平衡法

单项平衡法是指一个单位通过外汇借款，引进技术设备，扩大产品出口时，力争使借款的外汇、进口设备支付的外汇以及产品出口收入的外汇，都使用相同的货币计价结算，以避免汇率风险。例如，一家生产出口产品的工厂，决定扩大再生产或进行技术改造，从外汇银行借入一笔美元贷款进口设备。为了避免汇率风险，应力争在进口设备时也使用美元；在设备进口、安装、投产以后，推销产品出口时，也争取使用美元；最后用出口收汇的美元偿还贷款本息。从借款、引进设备、出口产品到偿还借款全过程的外汇收支，都以同一种货币进行，可以避免套汇，自然也就消除了汇率风险。

2. 综合平衡法

综合平衡法是指一种货币汇率上升或下跌时，必然会出现另一种货币汇率的相反变化，即下跌或上升。如美元对日元汇价的下跌，就意味着日元对美元汇价的上升。如果单纯使用其中一种货币，必将承担汇率风险。因此，某一经济主体在同一时期的出口业务中，既要力争多收日元(硬货币)，也要适当选择一些以美元计价收汇的出口业务。这样，日元上升的汇率收益，就可以弥补美元下跌的汇率损失，从而抵消美元下跌的汇率风险。这种做法就是出口的综合平衡。同样的道理，当一个经济主体在美元下跌时，成交了一笔以美元收汇的出口业务，显然是要承担汇率风险的。但是，如果能在一笔金额相当的进口业务中，争取到以美元付款，则出口收入的是美元，进口支付的也是美元，就能够抵消其汇率风险。这种做法就是进出口综合平衡。

综合平衡法显然比单项平衡法更富有灵活性，因为它不仅可以在一个经济主体内进行，而且可以扩大到在一个系统、一个地区范围内进行。如果各种对外交易收付的外国货币种类、金额、收付的期限等统计数字准确迅速，联系及时，运用得法，那么在防范汇率风险上就能取得明显的效果。

综上所述，防范外汇风险的方法有些是在风险已经存在后采取的，而有些是在风险发生之前采取的；有些只可以消除时间风险，有些只可以消除货币风险，有些则二者均可以消除。因此，在具体防范外汇风险时，必须合理衡量每种方法的优劣，采取合适的方法来防范外汇风险。

第三节　外汇风险的处理

一、使用保值条款处理外汇风险

使用保值条款处理外汇风险是指在进出口贸易中，交易双方可以在贸易合同中订立保值条款，使债权债务金额以某种较稳定的货币或复合货币单位保值，双方共同来分摊未来的汇率变动风险。保值条款在具体使用过程中主要有以下几种形式：

(一)货币保值条款

货币保值是指交易双方在签订合同时，选择某种与合同货币不一致的、价值稳定的货币，将合同金额予以转换，用所选货币来表示。在结算或清偿时，按所选货币表示的金额以合同货币来完成收付。货币保值条款又可以分为硬货币保值和复合货币保值两种。

1.硬货币保值

我国出口贸易中有一部分出口商品，输出的地区、成交的方式，特别是计价收汇的货币，长期习惯于使用某种货币(而实际上当时这种货币正处于上下波动幅度较大的时候)，但又不便立即更改为其他货币。在这种情况下，可以在外销合同中加列“硬货币”保值条款，把买卖双方承担的汇率风险限制在一定的范围之内。

例如，过去有一段时期港币波动的幅度较大，当时我国出口商和港商签订以港元计价的出口合同时，采取以美元(当时为硬货币)保值的办法。当时港元对美元的汇率为8港元＝1美元，合同条款规定，如果港元对美元的汇价上下波动的幅度超过3%时，则相应地调整出口商品的价格；如果不超过3%，则不调整出口商品的价格。合同中，商品的单价为8港元，按照3%的幅度，上下分别为7.76港元(港元对美元的汇价上涨)和8.24港元(港元对美元的汇价下跌)。如果实际汇率上下波动幅度超过限制的幅度时，就应该相应地调整出口商品的货价，也就是调整实际支付的港币余额，作为汇率风险的补偿。

2.复合货币保值

复合货币保值的原理及操作思路与硬货币保值完全相同，只不过将硬货币换成两种或两种以上的货币而构成了一个“货币篮”而已。在“货币篮”中，各种货币软硬搭配，外汇汇率变化有升有降，而且升降幅度不相等。因此，货币篮的价值变动也不大，使用这种方法处理外汇风险，可以有效地防止外汇风险对交易双方造成的损失。

例如，德国一公司签订一份100万美元的出口合同，并在合同中规定美元、德国马克和英镑分别占40%、30%和30%的比重，从而组成一个货币篮。假设订立合同时汇率为1美元＝2马克，1英镑＝0.5马克，在整个货币篮中，有40万美元、60万德国马克和15万英镑。如果支付时美元汇率下跌，汇率为1美元＝1.5马克，1英镑＝0.4马克，那么货币篮中60万马克就折算成40万美元，15万英镑就折算成37.5万美元。在最后支付时，进口商支付117.5(40＋40＋37.5)万美元。该出口商采用货币篮保值，避免了17.5万美元的损失。

目前，典型的复合货币主要有两种：一种是国际货币基金组织发行的“特别提款权”(SDR)，由美元、德国马克、日元、英镑、法国法郎5种货币的不同权数和比重定值的；另一种复合货币是欧洲货币体系发行的“欧洲货币单位”(ECU)，由欧洲经济共同体国家的德国马克、法国法郎、意大利里拉、丹麦克朗、爱尔兰镑等12种货币的不同权数和比重定值的。SDR与

ECU 在伦敦外汇市场汇价中,每日都有行市。

这两种复合货币的共同特点是:用一篮子货币定值,其中既有较硬的货币,也有较软的货币。它们互相均衡使汇率变动要比某种单一货币的汇率变动要稳定得多,汇率上下波动的幅度也小得多。以 1980 年至 1983 年 4 年间汇率变动对比,美元对主要西欧 5 个国家的货币汇率平均上升了 59.6%,而同期"欧洲货币单位"对上述 5 国货币汇率平均上升 9.8%。因此,以复合货币保值,有其相对稳定的特点,交易双方一般都比较乐意接受。

(二)物价指数保值条款

所谓物价指数保值,是指以某种商品的价格指数或消费物价指数来保值,进出口商的货价根据价格指数的变动作相应的调整。

(三)滑动价格保值条款

所谓滑动价格保值,是指订立贸易合同时,买卖商品的部分价格暂不确定,根据履行贸易合同时市场行情情况或生产费用的变化加以调整。在签订贸易合同时买卖双方应确定滑动公式的主要内容,如滑动部分占货价的比例、不滑动部分(主要是管理费用)所占的比例,滑动价格的组成及比例(主要由原材料费用和人工费用两大部分组成),材料价格指数和人工费用指数的依据和资料来源等。

如果工程项目融资主体对判断外汇汇率走势缺乏经验或信心不足,对所选择的融资货币不够稳妥的话,为进一步提高保险系数,则可以在融资协议中订立保值条款,从而分散外汇汇率变动的风险。

二、利用远期外汇业务处理外汇风险

(一)远期外汇业务的概念

所谓远期外汇业务,即预约购买与预约卖出的外汇业务,也就是买卖双方事先签订合同,规定买卖外汇的币种、数额、汇率和将来交割的日期,在合同到期日,再按照合同规定,卖方交汇,买方付款的外汇业务。远期外汇业务的期限一般按月计算,一般为 1~6 个月,也可以长达一年,通常最为常见的是 3 个月。在外汇市场上,远期外汇业务也可以进行延期交割,也可以在规定的期限内,由买方或卖方选择交割日期。而利用远期外汇业务进行投机时,买方或卖方常常不实际进行交割,而是根据到期外汇汇率的涨跌,收付盈亏的金额,以结束远期外汇业务。

(二)远期外汇业务的作用

(1)可以规避外汇风险。在出口商以短期信贷方式出卖商品,进口商以延期付款方式买进商品的情况下,从成交到结算这一期间对双方而言都存在外汇汇率变动风险。由于外汇汇率的上升或下降,出口商的本币收入可能比预期的金额减少,而进口商的本币支付可能比预期的金额要增加。在国际贸易实务中,为了减少外汇汇率变动的风险,有远期外汇收入的出口商可以与外汇银行签订出卖远期外汇合同,在一定时间后按照签约时规定的价格向外汇银行出售其所获得的外汇收入,从而防止因外汇汇率下跌而造成的经济损失。对进口商而言,其未来可能有外汇支出,也可以与外汇银行签订购买远期外汇合同,在一定时期以后,按签约时规定的价格向外汇银行购入规定金额的外汇,从而防止进口商因为外汇汇率上升而增加的成本负担。

(2)可以利用远期外汇交易投机赚取利润。一般来说,投机者根据自己的专业知识和各方面的信息,预计某种货币的汇率将要下降,便预先出售该种货币(称为抛出或做空头),待今后该种货币价格下跌后再买进以抵补空头；当投机者预计某种货币汇率将上升，便预先买入该种货币(称为购进或做多头)，待今后价格上升后再出售。经过循环往复的贱买贵卖，投机者可以从中赚取丰厚的利润。

(3)有利于远期外汇收支的出口商和进口商核算其出进口成本，确定商品的销售价格，事先计算其利润盈亏。

(三)远期外汇交易的参与者

在完整的外汇市场上，购买远期外汇的参与者除了有远期外汇支出的进口商外，还有负有短期外币债务的债务人，输入短期资本的牟利者以及对于远期外汇汇率看涨的投机商等。而卖出远期外汇的除了有远期外汇收入的出口商以外，还有持有到期的外币债权的债权人，输出短期资本的牟利者以及对于远期外汇汇率看跌的投机商。

(四)远期外汇交易在工程项目融资中的运用

我国某港口建设业主从英国进口一台设备，需要支付500万英镑。双方签订合同时，英镑对美元的汇率为1英镑＝1.612 2美元，根据汇率计算，建设业主应该支付的进口设备款为806.1万美元，并于3个月后付讫。如果3个月后美元汇率下跌至1英镑＝1.80美元，则806.1万美元就不够支付，需要900万美元才能满足支付需求，为此，该建设业主必须再筹集93.9万美元才能满足支付需求。如果该建设业主在签订合同时，与外汇银行再做一笔远期交易，即向外汇银行买入3个月的远期英镑，远期汇率为1英镑＝1.612 2美元，3个月后该建设业主可以用806.1万美元购买到500万英镑。这样即使3个月后美元汇率下跌，该建设业主也不会受到损失。

三、利用即期外汇交易处理外汇风险

(一)即期外汇交易的概念

所谓即期外汇交易，是指在外汇买卖成交以后，原则上在两天内办理交割手续的外汇交易业务。

(二)即期外汇交易的种类

1.电汇

电汇是指银行在售出外汇的当天，即以电报委托其在国外的分行或代理行，将汇款付给收款人的一种结算方式。

在浮动汇率制度下，由于外汇汇率经常大幅度波动，而电汇结算方式收付外汇的时间较短，在一定程度上可以减少外汇汇率波动的风险，因此，许多出口商在贸易合同中经常要求进口商以电汇方式付款。在实践中，出口商通常要求进口商开出带有电报汇条索款的信用证，即开证的外汇银行允许议付银行在议付以后，以电报方式通知开证行，说明各种单证与信用证的要求相符。开出信用证的外汇银行在接到上述电报以后，有义务立即将货款以电汇的方式划拨给议付银行。由于电报或电传比邮寄方式快，因此附带电报索汇条款的信用证能够使出口商尽快地收回货款，从而加速其资金周转，减少外汇风险。这就是电汇在出口结算中的具体运用。此外，外汇银行在平衡外汇买卖、调拨外汇时，以及投机者进行外汇投机时，也都使用电汇结算方式。电汇凭证就是外汇银行开出的具有密押的电报付款委托书。

在电汇结算方式下，外汇银行在国内收进本国货币，而在国外付出外汇的时间相差不过

一二天。由于外汇银行不能利用顾客的汇款，而国际电报的费用又比较高，所以电汇的汇率也比较高。目前，电汇汇率已经成为外汇市场的基本汇率，其他汇率都以电汇汇率为计算标准。

2. 信汇

信汇是指汇款人向当地外汇银行交付本国货币，由外汇银行开具付款委托书，用邮寄的方式交国外的代理银行，办理付出外汇业务。

在进出口贸易合同中，如果规定凭商业汇票“见票即付”，则由外汇议付银行将商业汇票和各种单据以信函方式寄往国外收款，进出口方外汇银行见票后，以信汇向议付外汇银行拨付外汇。这就是信汇方式在进出口结算中的具体运用。进出口商为了推迟支付货款的时间，常常在信用证中注明“单到国内，信汇付款”的条款。这不仅可以避免进出口商本身资金的积压，降低进口成本，而且可以在国内验单后付款，保证进出口商品的质量。

信汇凭证是信汇付款委托书，其内容与电汇委托书的内容相同，主要区别是汇出行在信汇委托书上不加注密押，而以负责人的签字来代替。

3. 票汇

票汇是指外汇银行应汇款人申请，开立的以汇入银行为付款人的汇票，标明收款人的姓名、汇款金额等事项，交由汇款人自行寄送给收款人或亲自携带出国，凭票取款的一种汇款方式。票汇凭证即银行汇票。票汇具有以下特征：

(1)汇入银行无需通知收款人取款，而由收款人上门自行取款。

(2)收款人可以通过背书方式转让汇票，到外汇银行领取汇款的很有可能不是汇票上列出的收款人本人，而是其他人。因此，采用该种方式，票汇牵涉的当事人可能较多。

在国际贸易实务中，进出口商的佣金、回扣、寄售货款、小型样品与样机、展品出售和索赔等款项的支付，通常采取票汇方式付汇。

采用信汇和票汇业务时，银行收到顾客交来的款项以后，经过两国间邮程所需要的时间，才能在国外付出外汇。在此期间，外汇银行利用了顾客的汇款，获得利息收入。因此，信汇和票汇的汇率通常低于电汇的汇率，其差额大致相当于邮程期间的利息。当前实务中，国际邮件多用航邮或快件，邮程时间可以大大缩短，因而信汇、票汇汇率和电汇汇率的差额也逐渐缩小。

四、利用外汇期货交易处理外汇风险

(一)外汇期货交易的概念

外汇期货交易是指期货经纪人或者期货交易者，根据期货市场上关于货币的种类、交易金额、清算期、交易时间等统一标准化的规定，按照市场报价买进或卖出的远期外汇交易。外汇期货交易的主要目的在于为交易的货币保值或防范外汇风险，也包括从事外汇投机活动。

(二)外汇期货交易的特点

外汇期货交易具有以下特点：

(1)所有的外汇期货交易，必须严格按照期货市场关于货币种类、交易金额、清算日期等统一的标准化规定进行。例如，按照芝加哥国际货币市场规定的统一标准，每一笔期货合同各种货币的成交单位是 62 500 英镑、125 000 马克、12 500 000 日元等，期货交易交割期固定为每年的 3 月、6 月、9 月和 12 月。

(2)外汇期货交易实行的是按日清算制。每笔交易必须当天结算清楚。每笔交易所交纳的保证金，按每日行市计算盈亏，并逐笔在保证金账户按照盈亏款项增减。如果亏损金额达到一定程度，期货交易者必须按照亏损金额补足保证金。

(3)期货交易只限于在期货交易所会员之间进行。非会员进行期货交易，必须通过会员办理，而且每笔期货交易必须交纳保证金才能进行。因此，期货交易的风险是较小的。参加外汇期货交易的主要有银行、财务机构、企业、个人以及投机商等。

(4)外汇期货交易的买入和卖出，都需要支付一定的手续费，但是费率的高低无统一的规定。费率的高低由交易所会员和委托人之间协商而定，一般都比较低。

(5)外汇期货交易是在期货市场的监督下，通过竞价交易的方式进行。

(三)外汇期货交易与远期外汇交易的区别

外汇期货交易与远期外汇交易的区别主要表现在以下几个方面：

(1)外汇期货交易对成交的货币种类、交易金额、交割日期等均有统一的规定标准；而远期外汇交易则由买卖双方协商确定。

(2)外汇期货交易在期货市场由买卖双方各自报出买价或卖价；而远期外汇交易则在外汇银行由买卖双方通过电讯，同时报出买卖价。

(3)外汇期货交易成交后需要交纳保证金，买入和卖出还要支付手续费；而远期外汇交易只需要通过外汇银行成交，到期交割，不收取手续费。

五、利用外汇期权交易处理外汇风险

(一)外汇期权交易的概念

外币期权交易是20世纪80年代初开展起来的一项新的外汇业务。所谓外币期权交易是指远期外汇的买卖双方签订买卖远期外汇合约，并支付一定金额的保险费以后，在合约的有效期内或在规定的合约到期日，有权按照合同规定的协议汇率来履行合约，行使自己购买或卖出远期外汇的权力，并进行实际交割的一种外汇交易方式。在外币期权交易方式下，远期外汇的买卖双方在合约的有效期内或在规定的合约到期日，有根据外汇市场的情况决定不再履行远期合约、放弃买卖远期外汇的权力。这种拥有履行或不履行购买或出卖远期外汇合约选择的外汇业务称为外汇期权。

(二)外币期权交易的特点

(1)外币期权交易业务中的保险费不能收回。在远期外币期权交易方式下，无论买卖双方是履行远期合约，还是放弃远期合约的履行，双方所交付的保险费都不能收回。

(2)外币期权交易业务中的保险费费率并不固定。在远期外币期权交易方式下，外币期权交易业务所交付的保险费反映了同期远期外汇升水、贴水的水平、所收费率的高低受市场现行汇率水平、期权的协定汇率、时间值或有效期、预期汇率波动、利率波动等原因的影响，因此保险费费率并不固定。

(3)外币期权交易业务所签订合约买卖双方具有执行合约或不执行合约的选择权，具有较强的灵活性。而在远期外汇交易中，远期合同一经签订，外汇买卖双方必须履行合约，具有较强的刚性。

(三)外币期权交易的种类

典型的外币期权交易有两种分类方法：一种是分为欧式期权和美式期权；另一种是分为买

方期权和卖方期权。

1. 欧式期权和美式期权

(1)欧式期权。欧式期权合约的双方只能在期权到期日当天的纽约时间上午9时30分以前，向对方宣布决定是否执行期权合约的一种期权。

(2)美式期权。美式期权即期权合约的双方可在期权到期日前的任何一个工作日的纽约时间上午9时30分以前，向对方宣布决定是否执行期权合约的一种期权。美式期权比欧式期权更为灵活，因而其保险费率也较高。

2. 买方期权和卖方期权

(1)买方期权。又称看涨期权，是指期权合约的持有人在合同的有效期内，有权选择是否买进合同规定的币别和数量的外汇。采取这种方式的多为进口商、借用外资的债务人等。

(2)卖方期权。又称看跌期权，是指期权合同持有人在合同的有效期内，有权选择是否卖出合同规定的币别和数量的外汇。采取这种方式的多为出口商、对国外进行短期投资的投资者等。

以买方期权为例，英国进口商3个月后需要支付进口货款1 500 000美元。为了防范外汇汇率变动的损失，按照当时的市场汇率1英镑=1.5美元买进期权外汇1 500 000美元，到期应付1 000 000英镑，签订合同时支付保险费10 000英镑。3个月到期可能出现三种不同情况：

(1)美元对英镑升值，市场汇率变为1英镑=1.4美元，按照市价买入1 500 000美元，需要支付1 071 400英镑(1 500 000/1.4)。而根据期权合同加保险费只合计1 010 000英镑，可节省61 400英镑，决定选择履行合同。

(2)美元对英镑贬值，市场汇率变为1英镑=1.6美元，按照市价买入1 500 000美元，只需要支付947 500英镑(1 500 000/1.6)，加上保险费损失10 000英镑，合计为957 500英镑，可节省42 500英镑，决定选择放弃履行合同。

(3)市场汇率不变，可以履行期汇合同，也可以在市场买入美元现汇，其结果相同，只损失保险费10 000英镑。

以卖方期权为例，英国出口商3个月后将收入一笔出口货款1 500 000美元。为了防范外汇汇率变动的损失，按照当时的市场汇率1英镑=1.5美元卖出期权外汇1 500 000美元，到期应收入1 000 000英镑，签订期权合同时支付保险费10 000英镑。到期之日，美元对英镑贬值，市场汇率为1英镑=1.6美元，收回货款1 500 000美元，换回937 500英镑(1 500 000/1.6)，决定选择履行期权合同，可以减少损失62 500英镑。

外汇期权交易与外汇期货交易的区别是：

(1)外汇期权交易买卖的标的物是一种权利，而外汇期货交易买卖的标的物则是一定数量的外汇。

(2)外汇期权交易合同的买方或卖方，可以选择履行合同或放弃履行合同；而外汇期货交易合同的当事人必须履行合同。

(3)外汇期权交易一方放弃履行合同时，其损失以所交保险费为限，另一方以获得保险费作为补偿；而外汇期货交易的收益和风险是相对称的，完全取决于外汇市场汇率的变动程度。

(四)外币期权交易的局限性

(1)外币期权交易的币种及交易金额有时存在限制。有些国家的外汇市场，买卖期权的币种只限于美元、英镑、日元、德国马克等；而每笔外币期权交易的金额也只限于500万美元。

(2)经营机构较少。发达国家除少数大银行、大财务公司以外，一般中小银行尚未开展此项业务，因而外币期权交易的普及面不够广泛。

(3)期限较短。一般外币期权交易合约的有效期以半年居多，期限较短。

(五)外币期权交易在工程项目融资中的运用

2000年6～8月，美元兑日元在117～125变动，为了防范外汇汇率变动的风险，某建设业主委托外汇银行购买一笔美元卖出期权、日元买入期权。合约价格为1美元=120日元，费用为4.15%，期限为3个月，美元金额为200万元，期权买方应付8.30万美元费用。这样该建设业主就可以买进一个在3个月后以120日元汇价抛售美元买入日元的权利。2000年11月末，该笔期权到期，美元汇率下跌为1美元=110日元。但该建设业主要求外汇银行行使期权合约，以120日元的汇率卖出了200万美元，同时买进了日元。这样该建设业主就避免了98 818.18美元的汇率变动损失。

六、运用掉期交易处理外汇风险

(一)外汇掉期交易的概念

外汇掉期交易是指买进或卖出即期外汇的同时，卖出或买进远期外汇。在短期资本投资或在资金调拨活动中，如果将一种货币换成另一种货币，为避免外汇汇率波动的风险，常常运用掉期交易业务，以防止可能发生的损失。

(二)外汇掉期交易在工程项目融资中的运用

例如，我国某工程建设业主现筹集了100万美元，在美国订购价值100万美元的机械设备，3个月后支付货款。当前国际金融市场的汇价为1美元=153日元，而3个月后日元的远期汇率为1美元=150日元。

为获取外汇汇率差价利益，以保证将来按时支付美元货款，防止外汇汇率变动风险，该建设业主按1美元兑换153日元的比率，与银行签订以100万美元购买15 300万日元的即期外汇交易合同。与此同时，按日元对美元3个月远期汇率1美元兑换150日元的比价，卖出15 000万日元，购回100万美元的远期合同。掉期合同的签订保证了美元付款义务的按时完成而不至于遭到外汇汇率变动的损失，同时以赢利300万日元和300万日元的3个月利息，防止了外汇汇率变动可能给建设业主造成的损失。

第八章 工程项目融资效果分析与评价

第一节 工程项目融资效果分析概述

一、工程项目融资效果分析的含义及分类

工程项目融资是筹措工程项目所需资金来源的主要方式。为了保证融资达到预定的效果，就必须对融资的效果进行分析。融资效果的分析包括三个方面，即经济分析、财务分析以及国民经济分析。

工程项目融资的经济分析是指通过对项目融资的投入与产出的比较，分析和评价工程项目经济效益。

工程项目融资的财务分析是指以财务报告和其他资料为依据，采用专门的方法，分析和评价项目的财务成果、财务状况及其变动。

工程项目融资的国民经济分析是根据国民经济发展长远目标和社会需要，衡量投资项目对国家社会经济发展战略目标和社会福利的实际贡献，尤其是关系国计民生的工程项目，更需要从国家经济宏观控制的角度进行分析。

二、工程项目融资效果分析目的

工程项目融资效果，对于不同利益相关人员，其分析的目的不同：

(1)投资人为决定是否投资，要分析项目的资产盈利能力；为决定是否分散股权，要分析盈利状况和发展前景；为考察经营者业绩，要分析资产盈利水平以及竞争能力。

(2)债权人为决定是否给工程项目贷款，要分析贷款的报酬和风险；为了解债务人的短期偿债能力，要分析资产流动状况；为了解债务人的长期偿债能力，要分析其盈利状况；为决定是否出让债券，要评价其价值。

(3)经理人员为改善决策而进行分析，涉及方方面面的内容，几乎包含外部利益相关人所关心的全部内容。

(4)供应商要通过分析，看是否值得合作，了解销售(或盈利)水平，决定是否应延长商业信用期限。

(5)政府通过分析了解项目的情况，从宏观角度进行监控，特别是对于关系国计民生的工程项目，了解工程项目是否符合国家和社会的利益，并能较好实现宏观经济的要求和计划。

(6)员工和工会要通过分析判断工程项目的盈利情况与员工收入、保险、福利之间是否相适应。

(7)受托进行项目审计的会计师事务所关注工程项目的财务状况、经营成果以及现金流量。咨询机构则考虑为工程项目提供建议。

总的来说，工程项目融资效果分析的目的可以概括为：评价过去的经营业绩，衡量目前的

财务状况,预测未来的发展趋势。

三、工程项目融资分析内容

工程项目融资分析的内容,主要是服务不同的利益相关人,所以分析内容不尽相同,但各利益相关人都共同关心工程项目的财务分析。因此,工程项目融资效果分析主要是财务分析。另外,工程项目有盈利性和非盈利性之分,所以对盈利性的工程项目还必须分析盈利情况。

财务分析主要通过对工程项目的财务报告(资产负债表、利润表、现金流量表及其报表附注、财务报告说明书)的分析,结合项目评价的方法,分析了解工程项目的资金使用能力、偿债能力、盈利能力以及营运能力、发展能力等情况。

第二节　工程项目融资效果分析方法

一、工程项目融资效果的比较分析法

比较分析就是对两个或两个以上有关的可比数据进行对比,以揭示差异和矛盾。比较是分析的最基本方法,没有比较,分析就无法开始。

比较分析的具体方法种类繁多。

(一)按比较对象分类(和谁比)

(1)与本项目融资效果历史比,即不同时期(年)指标相比较,也称“趋势分析”;

(2)与同类项目融资效果比,即与行业平均数或竞争对手比较,也称“横向比较”;

(3)与项目融资效果计划(预算)比,即实际执行结果与计划指标比较,也称“差异分析”。

(二)按比较内容分类(比什么)

(1)比较会计要素的总量。总量是指会计报表项目的总金额,如总资产、净资产、净利润等。总量比较主要用于时间序列分析,如研究利润的逐年变化趋势,看其增长潜力。有时也用于同类项目相比,看投资项目的相对规模和竞争地位。

(2)比较结构百分比。把利润表、资产负债表、现金流量表转换成结构百分比报表。例如以收入为100%,看利润表各项目的比重。结构百分比报表用于发现有显著问题的项目,揭示进一步分析的方向。

(3)比较财务会计报表。会计报表的比较是将连续数期的会计报表的余额并列起来,比较其相同指标的增减变动金额和幅度,据以判断工程项目财务状况和经营成果发展变化的一种方法。会计报表的比较具体包括资产负债表比较、利润表比较、现金流量表比较等。比较时,既要计算出表中有关项目增减变动的绝对额,又要计算出其增减变动的百分比。

比较分析的核心问题在于解释原因,并不断深化,寻找最直接的原因。比较分析是个研究过程,分析得越具体、越深入,水平就越高。如果仅仅是计算出财务比率而不进行分析,那么什么问题也说明不了。

二、工程项目融资效果的比率分析法

比率分析法是指把某些彼此存在关联的项目加以对比,计算出比率,据以确定经济活动变

动程度的分析方法。比率是相对数，采用这种方法，能够把某些条件下的不可比指标变为可比指标，以利于进行分析。

比率指标主要有以下三类。

(一)构成比率

构成比率又称结构比率，它是某项经济指标的各个组成部分与总体的比率，反映部分与总体的关系。其计算公式为：构成比率＝某个组成部分数值/总体数值。利用构成比率，可以考察总体中某个部分的形成和安排是否合理，以便协调各项财务活动。

(二)效率比率

它是某项经济活动中所费与所得的比率，反映投入与产出的关系。利用效率比率指标，可以进行得失比较，考察经营成果，评价经济效益。如将利润项目与销售成本、销售收入、资本等项目加以对比，可以计算出成本利润率、销售利润率以及资本利润率等利润率指标，并从不同角度观察比较企业获利能力的高低及其增减变化情况。

(三)相关比率

它是以某个项目和与其相关但又不同的项目加以对比所得的比率，用以反映有关经济活动的相互关系。利用相关比率指标，可以考察有联系的相关业务安排得是否合理，以保障企业营运活动能够顺畅进行。如将流动资产与流动负债加以对比，计算出流动比率，据以判断企业得短期偿债能力。

比率分析法的优点是计算简便，计算结果容易判断，而且可使某些指标在不同规模的企业之间进行比较，甚至也能在一定程度上超越行业间的差别进行比较。采用这一方法应该注意以下几点：

(1)对比项目的相关性。计算比率的子项与母项必须具有相关性，把不相关的项目进行对比是没有意义的。在构成比率指标中，部分指标必须是总体指标这个大系统中的一个小系统；在效率比率指标中，投入与产出必须具有因果关系；在相关比率指标中，两个对比指标也要有内在联系，从而评价有关经济活动之间是否协调均衡，安排是否合理。

(2)对比口径的一致性。计算比率的子项和母项必须在计算时间、范围等方面保持口径一致。

(3)衡量指标的科学性。运用比率分析，需要选出一定的标准与之对比，以便对企业的财务状况作出评价。通常而言，科学合理的对比标准有：

①预定目标，如预算指标、设计指标、定额指标、理论指标等；

②历史标准，如上期实际、上年同期实际、历史先进水平以及有典型意义的时期实际水平等；

③行业标准，如主管部门或行业协会颁布的技术标准、国内外同类企业的先进水平、国内外同类企业的平均水平等；

④公认标准。

三、工程项目融资效果的因素分析法

因素分析是指根据分析指标和影响因素之间的关系，从数量上确定各因素对指标的影响程度。

企业的活动是一个有机的整体，每个指标的高低都受若干因素的影响。从数量上测定各因素的影响程度，可以帮助人们抓住主要矛盾，更有说服力地评价项目融资效果状况。

因素分析的具体方法：

(1)差额分析法。如固定资产净值的增加可分解为原值增加和折旧增加两部分。

(2)指标分解法。如资产利润率可分解为资产周转率和销售利润率的乘积。

(3)连环替代法。依次用分析值替代标准值，测定各因素对财务指标的影响，如影响成本降低的因素分析。

(4)定基替代法。分别用分析值替代标准值，测定各因素对财务指标的影响。

第三节　工程项目融资效果财务分析

一、工程项目融资效果财务分析的内涵

工程项目融资效果财务分析的数据多来自于会计报告，包括资产负债表、利润表和现金流量表及其附注。这些报表的作用主要包括：资产负债表汇总了某一时点的资产、负债和所有者权益，通常在月末编制；利润表汇总了某段时期的收入、费用和利润，通常也在月末编制；现金流量表反映了在一段时间内现金流的情况和结果，通常在年末编制；资产负债表、利润表和现金流量表可以反映项目的财务成果、财务状况以及现金流量，为进一步融资提供依据。

事实上，我们在融资的时候，首先考虑的是项目资金需求的趋势和季节因素，项目未来需要的资金以及这些资金需求的性质，也就是资金的使用情况。其次，按期偿还债务是获得融资的基本前提。因此，在分析融资效果的时候，偿债能力是一个十分重要的因素。再次是对盈利因素的分析。盈利性工程项目只有盈利才能持续发展。因此，盈利能力对于盈利性工程项目而言至关重要。财务分析的框架如图 8-1 所示。

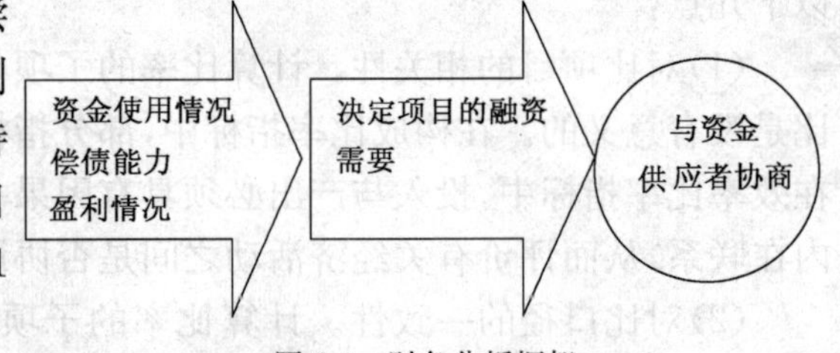

图 8-1　财务分析框架

二、工程项目融资效果财务分析的内容

分析工程项目融资效果，必须从工程项目的性质出发。如果工程项目是非盈利性的，如市政工程，则融资的效果主要集中在资金使用情况和偿债情况两个方面；如果工程项目的性质是盈利性的，还必须同时考虑融资项目的盈利情况。

(一)资金使用状况分析

资金使用状况分析是对投资项目投入资金使用的合理性和经济性的分析，具体包括：

(1)分析年度计划投资额与项目建设内容是否相符；

(2)分析计划投资额与融资方案是否相平衡，即年度投资是否突破融资总额，投资来源和投资计划是否平衡。

对资金使用情况的分析主要通过编制资金使用计划与融资方案表进行(表 8-1)。该实例具体分析包括以下内容：

表 8-1

资金使用计划与融资方案表　单位:人民币(千元)

序号	项目	合计人民币	第1年				第2年				第3年				第4年				第5年				第6年			
			外币	折人民币	人民币	小计	外币	折人民币	人民币	小计	外币	折人民币	人民币	小计	外币	折人民币	人民币	小计	外币	折人民币	人民币	小计	外币	折人民币	人民币	小计
1	总投资	56 072	722	3 957	5 263	9 220	2 050	11 234	14 713	25 951	1 151	6 037	7 510	13 817			4 959	4 959			1 417	1 417			708	708
1.1	固定资产	44 669	691	3 787	5 148	8 953	1 900	10 412	14 158	24 570	863	4 729	6 435	11 164												
1.2	建设期利息	4 319	31	170	115	285	150	822	559	1381	288	1 578	1 075	2 653												
1.3	流动资金	7 084															4 959	4 959			1 417	1 417			708	708
2	融资额	56 072	722	3 957	5 263	9 220	2 050	11 234	14 717	25 951	1 151	6 037	7 510	13 817			4 959	4 959			1 417	1 417			708	708
2.1	权益资本	16 000			2 775	2 775			7 631	7 631			3 469	3 469			2 125	2 125								
2.1.1	资本金	16 000			2 775	2 775			7 631	7 631			3 469	3 469			2 125	2 125								
2.1.2	资本溢价																2 125	2 125								
2.2	借款	40 072	722	3 957	2 488	6 445	2 050	11 234	7 086	18 320	1 151	6 037	4 041	10 348			2 834	28 34			1 417	1 417			708	708
2.2.1	长期借款	35 113	722	3 957	2 488	6 445	2 050	11 234	7 086	18 320	1 151	6 037	4 041	10 348												
2.2.2	流动资金借款	4 959															2 834	2 834			1 417	1 417			708	708
2.2.3	短期借款																									
2.3	其他																									

(1)该项目总投资 5 607.2 万元。其中,固定资产投资4 898.8万元,占 87.4%,流动资产投资 708.4 万元,占 12.6%。

(2)在项目总投资中,权益资本 1 600 万元,占 28.5%,债务资本 4 007.2 万元,占 71.5%。

(3)长期借款 3 511.3 万元,占项目总投资的 62.6%。其中,第一年 644.5 万元,占长期借款的 18.4%,第二年 1 832 万元,占长期借款的 52.2%,第三年 10 34.8 万元,占长期借款的 29.4%。

(4)在长期借款中,外币借款 392.3 万美元,折合人民币 2 122.8 万元。

(5) 流动资金借款 495.9 万元,占项目总投资的 8.8%。其中,第四年 283.4 万元,占 57.1%,第五年 141.7 万元,占 28.6%,第六年 70.8 万元,占 14.3%。

(6)各年融资来源与投资使用计划保持平衡。

(二)偿债能力状况

偿债能力是指工程项目融资后是否能按期偿还债务,包括借款利息和本金。分析的方法是通过财务报表中的有关数据分析权益资本与资产之间的关系,不同权益资本之间的内在关系以及权益资本与收益之间的关系,进而评价工程项目的长期偿债能力。

采用的财务指标包括:资产负债比率、产权比率、有形净值债务率、已获利息倍数等。

1. 资产负债率

资产负债率是负债总额除以资产总额的比率。资产负债率反映在总资产中的比例是通过借债来筹集的,计算公式如下:

资产负债率=(负债总额÷资产总额)×100%

公式中的负债总额不仅包括长期负债,还包括短期负债。这是因为短期负债作为一个整体,总是长期占用着,可以视为长期性资本来源的一部分。例如,一个应付账款明细科目可能是短期性的,但工程项目总是长期性地保持一个相对稳定的应付账款总额,这部分应付账款也就成为工程项目长期性资本来源的一部分。基于稳健原则,短期债务也包括在用于计算资产负债率的负债总额中。

公式中的资产总额则是扣除累计折旧及各项准备后的净额。

【例 8-1】 某工程项目 2007 年期初负债总额为 1 060 万元,资产总额为 2 000 万元;期末负债总额为 1 500 万元,资产总额为 3 000 万元,则资产负债率为:

期初资产负债率=(1 060÷2 000)×100%=53%

期末资产负债率=(1 500÷3 000)×100%=50%

资产负债率也被称为举债经营比率。它有以下几个方面的含义:

(1)从债权人的立场看,他们最关心的是贷给企业的款项的安全程度,也就是能否按期收回本金和利息。如果权益资本与资产总额相比,只占较小的比例,则工程项目的风险将主要由债权人负担。这对债权人来讲是不利的。因此,他们希望债务比例越低越好,偿债有保证,贷款不会有太大的风险。例 8-1 中项目资产负债率下降了,整体的负债水平下降了,对债权人而言,按期得到偿还本金和利息的可能性提高了。

(2)从所有者的角度看,由于工程项目通过举债筹措的资本与所有者提供的资本在经营中发挥同样的作用,所以所有者所关心的是全部资产报酬率是否超过借入资本的成本,即借入资本的代价。如果全部资产报酬率超过因借款而支付的成本时,权益资本报酬率就会提高。反之,则对所有者不利。因此,从所有者的立场看,在全部资本报酬率高于借款成本率时,负债比例在一定程度上越大越好,但财务风险也随之上升。

(3)从经营者的立场看，如果举债很大，超出债权人心理承受程度，则认为是不保险的，项目就借不到钱；如果项目不举债或负债比例很小，说明项目畏缩不前，对前途信心不足，利用债权人资本进行经营活动的能力很差。从财务管理的角度来看，工程项目应当审时度势，全面考虑，充分估计预期的利润和增加的风险，在二者之间权衡利害得失，作出正确决策。

2. 产权比率

产权比率是负债总额与股东权益总额之比率，也称债务股权比率。其计算公式如下：

产权比率＝(负债总额÷所有者权益)×100％

【例 8-2】 某工程项目 2007 年度期初负债总额为 500 万元，所有者权益合计为 940 万元，期末负债总额为 850 万元，所有者权益合计为 1 500 万元，则产权比率为：

期初产权比率＝(500÷940)×100％＝53％

期末产权比率＝(850÷1 500)×100％＝57％

产权比率的作用如下：

(1)该项指标反映由债务资本与权益资本的相对关系，反映基本财务结构是否稳定。一般来说，权益资本大于债务资本较好，但也不能一概而论。从所有者角度来看，在通货膨胀加剧时期，多借债可以把损失和风险转嫁给债权人；在经济繁荣时期，多借债可以获得额外的利润；在经济萎缩时期，少借债可以减少利息负担和财务风险。产权比率高，是高风险、高报酬的财务结构；产权比率低，是低风险、低报酬的财务结构。从上例中的计算结果看，该项目期初债权人提供的资本是股东提供资本的 0.53 倍，期末是 0.57 倍，属于低风险、低报酬的财务结构。

(2)该指标同时也表明债权人投入的资本受到股东权益保障的程度，或者说是企业清算时对债权人利益的保障程度。国家规定债权人的索偿权在股东之前。按本例的情况看，如果该项目进行清算，则债权人的利益因所有者提供的资本所占比重较小而缺乏保障。

资产负债率与产权比率具有共同的经济意义，两个指标可以相互补充。两者区别是：资产负债率侧重于分析债务偿还安全性的物质保障程度；产权比率则侧重于揭示财务结构的稳健程度，以及自有资本对偿债风险的承受能力。

3. 有形净值债务率

有形净值债务率是负债总额与有形净值的百分比。有形净值是所有者权益减去无形资产净值后的净额，即所有者具有所有权的有形资产的净值。其计算公式为：

有形净值债务率＝[负债总额÷(所有者权益－无形资产净值)]×100％

【例 8-3】 某工程项目 2007 年度期末负债总额为 1 060 万元，所有者权益合计为 940 万元，无形资产净值为 6 万元，则有形净值债务率为：

有形净值债务率＝[1 060÷(940－6)]×100％＝113.5％

有形净值债务率指标实质上是产权比率指标的延伸。它更为谨慎地反映在清算时债权人投入的资本受到所有者权益保障的程度。从长期偿债能力来讲，比率越低越好。

4. 已获利息倍数

从债权人的立场出发，他们向项目投资时，除了计算资产负债率、审查企业借人资本占全部资本的比例以外，还要计算已获利息倍数。利用这一比率，可以测试债权人投入资本的风险。

已获利息倍数指标是经营业务收益与利息费用的比率，用以衡量偿付借款利息的能力，也称利息保障倍数。其计算公式如下：

$$已获利息倍数=息税前利润÷利息费用$$

公式中的"息税前利润"是指利润表中未扣除利息费用和所得税之前的利润。它可以用利润总额加利息费用来测算。公式中的"利息费用"是指本期发生的全部应付利息,不仅包括财务费用中的利息费用,还应包括计入固定资产成本的资本化利息。资本化利息虽然不在利润表中扣除,但仍然是要偿还的。利息保障倍数的重点是衡量支付利息的能力,没有足够大的息税前利润,利息的支付就会发生困难。

【例 8-4】 某工程项目 2007 年度税后净收益为 136 万元,利息费用为 80 万元,所得税税率为 33%,所得税为 67 万元 。该公司已获利息倍数为:

$$已获利息倍数=(136+80+67)÷80=3.54$$

已获利息倍数分析:

(1)已获利息倍数指标反映经营收益为所需支付的债务利息的多少倍。只要已获利息倍数足够大,就有充足的能力偿付利息,反之则相反。

(2)如何合理确定已获利息倍数?这需要将该项目的这一指标与其他项目,特别是本行业平均水平进行比较,来分析决定本项目的指标水平。同时,从稳健性的角度出发,最好比较本项目连续几年的该项指标,并选择最低指标年度的数据作为标准。这是因为在经营好的年头要偿债,而在经营不好的年头也要偿还大约等量的债务。某一个年度利润很高,已获利息倍数也会很高,但不能年年如此。采用指标最低年度的数据,可保证最低的偿债能力。一般情况下应采纳这一原则,但遇有特殊情况,需结合实际来确定。

(3)结合这一指标,可以测算长期负债与营运资金的比率。它是用企业的长期债务与营运资金相除计算的。其计算公式如下:

$$长期债务与营运资金比率=长期负债÷(流动资产-流动负债)$$

一般情况下,长期债务不应超过营运资金。长期债务会随时间延续不断转化为流动负债,并需动用流动资产来偿还。保持长期债务不超过营运资金,就不会因这种转化而造成流动资产小于流动负债,从而使长期债权人和短期债权人贷款有安全保障。

【例 8-5】 某工程项目 2007 年度期末长期债务合计为 760 万元,营运资金为 700-300=400(万元),依上式计算长期债务与营运资金比率为:

$$长期债务与营运资金比率=760÷400=1.9$$

从该项目这一指标来看,其长期债务接近营运资金的 2 倍,说明借钱给项目存在较大的风险。

5.流动比率

流动比率是流动资产除以流动负债的比值,可以反映工程项目投入营运后短期偿债的能力,其计算公式如下:

$$流动比率=流动资产÷流动负债$$

【例 8-6】 某工程项目某年末的流动资产是 1 000 万元,流动负债是 300 万元,所以流动比率为:

$$流动比率=1\,000÷300=3.33$$

通常,流动比率越高,工程项目偿债能力也就越强。要偿还短期债务,应看工程项目有多少短期债务以及有多少可以变现偿债的流动资产。流动资产越多,短期债务越少,则偿债能力越强。如果用流动资产偿还全部流动负债,工程项目剩余的是营运资金(流动资产-流动负债)。营运资金越多,说明工程项目不能偿还到期的短期债务的可能性就越小。

一般认为，最低流动比率是2。这是因为流动资产中变现能力最差的存货金额约占流动资产总额的一半，剩下的流动性较大的流动资产至少要等于流动负债，工程项目的短期偿债能力才有保障。

计算出来的流动比率需要和同行业的平均比率、相同类型的工程项目的流动比率相比较，才能知道这个比率是否合理。

然而，流动比率只是粗略的衡量，因为它没有考虑流动资产个别项目的流动性。一般来说，一个流动资产主要由现金和未到期的应收账款组成的工程项目比一个流动资产主要由存货构成的工程项目的流动性强。因为要更准确获悉工程项目短期偿债的能力，需要将存货剔除。

6. 速动比率

速动比率是从流动资产中扣除存货部分，再除以流动负债的比值。其计算公式如下：

速动比率＝(流动资产－存货)÷流动负债

【例8-7】 承前例，该工程项目期末存货400万元，所以速动比率为：

速动比率＝(1 000－400)÷300＝2

同样，速动比率越高，工程项目偿债能力也就越强。通常认为正常的速动比率为1，低于1的速动比率被认为是短期偿债能力偏低。

假设与该工程项目同类的工程项目平均流动比率为2.1，速动比率为1.1。通过比较可以看出，该工程项目的财务结果是令人满意的。然而，这两个比率并没有说明应收账款或存货的水平是否很高，如果这项数额很高，将会影响我们对工程项目流动性的判断，所以这还需要进一步分析。

7. 现金流动负债比率

现金流动负债比率是指预计工程项目投入营运后经营现金净流入除以流动负债的比值。其公式如下：

现金流动负债比率＝经营现金净流入÷流动负债

【例8-8】 承前例，该工程项目预计投入营运后的经营现金净流入为660万元，则现金流动负债比率为：

现金流动负债比率＝660÷300＝2.2

这说明工程项目投入营运后产生的经营现金净流入能够满足偿还流动负债的要求，不需要依靠其他流动资产，偿债能力有较强的保证。

(三)盈利水平状况分析

对于盈利性的投资项目，盈利能力是衡量项目融资效果最直接的指标。不论是投资人、债权人，还是项目经理人员，都越来越重视和关心项目的盈利能力。

项目盈利能力的分析是在项目投入使用后的营运环境、市场情况等合理假设的基础上进行的，非正常的营业状况虽然也会给项目带来收益或损失，但只是特殊状况下的个别结果，并不能说明项目的实际能力。因此，在分析盈利能力时，应当排除证券买卖等非正常项目、已经或将要停止的营业项目、重大事故或法律更改等特别项目、会计准则和财务制度变更带来的累积影响等因素。

1. 销售净利率

销售净利率是项目投入营运后，预计的年度净利润与销售收入的百分比，其计算公式为：

销售净利率＝(净利润÷销售收入)×100％

【例8-9】 某项目投入营运后，预计年度净利润136万元，销售收入3 000万元，则销售净利率为：

$$销售净利率=(136\div 3\,000)\times 100\%=4.53\%$$

销售净利率表示每一元销售收入带来的净利润的多少，反映销售收入的盈利水平。从销售净利率的指标关系看，净利润额与销售净利率成正比关系，而销售收入额与销售净利率成反比关系。要使销售净利率保持不变或有所提高，必须在增加销售收入额的同时，相应地获得更多的净利润。通过分析销售净利率的升降变动，可以促使项目管理人员在扩大销售的同时，注意改进经营管理，降低成本，提高盈利水平。

2. 销售毛利率

销售毛利率是项目投入营运后，预计的年度毛利占销售收入的百分比。其中，毛利是销售收入与销售成本的差。其计算公式为：

$$销售毛利率=[(销售收入-销售成本)\div 销售收入]\times 100\%$$

销售毛利率表示每一元销售收入扣除销售成本后，剩余的有多少可以补偿各项期间费用和税金，最后形成盈利。没有足够大的毛利率，便不能盈利。

3. 成本费用利润率

成本费用利润率是指工程项目投入营运后利润总额除以成本费用总额的数值。其计算公式如下：

$$成本费用利润率=利润总额\div 成本费用总额$$

成本费用利润率表示一元的成本费用带来多少的利润，用来衡量工程项目盈利水平。数值越大，单位成本费用产生的利润就越大。

4. 总资产报酬率

总资产报酬率是项目投入营运后，预计的年度息税前利润（EBIT）与平均资产总额的比率。其计算公式为：

$$总资产报酬率=(息税前利润\div 平均资产总额)\times 100\%$$

$$平均资产总额=(期初资产总额+期末资产总额)\div 2$$

【例 8-10】 某项目投入营运后，预计年度息税前利润为 4 200 万元，平均资产总额为 19 530万元，则总资产报酬率为：

$$总资产报酬率=4\,200\div 19\,530\times 100\%=21.5\%$$

总资产报酬率把一定期间的项目所获报酬与资产相比较，表明资产利用的综合效果程度。资产的利用效率高，说明在增加收入和节约资金使用等方面取得了良好的效果；反之则相反。

总资产报酬率是一个综合指标，项目占用的资产是由投资人投入或举债形成的，息税前利润的多少与资产规模、资产结构、经营管理水平有着密切的关系。为了正确评价项目经济效益的高低，挖掘提高利润水平的潜力，可以用该项指标与本行业平均先进水平进行对比，分析形成差异的原因。影响总资产报酬率高低的因素主要有：产品的价格、单位成本的高低、产品的产量和销售量、资金占用量的大小等。

5. 净资产收益率

净资产收益率是净利润与平均净资产的百分比，也称自有资金利润率或权益报酬率。其计算公式为：

$$净资产收益率=净利润\div 平均净资产\times 100\%$$

其中：

$$平均净资产=(年初净资产+年末净资产)\div 2$$

【例 8-11】 某项目投入营运后，预计年度净利润为 133 万元，平均净资产为 950 万元，则该项目净资产收益率为：

净资产收益率＝133÷950×100％＝14％

净资产收益率反映项目所有者权益的投资报酬率，投资项目投入营运之后，从财务的角度认识，最终目标是实现所有者财富最大化，即最大限度地提高自有资金利润率水平。因此，该指标是评价项目盈利能力的核心，也是财务指标体系的核心。

6. 资本保值增值率

资本保值增值率是指工程项目投入营运后，本年末所有者权益扣除客观增减因素后与年初所有者权益的比率。资本保值增值率表示当年资本在自身努力下的实际增减变动情况，是评价工程项目投入营运后财务效益状况的辅助指标。其计算公式如下：

资本保值增值率＝年末所有者权益÷年初所有者权益×100％

在运用该公式时，应当注意到对期末所有者权益总额进行分析，扣除其中的非考核因素影响（如利润分配的股利支付、资本的人为增减等）。该指标主要用于国有和国有控股的工程项目的评价，实际上是要考察国有资本保值增值情况。该指标反映了投资者投入工程项目资本的保全性和增长性，指标越高，表明工程项目的资本保全状况越好，所有者的权益增长越快，债权人的债务越有保障。指标达到 100％的，视为资本保值；指标超过 100％的，视为资本增值。

7. 资本积累率

资本积累率是指本年所有者权益增长额与年初所有者权益的比率。资本积累率表示当年资本的积累能力，是评价工程项目投入营运期后发展潜力的重要指标。

资本积累率＝本年所有者权益增长额/年初所有者权益×100％

资本积累率是当年所有者权益总的增长率，反映所有者权益在当年的变动水平。它体现了工程项目资本的积累情况，是工程项目投入营运后发展强盛的标志，也是工程项目业扩大再生产的源泉。

资本积累率反映了投资者投入资本的保全性和增长性。该指标越高，表明资本积累越多，资本保全性越强，应付风险、持续发展的能力越大。该指标若为负值，表明资本受到侵蚀，所有者利益受到损害，应充分重视。

（四）营运能力分析

营运能力指的是工程项目投入营运后资产的利用效果，可以直接从项目资产结构状况、周转状况以及运用状况等方面反映出来，包括流动资产营运能力分析和总资产营运能力分析，重点是对流动资产中的应收账款、存货等内容进行分析。

1. 流动资产周转情况分析

（1）应收账款周转率

应收账款周转率反映了工程项目投入营运后应收账款的流动速度，即本年度内应收账款转为现金的平均次数。用时间表示的周转速度称为平均应收账款回收期，即应收账款周转天数，其计算方法为：

应收账款周转率＝销售（营业）收入/平均应收账款

应收账款周转天数＝（360×平均应收账款）/销售（营业）收入

其中：

平均应收账款＝（年初应收账款＋年末应收账款）÷2

应收账款在流动资产中占较大份额，及时收回应收账款，能够减少营运资金在应收账款上的呆滞占用，从而提高资金利用效率。

采用该指标的目的在于通过合理制订赊销政策、严格销货合同管理、及时结算等途径，加强应收账款的前后期管理，加快应收账款回收速度，活化营运资金。由于季节性经营、大量采用分期收款或现金方式结算等都可能使该指标结果失实，所以应结合前后期间行业平均水平进行综合评价。

(2)存货周转率

存货周转率是指工程项目投入营运后一定时期销售成本与平均存货的比率。

存货周转率是评价工程项目投入营运后从取得存货、投入生产到销售收回(包括现金销售和赊销)等各环节管理状况的综合性指标，用于反映存货的周转速度，即存货的流动性及存货资金占用量的合理与否。存货周转率用时间表示称为存货周转天数，计算方法是：

存货周转天数＝(平均存货×360)/销售成本

其中，

平均存货＝(年初存货＋年末存货)÷2

存货周转率在反映在货周转速度、存货占用水平的同时，也从一定程度上反映了工程项目的销售实现的快慢。因此，一般情况下，该指标越高，表示资产由于销售顺畅且具有较高的流动性，存货转换为现金或应收账款的速度快，存货占用水平低。运用该指标时，还应综合考虑进货批量、生产销售的季节性变动以及存货结构等因素。

(3)流动资产周转率

流动资产周转率是指工程项目投入营运后一定时期销售(营业)收入净额与平均流动资产总额的比值。流动资产周转率是评价工程项目资产利用效率的另一主要指标。

流动资产周转率(次)＝销售(营业)收入净额/平均流动资产总额

其中，

平均流动资产总额＝(年初流动资产＋年末流动资产)÷2

流动资产周转率反映了流动资产的周转速度，是从工程项目全部资产中流动性最强的流动资产角度对资产的利用效率进行分析，以进一步揭示影响资产质量的主要因素。该指标将销售(营业)收入净额与资产中最具活力的流动资产相比较，既能反映一定时期流动资产的周转速度和使用效率，又能进一步体现每单位流动资产实现价值补偿的高与低以及补偿速度的快与慢。

要实现该指标的良性变动，应以销售(营业)收入增幅高于流动资产增幅为保证。在内部，通过对该指标的分析对比，一方面可以促进加强内部管理，有效利用其流动资产，如降低成本、调动暂时闲置的货币资金用于短期投资创造收益等；另一方面也可以采取措施以扩大销售，提高流动资产的综合使用效率。

一般情况下，该指标越高，表明流动资产周转速度越快，利用越好。在较快的周转速度下，流动资产会相对节约，其意义相当于流动资产投入的扩大，在某种程度上增强了工程项目的盈利能力；而周转速度慢，则需补充流动资金参加周转，形成资金浪费，降低了工程项目盈利能力。

2. 总资产周转率

总资产周转率是指工程项目投入营运后一定时期销售(营业)收入净额与平均资产总额的比值。总资产周转率是综合评价全部资产经营质量和利用效率的重要指标。其计算公式为：

总资产周转率＝销售(营业)收入净额/平均资产总额

其中：

平均资产总额＝(年初资产总额＋年末资产总额)÷2

总资产周转率是考察资产营运效率的一项重要指标，体现了工程项目投入营运后全部资产从投入到产出周而复始的流转速度，反映了全部资产的管理质量和利用效率。由于该指标是一个包容性较强的综合指标，因此，从因素分析的角度来看，它要受到流动资产周转率、应收账款周转率和存货周转率等指标的影响。

该指标通过当年已实现销售价值与全部资产的比较，反映出工程项目投入营运后一定时期的实际产出质量及对每单位资产实现的价值补偿。

通过该指标的对比分析，不但能够反映出本年度及以前年度总资产的营运效率及其变化，而且能发现企业与同类工程项目在资产利用上存在的差距，促进挖掘潜力，积极创收，提高产品市场占有率及资产利用效率。

一般情况下，该指标数值越高，周转速度越快，销售能力越强，资产利用效率越高。

(五)发展能力分析

发展能力是指工程项目投入营运后的发展趋势和发展水平，包括销售增长水平、利润增长水平、资产增长水平等。

1.销售(营业)增长率

销售(营业)增长率是指工程项目投入营运后，本年销售(营业)收入增长额与上年销售(营业)收入总额的比率。销售(营业)增长率表示与上年相比，销售(营业)收入的增减变动情况是评价工程项目成长状况和发展能力的重要指标。

销售(营业)增长率=[本年销售(营业)增长额÷上年销售(营业)收入总额]×100%

其中，本年销售(营业)增长额是本年销售(营业)收入与上年销售(营业)收入的差额，本年销售(营业)增长额=本年销售(营业)收入－上年销售(营业)收入，若本年销售(营业)收入低于上年，本年销售(营业)收入增长额用“－”表示。上年销售(营业)收入总额是指企业上年全年销售(营业)收入总额。

销售(营业)增长率是衡量工程项目投入营运后经营状况和市场占有能力，预测经营业务拓展趋势的重要标志，也是扩张增量和存量资本的重要前提。

该指标若大于零，表示工程项目本年的销售(营业)收入有所增长，指标值越高，表明增长速度越快，工程项目市场前景越好；若该指标小于零，则说明或是产品不适销对路、质次价高，或是在售后服务等方面存在问题，产品销售不出去，市场份额萎缩。

2.总资产增长率

总资产增长率是工程项目本年总资产增长额与年初资产总额的比率。总资产增长率用以衡量工程项目本期资产规模的增长情况，评价工程项目经营规模总量上的扩张程度。

总资产周转率(次)=[销售(营业)收入净额÷平均资产总额]×100%

其中，销售(营业)收入净额是指工程项目投入营运后，当期销售产品、商品、提供劳务等主要经营活动取得的收入减去销售折扣与折让后的数额。

总资产增长率指标是从工程项目资产总量扩张方面衡量工程项目的发展能力，表明规模增长水平对企业发展后劲的影响。

该指标越高，表明工程项目投入营运后一个经营周期内资产经营规模扩张的速度越快。但实际操作时，应注意资产规模扩张的质与量的关系以及工程项目的后续发展能力，避免资产盲目扩张。

3.固定资产成新率

固定资产成新率是工程项目当期平均固定资产净值与平均固定资产原值的比率。

固定资产成新率=(平均固定资产净值÷平均固定资产原值)×100%

其中,平均固定资产净值是指工程项目固定资产净值的年初数同年末数的平均值;平均固定资产原值是指工程项目固定资产原值的年初数与年末数的平均值。

固定资产成新率反映了工程项目所拥有的固定资产的新旧程度,体现了工程项目固定资产更新的快慢和持续发展的能力。

该指标高,表明工程项目固定资产比较新,对扩大再生产的准备比较充足,发展的可能性比较大。

运用该指标分析固定资产新旧程度时,应剔除工程项目应提未提折旧对房屋、机器设备等固定资产真实状况的影响。

4.三年利润平均增长率

三年利润平均增长率表明工程项目投入营运后利润的连续三年增长情况,体现工程项目的发展潜力。其计算公式为:

三年利润平均增长率 = ($\sqrt[3]{\text{年末利润总额} / \text{三年前年末利润总额}}$ − 1)×100%

其中,三年前年末利润总额是指工程项目三年前的利润总额数。假如评价工程项目 2008 年的效绩状况,则三年前年末利润总额是指 2005 年利润总额年末数。

利润是工程项目积累和发展的基础,该指标越高,表明工程项目积累越多,可持续发展能力越强,发展的潜力越大。

利用三年利润平均增长率指标,能够反映工程项目的利润增长趋势和效益稳定程度,较好地体现工程项目的发展状况和发展能力,避免因少数年份利润不正常增长而对工程项目发展潜力的错误判断。

5.三年资产平均增长率

三年资产平均增长率表示工程项目资本连续三年的积累情况,体现工程项目的发展水平和发展趋势。其计算公式为:

三年资产平均增长率 = ($\sqrt[3]{\text{年末所有者权益} / \text{三年前年末所有者权益}}$ − 1)×100%

三年前年末所有者权益是指工程项目三年前的所有者权益年末数。

由于一般增长率指标在分析时具有滞后性,仅反映当期情况,而利用三年资产平均增长率指标,能够反映工程项目资本保增值的历史发展状况以及工程项目稳步发展的趋势。

三年资产平均增长率指标越高,表明工程项目所有者权益得到的保障程度越大,工程项目可以长期使用的资金越充足,抗风险和保持连续发展的能力越强。

第四节　工程项目融资效果综合分析

一、综合分析法

1.沃尔比重评分法

财务状况综合评价的先驱之一是亚历山大·沃尔。他在 20 世纪初出版的《信用晴雨表研究》和《财务报表比率分析》中提出了信用能力指数的概念,他把若干财务比率用线性关系结合起来,以此评价企业的信用水平。他选择了 7 种财务比率,分别给定了其在总评价中占的比重,总和为 100 分。然后确定标准比率,并与实际比率相比较,评出每项指标的得分,最后求出总评分。利用沃尔评分法给某公司的财务状况评分的结果见表 8-2。

沃尔比重评分法　　表 8-2

财务比率	比重	标准比率	实际比率	相对比率	评分
	1	2	3	4=3÷2	1×4
流动比率	25	2.00	2.33	1.17	29.25
净资产/负债	25	1.50	0.88	0.59	14.75
资产/固定资产	15	2.50	3.33	1.33	19.95
销售成本/存货	10	8	12	1.50	15.00
销售额/应收账款	10	6	10	1.70	17.00
销售额/固定资产	10	4	2.66	0.67	6.70
销售额/净资产	5	3	1.63	0.54	2.70
合计	100				105.35

从理论上讲，沃尔评分法有一个弱点，就是未能证明为什么要选择这 7 个指标，而不是更多或更少些或者选择别的财务比率，以及未能证明每个指标所占比重的合理性。

沃尔评分法从技术上讲存在一个问题，就是某一个指标严重异常时，会对总评分产生不合逻辑的重大影响。这个缺陷是由相对比率与比重相“乘”引起的。财务比率提高一倍，其评分增加 100％；而缩小一半，其评分只减少 50％。

尽管沃尔评分法在理论上还有待证明，在技术上也不完善，但它还是在实践中被应用。耐人寻味的是，很多理论上相当完善的经济计量模型在实践中往往很难应用，而被实际使用且行之有效的模型却又在理论上无法证明。这可能是由于人类对经济变量之间数量关系的认识还比较肤浅而造成的。

2. 综合评价方法

现代社会与沃尔所在的时代相比，已有很大变化。一般认为，企业财务评价的内容主要是盈利能力，其次是偿债能力，此外还有成长能力。它们之间大致可按 5∶3∶2 来分配比重。盈利能力的主要指标是资产净利率、销售净利率和净值报酬率。虽然净值报酬率最重要，但前两个指标已经分别使用了净资产和净利润，为减少重复影响，3 个指标可按 2∶2∶1 安排。偿债能力有 4 个常用指标，成长能力有 3 个常用指标(都是本年增量与上年实际的比值)，如果仍以 100 分为总评分，则评分的标准分配如表 8-3 所示。

评分标准分配表　　表 8-3

指标	评分值	标准比率(％)	行业最高比率(％)	最高评分	最低评分	每分比率的差(％)
盈利能力：						
总资产净利率	20	10	20	30	10	1
销售净利率	20	4	20	30	10	1.6
净值报酬率	10	16	20	15	5	0.8
偿债能力：						
自有资本比率	8	40	100	12	4	15
流动比率	8	150	450	12	4	75
应收账款周转率	8	600	1 200	12	4	150
存货周转率	8	800	1 200	12	4	100
成长能力：						
销售增长率	6	15	30	9	3	5
净利增长率	6	10	20	9	3	3.3
人均净利增长率	6	10	20	9	3	3.3
合计	100			150	50	

标准比率应以本行业平均数为基础，进行适当理论修正。

在给每个指标评分时，应规定上限和下限，以减少个别指标异常对总分造成不合理的影响。上限可定为正常评分值的 1.5 倍，下限定为正常评分值的 1/2。此外，给分时不采用“乘”的关系，而采用“加”或“减”的关系来处理，以克服沃尔评分法的缺点。例如，总资产净利率的标准值为 10%，标准评分为 20 分；行业最高比率为 20%，最高评分为 30 分，则每分的财务比率差为 1%[由(20%－10%)÷(30 分－20 分)算得]。总资产净利率每提高 1%，就多给 1 分，但该项得分不超过 30 分。

综合评价方法的关键技术是标准评分值的确定和标准比率的建立。只有经过长期连续实践、不断修正，该方法才能取得较好效果。

二、杜邦分析法

杜邦财务分析方法是美国杜邦公司的经理创造的，故称为“杜邦系统”。杜邦分析主要是利用指标间的数据关系，将指标分解，以了解指标变动的影响关系情况，为采取措施指明方向。

一级指标：净资产收益率(权益净利率)；

二级指标：总资产净利率、权益乘数；

三级指标：销售净利率、总资产周转率；

四级指标：净利润、销售收入、资产总额、所有者权益；

五级指标：销售收入、成本费用、其他利润、所得税、长期资产、流动资产；

六级指标：制造成本、管理费用、销售费用、财务费用、现金及证券、应收账款、存货。

权益乘数表示企业负债程度。权益乘数越大，企业负债程度越高。资产权益率的倒数称为权益乘数，其计算公式为：

$$权益乘数=1\div(1-资产负债率)$$

式中的资产负债率是指全年的平均资产负债率。它是全年平均负债总额与全年平均资产总额的百分比。

【例 8-12】 某项目投入营运后，预计某年年初资产负债总额为 800 万元(流动负债 220 万元，长期负债 580 万元)，年末负债总额为 1 060 万元(流动负债 300 万元，长期负债 760 万元)，所以权益乘数为：

$$权益乘数=1\div\left[1-\frac{(800+1\,060)\div 2}{(1\,680+2\,000)\div 2}\times 100\%\right]=1\div(1-50.54\%)=2.022$$

图 8-2 是某项目的杜邦图。从中可以看出，杜邦分析方法只是一种分解财务比率的方法，而非另外建立新的财务指标。它可以用于各种财务比率的分解。

权益净利率就是前面所说的净资产收益率。它是所有比率中综合性最强、最具代表性的一个指标。

因为权益净利率＝资产净利率×权益乘数，而且资产净利率＝销售净利率×资产周转率，所以权益净利率＝销售净利率×资产周转率×权益乘数。

从以上公式可以看出，决定权益净利率高低的因素有三个方面，即销售净利率、资产周转率和权益乘数。指标分解后，可以将权益净利率这个综合性指标的升、降变化的原因具体化，更加容易说明问题的实际情况。

权益乘数主要受资产负债比率的影响。负债比率越大，权益乘数越高，说明项目的负债程度越高，从而带来的财务风险也越大。

销售净利率高低的分析需要从销售额和销售成本两个方面进行。

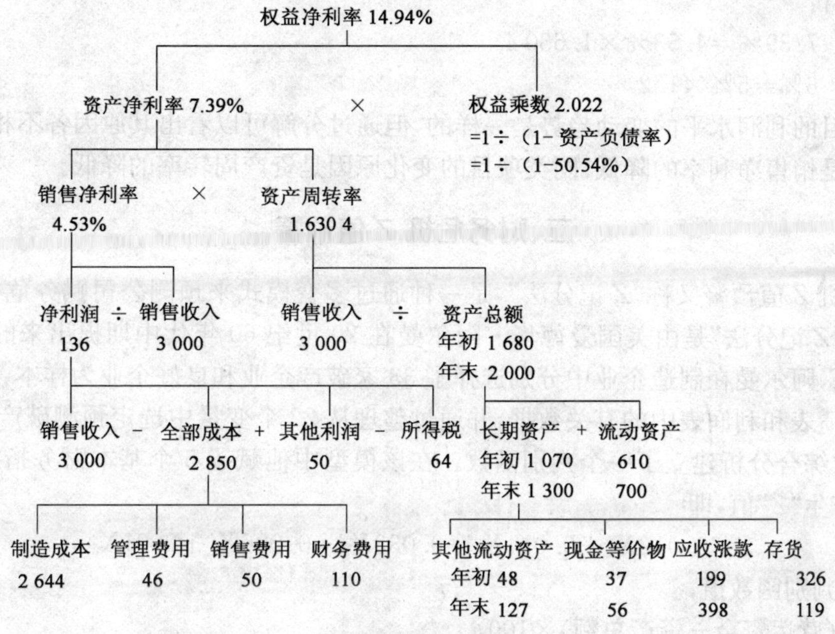

图 8-2 杜邦分析图

资产周转率是反映运用资产以产生销售收入能力的指标，可以通过对资产各组成部分的占用量的合理性、流动资产周转率、存货周转率、应收账款周转率等有关资产组成部分的使用效率进行分析，说明影响资产周转的主要问题。

杜邦分析体系的作用是解释指标变动的原因和变动趋势，方便管理人员了解实际情况，找到努力的方向。

假设某项目投入营运后，预计第二年权益净利率下降，有关数据如下：

权益净利率＝资产净利率×权益乘数

第一年 14.93％＝7.39％×2.02

第二年 12.12％＝6％×2.02

通过分解可以看出，权益净利率的下降不再与资本结构有关（权益乘数没有变），只是资产利用或者成本控制发生了问题，导致资产净利率的下降。

这种分解可以继续下去，如对资产净利率进行分解。

资产净利率＝销售净利率×资产周转率

第一年 7.39％＝4.53％×1.6304

第二年 6％＝3％×2

通过分解可以看出，资产的使用效率提高了（资产周转率提高了），但由此带来的收益不足以抵补销售净利率下降造成的损失。至于销售净利率下降的原因，可以通过继续分解获取。

此外，杜邦分析体系可以通过与本行业平均指标或同类项目相比，帮助解释变化的趋势。

假设另有一个同类项目，有关比较数据如下：

资产净利率＝销售净利率×资产周转率

本项目：

第一年　7.39%=4.53%×1.630 4

第二年　6%=3%×2

同类项目：

第一年　7.39%=4.53%×1.630 4

第二年　6%=5%×1.2

两个项目的利润水平的变动趋势是一样的，但通过分解可以看出其原因各不相同：本项目的变化原因是销售净利率的降低；同类项目的变化原因是资产周转率的降低。

三、财务危机 Z 值预警

财务危机 Z 值预警又称"Z 记分法"，是一种通过多变模式来预测公司财务危机的分析方法。最初的"Z 记分法"是由美国爱德华·阿尔曼在 20 世纪 60 年代中期提出来的，因此也称阿尔曼指数。阿尔曼在制造企业中分别选择了 33 家破产企业和良好企业为样本，收集了样本企业资产负债表和利润表中的有关数据，并通过整理从 22 个变量中选定预测破产最有用的 5 个变量，经过综合分析建立了一个判别函数。在该模型中他赋予 5 个基本财务指标以不同权重，并加计产生"Z"值，即：

$$Z=0.012X_1+0.014X_2+0.033X_3+0.006X_4+0.01X_5$$

式中：Z——判别函数值；

X_1——(营运资金÷资产总额)×100；

X_2——(留存收益÷资产总额)×100；

X_3——(息税前利润÷资产总额)×100；

X_4——(普通股优先股市场价值总额÷负债账面价值总额)×100；

X_5——销售收入÷资产总额。

该模型将反映企业长债能力的指标 X_1、X_4，反映企业获利能力的指标 X_2、X_3 以及反映企业营运能力的指标 X_5 有机地联系起来，通过综合分值来分析预测企业财务失败或破产的可能性。一般来说，按照这个模式，Z 值越低，企业越有可能发生破产。通过计算某企业连续若干年的 Z 值就可以发现企业是否存在财务危机的征兆。阿尔曼根据实证分析提出了判断企业财务状况的几个临界值，即当 Z 值大于 2.675 时，表明企业的财务状况良好，发生破产的可能性就小；当 Z 值小于 1.81 时，表明企业潜伏着破产危机；当 Z 值介于 1.81～2.675 时，被称为"灰色地带"，说明企业的财务状况极为不稳定。

上述模型主要适用于股票已经上市交易的制造业，为了能够将"Z 记分法"适用于私人企业和非制造业公司，阿尔曼又对该模型进行了修正，即

$$Z=0.065X_1+0.0326X_2+0.01X_3+0.0672X_4$$

式中：X_1——(营运资金÷资产总额)×100；

X_2——(留存收益÷资产总额)×100；

X_3——(税息前利润÷资产总额)×100；

X_4——(企业账面价值÷负债账面价值)×100。

在这个预警模型中当目标企业的 Z 值被测定为大于 2.90 时，说明企业的财务状况良好；当 Z 值小于 1.23 时，说明企业已经出现财务失败的征兆；当 Z 值介于 1.23～2.90 时，为灰色地带，表明企业财务状况极不稳定。

阿尔曼设计的 Z 模型综合考虑了企业的资产规模、变现能力、获利能力、财务结构、偿债

能力等方面的因素。该模型在西方预测公司破产的准确率达70%～90%，在破产前一年准确率高达95%。但由于我国的实际情况与国外的实际情况有一定的差别，若将该方法简单地照搬使用，其使用效果尚难确定。

第一，Z模型缺乏现金流变化的因素。在Z模型中X_1的分子"营运资金"是以流动资产减去流动负债取得的，而流动资产中有可能存在大量并不容易兑现的存货和可能收不回的应收债权。这些都会给企业的短期偿债能力分析带来误判的可能，从而最终影响到Z值的结果。

第二，在计算X_3值时，"税息前利润"也是一个并不是那么容易取得的数据。这主要缘于我国并没有像美国那样单独设一个"利息费用"科目，企业外部单位和人员在计算税息前利润时，通常是用财务费用来代替利息费用。而在我国财务费用包括利息支出及收入、汇兑损益和借款手续费等内容，与美国的"利息费用"内涵并不相同。如果我们将一个不准确的数据置入财务预警模型中来计算Z值，将会影响到所得出结论的科学性。

第三，在X_4值的计算中，如果是针对上市公司来进行财务失败预警分析，"普通股和优先股市值总额"能否反映公司的价值有待考证。虽然股权分置改革解决了股权分置问题，但由于我国证券市场投机气氛较浓，业绩与股价的相关性并不高，很多绩差股的价格往往要远高于其价值，以与价值背离的价格作为分析依据，可能会得出错误的结论。

第五节　工程项目融资效果的评价

一、工程项目融资效果评价的含义

目前，工程项目融资的形式多种多样，不同的项目融资的方式各不相同。表8-4是目前我国公路建设项目融资的常用方式。

我国公路建设项目常用融资方式　　表8-4

非经营性公路项目融资方式	交通建设专项资金
经营性公路项目融资方式	金融机构贷款、发行公路建设债券、股份制筹资、设立产业投资基金、BOT融资方式、ABS融资方式

不管采用何种融资方式，都涉及融资金额与自有资本的比率问题，毕竟融资是需要成本的，借款有借款利息，发行债券有债券利息，发行股票有股票股利。因此，作为工程项目融资的主体，必须对融资的金额和比率进行科学的分析，找出工程融资的债务资本和权益资本的最佳比例，即对工程项目融资效果作出评价。

二、工程项目融资效果评价的意义

在工程项目建设管理中，长时间占用的一次性投入的巨额固定资金通过什么渠道、以何种方式来筹集，是一个十分关键的问题。如果投入资金的来源得不到保证，工程将无法按时建成，甚至半途而废，前期大量的投入将给投资者和国家造成巨大的损失。即使投资来源解决了，但如果融资结构不合理，融资成本过高，工程建成投入营运后的几年内，企业将承担大量、集中的还本付息压力，从而给企业正常运行带来不利影响，甚至造成大量银行不良贷款，对投资者及国家都不利。因而，工程项目融资更多地体现着融资和投资的有机结合方式。它涉及如何设计项目发起人相互间的投资关系，如何为项目安排合适的融资模式，如何选择合理的资金来源以及如何提供各种切实可行的担保等问题。

项目融资由项目公司直接安排，贷款偿还责任由项目公司承担。其基本特征是：

(1)发起人根据股东协议成立项目公司，按投资比例投入资本金，其对项目的责任限于按协议规定的比例投入资本及承诺承担的成本超支部分，债权人对发起人的追索权有限。

(2)项目公司作为独立的法人，与债权人签订融资协议及担保协议等，直接安排融资并负责所融资金的偿还；与承建商签订项目工程承包合同，由承建商承担工程完工风险；与专业管理公司(有时为发起人之一)签订项目经营管理合同，由管理公司承担经营风险；与项目产品的承销商签订长期购销合同，由承销商承担项目产品的市场风险等。

项目融资的资金结构就是指在项目中股本金和债务资金的形式、相互间比例关系以及相应的来源。其中，项目资金需求量的测算、债务资金与股本金的比例、债务资金的来源、资金使用期限、资金成本等问题是应该重点考虑的。具体分析框架如图 8-3 所示。

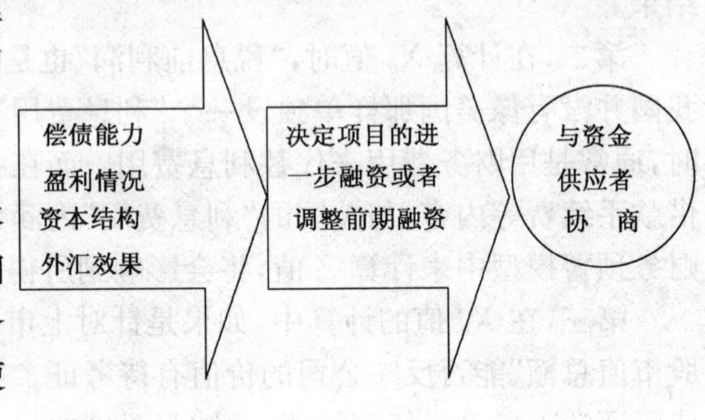

图 8-3 融资效果分析框架

三、工程项目融资效果评价的指标体系

(一)静态评价指标

静态分析方法，也称简单分析方法，即分析的时候没有考虑货币的时间价值和项目的经济寿命期，而是利用项目正常营运的财务数据对项目财务效益进行分析。这种方法计算简便、指标直观、易于理解，但结论不够准确、全面。在融资效果评价中利用的指标主要包括：投资报酬率、资本金利润率、投资回收期等。

1. 年投资报酬率

年投资报酬率(ARR)是指项目投入营运后的未来净现金流量与项目总投资的比率。对营运后各年的现金流量变化幅度较大的项目，应计算营运期预计年平均净现金流量与总投资的比率。其计算公式如下：

$$\text{年投资报酬率} = \frac{\text{年平均净现金流量}}{\text{初始总投资}} \times 100\%$$

其中，

$$\text{年净现金流量} = \text{年税后净利润} + \text{年固定资产折旧额}$$

$$\text{总投资} = \text{固定资产投资} + \text{无形资产投资} + \text{递延资产投资} + \text{投资方向调节税} + \text{建设期利息} + \text{流动资金}$$

年投资报酬率指标反映项目收益与投入资本之间的比例关系。当项目投资报酬率高于或等于同类项目的基准投资报酬率或社会平均利润率时，说明投资项目是可以接受的。投资报酬率指标中的分母也可以是固定资产投资，以此计算固定资产投资报酬率。在将投资报酬率与基准经济效益指标比较时，应注意口径一致。

【例 8-13】 某工程项目初始投资额为 500 000 元，投资于工程开始时一次完成。项目寿命期预计为 10 年。在初始投资额中，固定资产投资占 90%。项目投入营运后，预计每年可以实现营业收入 300 000 元。固定资产按年限平均法计算折旧。预计除折旧外，每年费用

180 000 元，所得税率为 33%。

该项目每年税后净收益＝(300 000－180 000－500 000×0.9/10)×(1－33%)＝50 250(元)

每年净现金流量＝50 250＋45 000＝95 250(元)

年投资报酬率＝95 250/500 000＝19.05%

2. 资本金利润率

资本金利润率是指项目投入营运后预计正常年份的年利润总额或项目营运期内的年平均利润总额与资本金的比率。它反映项目的资本金盈利能力。其计算公式如下：

$$资本金利润率=\frac{年利润总额或年平均利润总额}{项目资本金}\times 100\%$$

3. 投资回收期

投资回收期(PP)是指项目投资引起的现金净流量累计到与投资额相等所需要的时间。它代表收回项目投资所需要的年限。回收年限越短，项目的财务效果就越好。

(1)每年的经营净现金流量相等

$$投资加收期=\frac{初始投资额}{年净现金流量}$$

(2)每年净现金流量不相等

$$投资回收期=\begin{matrix}累计净现金流量第一次\\出现正值的年份\end{matrix}-1+\frac{上年累计净现金流量绝对值}{当年净现金流量}$$

【例 8-14】 某项目初始投资额 120 000 元，项目投入营运后，预计每年净现金流量 46 000 元。现金净流量情况如表 8-5 所示。

现 金 净 流 量 表 8-5

期间(年)	0	1	2	3
净现金流量(元)	(120 000)	46 000	46 000	46 000

投资回收期＝120 000/46 000＝2.61(年)

【例 8-15】 甲、乙两个工程投资项目的初始投资额均为 300 000 元，建设期均为两年，各年的投资及现金净流量如表 8-6 所示。

现金净流量(单位：万元) 表 8-6

工 程 项 目		建设期		营运期					
		1	2	3	4	5	6	7	8
甲	现净现金流量	(20)	(10)	10	15	15	20	20	20
	累计净现金流量	(20)	(30)	(20)	(5)	10	30	50	70
乙	净现金流量	(15)	(15)	5	10	15	20	25	25
	累计净现金流量	(15)	(30)	(25)	(15)	0	20	45	70

甲项目回收期＝5－1＋5/15＝4.33(年)

乙项目回收期＝6－1＝5(年)

计算投资回收期比较简单，并且容易直观评价项目融资的效果，但投资回收期忽视资金的时间价值，没有考虑回收期以后的收益。事实上，具有战略意义的长期项目投资往往早期收益较低，而中后期较高。采用投资回收期方法，往往看不到项目的实际效果，对项目的前景认识不足。

(二)动态分析方法

1.净现值

净现值(NPV)是指投入营运后各年现金净流量的现值与初始投资额的现值之间的差额。所有现金流入和流出都要按预定的折现率折算为它们的现值。如果净现值大于零,即折现后现金流入大于折现后现金流出,该项目的报酬率大于预定的折现率;如果净现值为零,即折现后现金流入等于折现后现金流出,该项目的投资报酬率等于预定的折现率。如果净现值为负数,即折现后现金流入小于折现后现金流出,该项目的报酬率小于预定的折现率。其计算公式为:

$$NPV=\sum_{i=1}^{n}\frac{CI_t}{(1+i)^t}-\sum_{t=0}^{n}\frac{CO_t}{(1+i)^t}$$

式中:n——投资涉及的年限;

i——预定的贴现率;

CI_t——第 t 年的现金流入;

CO_t——第 t 年的现金流出。

【例 8-16】 设折现率为 10%,某项目的净现金流量如表 8-7 所示。

净 现 金 流 量 表 8-7

期间(年)	0	1	2	3
净现金流量(元)	(9 000)	1 200	6 000	6 000

净现值=(1 200×0.909 1+6 000×0.826 4+6 000×0.751 3)−9 000

=10 557−9 000

=1 557(元)

根据选择项目的"净现值法则":

(1)采用任何净现值为正数的方案(包括净现值为零的方案),放弃任何净现值为负数的方案。

(2)如果每个项目(或几个项目组合)是互不相容的,则采纳最大净现值的项目。

(3)当净现值为零的时候,说明项目的内部收益率等于规定的基准收益率,即项目获得同类项目的平均收益水平;如果净现值大于零,说明项目除了获得同类项目的平均收益水平外,还有一定的超额收益。因此,只有净现值大于或者等于零的项目才是可取的。

净现值法的优点是考虑了时间价值,项目计算期全部的现金流量以及投资风险性。缺点是不能从动态角度直接反映项目的实际收益率水平,不适宜于投资额不等的项目间比较,计算较麻烦,且现金流量与折现率的确定较困难。

净现值法具有广泛的适用性。净现值法应用的主要问题是如何确定贴现率。一种办法是根据资金成本来确定;另一种办法是根据企业要求的最低资金利润率来确定。由于前一种办法计算资金成本比较困难,故其应用范围有一定的限制;后一种办法可根据资金的机会成本,即一般情况下可以获得的报酬来确定,比较容易解决。

2.现值指数

为了克服净现值法在投资不等的情况下不能排序比较的缺点,融资效果评价应该计算现值指数。现值指数(PI)也称获利能力指数,是净现值与全部投资现值之比,即单位投资现值的净现值。它是反映项目单位投资效益的评价指标,其计算公式如下:

$$PI=\frac{\sum_{t=1}^{N_1}\frac{NCF_t}{(1+i)^t}}{\sum_{t=0}^{N_2}\frac{C_t}{(1+i)^t}}$$

式中：N_1——经营期限；

NCF_t——经营期第 t 年的现金净流量；

N_2——建设期限；

C_t——建设期第 t 年的原始投资额；

i——预定的贴现率。

用现值指数法衡量项目的收益，应与同类项目进行比较。现值指数大，说明项目单位投资创造的效益大，项目的效益就好，融资的效果就明显。

3. 内部收益率

内部收益率(IRR)是指能够使未来现金流入量现值等于未来现金流出量现值的折现率，或者是使项目投资净现值为零的折现率，也称“内含报酬率”。

计算内含收益率通常需要“逐步测试”。首先，基于目前所有的数据以及将来的预测数据，估计一个折现率，用以计算项目的净现值。如果净现值为正数，说明项目的内部收益率超过估计的收益率，应提高折现率后进一步测试；如果净现值为负数，说明项目本身的内部收益率低于估计的折现率，应降低折现率后进一步计算。经过多次计算，寻找出使净现值接近于零的折现率，即为项目本身的内含收益率。如果要求结果精确度比较高，可以使用“插值法”。

设经过逐步试算，找到最接近于零的一正一负两个净现值 $NPV_1(<0)$、$NPV_2(>0)$，相应的折现率为 i_1、i_2。采用“插值法”计算内部收益率公式如下：

$$IRR = i_2 + (i_1 - i_2) \times \frac{NPV_2}{NPV_2 - NPV_1}$$

【例 8-17】 续上例资料，已知该项目在折现率 10％时，净现值大于零，现提高折现率为 16％和 18％，计算净现值为：

$$i_1 = 18\%, NPV_1 = -22$$
$$i_2 = 16\%, NPV_2 = 136$$

则：

$$IRR = 16\% + (18\% - 16\%) \times \frac{136}{136 + 22_1}$$
$$= 16\% + 1.72\% = 17.72\%$$

计算出内部收益率，可以再与同期的银行利率或者同行业的收益率相比较，评价项目的盈利水平。如果项目的内部收益率低于同行业的内部收益率，说明项目现金净流量过低。为此，必须“开源节流”，通过提高销售等手段增加项目的现金流入，同时减少费用支出以降低项目的现金流出。

内部收益率与净现值配合使用可以全面考察项目的财务效果。

4. 资本成本

资本成本(CC)是为筹集和运用资金而支付的费用或减少收益的税后代价。它是投资者让渡资本使用权所要求的最低报酬率。资本成本包括资金筹集的费用和资金占用费用两部分。资金筹集费用是指在筹集资金的过程中支付的各种费用，如发行股票、债券的手续费、律师费等。资金占用费用是指占用资金需支付的费用，如股票的股利、债券的利息、银行借款的利息费用等。

资本成本是评价工程项目投资的重要标准，投资收益率高于资本成本的项目才能接受。资本成本也是衡量项目经营成果的尺度，经营利润率高于资本成本，经营业绩良好。资本成本更是选择筹资方案的基本依据。筹资的支出属于资金的耗费，不同来源的资本数量及其成本的高低会影响项目综合资本成本，并产生大小不同的财务风险。寻求最低资本成本，优化资本结构，降低财务风险，追求项目价值最大化，资本成本就是筹资方案选择的基本依据。

为了便于分析比较，资本成本通常不用绝对金额表示，而是用相对数——资本成本率表示。所谓资本成本率是指公司使用资金的费用与实际筹集资金的比率。计算公式如下：

$$资本成本率 = \frac{资金占用费}{筹资金额 - 筹资费用} \times 100\%$$

针对不同的目的，资本成本有多种形式。用于比较分析不同筹资方式时，采用个别资本成本，包括债券成本、长期借款成本、普通股成本和留存收益成本；用于资本结构分析时，采用综合资本成本；用于增加筹资决策时，采用边际资本成本；用于优化资源配置时，采用机会资本成本。

(1)个别资本成本

个别资本成本的计算公式前面的章节已经有介绍，在此不再阐述。对于个别资本成本主要关注的是债务资本，由于利息费用可以在税前支付，因此债务资本成本相对于其他融资方式是最低的。

(2)综合资本成本

工程项目融资的形式多种多样，不会仅仅采用一种。因此，对于采用多种形式进行融资的总成本综合资本成本，一般是以各种资本占全部资本总额的比重为权数，对个别资本成本进行加权平均计算得出。其计算公式为：

$$K_w = \sum_{j=1}^{n} K_j W_j$$

式中：K_w——综合资本成本；

K_j——第 j 种个别资本成本；

W_j——第 j 种个别资本占全部资本总额的比重(权数)。

【例 8-18】 某工程项目融资总额为 7 100 万元，其中发行普通股 5 000 万元，预计第一年股利分配率为 1%，以后每年增长 10%，筹资费用率为 1.5%；留存收益为 100 万元；发行面值 1 000 万元的 10 年期债券，票面利率 6%，发行费用率为 3%，发行价格 1200 万元；另取得 5 年期长期借款 800 万元，年利率为 4.5%，每年付息一次，到期一次还清，筹资费用率为 0.3%，企业所得税率为 33%。

$$长期借款资本成本率\ K_1 = \frac{I_l(1-T)}{L(1-F_l)} = \frac{800 \times 4.5\% \times (1-33\%)}{800 \times (1-0.3\%)} = 3.02\%$$

$$债券资本成本率\ K_2 = \frac{I_b(1-T)}{B(1-F_b)} = \frac{1000 \times 6\% \times (1-33\%)}{1200 \times (1-3\%)} = 3.45\%$$

$$普通股资本成本率\ K_3 = \frac{D_c}{P_c(1-F_c)} + G = \frac{5\,000 \times 1\%}{5\,000 \times (1-1.5\%)} + 10\% = 11.02\%$$

$$留存收益成本\ K_4 = \frac{D_c}{P_c} + G = \frac{100 \times 1\%}{100} + 10\% = 11\%$$

$$综合资本成本\ K_w = \sum_{j=1}^{n} K_j W_j = 3.02\% \times \frac{800}{7\,100} + 3.45\% \times \frac{1\,200}{7\,100} + 11.02\% \times \frac{5\,000}{7\,100} + 11\% \times \frac{100}{7\,100} = 8.84\%$$

需要指出的是，在项目总资本构成中，任何一种资本成本必须联系资本结构中其他资金来源的构成状况来确定。因为任何一种资本的增加都必然导致资本结构和财务状况的变动，从而直接或间接影响其他资本成本。

(3)边际资本成本

边际资本成本(MCC)是指筹集单位增量资金的综合资本成本。当边际资本成本等于平均资本成本时，综合资本成本水平最低。随着筹集资本的增加，边际资本成本不断增加。这是因为随着新资本筹集的增加，经营风险也随之增大。如果新筹集的资本是债务资本，则新的债权人考虑到财务风险，必然提高贷款利率，增加资本成本。如果增加的是权益资本，增发新股必然降低股票市价，新的投资者要求的收益率也必然提高，从而提高了资本成本。因此，边际资本成本反映了在不同资本来源和资本结构下，综合资本成本的变化动态，是进行投资决策的重要参数。在具体决策中，应采用不同的边际成本作为计算项目净现值的折现率，以评价项目融资方案的取舍。

【例 8-19】 某项目原有资本总额为 800 万元，需要增加融资。甲方案新增资本 200 万元，边际资本成本为 10%，假设增加资本后，在 5 年内每年新增利润和折旧 80 万元；乙方案新增资本 400 万元，边际资本成本为 11%，假设增加资本后，在 5 年内每年新增利润和折旧 140 万元。两方案的净现值和现值指数为：

$NPV_{甲}=80\times(PV_A/R,10\%,5)-200=80\times3.791-200=103.28$(万元)

$NPV_{乙}=140\times(PV_A/R,11\%,5)-400=140\times3.696-400=117.44$(万元)

$NPVR_{甲}=103.28\div200=0.5164$

$NPVR_{乙}=117.44\div400=0.2936$

可以看出，两个方案的净现值都大于零，均为可行。但甲方案的现值指数大于乙方案，故甲融资方案较优。

5. 财务杠杆系数

一般来说，项目融资的方法多种多样，较常用的就是借款。借款融资无论项目建成投入营运后的盈利状况如何，借款利息在整个借款期不会变化。因此，当项目投产后的利润增大时，每一元利润负担的借款利息就会相应地减少，从而使投资收益有更大幅度地提高。这种借款对投资效益的影响称为财务杠杆作用。

财务风险是全部资本中债务资本比率的变化将导致财务困难的可能性。随着工程项目投资总额的负债比例提高，一方面，财务杠杆的作用得到增强；另一方面，财务风险，即丧失偿债能力的可能性也在增加。

为了说明财务杠杆作用与财务风险之间这种相互依存的关系，假设两个工程项目的投资总额相等，均为 100 万元，甲项目全部都是自有资本，没有负债；乙项目有 40%的资本来自银行借款，每年需按 5%支付利息费用(单利制)，5 年到期后一次偿还本金。如果两个项目投入营运后，预计每年的息税前利润(EBIT)均为 12 万元，则两个项目的总资产报酬率也相等，均为 12%(12/100)。设所得税率为 33%，则甲项目的权益资本报酬率为 8.04%(12×0.67/100)；而乙项目的权益资本报酬率为 11.17%，明显高于甲项目。这就是财务杠杆的作用。但乙项目必须每年支付财务费用 2 万元，且借款到期后需偿还本金 40 万元。因此，从现金流出地角度分析，乙项目丧失偿债能力的可能性大，即财务风险也随之加大。

所以，当债务资本比率较高时，投资者将负担较多的债务成本，从而加大财务风险；反之，当债务资本比率较低时，财务风险就小。

通常用财务杠杆系数表示财务杠杆作用的强弱。财务杠杆系数越大，表明财务杠杆作用越强，财务风险就越大；财务杠杆系数越小，表明财务杠杆作用越弱，财务风险就越小。财务杠杆系数的计算公式如下：

$$\mathrm{DFL}=\frac{\Delta \mathrm{EPS}/\mathrm{EPS}}{\Delta \mathrm{EBIT}/\mathrm{EBIT}}$$

式中：DFL——财务杠杆系数；

ΔEPS——每股净收益变动额；

EPS——变动前的每股净收益；

ΔEBIT——息税前利润变动额；

EBIT——变动前息税前利润。

上式可以推导为：

$$\mathrm{DFL}=\frac{\mathrm{EBIT}}{\mathrm{EBIT}-I}$$

式中：I——债务利息。

6.偿债保障比率

为了确定合适的财务杠杆，需要分析支付固定财务费用的能力，同时也要分析期望的未来现金流量，因为固定财务费用必须用现金支付。如果不能支付这些费用，企业就可能面临财务危机的威胁。企业期望的未来现金流量越大、越稳定，公司的最大负债能力也就越强。

如前所述，如果已获利息倍数仅为1，这就表明收益刚好够支付利息。但要确定什么样的已获利息倍数是适当的，仅有一般性结论是不够的，除非能够掌握企业的所有影响经营的因素。在十分稳定的行业中，一个相对较低的已获利息倍数也许是合适的，但对于高度变动的行业，就未必如此。

由于已获利息倍数并没有告诉我们满足债务本金支付的能力，到期无力支付本金和利息都在法律上构成了违约，因此，为企业所有的债务负担计算偿还保障比率是有用的。将已获利息倍数调整如下：

$$\text{偿债保障比率}=\frac{\text{利息}+\text{息税前利润(EBIT)}}{\text{利息费用}+\dfrac{\text{本金支付}}{1-\text{税率}}}$$

这里的本金支付考虑到税收影响作了调整。这是因为EBIT代表的是息税前利润。由于本金支付不能在税前扣除，必须用税后收益支付，因此，必须对本金支付进行调整，使其与EBIT保持一致。

7.资本结构

资本结构是指各种长期资本筹集的来源的构成和比例关系。短期资金的需要量和筹集是经常变化的，而且在整个资金总量中所占比重不稳定，因此，在评价资本结构的时候不予考虑，只是作为营运资金管理的内容。

通常情况下，资本结构由长期债务资本和权益资本构成。所以，资本结构就是指长期债务资本和权益资本在总资本中的比率。

目前，人们对于资本结构有着不同的认识，主要代表有净收入理论、净营运收入理论、传统理论和权衡理论(理论)。净收入理论认为，负债可以降低资本成本，只要债务成本低于权益成本，负债越多，综合资本成本就越低，企业价值就越大。净营运收入理论认为，由于财务杠杆的作用，即使债务成本不变，但由于加大了权益资本风险，所以权益成本会随之上升，于是综合资本成本不会因为债务比率提高而降低，而是维持不变。传统理论则认为，企业利用财务杠杆尽管会导致权益成本的上升，但不会完全抵消债务成本降低带来的好处，所以综合资本成本还是会下降，企业总价值上升，所以存在最佳资本结构。MM 理论是美国学者莫迪格利尼和米勒提出的，后来人们不断发展该理论，提出了税负利益—破产成本的权衡理论(有关论述可参考相关书籍)。

债务资本比重的增大可以使项目通过利息抵税作用获得税务效应，可以通过加强投资者和债权人对经营者的激励和约束降低项目的代理成本，并且可以向投资者传递企业发展良好的信号以增强投资者的信心。因此，较多的债务资本会降低项目的综合资本成本，但同时债务资本的增加会加大企业的财务风险。相反，较多的权益资本会加强财务抗风险能力，但同时会因为资本成本和项目代理成本过高，使综合资金成本上升。所以，项目管理人员必须在债务资本和权益资本之间找到一个平衡点，而这个平衡点就是最佳的资本结构。

确定最佳资本结构的方法主要有以下三种。

(1)EBIT－EPS 方法

每股利润无差别点分析方法，也称息税前利润—每股净利分析(简称 EBIT－EPS 分析)，是项目筹资决策评价中，用于优化资本结构的一种较为常用的方法。它是以分析每股收益的变化来衡量资本结构的合理与否，能够提高每股收益的资本结构就是合理的，否则就是不合理的。

每股收益分析是利用每股收益的无差别点来进行的。所谓每股收益无差别点就是指每股收益不受资本结构影响的 EBIT 水平。根据每股收益无差别点，可以判断在什么 EBIT 水平下，应采用何种资本结构。

在每股受益无差别点上，无论是采用权益资本，还是采用债务资本，每股净收益都是相等的。设两个投资项目，每股收益无差别点上的息税前利润为$\overline{\mathrm{EBIT}}$，各项目投入营运后的每股收益分别为 EPS_1 和 EPS_2，普通股股数分别为 N_1 和 N_2，长期负债利息额分别为 I_1 和 I_2，所得税税率为 T，则：

$$\mathrm{EPS}=\frac{(\mathrm{EBIT}-I)(1-T)}{N}$$

由 $\mathrm{EPS}_1=\mathrm{EPS}_2$ 出发，有：

$$\frac{(\mathrm{EBIT}-I_1)(1-T)}{N_1}=\frac{(\mathrm{EBIT}-I_2)(1-T)}{N_2}$$

得到：

$$\overline{\mathrm{EBIT}}=\frac{N_2 I_1-N_1 I_2}{N_2-N_1}$$

上式给出了在一定条件下，每股利润无差别点上息税前利润的一般解。

进一步地：

$$\mathrm{EBIT}=S-\mathrm{VC}-F$$

式中：S——销售额；

VC——变动成本；

F——固定成本。

所以：

$$\frac{(S_1-\mathrm{VC}_1-F_1-I_1)(1-T)}{N_1}=\frac{(S_2-\mathrm{VC}_2-F_2-I_2)(1-T)}{N_2}$$

由于在每股收益无差别点上：

$$S_1 = S_2$$

$$\frac{(S-VC_1-F_1-I_1)(1-T)}{N_1} = \frac{(S-VC_2-F_2-I_2)(1-T)}{N_2}$$

则：

$$S = \frac{N_2(VC_1+F_1+I_1)-N_1(VC_2+F_2+I_2)}{N_2-N_1}$$

【例 8-20】 某项目原有资本 700 万元，其中债务资本 200 万元（每年负担利息 24 万元），普通股资本 500 万元（发行普通股 10 万股，每股面值 50 元）。现需追加筹资 300 万元。筹资方式有两种：一是全部发行普通股，即增发 6 万股，每股面值 50 元；二是筹借长期债务，即债务利率仍为 12%，利息 36 万元。

变动成本率为 60%，固定成本 180 万元，所得税率为 33%。

$$\frac{(S-0.6S-180-24)\times(1-33\%)}{10+6} = \frac{(S-0.6S-180-24-36)\times(1-33\%)}{10}$$

$$S=750(\text{万元})$$

此时每股收益为

$$\frac{(750-750\times0.6-180-24)\times(1-33\%)}{16} = 4.02(\text{元/股})$$

从图 8-4 中可以看出，当销售额大于 750 万元（每股收益无差别点的销售额）时，运用债务筹资会获得较高的每股收益；当销售额小于 750 万元时，运用权益筹资会获得较高的每股收益。

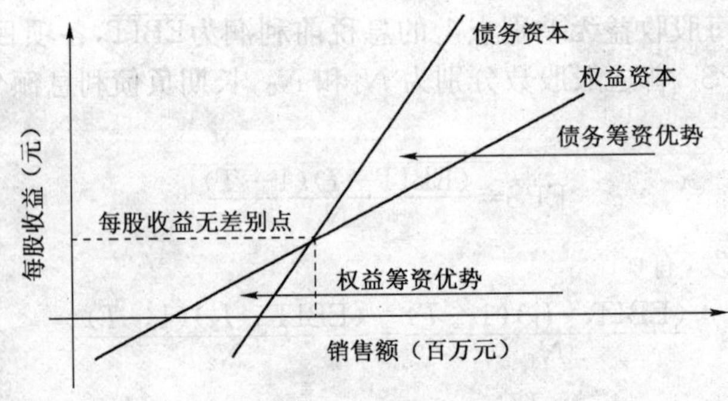

图 8-4　每股收益变化图

(2) P/E 比率分析法

与资本结构相关联的一个重要问题是资本结构对股票价格的影响，尤其是哪一种融资方式的选择会引起股票价格的上涨。假设在某一融资总量上，如果该项目选择了负债融资，每股收益为 EPS_1；选择股票融资，每股收益为 EPS_2。股票价格依托于价格与收益的比率（P/E），即股票市场所能够匹配的融资选择。如果选择债券融资，则该比率为 $(P/E)_1$；选择股票融资，股票市场予以普通股的 P/E 比率为 $(P/E)_2$，那么对于两种可供选择的融资形式的普通股价 P，可计算如下：

负债融资方式选择：$P_1=(P/E)_1\cdot EPS_1$

股票融资方式选择：$P_2=(P/E)_2\cdot EPS_2$

通过 P 的计算，并结合项目融资后的股份数就可以比较得出使项目价值最大的资本结构，也就是较优的项目资本结构。

(3)最低综合资本成本法

资本结构理论为融资决策提供了参考。最佳资本结构就是使企业价值最高，而不是每股收益最大的资本结构。同时，在企业总价值最大的时候，资本成本应该也是最低的。

市场总价值 V 应该等于股票的总价值 S 加上债券的价值 B，即：

$$V=S+B$$

为简化起见，假设债券的市场价值等于它的面值，股票的市场价格则可以通过下式计算：

$$S=\frac{(\mathrm{EBIT}-I)(1-T)}{K_s}$$

式中：EBIT——息税前利润；

I——年利息额；

T——公司所得税率；

K_s——权益资本成本。

采用资本资产定价模型计算 K_s：

$$K_s=R_s=R_f+\beta(R_m-R_f)$$

式中：R_f——无风险利率；

R_m——平均风险股票必要报酬率；

β——股票的贝塔系数，反映个别股票相对于平均风险股票的变动程度。

而公司的资本成本为综合资本成本，即：

$$K_w=\sum_{j=1}^{n}K_jW_j$$

【例 8-21】 某项目年息税前利润为 500 万元，资金全部由普通股资本组成，股票账面价值 2 000 万元，所得税率 40%。该项目认为目前的资本结构不够合理，准备采用发行债券购回部分股票的办法予以调整。经咨询调查，目前的债务利率和权益资本的成本情况如表 8-8 所示。

不同债务水平对公司债务资本成本和权益资本成本的影响　　表 8-8

债券的市场价值 B（百万元）	税前债务资本成本 K_b	股票 β 值	无风险报酬率 R_f	平均风险股票必要报酬率 R_m	权益资本成本 K_s
0	—	1.20	10%	14%	14.8%
2	10%	1.25	10%	14%	15%
4	10%	1.30	10%	14%	15.2%
6	12%	1.40	10%	14%	15.6%
8	14%	1.55	10%	14%	16.2%
10	16%	2.10	10%	14%	18.4%

根据上表，结合上面的公式，即可计算出筹集不同金额的债务时公司的价值和资本成本，见表 8-8。

从表 8-9 可以看出，债务资本不断替代权益资本时，企业价值不断上升，综合资本成本不断下降。当债务资本达到 600 万元的时候，企业价值最高，综合资本成本也最低。随着债务资本的继续增加，企业市场价值下降，综合资本成本上升。所以，债务资本 600 万元时的资本结构是最佳的。

筹集不同金额的债务时公司的价值和成本 表 8-9

债券的市场价值 B（百万元）	股票的市场价值 S（百万元）	企业的市场价值 V（百万元）	税前债务资本成本 K_b	权益资本成本 K_s	综合资本成本 K_w
0	20.27	20.27	—	14.8%	14.8%
2	19.20	21.20	10%	15%	14.15%
4	18.16	22.16	10%	15.2%	13.54%
6	16.46	22.46	12%	15.6%	13.36%
8	14.37	22.37	14%	16.2%	13.41%
10	11.09	21.09	16%	18.4%	14.23%

(三)外汇利用效果评价

涉及外汇收支的项目，应在编制外汇收支平衡表(表 8-10)的基础上进行外汇平衡分析，考察项目的外汇余缺程度。

外汇平衡表(单位：万元) 表 8-10

序号	项目 \ 年份	建设期		营运期				合计
		1	2	3	4	…	N	
1	外汇来源							
1.1	产品销售外汇收入							
1.2	外汇借款							
1.3	其他外汇收入							
2	外汇运用							
2.1	固定资产投资中外汇支出							
2.2	进口原材料							
2.3	进口零配件							
2.4	技术转让费							
2.5	偿付外汇借款本息							
2.6	其他外汇支出							
3	外汇余缺							

注：其他外汇收入包括自筹外汇等。

通过编制外汇平衡表，可以分析项目各年外汇盈余或短缺情况，对于外汇不能平衡的项目，应注意分析不平衡的原因，找到解决的方法。

(四)敏感性分析

敏感性分析是一种广泛应用于决策分析的方法。敏感性分析是指通过测试，计算各种不确定性因素的变化对项目经济效益指标的影响，从中找出敏感因素，并确定其敏感程度的一种分析方法。在项目评价中，由于不确定因素的存在，会降低经济效益指标的准确程度和可信程度。但是不同的因素对项目评价的影响是不同的。因此，敏感性分析一般是通过假设其他因素都不变，而把某一个或几个参数往不利或有利方向变动，研究其影响项目经济效益的程度，从中找出关键因素，从而评估项目投资风险的。

一般采用敏感系数反映敏感程度，公式如下：

$$\text{敏感系数}=\frac{\text{目标值变动百分比}}{\text{参数值变动百分比}}$$

计算出敏感系数，可以编制敏感分析表(表 8-11)或者敏感分析图(图 8-5)，列出各因素的影响情况，以方便、直观地了解各因素对最后结果的影响程度。

单因素变动敏感分析表 表 8-11

项目 \ 利润 \ 变动百分比	−20%	−10%	0	10%	20%
单价	0	20 000	40 000	60 000	80 000
单位变动成本	64 000	52 000	40 000	28 000	16 000
固定成本	48 000	44 000	40 000	36 000	32 000
销量	24 000	32 000	40 000	48 000	56 000

例如，影响利润的因素包括单价、销量、固定成本以及单位变动成本。彼此的关系可以用下式表示：

$$P=(\mathrm{SP}-\mathrm{VC})\cdot S-\mathrm{FC}$$

式中：P——利润；

SP——单价；

VC——单位变动成本；

S——销量；

FC——固定成本。

某产品单价为 2 元，单位变动成本为 1.20 元，预计明年固定成本为 40 000 元，产销量计划达到 100 000 件，则预计明年利润为：

$$P=100\,000\times(2-1.20)-40\,000=40\,000(\text{元})$$

下面进行敏感性分析。

(1)单价的敏感程度

设单价增长 10%，则：

$$\mathrm{SP}=2\times(1+10\%)=2.2(\text{元})$$

$$P=100\,000\times(2.20-1.20)-40\,000=60\,000(\text{元})$$

$$\text{目标值变动百分比}=(60\,000-40\,000)/40\,000=50\%$$

单价的敏感系数=50%/10%=5

(2)单位变动成本的敏感程度

设单位变动成本增长 10%，则：

$$\mathrm{VC}=1.20\times(1+10\%)=1.32(\text{元})$$

$$P=100\,000\times(2-1.32)-40\,000=28\,000(\text{元})$$

$$\text{目标值变动百分比}=(28\,000-40\,000)/40\,000=-30\%$$

$$\text{单价的敏感系数}=-30\%/10\%=-3$$

其他与此类似。

四、工程项目融资效果评价指标的具体运用

表 8-12 是某化纤工程项目全部投资现金流量表。该项目内部收益率为 12.72%，投资回收期为 7.8 年。下面分别将固定资产投资、经营成本、销售收入进行提高和降低 10%的单因素变化，对投资回收期和内部收益率进行敏感性分析。

表 8-12

某化纤工程项目现金流量(单位:万元)

序号	项 目	合计	建设期			营运期														
			1	2	3	4	5	6	7	8	9	10	11	12	13	14	15	16	17	18
1	现金流入	526 779				24 794	31 878	35 420	35 420	35 420	35 420	35 420	35 420	35 420	35 420	35 420	35 420	35 420	35 420	45 067
1.1	产品销售收入	517 132				24 794	31 878	35 420	35 420	35 420	35 420	35 420	35 420	35 420	35 420	35 420	35 420	35 420	35 420	35 420
1.2	固定资产余值	2 563																		2 563
1.3	回收流动资金	7 084																		7 084
2	现金流出	448 278	8 935	24 570	11 164	22 621	24 888	27 250	26 657	26 961	27 352	27 503	27 494	27 494	27 494	25 729	25 729	25 729	25 729	25 729
2.1	固定资产投资	44 669	8 935	24 570																
2.2	流动资金	7 084				4 959	1 417	708												
2.3	经营成本	301 727				15 405	18 965	20 745	20 745	20 745	20 745	20 745	20 454	20 454	20 454	20 454	20 454	20 454	20 454	20 454
2.4	销售税金及附加	39 256				1 881	2 418	2 689	2 689	2 689	2 689	2 689	2 689	2 689	2 689	2 689	2 689	2 689	2 689	2 689
2.5	所得税	36 839				249	1 385	2 062	2 138	2 339	2 599	2 699	2 886	2 886	2 886	2 942	2 942	2 942	2 942	2 942
2.6	特种基金	18 703				127	703	1 046	1 085	1 188	1 319	1 370	1 465	1 465	1 465	1 494	1 494	1 494	1 494	1 494
3	净现金流量	78 501	−8 935	−24 570	−11 164	2 173	6 990	8 170	8 763	8 459	8 068	7 917	7 926	7 926	7 926	7 841	7 841	7 841	7 841	7 841
4	累计净现金流量		−8 935	−33 505	−44 669	−42 496	−35 506	−27 336	−18 537	−10 114	−2 046	587	13 797	21 723	29 649	37 490	45 331	53 172	61 013	78 501
5	所得税前净现金流量(3+2.5+2.6)	13 043	−8 935	−24 570	−11 164	2 549	908	11 278	11 986	11 986	11 986	11 986	12 277	12 277	12 277	12 277	12 277	12 277	12 277	21 924
6	所得税前累计净现金流量		−8 935	−33 505	−44 669	−14 120	−33 042	−21 764	−9 778	2 208	14 194	26 180	38 457	50 734	63 011	75 288	87 565	99 842	112 119	134 043

敏感性分析表和敏感性分析图分别见表 8-13 和图 8-5。

财务敏感性分析表 表 8-13

序号	项目	基本方案	投资		经营成本		销售收入	
			+10%	−10%	+10%	−10%	+10%	−10%
1	内部收益率(%)	17.72	16.19	19.47	14.47	20.47	22.35	12.47
	较方案增减(%)		−1.53	1.75	−3.25	3.01	4.63	−5.25
2	投资回收期	7.8	8.19	7.44	8.75	7.16	6.87	9.48

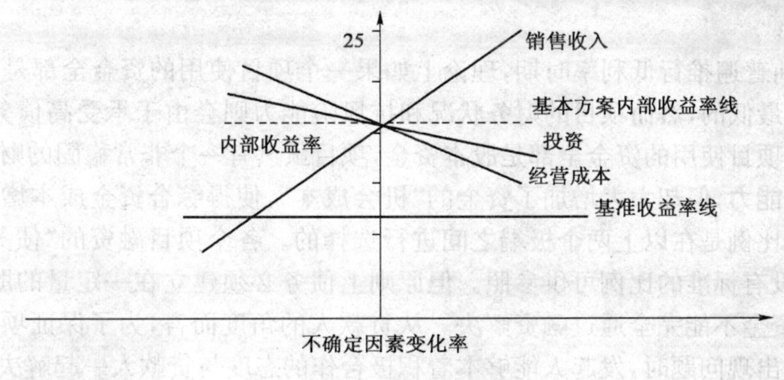

图 8-5 敏感性分析图

从表 8-12 可以看出,各因素的变化都不同程度地影响内部收益率和投资回收期。其中以销售收入的提高或降低最为敏感,经营成本次之。当销售收入降低 10%时,内部收益降低到 12.47%,比基本方案降低 5.25 个百分点,投资回收期为 9.48 年,比基本方案延长 1.68 年;当销售收入增加 10%时,内部收益增加到 22.35%,增加 4.63 个百分点,投资回收期为 6.87 年,比基本方案缩短 0.93 年。

从图 8-5 可以看出,销售收入和经营成本对基本方案内部收益率的影响曲线和财务基准收益率的交点(临界点)分别为销售收入降低约 11%和经营成本提高约 17%时,项目的内部收益率才低于基准收益水平,说明项目的抗风险能力较强。

工程项目融资效果的每个指标都有各自的侧重点,但都不可避免地存在分析的局限性。

因此,分析不能仅仅停留在数字的表面,更多的是需要关注数字背后的情况。分析时,要注意以下几个方面的问题:

(1)要从实际出发,坚持实事求是,不搞数字游戏;

(2)要全面看问题,坚持一分为二的观点;

(3)要注意数据之间的联系;

(4)要注意过去、现在、将来的关系;

(5)要定量分析和定性分析结合。

例如,对企业来说,至关重要的问题与其说是偿债保障比率是否会降到 1 以下,还不如说是企业丧失偿债的能力的可能性有多大。固定费用融资增加了企业丧失偿债能力的危险。因此,问题的关键取决于是否所有的支付来源——收益、现金、新的融资安排和资产的销售——总体上是足够的。偿债保障比率只能说明问题的一部分,要全面说明丧失偿债能力这一问题,还必须取得有关企业的实际现金流量对它们的期望值的可能偏差的信息,包括每一种结果的每一个概率。在评价满足固定债务的能力时,这一信息对财务经理来说是极其重要的。在确定这一能力时，不仅要考虑期望收益，还要考虑其他现金流量因素——资产的购置或销售、企业的流动性、股利支付和季节性特点。给定一定现金流量序列的概率，财务经理就可以确定在管理当局可以接受的丧失偿债能力范围内，可承担的固定融资费用。

管理当局可能认为其能接受的丧失偿债能力的最大概率为5%。这一概率与在悲观假设之下编制的现金预算相一致。在这种情况下，所承担的债务就可能达到悲观现金预算下充分补偿债务固定费用所需的现金余额点。换句话说，债务将增加到这样一点，在该点额外的现金流出所导致的丧失偿债能力的概率与管理当局规定的风险接受程度相等。这一分析方法提供了一种评价债务增加对偿债能力丧失风险的影响的手段。根据这一信息，管理当局就可以确定最佳债务水平。

另外，在当前普遍推行低利率时期，理论上如果一个项目使用的资金全部是债务资金，其资金成本应该是最低的，然而项目的财务状况和抗风险能力则会由于承受高债务而变得相对脆弱。如果一个项目使用的资金全部是股本资金，项目虽然有一个非常稳固的财务基础，并且可以增加抗风险能力，但却大大增加了资金的"机会成本"，使得综合资金成本增大。实际上，项目资金构成和比例是在以上两个极端之间进行选择的。各个项目融资的"债务/股本金"比例都是不同的，没有标准的比例可供参照。但原则上债务必须建立在一定量的股本金的基础上，项目所需的资金不能完全通过融资解决。从贷款人的角度而言，为了保证项目获得成功，保证项目完工前出现问题时，发起人能够本着积极合作的态度与贷款人一起解决问题，贷款人会要求发起人在项目中注入相当数量的股本资金，以确保发起人有足够的经济利益来激励他们以最有效的方式建设项目、经营项目。由于项目融资的对象是一个相对简单的独立项目，通过项目技术测试，可以确定项目的技术可行性；通过经济测试，可以确定项目的现金流量水平；通过整体结构的安排，可以控制并减小风险等。因此，在项目融资中可以获得较一般公司融资为高的债务/股本金比例。一般来说，国际上通行的做法是股本金须达到整个项目总投资的20%～25%，其余的75%～80%的资金靠融资来解决。

第九章 工程项目融资案例分析

第一节 国外经典项目融资案例(英法海峡隧道)

一、概 述

(一)历史背景

英吉利海峡隧道(The Channel Tunnel),又称英法海底隧道或欧洲隧道(Euro Tunnel),是一条连接英国英伦三岛和欧洲法国的铁路隧道,于1994年5月6日开通。它由3条长50km的平行隧洞组成,总长度为153km。其中,海底段的隧洞长度为3×38km,是目前世界上最长的海底隧道。两条铁路洞衬砌后的直径为7.6m,开挖洞径为8.36～8.78m;中间一条后勤服务洞衬砌后的直径为4.8m,开挖洞径为5.38～5.77m。从1986年2月12日法、英两国签订关于隧道连接的坎特布利条约(Treaty of Canter Bury)到1994年5月7日正式通车,历时8年多,耗资约100亿英镑(约150亿美元),也是世界上规模最大的利用私人资本建造的工程项目。

隧道横跨英吉利海峡,使由欧洲往返英国的时间大大缩短。隧道长50km,仅次于日本青函隧道。海底长38km,单程需35min。通过隧道的火车有长途火车、专载公路货车的区间火车、载运其他公路车辆(如大客车、一般汽车、摩托车、自行车)的区间火车。隧道由欧洲隧道技术公司经营,但因为隧道建造费用极高,所以债务沉重。

1994年5月6日是英国与法国乃至欧洲大陆关系史上一个十分重要的日子。1.1万名工程技术人员用近7年之久的辛勤劳动,终于把自拿破仑·波拿巴以来将近200年的梦想变成了现实。一条海底隧道把孤悬在大西洋中的英伦三岛与欧洲大陆紧密地连接起来,为欧洲交通史写下了重要的一笔。

欧洲隧道是指横贯英法之间多佛海峡的海底铁路隧道,又称海峡隧道。它西起英国的福克斯通,东到法国的加来,全长50km,水下长度38km,是世界最长的海底隧道。

这项工程由3条隧道和两个终点站组成。3条隧道由北向南平行排列,南北两隧道相距30m,为单线单向的铁路隧道,隧道直径为7.6m;中间隧道为辅助隧道,用于上述两隧道的维修和救援工作,直径为4.8m。在辅助隧道的1/3和2/3处分别为两运营隧道修建了横向连接隧道。当铁路出现故障时,可把在一侧隧道内运行的列车转入另一隧道继续运行,而不中断整个隧道的运营业务。在辅助隧道线上,每隔375m都有通道与两主隧道相连,以便维修人员工作和在紧急情况下疏散人员。

隧道启用后,把伦敦至巴黎的陆上旅行时间缩短了一半,3h即可到达。从伦敦乘飞机到巴黎,一般需要3h左右,而事先还要订票。经隧道乘火车,时间一样,却更加方便。据英国铁路当局估算,每年通过隧道的旅客人数可达1 800万人,货运量可达800万t。

欧洲隧道于1987年12月1日正式开工，造价150亿美元，原计划1993年通车，后延迟一年。修建资金主要来源于国际银行贷款和出售股票，由英法财团承建。欧洲隧道使用的客货列车，均由两台机车牵引，每台机车功率为5 590kW(7 600马力)，平均最高时速为140km/h。

在1994年5月6日的欧洲隧道通车典礼上，当时的法国总统密特朗和英国女王伊丽莎白二世在隧道两端——法国的加来和英国的福克斯通共同主持了盛大的通车剪彩仪式。两国元首在剪彩典礼上发表了讲话。密特朗说，两个多世纪的理想实现了，他本人和法国人民都为这一工程的实现而感到高兴。这一工程将促进欧洲统一建设，英法两国之间所做的事不会使欧洲其他地方无动于衷。伊丽莎白二世女王说，这是第一次英法两国元首不是乘船，也不是乘飞机来会面的。她希望海底隧道能增加两国人民间的相互吸引力，希望两国继续进行共同的事业。

(二)工程概况

英法海峡隧道全长约50km，其中37.2km在海底，12.8km在陆地下面(图9-1～图9-3)。工程分为三大部分：两个竖井，一个在英国多佛市的莎士比亚峭壁，一个在法国的桑加特；海底部分由英国施工22km，法国施工15.2km。隧道距海底平均约40m，穿越岩层基本为均质石灰岩，间有页岩户层，抗压强度为5MPa，岩石含水率为8%～16%。

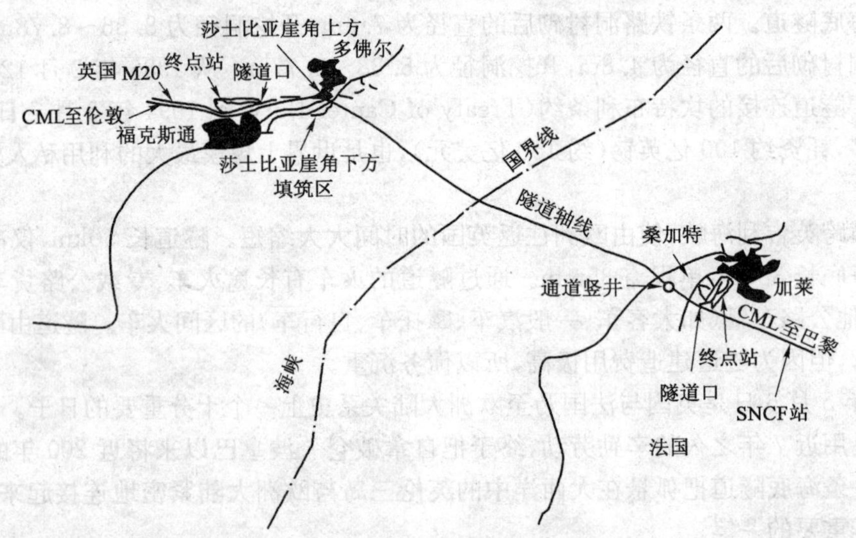

图9-1 英法海峡隧道平面示意图

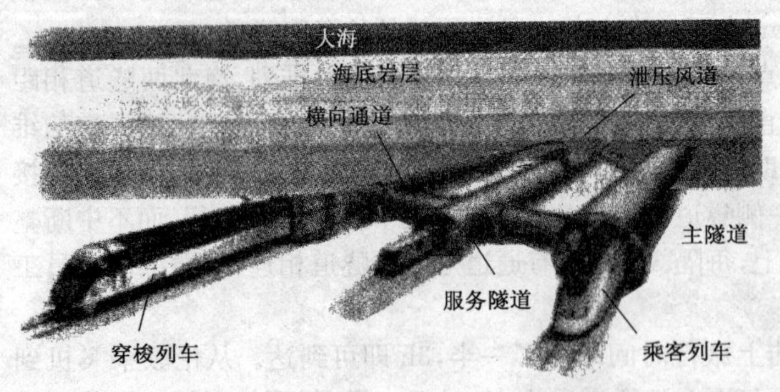

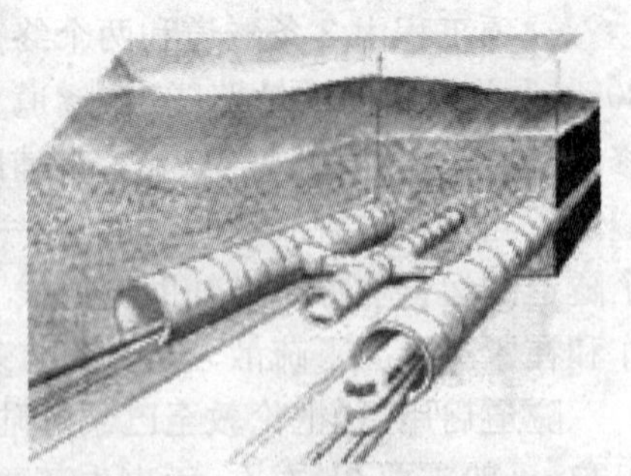

图9-2 英法海峡隧道透视图

两条主隧道(列车运行隧道)间距 30m,内径为 7.6m;之间服务隧道内径为 4.8m,三条隧道每隔 375m 以内径为 3.3m 横向联络通道相连,以供管理、维修、疏散乘客使用。此外,两主隧道间每隔 250m 以内径 2m 的横向活塞式泄压风道相连,以作释放列车“活塞”效应产生的空气压力及通风之用。

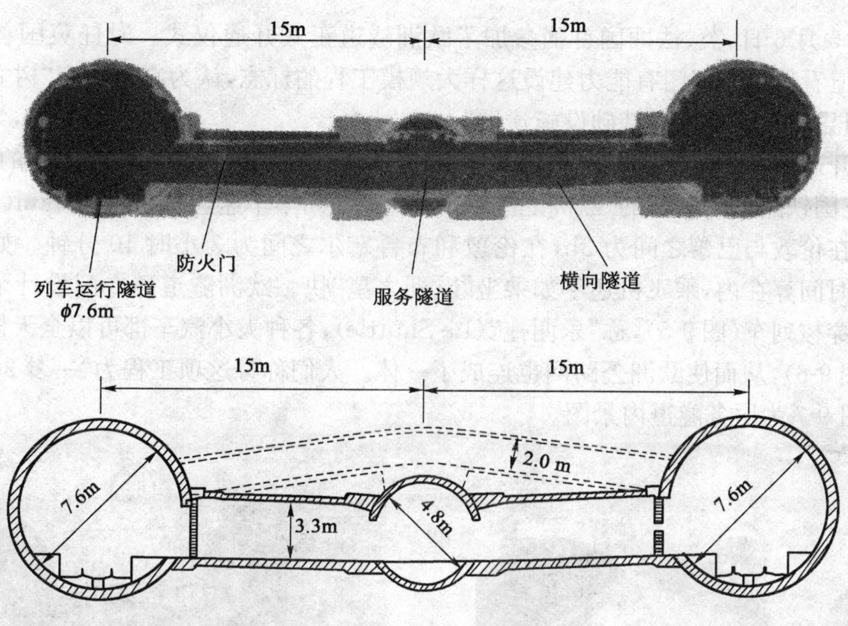

图 9-3 英法海峡隧道横断面图

由于海峡隧道经过的地质地形情况差异极大,因而其两侧采用不同的施工方法。英国一侧的隧道工程都在包含黏土质碳酸盐泥岩的泥灰岩地层中,具有良好的自立性,故采用全断面盾构掘进机(Tunnel Boring Machine,简称 TBM)施工;法国一侧要穿越多处断层的泥灰岩地层,所以采用土压平衡盾构掘进机施工。

隧道施工划分成 12 个区段,英国一侧 6 个,从莎士比亚峭壁竖井开始掘进,法国一侧 6 个,从桑加特竖井开始掘进。工程包括两个三条各自通往两个岸边终点的陆地隧道掘进和英法海峡水下对接的海底隧道掘进,所有 12 个区段隧道都采用盾构掘进机。共有 11 台盾构掘进机进行施工,其中 4 台在海底施工。每台盾构掘进机都配置 ZED 型激光测量导向仪。每台掘进机长度约 200m,当时造价约 950 万英镑。服务隧道的掘进速度为每周平均 150～250m,两条铁路隧道盾构掘进速度为每周平均 265m。

为适应地层条件的变化和盾构施工,承包商 TML 集团(Transmanche Link——世界 10 家最大施工公司联合体)设计了多种衬砌类型。英国一侧主要采用扩张型的预制混凝土砌块,并考虑到荷载变化,对应厚度有所不同;法国一侧由于地质条件局部变化较多,采用重型预制混凝土栓接衬砌。

英法海峡隧道北线铁路隧道于 1991 年 5 月 22 日贯通,竖直方向贯通误差为 23mm,水平方向贯通误差为 21mm;南线铁路隧道于 1991 年 6 月 28 日贯通,竖直方向误差为 32mm,水平方向误差为 2mm。

英法海峡隧道堪称世界规模最大、最宏伟的海底铁路隧道之一,通过采用 TBM 施工,创下了如下掘进成就:

(1)采用 TBM 掘进大断面隧道长度达 18 532m(8 号 TBM),创世界之最;

(2)最大月进尺达 1 487m(9 号 TBM),创长大隧道掘进最好成绩;

(3)TBM 时间利用率达 90%,整个系统时间利用达 60%,乃最新记录;

(4)采用混合机型 TBM 崭新技术。

(三)营运情况

1994 年 5 月 6 日,英、法两国首脑参加了欧洲隧道正式开通仪式。时任英国首相撒切尔夫人把该隧道看作私人部门有能力建设这样大规模工程的标志,认为它是政府“树立的一个样板项目,来引导私人企业投资基础设施建设”。

隧道的开通填补了欧洲铁路网中短缺的一环,大大方便了欧洲各大城市之间的来往。英、法、比利时三国铁路部门联营的“欧洲之星”(Euro Star)列车车速达每小时 300km(图 9-4),平均旅行时间在伦敦与巴黎之间为 3h,在伦敦和布鲁塞尔之间为 3 小时 10 分钟。如果把从市区到机场的时间算在内,乘飞机还不如乘坐“欧洲之星”快。欧洲隧道还专门设计了一种运送公路车辆的穿梭列车(图 9-5),称“乐谢拖”(Le Shuttle),各种大小汽车都可以全天候地通过英吉利海峡(图 9-6),从而使欧洲公路网也连成了一体。人们称誉这项工程为“一梦 200 年,海峡变通途”。图 9-7 为服务隧道内景图。

图 9-4　欧洲之星乘客列车通过英法海峡隧道南线

图 9-5　货物列车通过英法海峡隧道

图 9-6　英法海峡隧道站台(汽车驶离穿梭列车)

图 9-7　服务隧道内景

英法海峡隧道由分别在伦敦、巴黎和布鲁塞尔上市的欧洲隧道公司(Euro Tunnel)经营。该公司同时经营通过海峡隧道的货车穿梭列车和运载轿车、巴士乘客的穿梭列车,其穿梭列车的牵引机车功率达 5 550kW(7 500 马力),可以 140km/h 的速度牵引 2 400t 质量;欧洲之星在欧洲隧道公司经营旅客列车。从 1994 年正式营运到 2000 年,已有 5 700 万人次乘客通过穿梭列车旅行,相当于整个英国的人口。其近几年交通营运情况见表 9-1。

欧洲隧道公司交通营运统计表　　表 9-1

交通类型	2002 年	2001 年	2000 年	1999 年
小轿车(辆)	2 335 625	2 529 757	2 784 493	3 260 166
大客车(辆)	71 911	75 402	79 460	82 074
货车(辆)	1 231 100	1 197 771	1 133 146	838 776
欧洲之星列车客运量(人)	6 602 817	6 947 135	7 130 417	65 913 247
货运量(t)	1 463 580	2 447 432	2 947 388	2 865 251

二、项目架构

(一)项目发起

建造英法海峡通道,财务问题是实施的关键。1981 年 9 月 11 日英国首相撒切尔和法国总统密特朗在伦敦举行首脑会晤后宣布,这个通道必须由私人部门来出资建设和经营。1985 年 3 月 2 日法、英两国政府发出对海峡通道工程出资、建设和经营的招标邀请。此后收到过 4 种不同方案的投标。1986 年 1 月两国政府宣布选中 CTG-FM(Channel Tunnel Group — France Manche S. A)提出的双洞铁路隧道方案。CTG—FM 是一个由两国建筑公司、金融机构、运输企业、工程公司和其他专业机构联合的商业集团。它于 1985 年已分为两个组成部分,一个是 TML(Transmanche Link)联营体,作为总承包商,主要负责施工、安装、测试和移交运行;另一个是欧洲隧道公司(Euro Tunnel),作为业主,主要负责运行和经营。1986 年 3 月英、法政府与欧洲隧道公司正式签订协议,授权该公司建设和经营欧洲隧道 55 年(其中包括计划为 7 年的施工期),后来延长到 65 年,从 1987 年算起。这是世界上迄今为止最长的 BOT 项目特许期。而且政府承诺,除非统一特许权获得者(欧洲隧道公司)同意,否则在 2020 年前不会修建具有竞争性的第二条固定的英法海峡通道。到期后,该隧道归还给两国政府的联合业主。协议还规定两国政府将为欧洲隧道公司提供必要的基础设施,并且该公司有权执行自己的商业政策,包括收费定价。

项目的所有权归欧洲隧道公司(Euro Tunnel),这是一个跨国的联合体,由英国的海峡隧道集团(其股份 100%为 Euro Tunnel P. L. C 公司所有)和法国的 Manche 公司(其股份 100%为 Euro Tunnel S. A 公司所有)组成。为了所有权的统一,两家公司联合组建了欧洲隧道公司(Euro Tunnel)。两家公司(EPLC 和 ESA)的 2. 52 亿资产是由银行、金融机构(占 83%)和承包商(占 17%)提供的。

(二)项目公司

项目公司是具体负责项目开发、建设和融资的单位,可以是一个公司、若干合伙人、有限责任合伙制、合资企业或各种实体的综合。从某种程度上讲,项目公司结构受东道国的法律框架影响和决定。英法海峡隧道的项目公司所有权结构是一个双重跨国联合体结构,如图 9-8 所示。两家公司分别独立注册,Euro Tunnel P. L. C 注册地在英国,而 Euro Tunnel S. A 注册地在法国,两家公司联合起来成立了一个合伙制公司——欧洲隧道公司(Euro Tunnel General Limited)。

CTG(The Channel Tunnel Group Limited——海峡隧道工程集团)和 FM(France Manche S. A——法兰西曼彻公司)分别在英国和法国法律架构下建立了合伙制关系,负责将来欧洲隧道公司的营运和维护工作。无论是盈利或损失(融资及其他费用之后折旧和税收之前),都由两家公司平摊。

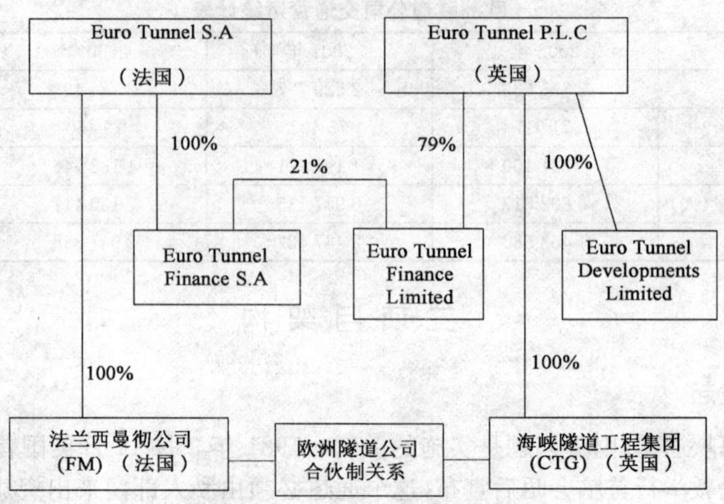

图 9-8　英法海峡隧道项目公司所有权结构

英法海峡隧道的总体架构如图 9-9 所示。

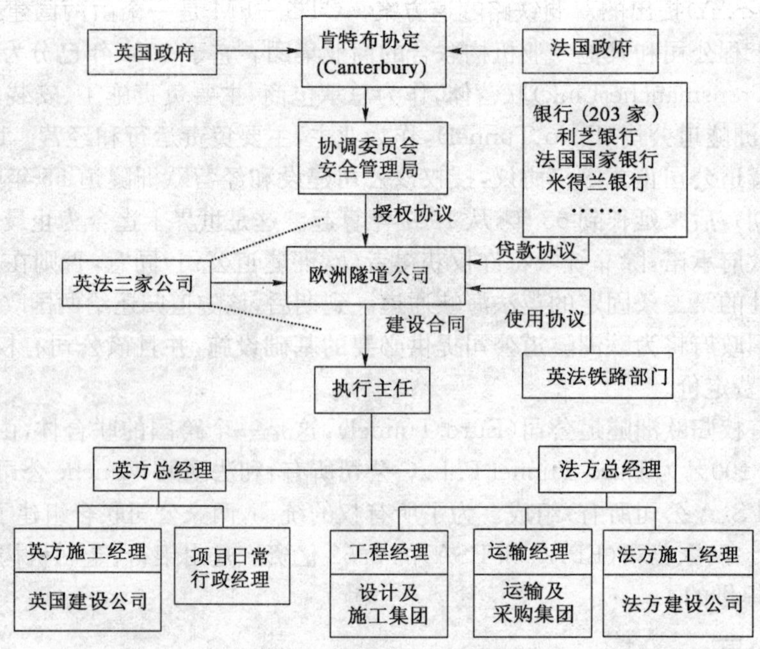

图 9-9　英法海峡隧道总体架构

(三)项目施工

承发包方式采用固定总价和目标造价合同。欧洲隧道公司承担了海峡隧道的全部建设风险，并为造价超额准备了一笔 17 亿美元的备用贷款。这就为其承包商提供了有利的建设承包合同；而这些承包商同时又是股东发起人。49 亿美元的陆上建筑工程的一半按固定价格（总价）承包，而隧道体工程则按目标造价承包，欧洲隧道公司把实际费用加固定费（目标值的 12.36%）支付给承包商，此项费用估算为 2.5 亿美元。如果隧道以低于目标造价完成，承包商将得到全部节约额的一半；如果实际造价超出预定目标值，承包商必须支付规定的违约偿金。此外，由于不可预见的海底状况、设计及技术规格的变更以及通货膨胀，合同价格允许调整。

建设工期:计划于 1988 年开工,1995 年竣工。建设工期的风险主要在于施工工期加长就会使经营期相对缩短,并且将会直接影响到该项目的收益和债务的偿还。这就有可能将欧洲隧道公司置于风险之中,因为若该公司到期不能偿还银行规定的贷款额度,银行可以行使自己的权力对该公司进行清理,并出售其资产。

施工合同分成以下三个部分:

(1)目标工程,包括隧道及地下结构,占合同总额的 50%;

(2)固定总价工程,包括终点站、设备安装、所有机电系统;

(3)采购项目,包括牵引机车,穿梭列车。

各部分主要建筑成本见表 9-2。

主要建筑成本(单位:百万英镑) 表 9-2

项目类别	主要建筑成本（1987 年 7 月价格）	项目类别	主要建筑成本（1987 年 7 月价格）
目标工程	1 367	采购项目	252
固定总价工程	1 169	合计	2 788

由于这是一个跨国的设计和施工工程承包合同,TML 公司必须处理一大批内部和外部的关系。不同实体间的关系会随着项目的进度而变化,如项目要经过初始构思、详细设计、土建施工、固定设备安装、验收和最后营运阶段。为了协调内部各个部门之间的相互关系,海峡两边的高级管理者约定进行相应级别的内部交流。而对于一些外部关系,则通过组建若干高水平的专家组来处理。隧道分项工程的主要相互关系如图 9-10 所示。

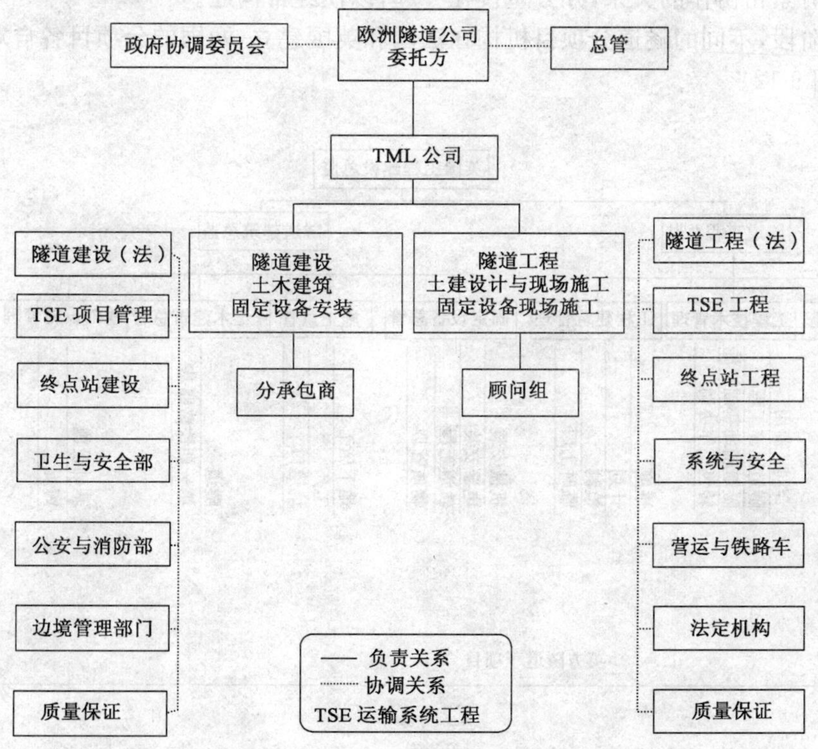

图 9-10 隧道分项工程的主要相互关系

施工之前，把项目分为下列区域：隧道、预制混凝土、终点站、机械和电力、营运。除了营运外，每个区域的工程管理和施工被分为独立的分项目，分项目负责人单独向工程指挥者和施工指挥者汇报，如图 9-11 所示。

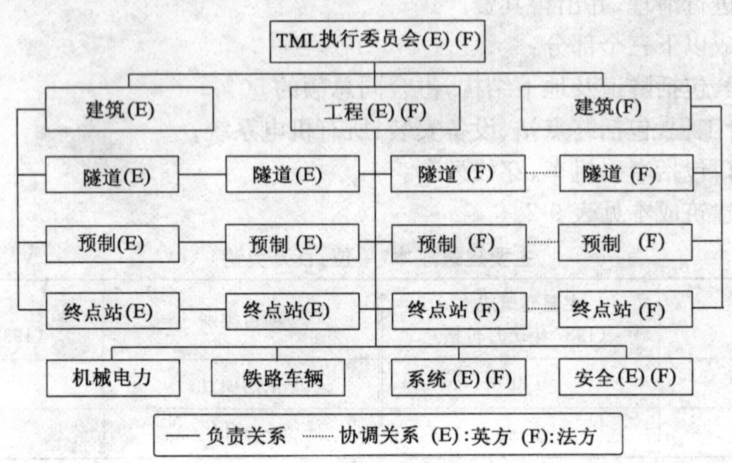

图 9-11 分项目关系

隧道工程管理分项目负责有关工程的所有活动，包括工程选择、计划进度、与工程设计方法有关的费用、机械与电力协调和设计顾问、预算。成本的优化与遵守设计程序是合同要求的两个重要因素。而隧道施工分项目负责工程采购、详细施工计划和安排以及施工方法的选择。两者之间要有紧密协作的关系，办公室设在一起，以便经常沟通。

在施工阶段，不同的隧道分项目机构在法国和英国建立，两国的分项目各自对其施工指挥者负责，见图 9-12。

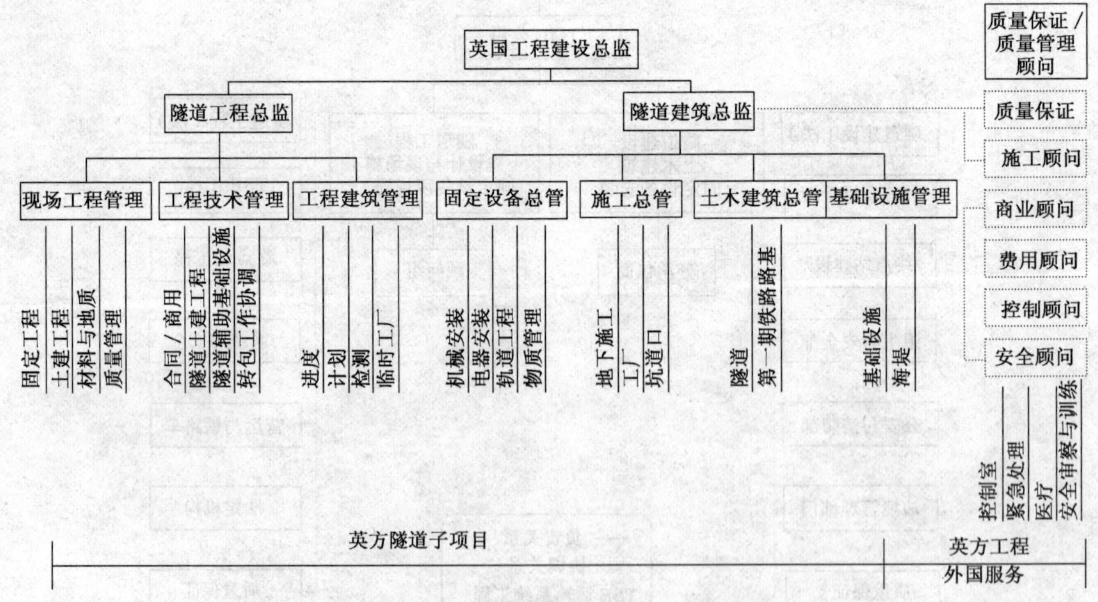

图 9-12 施工阶段组织框图

三、项 目 融 资

(一)资本结构及资金筹集

英国的经济与一些发展中国家相比，具有比较大的国内投资市场，包括较大的股票市场和资本市场。在英国，依靠项目公司在股市发行股票或者筹集私营投资者的资金的办法，在国内市场上就可以从投资者手中为BOT项目筹集到足够的资金。正常的做法是提供高的补偿收益，以补偿该项目的风险和投资期过长的损失。因此，该项目就地融资，英法两国政府不作外汇风险担保。英法海峡隧道于1987年估计的资金总需求为48.74亿英镑，见表9-3。

成本分解(单位:百万英镑) 表9-3

融资需求内容	金 额	融资需求内容	金 额
建筑成本 (1987年7月)	2 788	欧洲隧道公司及其他成本 (1987年7月)	642
通货膨胀备用金 (以名义期限到1993年5月15日)	469	净融资成本 (以名义期限到1993年6月30日)	975
合 计	4 874		

英法海峡隧道根据7年的设计和施工计划，按平均通货膨胀率7%估计需要的总费用和要求的资金(超过60亿英镑)，融资途径见表9-4。

融资途径(单位:百万英镑) 表9-4

融资来源	金 额	融资来源	金 额
股权资金(阶段一) 股权资金(阶段二) 股权资金(阶段三)	47 206 770	主要银行信用贷款 备用贷款	4 000 1 000
股权资金合计	1 023	银行贷款合计	5 000
资金总需求	6 023	资金总需求	6 023

欧洲隧道公司分阶段来筹集股权资金：

阶段一：由英国海峡工程集团(CTG)和法国法兰西曼彻公司(FM)的股东按已经承诺的保证提供，预计5 000万英镑。

阶段二：1986年10月从国际私人投资广泛征集，约2亿英镑。

阶段三：在国际上集资，包括在英国和法国的公开筹集，时间是在签署合约后和主体工程开工前，大致与早期施工的两阶段相平衡，最初发行在1987年三季度。在中标之前，牵头银行就已经收到了33家银行的约43亿英镑的债务承销意向书；中标之后，发起人股东向CTC-FM投入5 000万英镑股权资金(阶段一)。

项目债务融资主要由银行集团提供。1986年2月，牵头银行组织了一个由40个二级银行组成的价值为50亿英镑的联合贷款承销团(Syndicated Loan)，但是在承销协议签订之前，银行要求借款人必须保证达到以下条件：

(1)英法政府给予欧洲隧道公司自主营运权；

(2)英法两国议会必须通过有关协议来保证项目合同的合法性；

(3)完成1.5亿英镑的二期股权融资。

按照贷款协议，项目公司的债务责任是：

(1)欧洲隧道公司通过将来的现金流来偿还贷款，签订合同之后于18年内完全还清。

(2)费用条款。欧洲隧道公司给予牵头银行总贷款额的12.5%作为牵头费用。

(3)安全条款。欧洲隧道公司的所有资产用来作为还款的抵押。

(4)欧洲隧道公司保证未经贷款银行允许，不进行欧洲隧道系统之外的其他工程。

(5)违约事件。如果以下任一事件发生，则欧洲隧道公司将被视为违约：

①欧洲隧道营运时间推迟一年以上；

②欧洲隧道公司违反责任造成无法补偿的后果；

③未按合同按时还款。

(6)币种选择权。贷款货币包括英镑、法国法郎、美元。但是，贷款银行团同意欧洲隧道公司有权选择其他的币种。

(7)建筑合同必须签订。

最终债务以三种货币存在：26亿英镑(£)，210亿法国法郎(FF)，4.5亿美元(US$)，假设汇率为：1£∶10FF∶1.5US。贷款偿还期从1988年7月1日起算约7年后开始，最后还款日为2005年11月15日。

在海峡隧道工程投资过程中，关于融资工作要求欧洲隧道公司坚持政府提出的三个条件：

(1)政府对贷款不作担保。

(2)该项目将按有限的追偿权，100%由私营团体筹资，交付发起人使用，债务由完成的项目收益来偿还。

(3)该团体必须筹资20%的股票投资，即17.2亿美元的现金。除此之外，74亿美元贷款将从209家国际银行(历史上最大的地区性私营银行联合体)筹措。

(二)贷款的有关费用

欧洲隧道公司将要向银行联合体(Syndicate Banks)支付如下有关费用：

(1)按筹集资金总额的0.125%给付牵头银行；

(2)将签署总金额的0.875%按每个银行签署的金额比例给付；

(3)从1986年3月14日到信贷协议签署之日，每年按承诺支付金额的0.25%给付；

(4)从信贷协议签署之日到有效期截止，每年按抽回金额的0.125%给付固定承诺金；

(5)按未来半年内预算使用的抽回资金的0.25%给付额外承诺金，而其他超过预算金额部分，按0.312 5%给付。

对于利息费用，根据反映贷款人资金成本的参考利率，这个利率随提款的货币种类及市场行情而变化，在利率外还要加一个保证金，其额度随提款数额和未到期的时间而变化。每年的保证金率见表9-5。

信贷机构的保证金率 表9-5

贷款未到期时间	贷款支取达项目的80%	贷款支取超过项目的80%	贷款未到期时间	贷款支取达项目的80%	贷款支取超过项目的80%
完工前	1.25%	1.75%	完工后	1%	1.25%

欧洲隧道公司相信，资金成本在项目初期是占总成本较大比例的，但随着项目的完成，资金成 本会稳定地降少。到那时，由于风险暴露较小，以较低的利率为项目重新筹集资金(发行

新债取代旧债)是可行的。欧洲隧道公司假设这种重新筹集资金将在1995～1998年发生,各阶段情况见表9-6。

重筹资金的债务证券(以名目条款)(单位:百万英镑) 表9-6

1995年	776	债务证券的利率	欧洲隧道公司假定值
1996年	352	1999年12月31日前	9.75%
1997年	361	1999年12月31日后	9.25%
1998年	451		

(三)风险管理及市场分析、经济分析

1.风险分析

欧洲隧道工程是历史上由私营团体筹款的最大的基础设施。它面临着极大的经济风险和市场风险,为此,欧洲隧道公司进行了周密的经济可行性研究、预测。

(1)过去英吉利海峡的客运和货运额的增长趋势见表9-7、表9-8。

客运额状况及预测(单位:百万人次) 表9-7

年　份	实际发生量			预测量	
	1975年	1985年	1993年	2003年	2013年
市场现状预测	25.7	48.1	64.3	88.1	111.9
系统诱发的交通量			2.8	5.5	6.8
旅客市场总额	25.7	48.1	67.1	93.6	118.7
欧洲隧道交通预测			29.7	39.5	46.6
旅客市场总额的年平均增长率		6.5%	4.2%	3.4%	2.4%

货运额状况及预测(单位:百万t) 表9-8

年　份	实际发生量			预测量	
	1975年	1985年	1993年	2003年	2013年
市场现状预测	37.2	60.4	84.4	122.1	169.8
系统的诱发运输量				0.5	0.6
货运市场总额	37.2	60.4	84.4	122.6	170.4
欧洲隧道交通预测			14.8	21.1	27.8
货运市场总额的年平均增长率		5.0%	4.3%	3.8%	3.3%

(2)预计1993年以后的运输量,因为预计项目将在1993年5月营运。

(3)估计欧洲隧道公司在将来的市场份额,见表9-9。

客、货运额市场预测　　表 9-9

交通类型			交通量	1993 年		2003 年		2013 年	
				隧道交通	全球市场上份额(%)	隧道交通	全球市场上份额(%)	隧道交通	全球市场上份额(%)
客运(百万人次)	穿梭列车		小汽车	6.0	63	7.5	59	8.3	57
			散客旅行	2.2	76	2.7	75	3.0	75
			长途汽车	4.2	51	5.9	46	6.9	41
			合计	12.4		16.1		18.2	
	铁路客运		长途汽车转移量	2.5	30	4.6	36	6.9	41
			水运转移量	6.2	97	5.3	97	4.3	96
			航空转移量	5.8	16	8.0	15	10.4	15
			合计	14.5		17.9		21.6	
	客运总计			26.9	42	34.0	39	39.8	36
货运(百万 t)	穿梭列车		联运:滚装	6.0	63	7.5	59	8.3	57
	铁路货运	联运	滚装转移到铁路	1.0	3	1.5	3	2.1	3
			集装箱和货车	3.4	37	4.9	37	7.0	37
		非联运	散装	2.4	5	2.9	5	3.4	4
			新交通工具	0.5	37	1.0	35	3.7	34
			合计	7.3		10.3		14.2	
	货运合计			14.8	17	20.6	17	27.2	16

(4)估计欧洲隧道可能会带来的运输量的增量。

(5)估计欧洲隧道提供运输服务和相关的辅助服务所带来的收入。市场研究的结果是欧洲隧道在经济上是可行的。研究认为,跨海峡的营运额会从 1985 年的 4 810 万人次(客运量)和 604 万 t(货运量)增加到 2003 年的 8 810 万人次(客运量)和 1 221 万 t(货运量)。研究的结论是欧洲隧道将占这个增长的市场的相当一部分份额。它将比轮渡更快、更方便和更安全,比航空在时间和成本上有优势。研究估计,欧洲隧道将在 1993 年占有英吉利海峡间客运市场的 42%和货运的 17%。由于欧洲隧道会降低运输成本,因此,将会创造一部分运输需求。根据市场调查,预计在第一年完全营运时,客运量将达到 3 000 万人次,货运量将达到 1 500 万 t,收入预计从 1993 年的 5 070 万英镑,增加到 2003 年的 64 200 万英镑,再增加到 2013 年的 73 120 万英镑。

欧洲隧道公司对盈利的预测见表 9-10。

盈利预测表(单位:百万英镑)　　表 9-10

年　份	1993 年	1996 年	2000 年	2003 年	2013 年	2023 年	2033 年	2041 年
收入	488	908	1 254	1 586	3 236	6 148	11 356	17 824
营运成本	86	168	235	304	631	1 207	2 264	3 604
折旧	103	160	171	184	234	271	328	383
利息	229	307	234	171	(39)	(172)	(370)	(616)
利润	62	217	365	566	147	2 986	5 605	8 880

2. 经济分析

该项目只有在1993年隧道开通营运后才有收益。因此,融资需要包括所有建设期间的建设成本、业主集团的成本以及融资成本。表9-11(表9-3的细分)概括了建设期预期成本和全部预期融资需求,包括通货膨胀预备金。

融资需求(单位:百万英镑) 表9-11

年　份	1986年	1987年	1988年	1989年	1990年	1991年	1992年	1993年	合　计
建设成本①	14	168	504	575	671	507	300	22	2 761
业主集团的成本	37	103	81	74	70	66	73	61	565
通货膨胀预备金		3	30	68	118	130	110	30	489
净融资成本②	8	49	29	95	160	245	327	111	1 024
总额	59	323	644	812	1 019	948	810	224	4 839

注:①到隧道开通为止,按1987年4月价格计。

②到1993年6月30日为止,按当前价格计,包括欧洲投资银行(EIB)利息和费用担保。

欧洲隧道的营运收益主要来自以下三个方面:

(1)穿梭列车的收费;

(2)整个特许期间,在铁路使用合同条款规定下,铁路使用费以及列车过路费;

(3)副业收入,包括公共饮食业、免税商店(假如在欧洲共同市场范围内旅行时容许免税)和在欧洲隧道内铺设缆线管道的相关费用(经过政府间联合委员会批准)。

欧洲隧道收费的分析如下。

首先是穿梭列车和原先的轮渡收费比较。交通及收益顾问建立了一个基于轮渡营运成本结构的费用模型,以便检验轮渡营运者将采用的竞争策略。通过这个模型,得出了这样的结论:为了能与欧洲隧道竞争,1993年,多佛和加莱之间的主要渡轮服务收费将会较1986年降低,货运收费将降低20%,客运收费下降5%。

表9-12比较了1986年穿越海峡所需的平均费用及1993年每次乘轮渡或穿梭列车的费用。根据上述费用模型,如果欧洲隧道1993年营运后的平均费用与多佛和加莱之间的轮渡费用相同,那么,1986年穿越海峡所需的平均费用既可以用来付给轮渡,也可以付给穿梭列车,经行隧道的穿梭列车就失去优势(所有费用均以1987年7月的价格折算)。

跨越海峡的费用比较(单位:英镑) 表9-12

项　目	1986年气垫船	轮渡	1993年轮渡或穿梭列车
汽车及乘车人(平均2.55个乘车人)	64.60	58.70	55.80
货运滚装(车载量平均每车11.7t)		147.70	118.20

再对经过隧道的火车和航空进行比较。据交通及收益顾问预计,由于空勤服务的管制放宽和来自该隧道系统的火车运输的竞争,商务旅行者跨越海峡的平均费用将比1986年下降5%。此外,由于1993年开始出现经隧道的铁路直达运输,伦敦至巴黎的航空费用将会下降15%,伦敦至布鲁塞尔的航空费用将下降20%。

表9-13对1986年伦敦至巴黎的平均航空旅行费用和预估的1993年的航空费用及经隧道铁路直达的费用进行了比较(所有费用以1987年7月价格折算)。

伦敦至巴黎间航空和火车费用比较(单位:英镑)　　表 9-13

项　目	1986 年	1993 年	1993 年
	航　空	航　空	铁　路
商务旅行	80.00	64.00	39.90
自主休闲旅行	52.10	49.50	23.90
全包旅行	37.00	37.00	14.40

根据不同收益来源,预计的 1993 年、1994 年、2003 和 2013 年的全部收益总结见表 9-14(以 1987 年 7 月价格折算)。

预计未来各种收入来源(单位:百万英镑)　　表 9-14

年份	1993 年	1994 年	2003 年	2013 年
穿梭列车	182	265	341	402
铁路	141	216	249	270
其他副业	31	44	56	64
合计(以 1987 年 7 月价格折算)	354	525	646	736
客运	240	346	414	456
货运	83	135	176	216
其他副业	31	44	56	64
合计(以 1987 年 7 月价格折算)	354	525	646	736

3. 营运期间的费用支出

显然,一旦开始营运,各种开支就会出现,如为了满足日益增长的交通需求,需要更换固定资产或购置新的固定资产。表 9-15 为预估的欧洲隧道在这方面的开支情况(以 1987 年 7 月价格计)。

营运期开支预估(固定资产购置)(单位:百万英镑)　　表 9-15

1993 年	192	2003 年	44
1994 年	26	2013 年	52
1998 年	21	2023 年	133
2002 年	4	2033 年	46

(四)欧洲隧道公司对计划的融资结果的若干假设

前面融资分析都是基于 1987 年 11 月 16 日发布的“欧洲隧道公司招股公告”中的有关假设,这些假设主要包括以下内容:

(1)每年英国的 GDP 增长率,1985～2003 年为 2.15%,2003～2013 年为 2%。交通量的增长率在 2013 年后是负的,到 2042 年逐渐实现零增长。

(2)在 2042 年许可期满前,政府承诺,在英法海峡间不批准建设第二条固定的连接通道。

(3)欧洲隧道系统的收费将长期与多佛—加莱间轮渡的收费形成竞争。

(4)铁路的使用费将依据“铁路使用合约(RUC)”中规定。联结布鲁塞尔、巴黎及法国一侧欧洲隧道终点站的高速列车将在隧道开通时营运。

(5)欧洲隧道公司将获得授权向穿梭列车乘客出售免关税和普通免税商品,作为公司主要的副业收入。

(6)交通和收入的规划将适度符合欧洲隧道公司顾问组的预测。

(7)在整个特许期,英镑—法郎的汇率将保持稳定在小于1英镑∶10法郎。

(8)在收入、管理费、营运成本及建设支出方面的通货膨胀率将依据欧洲隧道公司的估计。

(9)所有收入和成本都由英国海峡隧道工程集团(CTG)和法国法兰西曼彻公司(FM)平均分担,但这并不适用于那些由于两个国家不同的法规所引起的折旧和税务。

(10)授予第三阶段招股股民的旅行优惠并不能成为歪曲报表数据的实质性依据。

四、项目实际进展

与实际情况相比,1987年描绘的蓝图发生了巨大的变化。以下对1987年以来的一些变化作简单介绍。

(一)索赔和争议

在项目施工的最后几年,出现了成本超支,而且欧洲隧道公司与施工承包商联合体(TML)的成员间出现一些争议。由这些争议引起的索赔包括1991年以来隧道电气系统设备安装成本,最终以支付预期付款的利息解决了索赔问题。据称,TML联合体索赔额高达19.5亿英镑,到1994年4月,欧洲隧道公司总共支付了11.5亿英镑的索赔款。

同时,欧洲隧道公司也试图向英国和法国政府索赔5亿～10亿英镑,索赔理由是政府要求增强安全管理和环保措施而引起额外费用。最终解决办法是政府将特许期延长10年,即欧洲隧道公司可以营运到2052年。

(二)营运时间延迟

最初规定的货运和客运服务商业营运时间是1993年5月。然而,由于几项欧洲隧道系统的关键项目延误(如施工工期和试运转延误、所需全部铁路列车的推迟交货、IGC—英法政府联合委员会的营运许可证书延迟发放等),许多服务的计划商业营运时间只好推迟。显然,这些延误将对实现预期的收入水平引起撞击效应。

隧道系统的正式开通时间是1994年5月6日,但在那时,系统并没有整体运转,有些服务(如Le Shuttle Tourist——穿梭列车旅游服务)并没有准备好。估计在1993年和1994两年中,欧洲隧道公司至少损失了12亿英镑的收入,外加未来几年在收入方面的后遗影响。

(三)不可预见的成本增长

整个项目的成本的快速增长是不争的事实,起初计划成本是48亿英镑,最后实际成本大约是105亿英镑。

在施工方面,1987年11月到1994年5月间建设成本比预期增加了近65%。按1987年实际价格计,从28亿英镑增加到46.5亿英镑,考虑通货膨胀因素,到1994年5月发布增股说明书时,预计的建设成本会达到58亿英镑。其潜在的原因是大量的设计变更和设备安装及列车车辆的成本超支。

初始估计的公司成本是6.42亿英镑(1987年7月价)。其中包括管理、实施、行政及有关其他财务费用。这项成本到1994年5月增加了近18%,包括通货膨胀调节可达11.28亿英镑。其主要原因是对项目管理上的延误以及加强安全控制所导致的成本超支。

另外一项净融资成本(利息加上支付较低利息的招股和贷款费用,一直到营运开始)也从预计的9.75亿英镑增加到1990年增股公告时的13.86亿英镑。更令欧洲隧道公司沮丧的是,该隧道系统各项服务的延期和借款需求达到最大,从而使得净融资成本到1998年达到新高(约48亿英镑)。由于延期营运、较低的现金流入、较高的建设成本及公司成本等的冲击,再次导致所需利息的波动,使现金流量表上的盈亏平衡点推后,从而需要更多的资金。

(四)低于预期收入

自隧道系统开通以来产生的收入就一直令人失望,至少是在最初几年。由于延迟开通,欧洲隧道公司在1993年没有任何收入,由于1994年并不是全部系统投入营运,使欧洲隧道公司又一次失去了春夏的客流旺季。而这两季的收入平均占到年游客总收入的60%。

到1994年,又一场价格大战爆发了。轮渡公司大幅度削减票价,迫使欧洲隧道公司跟着降价。同时,不断推迟的客运服务意味着在1994年发行股票时所作的盈利预测难以实现。利润的缺口也使欧洲隧道公司违反了它在银行贷款协议中的一些条款,使其不能继续使用剩余的信用额度,更加恶化了项目公司的现金危机。1994年欧洲隧道公司曾设想,轮渡营运者会逐渐结束其业务或整合其服务,使欧洲隧道公司获得更多的市场份额。而现实市场并非如此。1995年,欧洲隧道公司面对这些主要竞争者在价格上的巨大挑战,价格战的爆发更进一步减少了公司利润空间。

另一方面,在RUC合约下的铁路使用收入也低于预期。在RUC合约下,有两家公司——Rail freight和Eurostar(欧洲之星)租用隧道,尽管Rail freight公司在隧道系统开通后立即营运,但Eurostar在半年后才营运,而且由于穿梭列车运行使发车频率降低,导致铁路的利用水平还是比1987年、1990年、1994年三次招股公告设想的要低。

(五)资金缺口

所有上面这些因素,包括推迟开通、严重亏损及高成本问题(尤其是增加的偿债成本),使得在最初几年资金赤字增加。为了弥补资金缺口,欧洲隧道公司进行了若干尝试,包括在1994年的增股活动中发行第四期股票(Equity V)和暂停支付其次级债务,共计80亿英镑。

此外,一开始就过分乐观的估计和夸大的财务杠杆比率作用使许多人相信需要激进的财界重建,特别是在银行和股东间实际的重构合约。确实,某些债转股的形式为改善集团靠资金杠杆维持的资产负债表及减轻巨大的利息负担发挥了主要作用。

(六)其他突发事件及进展情况

1996年11月18日晚上,英法海峡隧道发生火灾,往来于巴黎和伦敦之间的高速火车被迫一度中断。18日晚22点左右,隧道中一列运有29辆载货汽车的高速火车在驶向英国的途中,尾车厢一辆汽车突然起火,很快蔓延到其他车辆,直至后火车头。因火势猛,供电中断,列车停开。经过一夜紧急抢救,第二天上午7点才把火扑灭。事故造成6辆卡车烧毁,11辆卡车与火车头被烧坏。火灾发生20min后,百余名消防队员紧急开赴现场灭火,救护人员迅速疏散了3名机务组人员和31个乘客。由于通风条件不好,其中8人因不同程度中毒而被送往医院治疗,但无生命危险。

这是欧洲隧道自1994年夏天营运以来发生的首次严重灾患。火灾发生后,所有服务被迫暂时中断。维修期间,部分隧道单线营运,绕过火灾损毁部分,导致发车频率降低和在途时间增加。维修工作于1997年5月13日完成，1997年6月1日穿梭列车客运和欧洲之星服务恢复正常，而商业货物穿梭列车服务恢复稍迟，于1997年6月15日恢复。

尽管这场货运列车大火影响了营运收入，但1997年欧洲隧道公司在跨越海峡的市场份额却有所增长。与1996年相比，旅行车辆交通量增长了15％，货运列车交通增长了约17％。曾于1996年秋宣告的轮渡公司合并之事，终于在1998年实现。两家轮渡公司(P&O和Stena)的正式合并，使轮渡市场的份额降低了25％。市场最终向着有利于欧洲隧道公司的方向发展。

1998年，多佛—加莱海峡通道市场与往年同期相比有所增长。1998年的总营业额达到6.66亿英镑，与1997年相比增加了26％，包括6.18亿英镑的营业额及其他收入(如因1997年事故中断营运的商业保险赔付)。可以说，1998年是第一个全面正常营运的年头，欧洲隧道公司从此奠定了其在跨海峡市场中的主导地位。

1999年，欧洲隧道公司在二级市场以较高的贴现率回购了其一揽子债务，包括1.95亿英镑的可重置债券(Reset Table Bonds)、1.06亿英镑分红型借款凭证(Participating Loan Notes—PLNs)和0.16亿英镑稳定凭证(Stabilization Notes)。回购价格是1.43亿英镑，而面值是3.17亿英镑。这次交易从以下几方面加速了公司的经济复苏：

(1)产生了近1.74亿英镑的额外利润；

(2)减少了每年0.13亿英镑的利息支出；

(3)增加了在集团中的股份比例；

(4)通过迅速增加股东的资金(3.23亿英镑)和减少债务(3.17亿英镑)来强化资产负债表，这次债务购买行动是通过2.5亿股增股来实现的。

除此之外，公司再筹资2.33亿英镑的优先债务，每年节省了540万英镑的利息；购买了1.29亿英镑的PLNs，减少了PLNs在未来现金流中超过稳定期的比例；赎回了29％的股票转为新股，每年节省利息1 170万英镑，可机动使用未来收益的29％。最终，债务购买为公司带来了以下好处：

(1)产生了2.89亿英镑的额外利润；

(2)每年节省利息0.31亿英镑；

(3)未来现金流中PLNs超越稳定期的比例减少；

(4)4.46亿英镑的债务面值和2.63亿英镑的股票减少。

2000年，欧洲隧道公司稳固了其在跨海峡市场中的主导地位，轿车客运市场份额达到54％，货车运输市场份额达48％，穿梭列车方面的收入强劲增长，充分弥补了取消免税业务带来的亏损。

2001年，运输收入继续保持稳定。由于在法国侧终点站的投资采取了相应措施，避免了其成为庇护所，从而使货运服务质量提升；旅客交通量增长恢复到市场主导位置；在货运市场持续增长。营运收入降低6％完全是由于停止出售通信电缆所致。穿梭列车服务收入在面临许多外部不利条件下(如寻求庇护者、口蹄疫、经济不景气等)，仍保持稳定。

2002年，公司收入继续稳定增长，实现了现金流量表无亏损。穿梭列车业务收入稳定增达6％(9110万英镑)；营运成本稳定在2001年水平；营运利润增长3％(1.94亿英镑)；财务运作使债务减少4亿英镑，利息减少3 400万英镑；潜在亏损减少4 299万英镑；超过4亿英镑的额外利润是通过财务运作获得；由于高产出和数量增加，货运收入强劲增长；轿车运输方面的增长显示市场复苏；可靠性和准时性维持在较高水平。

五、经验和启发

(一)英法海峡隧道的经验

1.采用成熟的先进技术

西方传媒和学术著作都称欧洲隧道为人类工程史上的一个伟业。该隧道总长居世界之首,且投入了巨额资金,工程量宏大,从欧洲隧道中挖出的土石方计750多万m^3,相当于3座埃及大金字塔的体积;隧道衬砌中用的钢材,仅法国一边就相当于3座埃菲尔铁塔的钢材用量。更重要的是它成功地解决了许多工程技术上的难题。它在技术上的方针是要求可靠、先进。可靠与先进不总是统一的,该隧道几乎排除了为隧道工程进行专门的创新设计的可能性,而是采取经过试验的成熟技术,在各个部分精心选取欧美不同国家的标准设计,以确保其高质量和可靠性。将成熟的先进技术在复杂的工程中成功地加以综合应用,本身就是一种创造,这种技术方针和观念,对于我国对高、新技术的呼声日益高涨的情况是有借鉴意义的。如何在权衡技术的先进性与可靠性以及资金、时间的限制之间找到一个合适的"度",是在各种项目决策中值得认真研究的。英法海峡隧道建设中比较突出的工程技术成就包括:

(1)充分的地质工作和正确的判断

地质钻探工作从1958年做到1987年,重要的钻孔达94个。浅层勘探在海底以下150m之内,考虑隧道布置的范围;深层勘探在海底以下800m之内,主要为评价地震风险提供数据。海底钻探曾采用大型北海石油钻机,每个钻孔平均费用约为50万英镑。勘探发现海底有一层泥灰质白垩岩(Chalk Marl),厚度约30m,饱和重度约为23kN/m^3,抗压强度为6~9MPa,变形模量为800~1 600MPa,蠕变系数$\phi=1.5$,渗透系数$(1\sim2)\times10^{-7}$m/s。该岩层抗渗性好,硬度不大,裂隙也较少,且易于掘进,隧道线路就布置在其下部,距海底25~40m。由于岩层起伏,而隧道要求一定的运行坡度,所以隧道轴线在平面和立面上均呈平坦的W形。工程专家们认为,充分的地质资料和正确的判断使欧洲隧道找到了理想的岩层。

(2)精心、合理的安全设计

海底隧道的规划设计把施工和运行安全放在极为重要的地位。之所以不采用一条大跨度双线铁路共用隧洞,是为了减小海底施工的风险,提高运行、维护的可靠性。两条单线铁路洞之间是后勤服务洞,每隔375m设置直径为3.3m的横向通道与两个主洞连接,连接处有防火撤离门。后勤服务洞的主要功能是在隧道全长范围内提供正常维护和紧急撤离的通道。在接到命令后,它可在90min内将全部人员从隧道和列车中撤到地面。它还是向主洞提供新鲜空气的通道,并保持其气压始终高于主洞,使主洞中的烟气在任何情况下都不能侵入后勤服务洞。后勤服务洞在施工期是领先掘进的,这为主洞的掘进提供了详尽的地质资料,对保证安全施工有重要意义。此外,隧道的运输、供电、照明、供水、冷却、排水、通风、通信、防火等系统都充分考虑了紧急备用的要求。

(3)解决了某些特殊的工程技术问题

列车在很长的隧洞中高速行驶时会产生压差和空气动力阻抗,特别是欧洲隧道列车的阻塞比(列车与隧道断面之比)很高,如果没有卸压管,列车的驱动力需要增加很多。为此,隧道沿线每250m设一个直径2m的卸压管,从后勤服务洞的顶上跨过,把两个铁路主洞连接起来。

在设计阶段对卸压管的作用进行了许多模型研究,使其有较好的空气动力效应,从而避免在管中产生气流冲击。

铁路隧道和列车要承受车辆振动的长期反复荷载。为此,铁道路轨采用了一种称作"松那飞"(Sonneville)的系统。一系列连续焊接的铁轨下面设弹性减振装置,使车辆在轨道上行驶非常平稳。该系统的部件要经过多种性能测试,包括经历 1 000 万次荷载周期的疲劳试验,以确保系统的可靠性。

该隧道还采用一种由铁路控制中心操纵的"驾驶室信号系统"(Cab Signal)。这种信号不是在机车外面或轨道旁边,而是显示在驾驶室的屏幕上。一旦驾驶员对信号没有作出反应,自动列车保护装置就会使列车减速,直到停止,保证列车安全行驶。

长隧洞掘进时的通风往往是施工中的一个难题。欧洲隧道对空气循环的途径和风机的布置都作了详细的规划和研究。不仅设置通风管,而且也利用隧洞本身作为通风通道,使开挖面的风量达到 13.5m^3/s,符合社会保障与安全组织和地下工程协会规定的通风标准。

(4)掘进机发挥重要作用

隧道施工的主要设备是隧道掘进机(Tunnel Boring Machines),具有不同的型号、尺寸和性能,出自欧洲、北美和日本的不同厂家。它们从英国海岸的莎士比亚崖和法国海岸的桑洁滩两个掘进基地开始,分别沿三条隧洞的两个方向开挖,共有 12 个开挖面,其中 6 个面向陆地方向掘进,另 6 个面向海峡方向掘进。开敞式掘进机适用于透水性较小的地层;封闭式掘进机适用于透水性较强的地层,其掘进头能承受 1.1MPa(11bar)的静水压力。最大的一台掘进机直径 8.78m,全长约 250m,质量为 1 200t,合同运行寿命 2 万小时,价值超过 1 000 万英镑。它能完成掘进、钢筋混凝土衬砌块的安装、灌浆以及施工轨道敷设等一连串工序,就如同一条自动化作业线。其最高掘进纪录为 428m/周,英国一边的 6 台掘进机平均掘进速度为 150m/周。整个掘进工作按计划完成,只用了三年半时间。由于欧洲隧道工程每延误一天工期,仅贷款利息就要支付约 200 万英镑,因此施工速度至关重要。在工期对经济效益有重大影响而掘进工作面又受限制的情况下,采用隧道掘进机能发挥很好的作用。

2. 欧洲一体化进程的产物和推动力

在英、法两国之间穿过海峡建立固定通道的想法,可以追溯到 19 世纪初的拿破仑一世时代。欧洲隧道尽管在工程技术上取得了重大的成功,然而 200 年来对是否建造英吉利海峡隧道的决策始终不是取决于科技方面,而是取决于围绕这个计划的政治环境。长期以来,英国方面反对建设海峡隧道的主要原因是考虑到军事上的风险,他们希望利用海峡作为抵御来自欧洲大陆军事入侵的天然屏障。随着国际局势的变化,上述顾虑逐渐消退。后来,英国加入了欧洲共同体,预期会有一个统一的欧洲市场,因此在英国和欧洲大陆之间建立更为方便、快捷的通道成了显而易见的需求。在 1972～1992 年的 20 年间,跨越英吉利海峡的客、货运交通量实际上增长了 1 倍。1992 年,英国与欧洲大陆的贸易占全部对外贸易的 60%。

20 世纪 70 年代以来,建设英吉利海峡隧道的决策主要受到欧洲一体化进程的影响。1987 年 12 月隧道工程得以破土动工,是由于当时英、法两国政府对欧洲一体化都持比较积极的态度。英国首相、保守党领袖撒切尔夫人,支持把 1975 年曾被工党政府下令停止的隧道工程重新提上议事日程。法国总统密特朗则把这项工程视为国家强大的象征。这次欧洲隧道得以竣工建成,两国首脑的推动起了至关重要的作用。在欧洲隧道举行正式通车仪式前一年(1993 年)的秋天,包括英、法在内的欧共体十二国签订了马斯切克条约,并将欧共体改名为欧洲联盟(European Union)。

从欧盟有关国家政府的观点来看,还有两个因素与隧道建设有关:一是运输政策,即通过建设高速铁路网,以利于节约能源和保护环境。这将大大扩展海峡隧道的影响范围,并增加其长期效益。二是地区政策,英、法两国希望通过隧道带动海峡两岸地区的繁荣。现在隧道连接地区(Transmanch Region)已成为一个专门名称,包括英国的 Kent 和法国的 Nord-Pasde Calais 地区;后来把比利时的一些地区也包括进来,称作欧洲专区(Euro Region)。通过地区性的合作,一个称作 TDP(Transfrontier Development Program)的金融发展计划已经起动。这些从政治角度看显然有重大意义,对欧盟的发展,欧洲单一市场的形成和国际经济、文化合作交流,都会起到巨大的促进作用。

3. 项目的特点和成功的关键

(1)高度重视环境影响

在建造英吉利海峡铁路隧道的决策中有一个举足轻重的影响因素,就是欧洲委员会制订了一个长期的运输战略,即发展电气化铁路网以减小汽车对环境的污染。此外,欧洲铁路委员会还提出了 2000 年欧洲高速铁路系统的建议。在这个计划中,欧洲隧道的一端连接英国的各大城市,另一端连接包括法国、比利时、瑞士、荷兰、西班牙、意大利等国在内的大陆铁路网。这样欧洲隧道的影响和效应就大大超出了英吉利海峡两岸地区的范围。尽管人们对欧洲高速铁路系统的计划能否在 2000 年实现还存有疑虑,不过这至少说明欧洲的老牌工业化国家在大型基础设施的规划和决策中,已把汽车对环境的污染问题放到了一个十分重要的位置。

欧洲隧道在建设过程中,终端车站施工尽量避免因开挖附近的土地而影响当地环境。铁路经过村庄的地段都设置了遮挡视线和隔声的屏障,以保护居民生活。车站以及周围进行了绿化,种上草皮。施工期间有专人对环境进行监测,并由公共关系部门和环保部门共同处理环境问题的投诉,如道路泥泞、尘土、噪声等。车站的建筑高度都不超过 4 层,创建与环境协调的建筑风格。英国国家环境研究院甚至还在施工之前对车站附近蝴蝶的数量进行了统计调查,结果证明施工没有对其数量产生影响。

(2)利用私人资本建设大型基础设施的尝试

1994 年 5 月 6 日英、法两国首脑参加了欧洲隧道正式开通仪式。撒切尔首相把它看作私人部门有能力建设这样大规模工程的标志,认为是政府树立的一个样板项目,来引导私人企业投资基础设施建设,但人们对这一点是有疑义的。某些著作中的基调观点是整体上肯定,也指出它存在的问题,认为这个工程比任何其他工程都明显地表现了"自由市场"投资于交通基础设施项目的成功主要是私人企业按市场方式运作和政府部门的行政管理难以协调。

对这个"样板"项目持否定态度的也大有人在。由于这个工程的预算从 1987 年估计的 48 亿英镑上升到建成时的 106 亿英镑;全面营运的时间从原来计划的 1993 年初推迟到 1995 年,使欧洲隧道公司的财务状况陷入困境,自然大大损害了这个"样板"的形象。有专家估计隧道公司至少每年要亏损 2 亿英镑,资金流肯定会出现负值,公司将不得不寻求新的贷款,然而谁会愿意再贷款呢?

从政府角度看,利用私人资本建设欧洲隧道的尝试是基本成功的。英国政府已计划就连接欧洲隧道终端与伦敦之间的铁路,与私人公司签订一个新的期限为 999 年的建造和经营特许合同。然而,从私人资本的角度如何评价,最终将取决于欧洲隧道公司能否在今后几年内渡过财务危机。

(3)项目管理——以合作和协调克服分歧和对抗

隧道公司高层管理人员认为，工程技术问题相对来说解决得比较顺利，主要教训来自组织机构、合同和财务方面。该项目涉及众多的“干系人”(Stakeholders)和“当事人”(Parties)，包括英、法两国和当地政府的有关部门，欧、美、日本等220家贷款银行，70多万个股东，许多建筑公司和供货厂商，管理的复杂性给合作和协调带来了困难。

合同是合作的基础。掘进工程采用的目标费用合同(Target Cost Contract)是比较合理的，因而掘进工程基本上按计划完成。隧道列车的采购采用成本加酬金合同(Cost Plus Fee Contract)，由于无激励因素带来较多延误和超支。固定设备工程采用总价合同(Lump Sum Contract)并不是一个好办法。由于欧洲隧道是以设计、施工总包方式和快速推进(Fast-Track)方法建设的，在签订合同时还没有详细的设计，这就在合同执行过程中潜伏了分歧、争议和索赔。因而，总价合同并不意味着固定价。

合同各方的对抗曾经引起欧洲隧道的多次危机。例如，1989年总承包商(TML)的费用增加，导致了1990年初业主(欧洲隧道公司)的资金告罄。于是银行财团、业主合成包商各方产生了尖锐的矛盾，几乎使项目搁浅。经过艰难的谈判，各方才接受了一个折中的办法，英、法两国以政府机构名义参与贷款来代替政府的直接支持，由此暂时渡过了这次危机。

(4)项目“孵化”是项目成败的一个关键

项目孵化是指从提出项目设想到论证、立项和组建主办机构的过程。欧洲隧道经历和面临的危机，其原因可追溯到它的孵化期。

项目在论证阶段曾聘请多方面的独立咨询的交通专家进行预测。普遍认为1992年之后的15～20年内跨海峡的交通需求可能会翻一番。1991年，英、法、比利时之间的跨海峡旅客市场已达到3 130万人次(包括飞机、水路和火车轮渡)。预测2003年会达到5 830万人次，其中3 930万将通过隧道旅行。实际情况表明当初对效益的预测过于乐观。

欧洲隧道在组织结构上有明显缺陷。参加过隧道建设的人也认为，如果现在开始干的话，不能让发起人(英法隧道集团CTG-FM)又作为建设方，允许自己的合作伙伴(总承包商TML和牵头银行)与他们自己(欧洲隧道公司)签订合同。隧道公司财务主管认为，财务上最致命的教训是必须有一个强硬、独立的业主，来对建设和贷款问题进行谈判。

承包商TML是一个庞大的集团。一家总包，削弱了投标的竞争性。这也是导致造价高昂的一个因素。

捕捉立项时机是项目孵化的核心内容。欧洲隧道立项在过去至少被放弃或中断了26次，这次是不是最佳的时机呢？有人认为，如果20世纪70年代隧道工程不中断，造价不会像现在这样高昂，财务上的困难会小得多。这种说法有待推敲。不过欧洲隧道几起几伏的演变至少说明重要项目的论证不能只进行一次。昨天不可行的，今天也许变成可行，错过时机，明天又可能成为不可行。这需要保持一个小组，进行长期的可行性预测和跟踪，以捕捉立项的最佳时机。

(二)几点启发

通过欧洲隧道工程的建设历程，我们可以得到以下几点启发：

(1)对于大规模的交通设施建设项目而言，采取项目融资方式融资，能将各个投资者以合同的形式捆绑在一起，从而降低项目风险。但是这并不意味着投资者就可以放松对项目的管理和监督了。在欧洲隧道工程项目中，由于成本预算与实际误差差距太大，引起 Transman Link 与欧洲隧道公司发生纠纷，前者因此推迟了项目的建设，使项目必须面对巨大的成本超支风险和市场风险。因此，如何合理地预算成本和估计项目风险对项目的成功极为重要。

(2)应客观评价来自政府的对项目的支持，以确定项目是否在市场需求量及需求持久力方面存在着竞争优势。一般而言，项目融资所涉及的项目应具有垄断经营、收入稳定的市场优势。在本例中，尽管英法两国政府提供了“无二次设施”担保，使项目公司在 33 年中垄断经营连接英法大陆的隧道工程，但是这并不等于项目就具有了绝对垄断的市场优势。如本例中轮渡、航空，都是隧道工程的竞争对手。而隧道项目公司事先并未对这一行业背景进行恰当的分析，而是作出了过于乐观的预测，高估了市场前景，低估了市场的竞争风险、价格风险和需求风险。而项目融资这种方式对项目未来现金流量的依赖性一般很大。市场前景低于预测使得实际现金流入不能满足需求，结果带来了偿还贷款的困难。这说明项目的市场前景评估是非常重要的，通过充分的可行性评估可以大大减少项目的盲目性，控制项目风险。

(3)从欧洲隧道项目的实施过程来看，严格且谨慎的财务预算对项目的进行至关重要，欧洲隧道公司起初预算成本为 48 亿英镑，可是最后大约为 105 亿英镑。成本的超支带来了项目公司和建设公司的纠纷，增加了项目的完工风险。若非有强大的国际银团在背后支持，使资金缺口得以通过不断融资来补足，项目很可能由于后续资金不够而搁浅。这说明了引入资金雄厚的贷款人的重要性。

(4)欧洲隧道工程还表明了高杠杆融资会带来的财务危机。当预期的现金流不能实现时，连偿还债务的利息都会困难。尽管遇到了上述的财务困难，欧洲金融界认为隧道工程能够继续营运，但是欧洲隧道公司需要进行一次债务重组，以减轻其债务负担。

当然，由于英法两国政府和一些银行已经在项目上下了很大的赌注，这时的欧洲隧道工程因为“太大”，并且“太显眼”，而不允许失败。这也说明了在项目中，东道国参与的重要性。虽然英法两国政府没有直接参与欧洲隧道系统，既无资金投入，又没有进行担保，但是由于此项目有政治上的重要意义，贷款人相信政府不会让这个项目失败，使政府在无形中为项目作了担保。

第二节　电力项目融资案例

早在 20 世纪 80 年代初，为了解决交通问题，广东珠江三角洲地区利用民间集资建设跨江大桥。这可以说是 BOT 投资方式的雏形，如广州番禺的洛溪大桥工程等。利用 BOT 方式吸收外资的第一个例子发生在改革开放初期的广东省，广东省沙角火力发电厂 B 处(以下称为深圳沙角 B 电厂)于 1984 年签署合资协议，1986 年完成融资安排并动工兴建，并于 1988 年建成投入使用。深圳沙角 B 电厂的总装机容量为 70 万 kW，由两台 35 万 kW 发电机组成。项目总投资为 42 亿港币(5.4 亿美元，按 1986 年汇率计算)，被认为是中国最早的一个有限追索的项目融资案例，也是中国第一次使用 BOT 融资概念兴建的基础设施项目。深圳沙角 B 电厂的融资安排，是我国企业在国际市场举借外债开始走向成熟的一个标志。在亚洲发展中国家中，尽管有许多国家不断提出采用 BOT 融资模式兴建基础设施(包括土耳其总理奥扎尔在

1984 年首次提出这一构想)，但是在实际应用中却都因为这样或那样的问题无法解决而搁浅。1995 年 5 月，中国国家发展计划委员会正式批准广西来宾电厂 B 厂进行 BOT 投资方式试点。该项目被《亚洲金融》杂志评为 1996 年亚洲最佳融资项目。

有专家提出，电力工业利用 BOT 融资方式应该转变思路而从 TOT 起步。长期以来，由于中外双方各有各的期望，使得 BOT 方式未能很好推开，矛盾的焦点集中在“建设”(B—Build)，为了使外国资本和中国电力部门能够找到更多的融合点，可从 TOT 起步。

所谓 TOT(Trransfer-Operate-Transfer)，是指中方把已经投产的电站移交(T)给外资经营(O)，凭借电站在未来若干年内的现金流量，一次性地从外商那里融得一部分资金，用于建设新的电站。经营期满，外方再把电站移交(T)给中方。这种方式避开了建设中(B)包含的大量风险和矛盾，容易使双方意愿达成一致，实现双赢。

TOT 方式对于中国电力企业的发展可能会有以下几点好处：

(1)积极盘活国有资产；

(2)为建设项目引进资金，为建成项目引进管理，做到有序开放；

(3)不必等到投融资体制改革取得进展，就可以着手操作；

(4)只涉及经营转让权，不存在产权、股权问题，可以避免许多争论；

(5)把电力装备市场、电力建筑市场分割开，使问题简单化；

(6)境外指标可以从中受益；

(7)除了能源公司，金融机构、基金组织、私人资本等都有机会参与投资；

(8)TOT 的风险比 BOT 小得多，投资回报自然也会降低。

一、深圳沙角 B 电厂 BOT 项目融资

(一)项目融资结构

1. 深圳沙角 B 电厂的投资结构

深圳沙角 B 电厂采用中外合作经营方式兴建(图 9-13)。合作经营是我国改革开放前期比较经常采用的一种中外合资形式。合资中方为深圳特区电力开发公司(A 方)，合资外方是一家在香港注册专门为该项目成立的公司——合和电力(中国)有限公司(B 方)。项目合作期为 10 年。在合作期间内，B 方负责安排提供项目全部的外汇资金，组织项目建设，并且负责经营电厂 10 年(合作期)。作为回报，B 方获得在扣除项目经营成本、煤炭成本和支付给 A 方的管理费之后百分之百的项目收益。合作期满时，B 方将深圳沙角 B 电厂的资产所有权和控制权无偿地移交给 A 方，并退出该项目。在合作期间，A 方主要承担的义务包括：

(1)提供项目使用的土地、工厂的操作人员，以及为项目安排优惠的税收政策；

(2)为项目提供一个具有“供货或付款”(Supply or Pay)性质的煤炭供应协议；

(3)为项目提供一个具有“提货与付款”(Take and Pay)性质的电力购买协议；

(4)为 B 方提供一个具有“资金缺额担保”(Cash Deficiency Guarantee)性质的贷款协议，同意在一定的条件下，如果项目支出大于项目收入，则为 B 方提供一定数额的贷款。

2. 深圳沙角 B 电厂的融资模式

深圳沙角 B 电厂的资金结构包括股本资金、从属性贷款和项目贷款三种形式，其具体的资金构成见表 9-16(以 1986 年汇率换算为美元)。

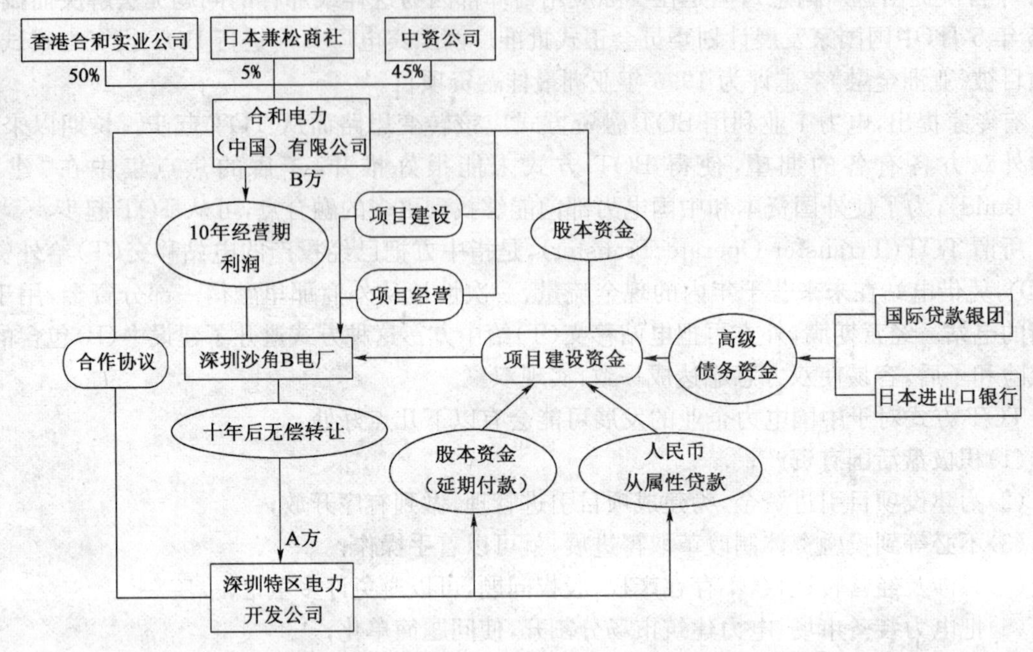

图 9-13　深圳沙角 B 电 J 项目的投资结构和资金结构

资　金　构　成　　表 9-16

融资来源	内　容	金额(万美元)
股本资金	股本资金/股东从属性贷款(3 亿港币)	3 850
	人民币延期付款(5 334 万人民币)	1 670
债务资金	A 方人民币贷款(从属性项目贷款)(2.95 亿人民币)	9 240
	固定利率日元出口信贷(日本进出口银行)(4.96 兆亿日元)	26 140
	欧洲日元贷款(105.61 亿日元)	5 560
	港币贷款(5.86 亿港币)	7 500
资金总计		53 960

根据合作协议安排，在深圳沙角 B 电厂项目中，除以上人民币资金之外的全部外汇资金安排由 B 方负责，项目合资 B 方一合和电力(中国)有限公司利用项目合资 A 方提供的信用保证，为项目安排了一个有限追索的项目融资结构(图 9-14)。

在融资结构中，首先 B 方与以日本三井公司等几个主要日本公司组成的电厂设备供应和工程承包财团谈判获得了一个固定价格的"交钥匙"合同。这个财团在一个固定日期(1988 年 4 月 1 日)和一个"交钥匙"合同的基础上，负责项目的设计、建设和试运行，并且同意为项目在试运行和初期生产阶段提供技术操作人员。通过这种方式，项目的一个主要风险，即完工风险被成功地从项目投资者身上转移出去了。其次，融资结构使用了日本政府进出口银行的出口信贷作为债务资金的主要来源，用以支持日本公司在项目中的设备出口。但是，日本进出口银行并不承担项目的风险，一个由大约 50 家银行组成的国际贷款银团为日本进出口银行提供了一个项目风险担保，并且为项目提供欧洲日元贷款和港币贷款。再次，A 方对项目的主要承诺(对 B 方的承诺)是电力购买协议和煤炭供应协议，以及广东省国际信托投资公司对 A 方承诺的担保。B方在安排项目融资时将两个协议的权益以及有关担保转让给项目融资的贷款银团，作为项目融资结构的主要信用保证。最后，在A方与B方之间，对于项目现金流量中的外汇问题也作了适当的安排。在合作期间，项目的电力销售收入的50%支付人民币，50%支付外汇。人民币收入部分用以支付项目煤炭的购买成本以及人民币形式发生的项目经营费用。外汇收入部分支付以外汇形式发生的项目经营费用，包括项目贷款债务偿还和支付B方的利润。A方承担项目经营费用以及外汇贷款债务偿还部分的全部汇率风险，但是，对于B方的利润收入部分，汇率风险则由双方共同分担，30%由A方承担，70%由B方承担。

从图9-14中可以看出，项目的信用保证结构由以下几个部分组成：

(1)A方的电力购买协议。这是一个具有"提货与付款"性质的协议，规定A方在项目生产期间按照事先规定的价格从项目中购买一个确定的最低数量的发电量，而且是电力提供给A方后，A方才支付这一发电量的金额，即A方承担取得电力并付款的义务，从而排除了项目的主要市场风险。

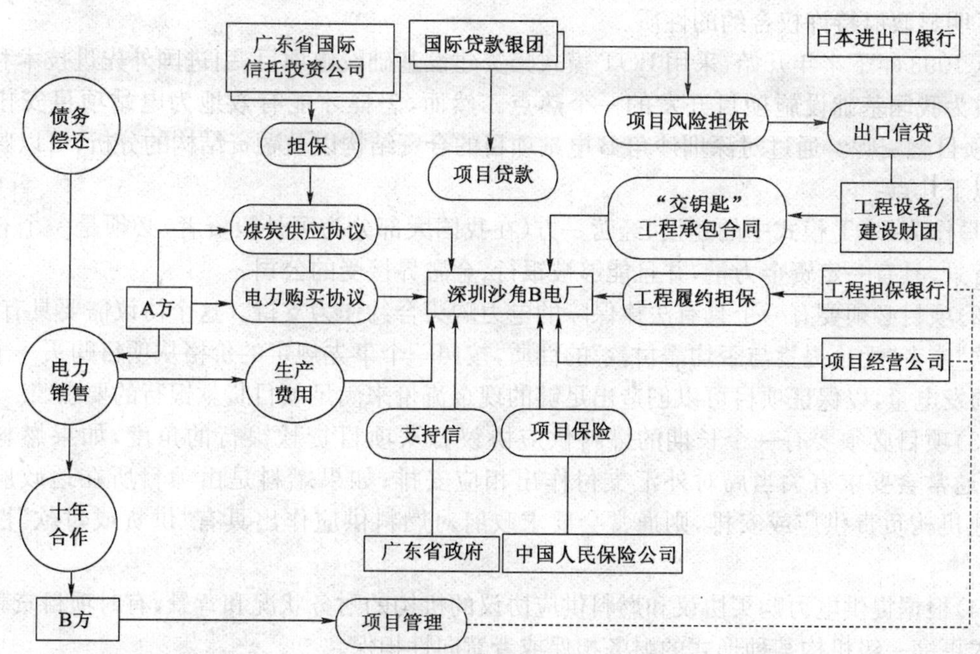

图9-14 深圳沙角B电厂项目融资结构

(2)A方的煤炭供应协议。这是一个具有"供货或付款"性质的合同，规定A方负责按照一个固定的价格提供项目发电所需的全部煤炭。这个安排实际上排除了项目的能源价格及供应风险以及大部分的生产成本超支风险。

(3)广东省国际信托投资公司为A方的电力购买协议和煤炭供应协议所提供的担保。

(4)广东省政府为上述三项安排所出具的支持信。虽然支持信并不具备法律约束力，但是，正如在第六章中指出的，一个有信誉的机构出具的支持信，作为一种意向性担保，在项目融资安排中具有相当的分量。

(5)设备供应及工程承包财团所提供的"交钥匙"工程建设合约以及为其提供担保的银行所安排的履约担保，构成了项目的完工担保，排除了项目融资贷款银团对项目完工风险的顾虑。

(6)中国人民保险公司安排的项目保险。项目保险是电站项目融资中不可缺少的一个组成部分。这种保险通常包括对出现资产损害、机械设备故障以及相应发生的损失的保险，在有些情况下也包括对项目不能按期投产情况的保险。

通过以上6点，可以清楚地看出深圳沙角B电厂项目的种种风险要素是如何在与项目建设有关的各个方面之间进行分配的。这种项目风险的分担是一个成功的项目融资结构所不可缺少的条件。

(二)融资结构简评

深圳沙角B电厂项目的建设和融资安排是我国第一个利用有限追索的融资方式进行基础设施项目资金安排的成功实例，也是我国的第一个(同时是世界上最早的几个)事实上按照BOT模式概念组成起来的项目融资。所谓事实上的BOT融资模式，是指从形式上深圳沙角B电厂项目的建设和融资并不是依靠政府特许权合约为基础组织起来的，而是合资双方(A方和B方)根据合作协议以及几个商业合约为基础组织起来的。但是，事实上，由于合资A方和广东省国际信托投资公司的政府背景以及广东省政府的支持，项目的合作协议及其商业合约具备了明显政府特许权合约的性质。

从1993年下半年开始，采用BOT模式集资建设基础设施项目，引进国外先进技术和管理经验成为我国基础设施项目开发的一个热点。然而，怎样才能有效地为电站项目安排一个BOT项目融资呢？通过对深圳沙角B电站项目的合资结构以及融资结构的分析，可以归纳总结出以下几点：

(1)作为BOT模式中的建设、经营一方(在我国大部分为国外投资者)必须是一个有电力工业背景，具有一定资金力量，并且能够被银行、金融界接受的公司。

(2)项目必须要有一个具有法律保障的电力购买合约作为支持。这个协议需要具有“提货与付款”或者“无论提货与否均需付款”的性质，按照一个事先规定的价格从项目购买一个最低数量的发电量，以保证项目可以创造出足够的现金流量来满足项目贷款银行的要求。

(3)项目必须要有一个长期的燃料供应协议。从项目贷款银行的角度，如果燃料是进口的，通常会要求有关当局对外汇支付作出相应安排；如果燃料是由项目所在地政府部门或商业机构负责供应或安排，则通常会要求政府对燃料供应作出具有“供货或付款”性质的承诺。

(4)根据提供电力购买协议和燃料供应协议的机构的财务状况和背景，有时项目贷款银行会要求更高一级机构某种形式的财务担保或者意向性担保。

(5)与项目有关的基础设施的安排，包括土地、与项目相连接的公路、燃料传输及储存系统、水资源供应、电网系统的连接等一系列与项目开发密切相关的问题的处理及其责任，必须要在项目文件中作出明确的规定。

(6)与项目有关的政府批准，包括有关外汇资金、外汇利润汇出、汇率风险等一系列问题，必须在项目动工之前，得到批准并作出相应的安排，否则很难吸引商业银行加入到项目融资的贷款银团行列。有时在BOT融资期间贷款银团还可能会要求对项目现金流量和外汇资金的直接控制。

二、广西来宾电厂B厂BOT项目

(一)项目基本情况

广西来宾电厂B厂位于广西壮族自治区的来宾县，距广西最大的工业城市柳州80km。

装机规模为72万kW,安装两台36万kW的燃煤机组。该项目总投资为6.16亿美元。其中,总投资的25%(1.54亿美元)为股东投资,由法国电力国际和通用电气阿尔斯通公司分别按60%和40%的比例出资作为项目公司的注册资本;其余的75%通过有限追索的项目融资方式筹措。我国各级政府、金融机构和非金融机构不为该项目融资提供任何形式的担保。项目融资贷款由法国东方汇理银行、英国汇丰投资银行及英国巴克莱银行组成的银团联合承销,贷款中约3.12亿美元由法国出口信贷机构——法国对外贸易保险公司提供出口信贷保险。项目特许期为18年,其中建设期为2年9个月,营运期15年3个月。特许期满,项目公司将电厂无偿移交给广西壮族自治区政府。在建设期和营运期内,项目公司将向广西壮族自治区政府分别提交履约保证金3 000万美元。同时,项目公司还将承担特许期满电厂移交给广西壮族自治区政府后12个月的质量保证义务。

广西电力公司每年负责向项目公司购买35亿kW·h的最低输出电量(超发电量只付燃料电费),并送入广西电网。同时,由广西建设燃料有限责任公司负责向项目公司供应发电所需燃煤,燃煤主要来自贵州省盘江矿区。

(二)竞争性招标过程

该项目自1988年国家发展计划委员会批复项目建议书后,由于建设资金得不到落实,曾与20多家外商进行洽谈,未能取得实质性进展。为使该项目早日建成,1995年初广西壮族自治区政府向国家发展计划委员会申请采用BOT方式进行试点。广西壮族自治区政府随即委托大地桥基础设施投资咨询有限责任公司为其招标代理人,正式开始了对外招标工作。整个招标过程共分为资格预审、投标、评标及确认谈判、审批及完成融资等5个主要阶段。

此外,1995年8月21日,国家计划委、电力部、交通部联合下发了《关于试办外商投资特许权项目审批管理有关问题的通知》,确定采用BOT方式试办外商投资的基础设施项目,规定试点期间特许权项目范围暂定为:建设规模为2×30万kW以上火力发电厂,25万kW以下的水力发电厂,30~80km高等级公路,1 000m以上独立桥梁和独立隧道及城市供水项目,为以后的BOT项目融资方式提供了政策参考。

1. 资格预审阶段

1995年8月8日,广西壮族自治区政府在《人民日报》、《人民日报(海外版)》和《中国日报(英文版)》发布了资格预审通告,公开邀请国内外公司参加来宾项目的资格预审。截至同年9月底,共有31个国际公司或公司联合体向广西壮族自治区政府递交了资格预审申请文件。这31家公司都是世界著名的大型电力投资营运公司、设备制造厂商和有实力的投资人。项目评标委员会(由国家发展计划委员会、电力部、广西壮族自治区政府和中国国际工程咨询公司的专家组成)经过对申请人的资格、专业能力、业绩等方面综合审查,确定其中12家公司(或联合体)列为A组,它们有资格单独或组成联合体参加投标;其余19家列为B组,它们需加入列为A组的一家或几家所组成的联合体后,方可参加投标。

2. 投标阶段

1995年12月8日,广西壮族自治区政府正式对外发售了项目招标文件,通过预审列为A组的12家公司(或联合体)相继购买了招标文件,成为潜在投标人。1996年1月8~28日,广西壮族自治区政府组织他们进行了现场考察,使潜在投标人对来宾项目的现场条件和广西经济发展现状有了进一步的实际了解。1月28日,广西壮族自治区政府在南宁召开了标签会,解答潜在投标人普遍关心的一些问题，参加标签会议的潜在投标人的代表超过 100 人。

经过 6 个月的投标准备，到 1996 年 5 月 7 日(招标文件规定的投标截止日)，共有 6 个投标人向广西壮族自治区政府递交了投标书，依照递交投标书的时间顺序，它们分别是：中华电力联合体(香港中华电力投资/德国西门子)，美国国际发电(香港)有限公司，东棉联合体(日本东棉/新加坡能源国际/泰国协联能源)，英国电力联合体(英国国家电力/三井物产)，法国电力联合体(法国电力国际/通用电气·阿尔斯通)，新世界联合体(香港新世界投资/ABB/美国 AEP)。

3. 评标及确认谈判阶段

1996 年 5 月 8～6 月 8 日，广西壮族自治区政府组成了专家组对投标人递交的标书进行评估，最终写出了专家评估报告。6 月 10～15 日，项目评标委员会在专家组评估报告的基础上对每一份投标书进行了评审，经综合比较，充分讨论，评标委员会一致确定法国电力联合体、新世界联合体、美国国际发电(香港)有限公司为最具有竞争力的前三名投标人。

评标结束后，广西壮族自治区政府组成了确认谈判小组，于 7 月 8 日正式开始了与第一名法国电力联合体进行特许权协议的确认谈判。经过三轮四个阶段的紧张工作，双方于 1996 年 10 月底就所有需确认的问题达成一致意见。1996 年 11 月 11 日，广西壮族自治区政府与法国电力联合体在北京进行了特许权协议的草签。同时，经国家发展计划委员会批准，广西壮族自治区政府向法国电力联合体颁发了中标通知书。

4. 审批及完成融资阶段

项目特许权协议草签后，广西壮族自治区政府随即将草签的特许权协议正式报请国家发展计划委员会批复，经报请国务院批准，国家发展计划委员会于 1997 年 3 月 25 日正式批复了项目特许权协议。在此基础上，中标人法国电力联合体先后完成了项目初步设计、建设合同、营运维护合同、保险协议、融资协议的签署。同时，对外贸易经济合作部批准了项目公司的章程，完成项目公司的注册成立工作。1997 年 9 月 3 日，广西壮族自治区政府与项目公司在北京正式签署了特许权协议，时任国务院副总理的邹家华出席了签字仪式。特许权协议的正式签署，意味着项目特许权协议正式生效，特许期开始，并正式开工。

(三)竞争性招标的成功之处

项目自 1995 年 8 月正式推向国际投资市场公开招标之后，不仅得到了我国政府有关部门的大力支持，同时也得到了国际投资市场和国际金融市场的广泛关注。1995 年，该项目被海外誉为世界十大 BOT 项目之一。1996 年特许权协议草签后，该项目又被《亚洲金融》杂志评为 1996 年亚洲最佳融资项目。该项目的国际招标工作是成功的，主要表现在以下几个方面：

1. 招标工作安排紧凑，用时较短

项目自 1995 年 5 月国家发展计划委员会正式批准进行 BOT 投资方式试点至 1997 年 9 月项目特许权协议正式签字生效后进入开工阶段，历时两年零 4 个月。在两年多的时间内完成一个总投资额超过 6 亿美元的项目的招标及全部融资工作，这在国内外同类利用外资项目中是没有先例的，与国内其他形式的大型投资项目相比，用时较短。相对较短的招标时间，在一定程度上也减少了政府和项目投资人的前期开发费用。

2. 注重上网电价，走出回报率的误区

项目招标文件规定，上网电价水平、结构及走势占评标分数的 60%，即在技术、法律、商务、融资等方面满足招标文件的前提下，引进竞争机制，让投标人就上网电价进行竞争。广西壮族自治区政府不与投标人在回报率高低上讨价还价，改变了以往外商投资电厂谈判中先谈回报率，并由投资成本加一定回报率确定上网电价的做法。在项目建设和经营过程中，如果项目公司加强科学管理，降低投资成本和经营成本，则可获得比预期还高的回报率，否则会达不到预期的回报率，较好地体现了谁投资、谁受益、谁承担风险的原则。

3.充分体现竞争，电价较低

采用国际性竞争招标方式选择境外项目发起人，外商踊跃参与，通过激烈竞争，项目上网电价较低，再加上销售增值税，营运第一年为 0.468 元人民币/(kW·h)，在营运期 15 年内的水平电价为 0.460 元人民币/(kW·h)，约合 5.5 美分。而据对东南亚一些国家 BOT 电力项目和外商独资开发电力项目的调查，一般水平电价都在 6～7 美分之间。同时，与国内同等规模的中外合资、外商独资电厂相比，其电价也很有竞争性，且营运期限减少 5 年左右。

4.政策公开透明，外商放心

项目的国际招标做到了 BOT 政策公开、招标程序公开、特许权协议内容公开、评标标准公开、判程序公开等，对外商普遍关心的问题也都有明确的答复，同时对各投标人一视同仁。由于整个招标过程公开、公正、公平，不仅有力地促进了国外投资人的积极参与，同时也为政府创立了良好的形象，为政府今后其他类似项目的招标打下了坚实的基础。

5.特许权协议全面、严谨，有利于各方参与

项目的特许权协议包括协议正文及购电协议、燃料供应与运输协议、仲裁协议等 24 个附件。协议的拟订既遵循了国际惯例，同时又与中国国情相结合；在合理分担风险基础上，既保护了政府利益，也兼顾了投资人及贷款人的利益；有关各方的权利和义务在协议中得到了充分的体现和落实，同时整个协议又具有较强的可操作性。此外，项目特许协议中的主要条款与其他国家类似项目的协议条款相比，对政府及广大消费者更为有利。

三、合肥二电厂项目融资

(一)项目背景

安徽省合肥第二发电厂一期项目是由中外合资企业安徽合肥联合发电有限公司承办。合肥二电厂的规划容量为 130 万 kW，本期建设规模为 2×35 万 kW 燃煤凝汽式发电机组及相应配套送变电工程，项目计划总投资 46.39 亿元人民币。合资公司经营期限 24 年(含建设期 4 年)，注册资本金 10 亿元人民币。其中，中方股东有华东电力集团公司(20%)，安徽省能源投资总公司(16%)，合肥市建设投资公司(7.5%)和安徽省电力公司(7.5%)，共出资 5.1 亿元人民币，占股份的 51%；外方股东为新加坡联合电力(私人)有限公司，出资折合人民币 4.9 亿元，占股份的 49%。新加坡联合电力(私人)有限公司是新加坡投资商为投资合肥二电厂项目而专门成立的公司。项目的建设总承包商为德国的 ABB 公司。

(二)项目结构与项目合同

1.项目结构

合肥二电厂的发起人为由华东电力集团公司、安徽省能源投资总公司、合肥市建设投资公司、安徽省电力公司、新加坡联合电力有限公司等 5 方组成的合资公司，即合肥联合发电有限公司。其项目结构如图 9-15 所示。借款人即为上述合资公司。

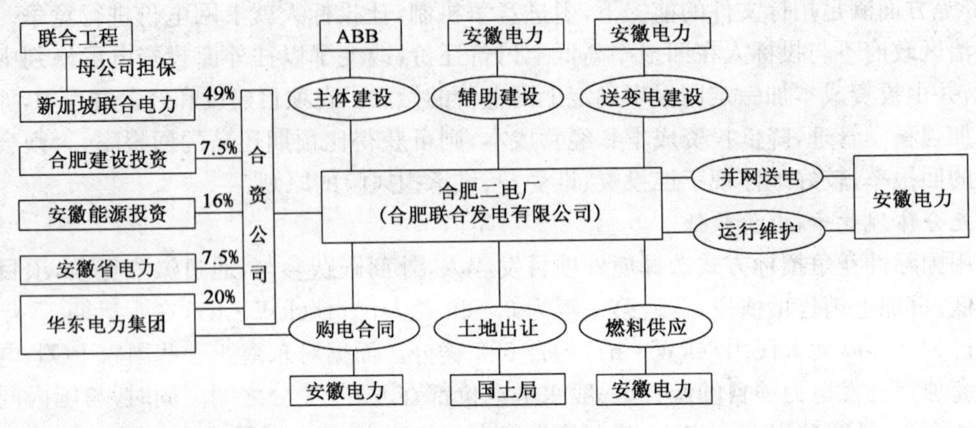

图 9-15　合肥二电厂项目结构

2. 项目合同

合肥二电厂项目合同包括:合资公司合同,公司章程,工程、采购、建设合同,电厂外围建设合同,购电合同,并网送电合同,燃料供应合同,营运维护合同,土地使用权转让合同,贷款人间合同,发起人支持协议,抵押协议,电力局协议及母公司担保协议等。

(三)融资结构

资本金以外的所需资金由各投资方按注册资本所占比例融资解决。其中,外方融资分出口信贷和商业贷款。融资结构见图 9-16。

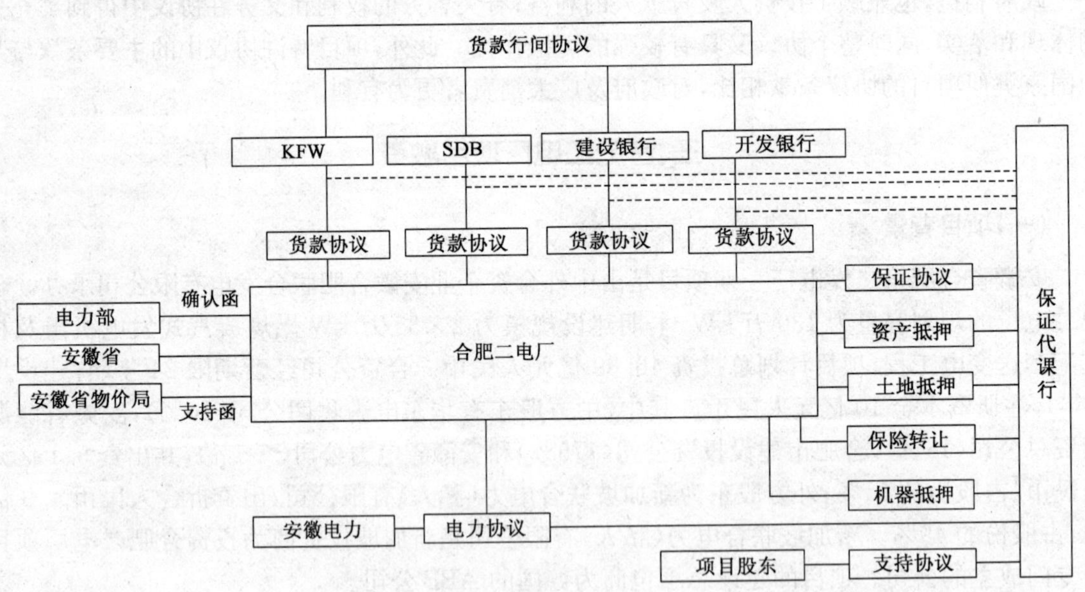

图 9-16　合肥二电厂项目融资结构图

1. 出口信贷

德国复兴银行(KFW)提供 1.3 亿美元的出口信贷,德国 HERMES 为其承保 15.5 年。主要用于支付 EPC(Engineering and Procurement Contract)合同项下德国订单值的 85%和施工期内本贷款累计利息的 85%。

2. 商业信贷

KFW 还提供为期 11.5 年的商业贷款，贷款额以 HERMES 承保贷款额的 20% 为限，金额为 2 600 万美元。新加坡华侨银行组织银团贷款。该银团由华侨银行、新加坡发展银行和中国银行新加坡分行组成，贷款额 8 500 万美元，贷款期 10 年。

3. 开发银行贷款

国家开发银行承诺贷款 7.28 亿元人民币，贷款期为 12 年。

4. 建设银行贷款

中国建设银行提供 13.3 亿元人民币贷款，期限 10 年。

该项目采用有限追索权项目融资方式，还款来源依靠项目本身资金及营运收入，不需国内金融机构或其他机构的还款担保，贷款行的追索仅限于对项目本身。为减少和控制贷款风险，特别设定了较全面的项目保证体系，通过抵押设置、账户控制、电费收入保障、提款条件限定及终止事件处理等措施来保障贷款人的利益。

合肥二电厂项目的借款人：安徽省合肥联合发电有限公司。贷款人：德国国家复兴开发银行（KFW），新加坡银团，中国国家开发银行，中国建设银行。境内保证代理行：中国建设银行。境外保证代理行：新加坡华侨银行。境外贷款代理人：新加坡国家发展银行。

（四）风险和对策

因为该项目属于有限追索权的 BOT 方式项目融资，贷款人为了尽可能地降低风险，同时获得贷款国出口信贷保险机构的保险批准，必须将项目在建设期和还款期各种可能的风险考虑到，并且设置相应的保护措施，以达到降低风险的目的。这是项目融资的主要技术之一。表 9-17 列举贷款人在该项目设置的“风险结构及对策”。

风险结构及对策 表 9-17

风险种类	防范措施	风险种类	防范措施
政治、法律风险	政府支持、强有力的中方发起人	技术风险、环境保护风险	成熟的技术、供应商担保、工程顾问意见
人民币汇率风险	电价公司	发起人履约风险	有实力的中、外股东
外汇兑换风险	每月兑换一次	资金筹措风险	国内批准条件
外汇汇出风险	政府批准、储备账户	产品销售风险	取或付购电安排
完工风险	有实力承包商、保险	燃料供应风险	安徽电力担保
不可抗力	保险	运行、维护风险	安徽电力担保
成本超支风险	股东支持	利率风险、通胀风险	电价公式
购电方履约风险	购电担保		

（五）融资结构简评

（1）合肥二电厂有限追索权项目融资方式与传统的融资方式相比，不需要第三方的还款担保，而是将风险都集中在项目本身，还款的资金来源于项目本身及所产生的现金流，不能对项目以外的人或资产进行追索。它所需的一些担保，仅是一些针对项目在建设和经营中的一些环节的担保，如项目建设担保、电费收入担保、购电担保等。

（2）过去参与项目融资的国内贷款在整个项目中一般处于从属地位，而合肥二电厂项目在这一点上取得了突破，国内贷款没有第三方的还款担保，与国外贷款处于同等的地位，按比例享受本项目下的一切权利，并且在谈判中对一切问题拥有平等的发言权和决策权。也就是说，国内与国外的贷款都采用的是优先追索融资方式，可以说是完全意义上的有限追索权项目融资。

(3)在以往的有限追索权融资中，发起人对项目给予支持。其中，对每期的还款储备金额都要给予支持，导致了发起人对还款的某种程度上的无限责任。而合肥二电厂项目中，发起人只对第一期还款储备金额给予支持，以后每期还款储备的风险由贷款人自己承担，这也真正符合追索有限的要求。

(4)对本项目超支部分的支持别具特色。当出现第一次超支总投资的5%时，全部由发起人支持。当出现第二次超支总投资的5%时，由发起人承担其中的1/4，而3/4由银行承担。为此，中外银行的贷款金额都分成两部分，第二部分是专门用于超支的。

(5)传统的融资方式要从第三方获得还款担保，从而规避风险，但像合肥二电厂规模这么大的项目寻找担保的难度是很大的，所以它采取的是有限追索权方式，把一切的风险都集中在项目本身。为规避风险，在本项目中采取了非常严密完善的项目体系，严格规定了贷款的提款前提条件，项目的所有资产、所有利益都抵押给了贷款人；公司的章程、合资合同及所有项目合同也都抵押给了贷款人；贷款人对项目的运作，资金的流动进行严密的监督，并对电费收入采取了保障措施，以满足还款所需；同时，规定了出现终止性事件的处理方法。总之，将一切可能遇到的风险都采取了相应的措施进行规避，将风险降到了最低点。

第三节　交通基础设施工程项目融资案例

一、马来西亚南北高速公路项目融资

(一)项目背景

马来西亚南北高速公路(图9-17)项目设计里程全长900km，最初是由马来西亚政府所属的公路管理局负责建设，但是在公路建成400km之后，由于财政方面的困难，政府无法将项目继续建设下去，采取其他的融资方式使项目得以完成便成为了唯一可取的途径。在众多方案中，马来西亚政府选择了BOT融资模式。

经过历时两年左右时间的谈判，马来西亚联合工程公司(UEM—United Engineers Malaysia Berhad)在1989年完成了高速公路项目的资金安排，使项目得以重新开工建设。BOT项目融资模式在马来西亚高速公路项目中的运用，在国际金融界获得了很高的评价，被认为是BOT模式的一个成功的范例。

图9-17　马来西亚主干道——南北高速公路

(二)项目融资结构

1987年初开始，经过为期两年的项目建设、经营、融资安排的谈判，马来西亚政府与国内的马来西亚联合工程公司签署了一项有关建设经营南北高速公路的特许权合约。马来西亚联合工程公司为此成立了一家项目子公司——南北高速公路项目有限公司(PLUS),以政府的特许权合约为核心组织起项目的BOT融资结构(图9-18)。

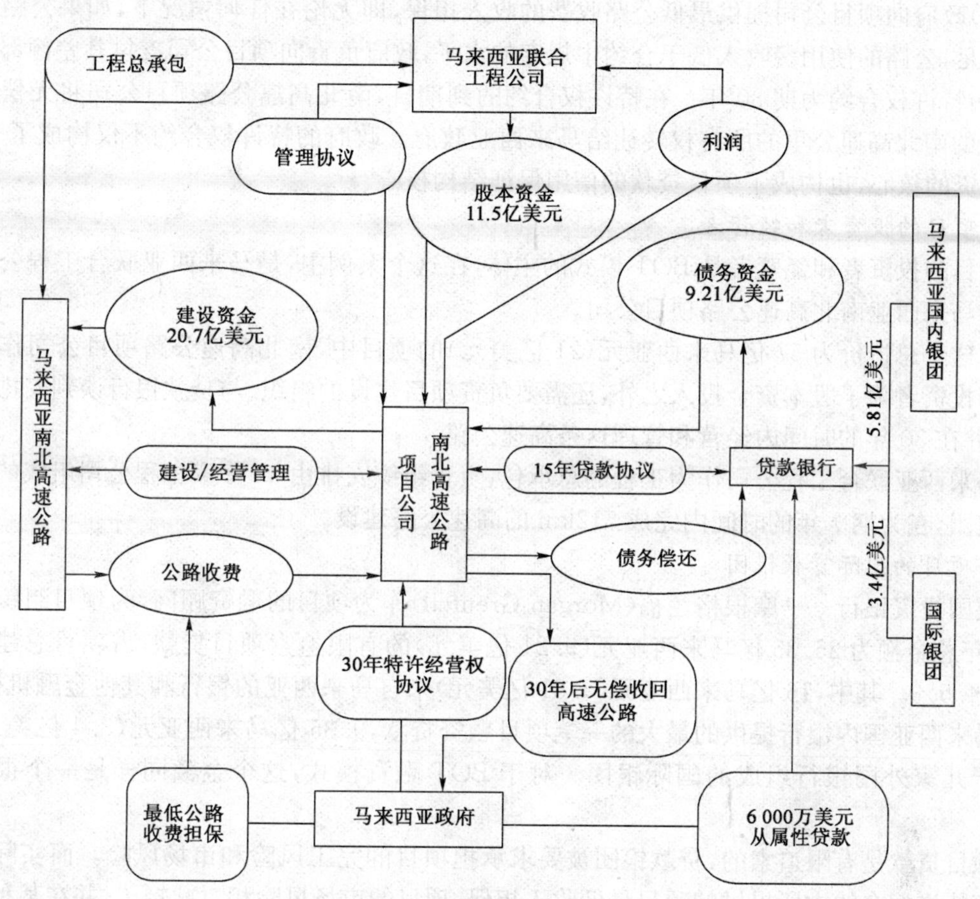

图9-18 马来西亚南北高速公路BOT项目融资结构

项目的BOT融资结构由三个部分组成。

1.政府的特许权合约

马来西亚政府是南北高速公路项目的真正发起人和特许权合约结束后的拥有者。政府通过提供一项为期30年的南北高速公路建设经营特许权合约,不仅使该项目由于财政困难未能动工的512km得以按照原计划建设并投入使用,而且通过项目的建设和营运带动了周边经济的发展。

对于项目的投资者和经营者以及项目的贷款银行,政府的特许权合约是整个BOT融资的关键核心。该合约的主要内容包括以下几个方面:

(1)南北高速公路项目公司负责承建512km的高速公路,负责经营和维护高速公路,并有权根据一个双方商定的收费方式对公众收取公路的使用费。

(2)南北高速公路项目公司负责安排项目建设所需要的资金。但是,政府将为项目提供一项总金额为1.65亿马来西亚元(6 000万美元)的从属性备用贷款,作为对项目融资的信用支持。该项贷款可在11年内分期提取,利率为8%,并具有15年的还款宽限期,最后的还款在特许权协议结束时截止。

(3)政府将原已建好的约400km高速公路(已完工路段316km,施工中路段55km)的经营权益在特许权期间转让给南北高速公路项目公司。但是,项目公司必须根据合约对其公路设施加以改进。

(4)政府向项目公司提供最低公路收费的收入担保,即无论在任何情况下,如果公路交通流量不足,公路的使用费收入低于合约中规定的水平,政府负责向项目公司支付其差额部分。

(5)特许权合约为期30年。在特许权合约的到期日,南北高速公路项目公司将无偿地将900km的南北高速公里的所有权转让给马来西亚政府。政府的特许权合约不仅构成了BOT项目融资的核心,也构成了项目贷款的信用保证结构核心。

2. 项目的投资者和经营者

项目的投资者和经营者是BOT模式的主体,在这个案例中,是马来西亚联合工程公司所拥有的马来西亚南北高速公路项目公司。

在这个总造价为57亿马来西亚元(21亿美元)的项目中,南北高速公路项目公司作为经营者和投资者除了股本资金投入之外,还需要负责项目建设的组织、与贷款银行谈判安排项目融资,并在30年的时间内经营和管理这条高速公路。

马来西亚联合工程公司作为工程的总承包,负责组织安排由40多家工程公司组成的工程承包集团,在为期7年的时间内完成512km的高速公路建设。、

3. 项目的国际贷款银团

英国投资银行——摩根格兰福(Morgan Grenfell)作为项目的融资顾问,为项目组织了为期15年总金额为25.35亿马来西亚元(9.21亿美元)的有限追索项目贷款,占项目总建设费用的44.5%。其中,16亿马来西亚元(5.81亿美元)来自马来西亚的银行和其他金融机构,是当时马来西亚国内银行提供的最大的一笔项目融资贷款,9.35亿马来西亚元(3.4亿美元)来自由十几家外国银行组成的国际银团。对于BOT融资模式,这个金额同样是一个很大的数目。

项目贷款是有限追索的,贷款银团被要求承担项目的完工风险和市场风险。而实际上由于政府特许权合约中所提供的项目最低收入担保,项目的市场风险相对减轻了,并在某种意义上转化成为一种政治风险,因而贷款银团所承担的主要商业风险为项目的完工风险。项目的延期将在很大程度上影响到项目的收益。但是,与其他类型项目融资的完工风险不同,公路项目可以分段建设、分段投入使用,从而相对减少了完工风险对整个项目的影响。

项目建设所需要的其他资金将由项目投资者在7年的建设期内以股本资金形式投入,包括,普通股;第一阶段是承包人的优先股;第二阶段是RCCPS股,即可赎回(Redeem)、可兑换(Changeable)、累积的(Cumulative)、优先的(Preferred)股票(Stock)。

(三)融资结构简评

1. 采用BOT模式为马来西亚政府和项目投资者以及经营者均带来了很大的利益

从政府的角度,由于采用了BOT模式,可以使南北高速公路按原计划建成并投入使用,对于促进国民经济的发展具有很大的好处,并且可以节省大量的政府建设资金,在30年特许权合约结束以后,可以无条件回收这一公路。

从项目投资者和经营者的角度,BOT模式的收入是十分可观的。马来西亚联合工程公司可以获得两个方面的利益:第一,根据预测分析,在30年的特许权期间内,南北高速公路项目公司可以获得大约两亿美元价值的净利润;第二,作为工程总承包商,在7年的建设期内,从承

包工程中可以获得大约1.57亿美元价值的净税前利润。

2.对BOT融资模式中的风险问题的分析

采用BOT模式的基础设施项目，在项目的风险方面与工业或矿业项目案例有所不同，具有一定的特殊性。这些特殊性对BOT模式的应用具有相当大的影响。

(1)基础设施项目的建设期比一般的项目要长得多。如果采用贴现净现值的方法(DCF——Discounted Cash Flow)计算项目的投资收益，则会由于建设期过长而导致项目净现值大幅度减少。尽管类似高速公路这样的项目可以分段建设、分段投入使用，然而基础设施项目的固定资产寿命比一般的工业项目要长得多，经营成本和维修成本按照单位使用量计算也比工业项目要低，从而经营期的资金要求量也相对较低。

(2)对于公路项目建设，有关风险因素的表现形式和对项目的影响程度与其他采用BOT融资模式的基础设施项目也有所不同。首先，公路项目的完工风险要低于其他采用BOT融资模式的基础设施项目，如桥梁、隧道、发电厂等。这是因为在前面反复提到的公路项目可以分段建设、分段投入使用、分段取得收益。如果项目的一段工程出现延期或由于某种原因无法建设，虽然对整个项目的投资收益会造成相当大的影响，但是不会像桥梁、隧道等项目那样颗粒无收。正因如此，在马来西亚南北高速公路的BOT项目融资中，贷款银行同意承担项目的完工风险。其次，公路项目的市场风险表现也有所不同。对于电厂、电力输送系统、污水处理系统等基础设施项目，政府的特许权协议一般是承担百分之百的市场责任，即负责按照规定的价格购买项目生产的全部产品。这样项目融资的贷款银行不承担任何市场需求方面的风险，项目产品的价格也是根据一定的公式(与产品的数量、生产成本、通货膨胀指数等要素挂钩)确定的。然而，对于公路、桥梁等项目，由于市场是面对公众，由使用者的数量以及支付一定的使用费构成，所以面临着较大的不确定性因素。项目使用费价格的确定，不仅需要与政府进行谈判，还必须考虑到公众的承受能力和心理因素。如果处理不好，类似收费加价这样的经济问题就会演变成政治问题。因此，在公路建设这样的项目中，政府在特许权合约中关于最低收益担保的条款，成为BOT融资模式中非常关键的一个条件。

(3)项目所在国金融机构的参与对于促成大型项目BOT融资起着很重要的作用。在BOT融资结构中，由于政府的特许权合约在整个项目融资结构中起着举足轻重的作用，从项目贷款银团的角度，项目的国家风险和政治风险就变成了一个十分重要的考虑因素。其中包括政府违约、外汇管制等一系列问题。项目所在国的银行和金融机构通常被认为对于本国政治风险的分析判断比外国银行要好得多和准确得多。如果能够吸引到若干家本国的主要金融机构的参与，可以起到事半功倍的效果。在马来西亚南北高速公路的项目融资的安排中，这一点被国际金融界认为是十分成功的。

二、四川省宜泸渝高速公路

四川宜宾至川渝界高速公路是国家高速公路网成渝地区环线的重要路段，起于四川省宜宾市象鼻(乐山至宜宾高速公路和内宜高速公路的交叉中心)，顺长江而下，由西向东横穿泸州市全境，止于川渝界塘河，全长约157km，为4车道高速公路，路基宽24.5m，设计时速80km/h。全线主要工程有特大桥3座(南溪长江大桥、泸州合江长江一桥和合江长江二桥)、特长隧道两条(宜宾观斗山隧道和涪溪口隧道)、大型互通式立交14座，总投资约95亿元。

(一)项目开发模式

为了加快项目进程，缩短招投标时间，四川省政府按项目发展阶段把项目分为勘察设计和施工—运营两个部分。在进行勘察设计招标后不久，开始进行施工—运营部分的招标工作。

为了增加项目投标的竞争性，勘察设计部分分为土建工程（含路线、路基、路面、桥涵、隧道、立交、环保、水保、绿化、景观工程等）和交通工程（含收费、监控、通信、安全、养护、服务、房屋建筑、隧道机电工程等），再将土建工程划分为三个合同段，将交通工程分为两个合同段。施工—运营部分分为宜宾至泸州（简称宜宾段）和泸州至川渝界（简称泸州段）两个独立的子项目。宜宾段起于内宜高速公路宜宾象鼻枢纽互通，经南溪、江安止于隆纳高速公路纳溪枢纽互通，总里程约77km，投资估算为55.45亿元，四川省人民政府授权宜宾市人民政府为项目法人招标主体。泸州段起于隆纳高速公路纳溪枢纽互通，自西向东经纳溪区、江阳区、合江县，止于合江县白鹿镇川渝界，总里程约80km，投资估算为39.72亿元。具体情况如下：

项目的勘察设计由成绵（乐）高速公路建设指挥部作为法人进行招标。2006年4月7日发布招标公告，当月10～14日出售标书文件，5月12日开标，要求中标人在2006年6月10日～10月10日完成初步设计阶段的勘察设计。土建工程设计人应于2006年8月10日之前向交通工程合同段设计人提供所需图纸及其他设计资料，2006年10月10日之前应向招标人提交所有初步设计文件，完成送审程序。2007年1月10日～7月10日为施工图设计阶段，若上级主管单位或招标人认为需要进行技术设计，中标人应在本阶段内完成技术设计文件及修正概算送审，2007年6月10日之前应向招标人提交施工招标文件及所需图纸和工程量清单，2007年7月10日应向招标人提交施工图设计文件。

项目的施工和运营由2005年12月1日成立的川黔高速公路宜泸渝高速公路建设领导组负责，2006年4月18日发布项目法人招标资格预审公告，2006年5月8日～6月9日出售资格预审文件，2006年7月10日17:30前提交资格预审申请文件。2006年9月26日～28日，通过资格预审的8家企业或联合体购买了招标文件。其中，7家购买宜泸渝高速公路项目招标文件，3家投标泸州段。2006年11月20日上午11点开标，宜宾段第一标为四川路桥集团，收费期为29年10个月；泸州段第一标为波司登股份公司、上海长邦房地产公司和山东康博实业公司组成的联合体，收费期为25.5年。按照最短收费期中标的原则，四川路桥集团和波司登企业联合体分别获得宜宾段和泸州段的特许经营权，并于2006年12月30日签订了特许经营权合同。

按照招标文件的要求，中投标单位（项目公司）中标后，应与勘察设计单位和成绵（乐）高速公路建设指挥部三方签订《勘察设计合同转让协议》。由于泸州段的杨桥至泰安路段与泸州市政府投资在建的泸州市绕城公路重叠，泸州段招标文件还要求中标人同意授让该路段已完成的路基、桥涵等工程（转让价约2.28亿元）。然后，在此基础上，按照特许权合同规定的技术标准和要求完成该路段的建设，并与其余路段一起运营，特许期满时一起移交，这样就形成了一个“出售—开发—运营—移交”（Sold-Develop-Operate-Transfer，简称SDOT）子项目。两家中标单位分别负责各自的项目融资。其中，四川路桥集团与工商银行四川省分行签署《战略合作协议》，工商银行四川省分行为宜宾段提供20亿元贷款；波司登股份公司向泸州段投资24亿元，其余部分寻求银行贷款。项目融资结构如图9-19所示（为了简化图形，图中没有反映杨桥至泰安路段的SDOT模式，5家勘察设计单位合并表达为“设计单位”）。

（二）经验教训

宜泸渝高速公路项目的开发模式可以归结为D+COT模式，即“设计”（Design）与“施工—运营—移交”（Construct—Operate—Transfer）的组合模式。在这种模式中，政府在完成工程可行性研究报告的基础上，先招标委托一家勘察设计单位进行项目的勘察设计工作，紧接着进行“施工—运营”招标工作，要求中标人与中标的勘察设计单位签订勘察设计合同转让协议，有偿授让政府与勘察设计单位签订的勘察设计合同项下的权利和义务，并负责项目的筹资、施工、运营、维护、债务偿还和资产管理。在协议规定的特许经营期内，自主经营，自负盈亏，特许经营期满后，将该项目及其全部设施无偿移交给政府指定的机构，如图 9-20 所示。

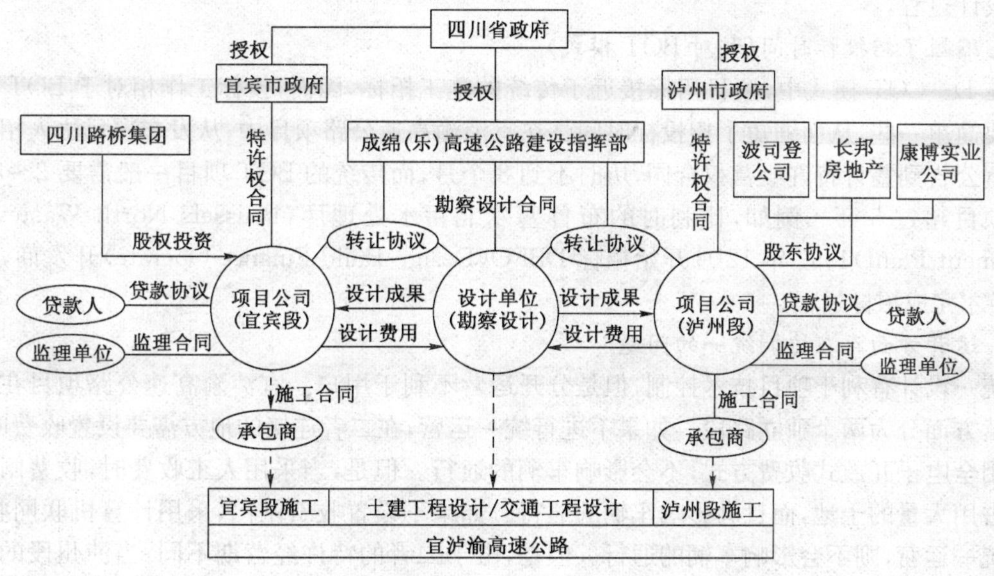

图 9-19　宜泸渝高速公路项目融资结构

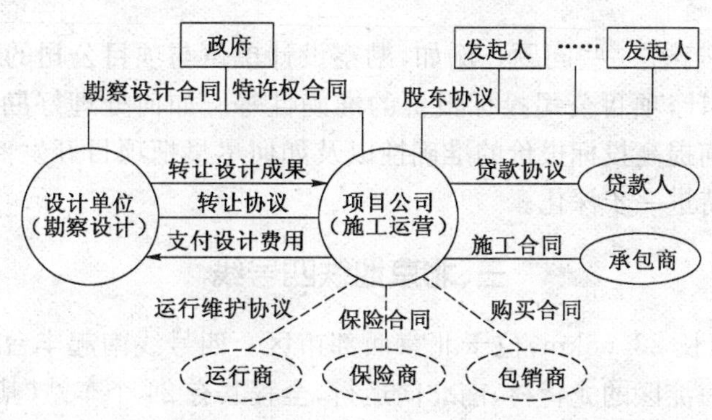

图 9-20　“设计”+“施工—运营—移交”模式

值得注意的是 D+COT 模式在国内是第一次应用，在国外也没有先例，而宜泸渝高速公路项目目前还处于实施阶段的早期，可以借鉴学习的地方(特别是潜在的冲突和缺点)还没有完全展现出来，但是仍有许多经验值得借鉴和学习。

1. 提高了投标的竞争性

我国工程建设市场中缺少设计施工为一体的综合性企业，D+COT 模式比较适合市场情况。此外，把一个 95 亿元的项目分为一个 40 亿元的独立运营路段和一个 55 亿元的独立运营路段，吸引了更多的投标人，提高了投标的竞争性。在宜泸渝高速公路项目招标中，有 7 家资格预审合格的企业或联合体购买了招标文件。其中，有 3 家投标泸州段，达到了竞争性招标的一般要求。预期的特许经营期不超过 30 年，竞争招标的结果是 25.5 年，缩短了 15%。

2.避免了重复勘察设计

政府直接或委托进行勘察设计招标，投标人不必进行勘察设计工作，中标单位支付勘察设计合同转让费后，即可获得勘察设计的成果，从而避免了重复勘察设计工作。按照进度安排，初步设计工作在签订特许经营权合同之前进行，施工图设计在签订特许经营权合同之后进行。这种安排一是有利于缩短项目建设工期，二是有利于施工—运营承包商参与设计，把施工经验引入设计过程。

3.缩短了招投标时间(相对 BOT 模式)

在 D+COT 模式中，项目招标接近于传统的施工招标，因而，投标工作相对于 BOT 项目招标要简单一些，从而缩短了招投标时间。在宜泸渝高速公路项目中，从发布项目法人招标资格预审公告到签订特许经营权合同，历时不到 8 个月，而传统的 BOT 项目一般需要 2～3 年，有的项目超过 5 年。例如，比利时的布鲁塞尔北污水处理厂(Brussels North Wastewater Treatment Plant)1997 年 12 月开始招标 DBFO(Design-Build-Finance-Operate)开发商，历时 3 年半才完成招标过程。

4.运营方面存在协调统一的问题

统一设计有利于项目技术控制，但是分开运营不利于用户。宜泸渝高速公路项目在施工—运营方面分为两个独立路段。如果不进行统一运营，在二者连接的地方需要设置收费闸门。若采用全电子开放式收费方式，不会影响车辆的通行。但是，当采用人工收费时，收费闸门不但会占用大量的土地，而且会影响车辆的通行。如果不设置收费闸门，采用计算机联网收费，实行统一运营，则不会影响车辆的通行。但是，由于二者的特许经营期不同，当泸州段的特许经营期到期后，进入宜宾段时还需要设置收费闸门。

5.其他潜在的问题

D+COT 模式还存在一些问题。例如，勘察设计单位与项目公司的潜在冲突，项目公司如何参与项目优化设计，项目公司投标报价的准确性等。如何处理好勘察设计合同与 COT 合同之间的关系，如何提高投标报价的准确性以及如何尽早把项目开发商的施工经验引入设计过程，这些问题有待进一步深化。

三、北京地铁四号线

北京地铁四号线长 28.65km，位于北京西部市区。四号线南起丰台区的马家楼，穿越宣武区和西城区，北至海淀区的龙背村，南北向运行，全程共有 24 个车站(其中 23 个在地下)，总投资约为 153 亿元。

(一)项目背景

城市轨道交通造价高昂，地下线每千米 5 亿元左右(地面线每千米 2 亿元左右)。但是，地下轨道交通(简称地铁)运量大，速度快，不占地面空间，可以有效地缓解城市交通拥挤，解决乘车难的问题，是各国大城市解决城市交通问题的主要途径，具有巨大的社会经济效益。

城市轨道交通的竞争对象是公共汽车。由于无需建路，公共汽车的成本要低得多。在这种情况下，轨道交通的票价不能定得太高。在如此高的投资和运营成本下，地铁很难赚钱，现有地铁线的运营都是靠政府的补贴。2003 年 10 月，《北京市城市基础设施特许经营办法》正式颁布实施；2003 年 12 月，北京市政府转发了市发展改革委《关于本市深化城市基础设施投融资体制改革的实施意见》，明确提出了轨道交通项目可以按照政府与社会投资 7∶3 的比例，吸引社会投资参与建设。地铁特许经营项目的实施基本实现了有法可依、有章可循。北京地铁四号线就是在这种背景下开发的。

鉴于北京地铁四号线的社会效益，北京市政府计划通过北京市基础设施投资有限公司提供70％的资金(约107亿元人民币)，其余30％的资金通过项目融资由私人开发商提供。这种资金安排，难以直接应用BOT模式，而创新开发策略要满足两个要求：一方面要有效地利用政府资金；另一方面要充分发挥私营企业的管理效率，避免政府对私营企业的不当干扰。为此，北京地铁四号线分拆为A、B两个部分：A部分包括洞体、车站等土建工程的投资和建设(约70％的工程造价)，由政府或代表政府投资的公司来完成；B部分包括车辆、信号等设备资产的投资(约30％的工程造价)，吸引社会投资组建的PPP项目公司来完成。

两部分形成一个整体后，由项目公司负责运营和维护一定的年限，通过票价收入及非票价收入(如广告、零售、通信、地产等)回收投资和赚取利润。现将项目开发过程中的重大事项概括如下：

(1)2003年11月，北京市基础设施投资有限公司作为北京市基础设施投融资平台正式成立。成立之后，便着手制订四号线市场化运作的初步方案，并开始与香港地铁等多家战略投资者进行接触，项目前期工作全面展开。

(2)2004年4月、6月，市发展改革委分别组织召开了奥运经济市场推介会，北京地铁四、五、九、十号线国际融资研讨会等一系列大型招商推介会，面向国内外投资者对以四号线为重点的北京地铁项目进行了广泛深入的招商活动。

(3)2004年9月，形成《北京地铁四号线特许经营实施方案》，市发改委组织对方案进行了评审并上报市政府。同年11月，北京市政府批准了特许经营实施方案，四号线特许经营项目取得实质性进展。

(4)2004年11月底，北京市交通委牵头成立了四号线特许经营项目政府谈判工作组，与“港铁—首创”联合体、“西门子—中铁工”联合体等社会投资者就《特许经营协议》的竞争性谈判正式开始。

(5)2005年2月初，政府谈判工作组与优先谈判对象“港铁—首创”联合体就《特许经营协议》达成了一致意见。

(6)2005年2月7日，北京市交通委代表市政府与“港铁—首创”联合体草签了《北京地铁四号线特许经营协议》，特许经营期为30年。在特许经营期内，合资公司依法承租并获得在经营期内对地铁四号线A部分的经营、管理和维护权，票价仍将由北京市政府统一制订。如果票价亏损较高，政府会适当给予补贴。期满后，合资公司将全部设施无偿移交北京市人民政府。

(二)投资结构

香港地铁公司、北京首都创业集团和北京市基础设施投资有限公司三方合资成立北京京港地铁有限公司。香港地铁公司和北京首都创业集团有限公司各占49％的股份，北京市基础设施投资有限公司占2％的股份。在持股的3家企业中，香港地铁公司在香港地铁建设与运营方面积累了30多年的经验，能将香港地铁的运营经验和服务理念应用到四号线。北京首都创业集团则是直属北京市的企业，投资房地产、金融服务和基础设施。北京市基础设施投资有限公司是由北京市人民政府国有资产监督管理委员会出资，并依照《公司法》在原北京地铁集团公司基础上改组成立的国有独资有限责任公司，作为市一级基础设施投融资平台，对轨道交通等基础设施项目进行市场化运作，属北京市政府所拥有，主要经营轨道交通基础设施的投资、融资和资本管理业务。这种组合为地铁四号线的高质量建设和运营打下了基础。图 9-21 所示为北京地铁四号线 B 部分的投资结构。

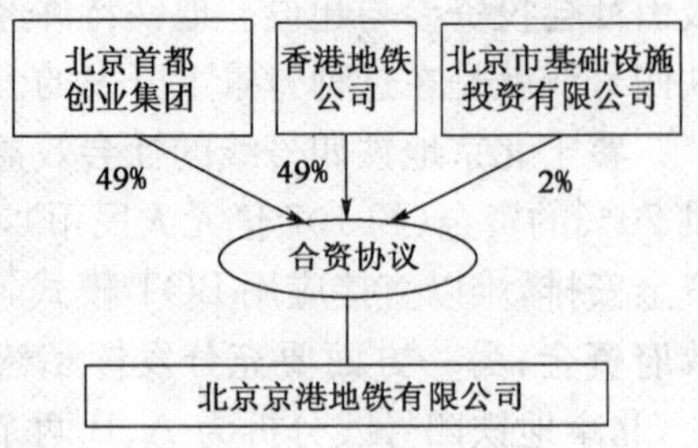

图 9-21　北京地铁四号线 B 部分的投资结构

(三)资金结构

该项目总投资为 153 亿元，其中 70%(约 107 亿元)由北京市政府出资，另外 30%(约 46 亿元)由北京京港地铁有限公司(项目公司)负责筹资。该公司注册资本约 15 亿元人民币(股本资金)，大约 2/3 的资金将采用无追索权的银行贷款。在项目公司中，香港地铁公司和北京首都创业集团各投资约 7.35 亿元(各占 49%)，北京市基础设施投资有限公司投资约 3 000 万元(占 2%)。

(四)项目的融资结构

北京地铁四号线的 A 部分采用代建的方式，北京市基础设施投资有限公司作为项目法人，负责筹资建设，组建北京地铁四号线投资有限责任公司(以下简称“项目建设公司”)进行实施。B 部分由北京京港地铁有限公司(以下简称“项目运营公司”)承建。根据与北京市政府签订的“特许经营协议”，项目运营公司只负责地铁四号线 B 部分的融资、设计和建设，而 A 部分项目设施则通过“资产租赁协议”从项目建设公司获得使用权。在 30 年的特许经营期内(不包括 5 年的建设期)，项目运营公司要负责四号线项目设施(包括 A 部分项目设施和 B 部分项目设施)的运营和维护(包括在四号线项目设施中从事非客运业务)，并按照适用法律和“特许经营协议”规定获取票款和其他收益。待特许期结束后，项目运营公司按照“特许经营协议”和“资产租赁协议”的规定将 A 部分项目设施(北京地铁四号线投资有限责任公司拥有 A 部分项目设施的所有权)交还给北京地铁四号线投资有限责任公司，或移交给市政府或其指定机构。同时，将 B 部分项目设施无偿地移交给市政府或其指定机构。北京地铁四号线的融资结构如图 9-22 所示。

在四号线项目中，市政府按照“特许经营协议”规定，在建设期内将监督项目建设公司确保土建部分按时按质完工，并监督项目运营公司进行机电设备部分的建设。四号线运营票价实行政府定价管理，采用计程票制。在特许期内，市政府根据相关法律法规，本着同网同价的原则，制订并颁布四号线运营票价政策，并根据社会经济发展状况适时调整票价。运营期内，按有关运营和安全标准对项目运营公司进行规制。在发生涉及公共安全等紧急事件时，市政府拥有介入权，以保护公共利益。如果项目运营公司违反“特许经营协议”规定的义务，市政府有权采取包括收回特许权在内的制裁措施。市政府也要履行“特许经营协议”规定的义务，并承担相应的责任。

在四号线项目中，项目运营公司按照“特许经营协议”规定，对在特许期内设计和建设 B 部分项目设施及运营和维护四号线设施所需资金(包括注册资本金和贷款)的获得负全部责任。在建设期内，项目运营公司应确保其资本金比例符合适用法律和政府批准文件的要求，其主要义务还包括：

(1)根据适用法律的规定，申请 B 部分建设工程建设所需要的许可；

(2)负责 B 部分建设工程的设计工作；

(3)按“特许经营协议”规定的关键工期、进度计划和建设标准完成B部分项目设施的建设，并承担相关的一切费用、责任和风险；

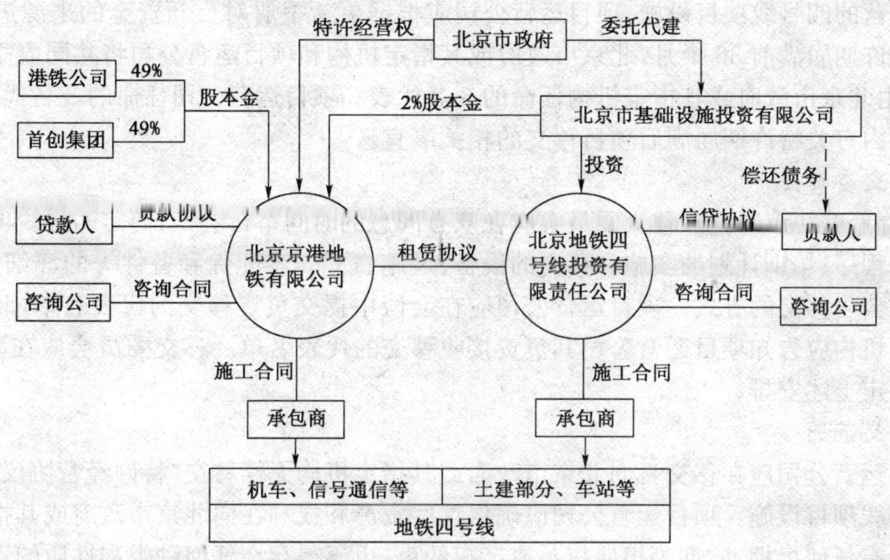

图 9-22　北京地铁四号线的融资结构

(4)及时向项目建设公司提供B部分的初步设计文件及其变更文件(如有)，并向项目建设公司提供与四号线建设相关的各项工作的信息、资料和文件[包括设计文件、招标文件、进度信息、性能指标等，前述信息、资料和文件的电子版(如有)也应同时提供]；

(5)按“特许经营协议”的规定进行接口工程的中间验收；

(6)按“特许经营协议”的规定组织进行四号线试运行，与项目建设公司共同按照适用法律组织完成四号线的竣工验收；

(7)按“特许经营协议”的规定接受北京市政府的监督和检查；

(8)按“特许经营协议”的规定在建设期为B部分建设工程的建设购买保险。

在运营期内，项目运营公司应自行承担风险和费用，运营、维护和更新四号线项目设施，提供客运服务，具体包括：

(1)按协议中的规定提供客运服务；

(2)按协议中的规定确保地铁安全运营；

(3)执行北京市政府制订的地铁运营票价，并根据适用法律和协议规定接受北京市政府的价格监督检查；

(4)进行四号线项目设施的维护和更新，但是项目运营公司有权将四号线项目设施维护的辅助工作委托第三方；

(5)按照协议的规定服从北京市政府或其指定机构的监管，服从北京市政府或其指定机构的统一调度安排，并根据市政府的要求提供资料。

在运营期内，项目运营公司将按照协议执行北京市政府制订的运营票价，并依此按年计算实际平均人次票价收入水平。如果实际平均人次票价收入水平低于协议中规定的调整后的测算平均人次票价收入水平，北京市政府将按照协议规定就其差额给予项目运营公司补偿。如果实际平均人次票价收入水平高于协议中规定的调整后的测算平均人次票价收入水平，项目运营公司将按照协议规定就其差额返还给北京市政府，或经北京市政府同意，以项目运营公司增加租金的形式支付给项目建设公司。

为保证四号线正常运营和特许期结束时项目运营公司能够向市政府指定部门移交的是能够正常运营的四号线项目设施，项目运营公司应根据更新手册对更新资金的来源进行合理安排。在特许期届满前36个月，北京市政府或其指定机构和项目运营公司将共同成立一个移交委员会，由北京市政府或其指定机构任命的3名代表和项目运营公司任命的3名代表组成，负责过渡期内有关特许期届满后项目移交的相关事宜。

1.移交委员会

“特许经营协议”约定，移交委员会应在双方同意的时间举行会谈，商定四号线项目设施移交的详细程序、培训计划的实施和移交的设备、设施、物品、零配件和备件等的详细清单，以及向第三方公告移交的方式。项目运营公司应在会谈中提交负责移交的代表名单，北京市政府或其指定机构应告知项目运营公司其负责接收移交的代表名单。移交委员会应在移交前的6个月内确定上述安排。

2.移交范围

项目运营公司应在移交日向北京市政府或其指定机构无偿移交“特许经营协议”附件中载明的四号线项目设施。项目运营公司应确保这些资产和权利在向北京市政府或其指定机构移交时未设有任何抵押、质押等担保权益或产权约束，也不得存在任何种类和性质的索赔权。四号线项目相关土地及场地在移交日应不存在因项目运营公司建设B部分项目设施、运营和维护四号线项目设施导致的或项目运营公司另外引致的环境污染。

3.保险的转让和承包商的责任

在移交时，项目运营公司应将所有承包商、制造商和供应商提供的尚未期满的担保及保证，以及所有的保险单、暂保单和保险单批单等与四号线项目设施有关的其他担保、保证及保险凭证，全部无偿转让给北京市政府或其指定机构。双方另有约定的除外。

4.技术转让

项目运营公司应在移交日将其拥有的以及运营和维护四号线项目设施所需的有关四号线项目设施运营和维护的所有技术和技术诀窍，无偿移交及转让给北京市政府或其指定机构，并确保北京市政府或其指定机构不会因使用这些技术和技术诀窍而遭受侵权索赔。如果是以许可或分许可方式从第三方取得的技术和技术诀窍，在移交日后将该等技术和技术诀窍继续许可给北京市政府或其指定机构使用，但因此产生的使用该等技术和技术诀窍的相关许可费用由北京市政府或其指定机构承担。

5.合同的转让

如果北京市政府或其指定机构要求，项目运营公司应转让其签订的于移交时仍有效的运营维护合同、设备合同、供货合同和所有其他合同。北京市政府或其指定机构对于转让合同所发生的任何费用不负责任，同时项目运营公司应保护北京市政府或其指定机构，使之不会因此受到损害。

6.风险管理

项目运营公司应承担移交日前四号线项目设施的全部或部分损失或损坏的风险，除非损失或损坏是由北京市政府或其指定机构或项目建设公司的违约所造成的(就A部分项目设施而言，除非损失或损坏是由北京市政府或其指定机构或项目建设公司违约或不可抗力造成的)。移交日后，四号线项目设施的全部或部分损失或损坏的风险转由北京市政府或其指定机构承担。

7. 移交费用和批准

对于依据“特许经营协议”所进行的向北京市政府或其指定机构的移交和转让，北京市政府或其指定机构无需向项目运营公司支付任何补偿或代价。项目运营公司及北京市政府应负责各自的因上述移交和转让发生的成本和费用。北京市政府应自费获得所有的批准，并使之生效，同时采取其他可能为移交和转让所必需的行动，并且应支付与移交和转让有关的所有税费。

(五)经验教训

北京地铁四号线项目的建设安排充分体现了PPP策略的精髓——政府与私营部门合伙合作，缩小了项目建设公司和项目运营公司的融资规模。对政府来说，只需出资70%，即可大大减轻了融资压力；对于私营开发商来说，增加了投资机会。

北京地铁四号线项目的开发模式可以推广成“建设—租赁—移交”(Build-Lease-Transfer，简称BLT)与“租赁—开发—运营—移交”(Lease-Develop-Operate-Transfer，简称LDOT)的组合模式，如图9-23所示。

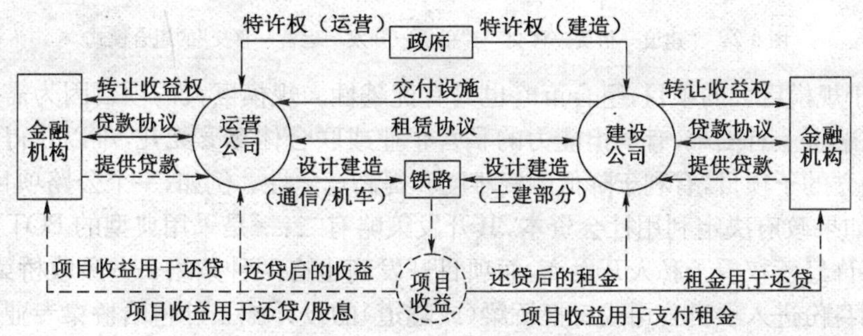

图9-23　BLT+LDOT组合融资模式

这种组合模式具有如下优点：

(1)项目建设公司和项目运营公司可以采用不同的特许经营期，增加了项目开发的灵活性。例如，授予项目建设公司较长的特许期，使之能够收回投资，并获得合理利润，因为土建部分具有较长的(经济、技术)寿命，加长特许期是可行的。相比之下，单一特许经营权模式就难以做到这一点。

(2)土建工程可以由政府建造或提供资助让私营企业建设：如果土建工程由政府建造，则可以通过调整租金水平使项目运营公司获得合理的回报；如果政府提供资助，则可以通过控制资助的大小使项目建设公司获得合理的回报，从而增加项目对私人资本的吸引力。

(3)这种模式也可用于经济效益较好的项目。此时，租金的确定应保证项目建设公司回收投资和获得合理的利润。由于土建工程与机车车辆等设备分开后，项目运营公司可以利用设备租赁融资，利用出口信贷；项目建设公司可以利用与项目运营公司签订的租赁协议进行租赁融资，拓宽融资渠道，提高融资的可行性。

土建工程与机车车辆等设备分开发包，为土建工程的分段建设创造了条件。分段由不同项目建设公司建设，但都出租给同一家项目运营公司，保证了运营的整体性，有利于进一步采用多个特许权合同的组合开发策略，从而把“建设—租赁—移交”与“租赁—开发—运营—移交”的组合模式进一步扩充为多个“建设—租赁—移交”合同与一个“租赁—开发—运营—移交”合同的组合模式，如图9-24所示。

组合策略比单一的BOT模式具有更大的适应性以及更广泛的应用前景，不但能用于盈利较好的项目,还可用于盈利不佳的项目。盈利不佳的项目因为难以回收投资,需要政府的资金支持。可以把项目分解成盈利部分和不盈利部分,盈利部分由私人开发商建造,而不盈利部分由政府建造或由政府支持建造,最终整个项目由私人开发商运营。

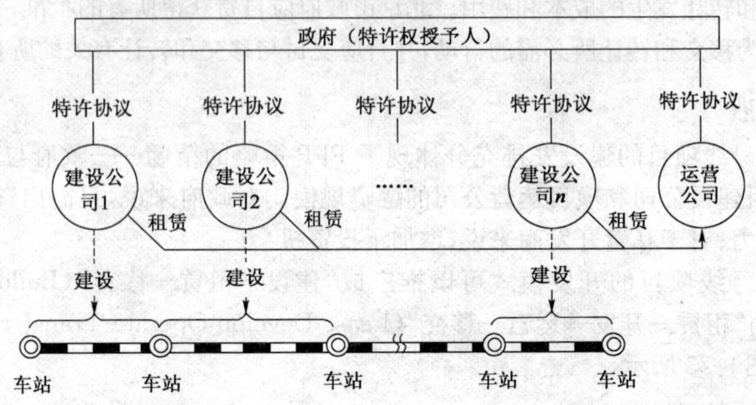

图 9-24 “建设—租赁—移交”与“租赁—开发—运营—移交”的组合模式

此外,对于规模巨大的项目,组合策略也具有优越性。规模巨大的项目因为需要大量资金,私人开发商在融资上有困难,有承担能力的私营企业或联合体寥寥无几,难以获得竞争性投标。分解成相对独立的子项目,有利于降低融资难度和提高竞争性。例如,一个公路项目包含建造一座特大桥梁,如果政府决定利用社会资本,其开发策略有二:一是采用典型的 BOT 策略,把整个公路项目的特许经营权授予私人开发商,而项目开发商也有两种策略——吸收桥梁专业公司以项目发起人的身份进入项目公司或者把桥梁(或隧道)的设计施工外包给桥梁专业公司;二是采用组合策略,把该桥梁与公路的其他部分分离,分别授予桥梁专业公司和公路项目公司特许经营权,桥梁专业公司筹资、设计、建造桥梁,完工后租赁给公路项目公司,特许期满后,移交给政府,即建造—租赁—移交的模式。而采用何种形式更为合适,取决于多种因素。当全国采用统一收费标准时,含有特大桥梁的公路平均每千米造价高于一般公路,如果不想延长特许期,可考虑采用组合策略,把桥梁独立出来。对于铁路项目而言,铁路项目可以把车站与铁路分离,车站由另一项目公司开发,然后租赁给铁路项目公司。铁路本身还可以进行分段建设,统一运营。由于铁路沿线设有车站,车站本身就是一个很好的分界点。车站之间又有不少桥梁和隧道,它们也可作为分段的分界点。鉴于多数基础设施项目可以分解为先后衔接或相对独立平行的子项目,组合策略是现实可行的。只要合理运用,组合策略可获得更好的效果。

组合开发策略与传统 BOT 模式的差别在于先发包再分解,还是先分解再发包。前者是先分解,再授予不同的项目公司特许权;而后者先授予项目公司特许权,由项目公司把项目分解为若干个子项目,采用平行发包或系列发包模式实施项目。例如,在 BOT 模式下,台湾高速铁路公司获得特许权建设台湾高速铁路,考虑到高速铁路不同组成部分的特性,采用不同的采购方法:土建工程采用设计/施工(D&B)合同,车站采用设计—招标—施工合同,机车车组及交通控制系统采用设计—采购—施工一体的“交钥匙”合同。铁路建设(土建部分)实行分标制的工程管理,全线(345km)共分为 12 个合同段,每段实行一标联合承揽的办法。这与传统的平行发包和系列发包模式没有多少区别,只是发包人是项目公司,而不是当局(特许经营权的授予人)。对于当局而言,其项目开发策略仍然是 BOT 模式。

四、有关国家和地区交通基础设施 BOT 项目综合比较表(表 9-18)

有关国家和地区交通基础设施 BOT 项目综合比较表

表 9-18

项目名称 / 比较内容	英法海峡隧道	马来西亚南北高速公路	香港东港海底隧道	日本跨东京湾高速公路	澳洲悉尼港区隧道	泰国曼谷第二高速公路	中国台湾南北高速铁路
建设成本(亿美元)	120	18	5.65	6.98	5.5	8.8	125
自有资金要求	20%	8%	28%	6.25%	2 900 万权利金	20%	25%
特许期间	原为 55 年后来延长为 99 年(1987～2086 年)	30 年(1988～2018 年)	公路部分 30 年,铁路部分 20 年(1986 年起算)	无	30 年(1992～2022 年)	30 年(1988～2018 年)	35 年(1998～2033 年)
预估税前收益率	15%	12%～17%	—	—	6%	15%	IRR 约 14%
收费限制	自由调整	依物价指数调整	由政府与道路公司协商确定	无	由政府制订,因应物价调涨上限为 0.5 澳元	由政府制订,且 15 年内调幅不能超过 0.8 美元	依交通部门费率委员会所订基本费率与调整机制进行订价,基本费率调整须经交通部门同意
融资来源	从 209 家跨国银行联合贷 85 亿美元	从国内 45 家民营银行联贷,占总资金比例 56%	道路铁路分开融资,72%资金计划性融资方式取得,铁路部分以长期租赁契约方式向香港捷运局取得 9 亿港币的担保	政府担保债券占 40%、国内银行 30 年长期贷款 12%、政府贷款占 26%	50%资金以发行 30 年期国内公债方式筹措	从国内取得资金贷款与股权融资	政府提供中长期资金;银行办理贷款协助,但不保证成功,最后通过政府、银行、高铁三方协议的基础完成融资安排
最低营运收入保证	政府签约买断 50%的运量	经营期前 17 年有最低营业收入保证	—	无	有	无	无
政府其他特别补贴	无	无	特许经营者免税	无	无	可以和政府共同分享第一高速公路的营运收入	无

续上表

项目名称 / 比较内容	英法海峡隧道	马来西亚南北高速公路	香港东港海底隧道	日本跨东京湾高速公路	澳洲悉尼港区隧道	泰国曼谷第二高速公路	台湾南北高速铁路
外汇保证(补贴)	无	汇率下跌超过15%，由政府补贴损失	无	无	无	无	无
利率保证	无	当利率上升超过20%时，可由偿债本金中扣除超支利息	可采利率上限选择权规避利率风险	N. A.	无	无	无
政府特别立法	海峡隧道法案	设立BOT专责委员会	东区过港隧道条例	大藏省及建设部依单行特别法筹募资金	—	通案立法	通案立法
政府提供贷款/投资	无	政府提供资金19%优惠贷款，15年免税，10年年利率8%	香港政府投资5%	政府提供占资金13%额度的无息贷款	政府提供占资金45%额度的无息贷款	政府同意持股49%	条例规定，政府基金及公营事业投资上限为20%
土地取得	无土地取得问题	由政府取得	由政府取得	由政府取得	无土地取得问题	特许公司负责取得	由政府取得
无竞争的保证	英法政府承诺33年内不再兴建类似固定通道	无	无	无	—	无	政府不再兴建西部走廊第二条南北高速铁路
其他	兴建中发生财务困难，经政府协助，银行贷款改为股本投资	特许公司需拨一定金额之维护保证金；特许公司可于外围土地经营附属事业	特许公司主要由承包商(64.9%)、香港政府(5%)、银行团(5.5%)与信托投资公司(24.5%)等组成	完工后由JH(日本高速道路公团)收费营运，并分30年偿还TTB(跨东京湾高速公路公司)	营运期间政府提供偿付债券持有人之担保	特许公司与政府分享两条高速公路营收之比例，每九年更改一次	政府不补贴自偿率不足之亏损，高铁每年税前盈余10%回馈政府总计不低于1 080亿元，35年期满政府无偿收回

参考文献

[1] Resche H, Schelle H. Handbuch project management. Verlag TüV Rheinland.

[2] Peter Rinza. Project management. VDI—Verlag GmbH, Dusseldorf.

[3] William R. Duncan. A guide to the project management body of knowledge. USA: Project Management Institute, 1996.

[4] 朱会冲,张燎. 基础设施项目投融资理论与实务. 上海:复旦大学出版社,2002.

[5] 成虎. 工程项目管理. 北京:中国建筑工业出版社,2002.

[6] 赵华,康林. 大型机械化施工企业成本费用管理. 长沙:中南大学出版社,2001.

[7] 张明,田贵军,张锁. 投资项目评估与工程项目管理. 北京:中国物价出版社,2001.

[8] 刘省平. 项目融资理论与实务. 西安:西安交通大学出版社,2002.

[9] 陈国军,马德家. 公路工程项目财务管理. 石家庄:河北科学技术出版社,2002.

[10] 徐湘瑜. 基本建设财务管理. 上海:立信会计出版社,2001.

[11] 闫小彦,王中华. 新编国际融资方式 北京:经济贸易大学出版社,1999.

[12] 周承伦. 建设项目评估手册. 北京:中国建筑工业出版社,1995.

[13] 中国国际工程咨询公司. 建设项目评估咨询手册. 北京:中国计划出版社,1993.

[14] 卢家仪,卢有杰. 项目融资. 北京:清华大学出版社,1998.

[15] 刘步存. 高速公路企业经营管理. 北京:人民交通出版社,2003.

[16] 张三力. 项目后评价. 北京:清华大学出版社,1998.

[17] 高速公路丛书编委会. 高速公路营运管理. 北京:人民交通出版社,2001.

[18] 荆新,王化成,刘俊彦. 财务管理学. 北京:中国人民大学出版社,2002.

[19] 全国会计专业技术资格考试领导小组办公室. 财务管理. 北京:中国财政经济出版社,2001.

[20] 王冉. 项目融资. 北京:新华出版社,1995.

[21] 姜树梅. 风险投资运作. 大连:东北财经大学出版社,2001.

[22] 孔淑红. 风险投资与融资. 北京:对外经济贸易大学出版社,2002.

[23] 朱怀念. 国际项目融资法律问题研究. 武汉:武汉大学出版社,2002.

[24] 蒋先玲. 项目融资. 北京:中国金融出版社,2001.

[25] 马秀岩,卢洪升. 项目融资. 大连:东北财经大学出版社,2002.

[26] 王宇. 融资研究. 大连:东北财经大学出版社,2002.

[27] Clifford Chance 法律公司. 项目融资. 龚辉宏,译. 北京:华夏出版社,1997.

[28] 蒋先玲. 项目融资. 北京:中国金融出版社,2001.

[29] 陈有安,王学军,尉维斌,等. 项目融资与风险管理. 北京:中国计划出版社,2000.

[30] 张旭明,刘则福. 项目融资理论与务实. 北京:中国经济出版社,1999.

[31] 王立国. 工程项目融资. 北京:人民邮电出版社,2002.

[32] 牛和恩,林常青. 公路建设融资方法研究. 广州:广东经济出版社,1997.

[33] 邓德全. 世界最宏伟地下工程——英法海峡隧道. 北京:人民交通出版社,1995.

[34] 孙黎,刘元丰,陈益斌. 国际项目融资. 北京:北京大学出版社,1999.

[35] 张极井. 项目融资. 北京:中信出版社,1998.
[36] 江前良. 国际BOT方式理论与实务. 北京:中国对外经济贸易出版社,1996.
[37] Nevitt P K, Fabozzi F. Project Financing. Sixth Edition. Euromoney Publications, 1995.
[38] Finnerty J D. Project financing: asset-based financial engineering. New York: John Wiley Inc, 1996.
[39] Robert Tiong. The structuring of build-operate-transfer construction projects. Construction Management Monograph Series, NTU, Singapore, 1992.
[40] Robert Tiong. Evaluation of proposals for BOT Projects. International Journal of Project Management, 1997, 15: 67-72.
[41] Yeoa KT, Robert LK Tiong. Positive management of differences for risk reduction in BOT projects. International Journal of Project Management, 2000, 18: 257-265。
[42] 摩根建富亚洲(香港)有限公司. 中国高速公路融资(英文版),1994.
[43] Asian Toll Road Development Program: Review of Recent Toll Road Experience in Selected Countries and Preliminary Tool Kit for Toll Road Development.
[44] Ling YY, Lau BSY. A Case study on the management of the development of a large—scale power plant project in East Asia based on design—build arrangement. International of Project Management, 2002, 20: 413-423.
[45] 财政部注册会计师考试委员会办公室. 财务成本管理——2002年度注册会计师全国统一考试指定辅导教材. 北京:经济科学出版社,2002.
[46] 张启振,张阿芬,吴振奋,等. 投资项目评估. 厦门:厦门大学出版社,2001.
[47] 詹姆斯·范霍恩,约翰·瓦霍维奇. 现代企业财务管理. 10版. 北京:经济科学出版社,2001.
[48] 奥利弗·E. 威廉姆森. 资本主义经济制度——论企业签约与市场签约. 段毅才,王伟,译. 北京:商务印书馆,2002.
[49] M. Fouzul Kabir Khan, Robert J. Parra,朱乾志,朱彩虹,等,大项目融资——项目融资技术的运用与实践. 咏等译. 北京:清华大学出版社,2005.
[50] 方芳. 工程项目投资与融资. 上海:上海财经大学出版社,2003.
[51] 卢俊. 资本结构理论研究译文集. 上海:上海三联书店,上海人民出版社,2003.
[52] 赵华,苏卫国. 工程项目融资. 北京:人民交通出版社,2004.
[53] 张极井. 项目融资. 北京:中信出版社,1998.
[54] 张功富,索建宏. 财务管理原理. 北京:中国农业大学出版社,首都经济贸易出版社,2005.
[55] 汤伟刚,李丽红. 工程项目投资与融资. 北京:人民交通出版社,2008.

人民交通出版社公路类教材一览

(◆教育部普通高等教育"十一五"国家级规划教材 ▲建设部土建学科专业"十一五"规划教材)

一、交通工程教学指导分委员会规划推荐教材

1. ◆交通规划(王　炜) …… 33元
2. ◆道路交通安全(裴玉龙) …… 36元
3. 交通系统分析(王殿海) …… 31元
4. 交通管理与控制(徐建闽) …… 26元
5. 交通经济学(邵春福) …… 25元

二、21世纪交通版高等学校教材

(一)交通工程专业

1. ◆交通工程总论(第三版)(徐吉谦) …… 36元
2. ◆交通工程学(第二版)(任福田) …… 38元
3. ◆交通管理与控制(第四版)(吴　兵) …… 35元
4. ◆道路通行能力分析(陈宽民) …… 27元
5. ◆交通工程设计理论与方法(第二版)(马荣国) …… 40元
6. ◆公路网规划(裴玉龙) …… 27元
7. 交通工程专业英语(裴玉龙) …… 28元
8. ◆交通运输工程导论(第二版)(姚祖康) …… 23元
9. 交通流理论(王殿海) …… 21元
10. 交通系统仿真技术(刘运通) …… 26元
11. 停车场规划设计与管理(关宏志) …… 30元
12. 交通工程设施设计(李峻利) …… 35元
13. ◆智能运输系统概论(第二版)(杨兆升) …… 25元
14. 智能运输系统概论(第二版)(黄　卫) …… 24元
15. ◆运输经济学(第二版)(严作人) …… 44元
16. ◆道路交通工程系统分析方法(王　炜) …… 28元
17. 交通调查与分析(第二版)(严宝杰) …… 38元
18. ◆交通运输设施与管理(郭忠印) …… 33元
19. 道路交通安全管理法规概论及案例分析(裴玉龙) …… 29元
20. 交通地理信息系统(符锌砂) …… 31元
21. 公路建设项目可行性研究(过秀成) …… 27元
22. 交通工程专业生产实习指导书(朱从坤) …… 7元
23. 土木规划学(石　京) …… 38元

(二)城市轨道交通系列教材

1. 城市轨道交通概论(孙　章) …… 30元(估)
2. 城市轨道交通系统(彭　辉) …… 32元
3. 轨道工程(练松良) …… 36元
4. 城市轨道交通设备系统(周顺华) …… 32元
5. ◆地铁与轻轨(第二版)(张庆贺) …… 40元

(三)土木工程专业(路桥)/道路桥梁与渡河工程专业

I. 专业基础课教材

1. 土木工程概论(项海帆) …… 32元
2. 道路概论(第二版)(孙家驷) …… 20元
3. 土质学与土力学(第四版)(袁聚云) …… 30元
4. 公路工程地质(第三版)(窦明健) …… 23元
5. ▲道路工程制图(第四版)(谢步瀛) …… 36元
6. ▲道路工程制图习题集(第四版)(袁　果) …… 26元
7. ◆道路工程材料(第五版)(李立寒) …… 45元
8. ◆测量学(第三版)(许娅娅) …… 36元
9. ◆基础工程(第三版)(王晓谋) …… 33元
10. 结构设计原理(第二版)(叶见曙) …… 51元
11. 公路经济学教程(袁剑波) …… 23元
12. 专业英语(第二版)(李　嘉) …… 33元

II. 专业核心课教材

13. ◆路基路面工程(第二版)(邓学钧) …… 52元
14. ◆道路勘测设计(第三版)(杨少伟) …… 42元
15. 道路结构力学计算(上、下)(郑传超、王秉纲) …… 50元
16. 水力学(王亚玲) …… 19元
17. ◆桥梁工程(第二版)(姚玲森) …… 62元
18. 桥梁工程(第二版)(土木、交通工程)(邵旭东) …… 52元
19. ◆桥梁工程(第二版)(上)(范立础) …… 42元
20. ◆桥梁工程(第二版)(下)(顾安邦) …… 38元
21. 桥梁工程(陈宝春) …… 45元
22. ◆桥涵水文(第四版)(高冬光) …… 28元
23. ◆预应力混凝土结构设计原理(第二版) …… 28元(估)
24. ◆现代钢桥(上)(吴　冲) …… 34元
25. ◆钢桥(徐君兰) …… 16元
26. ◆公路施工组织及概预算(第三版)(王首绪) …… 32元
27. ▲桥梁施工及组织管理(第二版)(上)(魏红一) …… 39元
28. ▲桥梁施工及组织管理(第二版)(下)(邬晓光) …… 39元
29. ◆隧道工程(第二版)(上)(王毅才) …… 65元

III. 专业方向选修课教材

30. ◆道路工程(严作人) …… 40元
31. 道路工程(土木工程专业)(凌天清) …… 32元
32. ◆高速公路(第二版)(方守恩) …… 21元
33. 高速公路设计(赵一飞) …… 38元
34. 城市道路设计(吴瑞麟) …… 22元
35. GPS测量原理及其应用(胡伍生) …… 28元
36. 公路测设新技术(维　应) …… 36元
37. 公路施工技术与管理(廖正环) …… 40元
38. 土木工程造价控制(石勇民) …… 30元
39. 公路工程定额原理与估价(石勇民) …… 36元
40. 道路桥梁检测技术(胡昌斌) …… 31元
41. 特殊地区基础工程(冯忠居) …… 29元
42. 道路与桥梁工程计算机绘图(许金良) …… 31元
43. ◆公路小桥涵勘测设计(第四版)(孙家驷) …… 31元
44. 路基设计原理与计算(李峻利) …… 40元
45. 路基路面工程检测技术(李宇峙) …… 46元
46. 公路土工合成材料应用原理(黄晓明) …… 22元
47. 水泥与水泥混凝土(申爱琴) …… 30元
48. ◆环境经济学(董小林) …… 32元
49. 公路环境与景观设计(刘朝辉) …… 30元
50. 桥梁工程概论(第二版)(罗　娜) …… 27元
51. 桥梁检测与加固(王国鼎) …… 27元
52. 桥梁钢—混凝土组合结构设计原理(黄　侨) …… 26元
53. 桥梁结构试验(第二版)(章关永) …… 22元
54. 桥梁抗震(叶爱君) …… 15元
55. ◆桥梁建筑美学(第二版)(盛洪飞) …… 30元
56. 大跨度桥梁结构计算理论(李传习) …… 18元
57. 隧道结构力学计算(夏永旭) …… 29元
58. 公路隧道运营管理(吕康成) …… 22元
59. 隧道与地下工程灾害防护(张庆贺) …… 45元

IV. 实践环节教材及教参教辅

60.《道路勘测设计》毕业设计指导(许金良) …… 30元
61. 桥梁计算示例丛书—桥梁地基与基础(第二版)(赵明华) …… 18元
62. 桥梁计算示例丛书—混凝土简支梁(板)桥(第三版)(易建国) …… 27元
63. 桥梁计算示例丛书—连续梁桥(邹毅松) …… 20元
64. 结构设计原理计算示例(叶见曙) …… 40元
65. 道路工程毕业设计指南(应荣华) …… 34元

66. 桥梁工程设毕业设计指南(向中富) …………………… 35 元

V. 研究生教学用书

道路与铁道工程

1. 现代加筋土理论与技术(雷胜友) ………………… 24 元
2. 道路规划与几何设计(朱照宏) …………………… 32 元
3. 沥青与沥青混合料(郝培文) ……………………… 35 元
4. 工程机械机电液系统动态传真(王国庆) ………… 18 元

桥梁与隧道工程

1. 高等桥梁结构理论(项海帆) ……………………… 35 元
2. 高等钢筋混凝土结构(周志祥) …………………… 27 元
3. 结构分析的有限元法与 MATIAB 程序设计(徐荣桥) …… 28 元
4. 工程结构数值分析方法(夏永旭) ………………… 27 元
5. 箱形梁设计理论(第二版)(房贞政) ……………… 32 元

(四)公路工程管理专业

1. ◆工程项目融资(赵　华) ………………………… 29 元
2. 管理信息系统(李友根) …………………………… 31 元
3. 公路工程定额原理与估价(石勇民) ……………… 36 元
4. 工程风险管理(邓铁军) …………………………… 21 元
5. ◆工程质量控制与管理(邬晓光) ………………… 29 元
6. 公路工程造价编制与管理(第二版)(沈其明) …… 43 元
7. 工程项目招标与投标(周　直) …………………… 30 元
8. 高速公路管理(王选仓) …………………………… 35 元

(五)工程机械专业

1. ◆施工机械概论(王　进) ………………………… 35 元
2. ◆公路施工机械(第二版)(李自光) ……………… 43 元
3. 现代工程机械发动机与底盘构造(陈新轩) ……… 38 元
4. 工程机械维修(许　安) …………………………… 38 元
5. 工程机械状态检测与故障诊断(陈新轩) ………… 29 元
6. 工程机械底盘设计(郁录平) ……………………… 36 元
7. 公路工程机械化施工与管理(第二版)(郭小宏) … 37 元
8. 工程机械设计(吴永平) …………………………… 38 元
9. 工程机械技术经济学(吴永平) …………………… 23 元
10. 工程机械专业英语(宋永刚) …………………… 36 元
11. 工程机械机电液系统动态仿真(王国庆) ……… 18 元

三、普通高等学校规划教材

1. 理论力学(东南大学) ……………………………… 29 元
2. 材料力学(东南大学) ……………………………… 25 元
3. 工程力学(东南大学) ……………………………… 29 元
4. 交通土建工程制图(第二版)(和丕壮) …………… 38 元
5. 交通土建工程制图习题集(第二版)(和丕壮) …… 20 元
6. 画法几何与土建制图(第二版)(林国华) ………… 39 元
7. 画法几何与土建制图习题集(第二版)(林国华) … 25 元
8. 土木工程制图(丁建梅　周佳新) ………………… 36 元
9. 土木工程制图习题集(丁建梅　周佳新) ………… 18 元
10. 土木工程制图(张　爽) ………………………… 36 元
11. 土木工程制图习题集(张　爽) ………………… 15 元
12. ◆土木工程计算机绘图基础(尚守平) ………… 39 元
13. 工程经济学(李雪淋) …………………………… 22 元
14. 工程测量(胡伍生) ……………………………… 25 元
15. 交通土木工程测量(张坤宜) …………………… 33 元
16. 结构设计原理(毛瑞祥) ………………………… 26 元
17. 路基路面工程(何兆益) ………………………… 45 元
18. 道路勘测设计(第二版)(孙家驷) ……………… 46 元
19. 道路勘测设计(裴玉龙) ………………………… 38 元
20. 道路工程材料(申爱琴) ………………………… 45 元
21. 道路与桥梁工程概论(黄晓明) ………………… 32 元
22. 道路经济与管理 ………………………………… 16 元
23. 公路施工组织与管理(赖少武　李文华) ……… 35 元
24. 公路工程施工组织学(第二版)(姚玉玲) ……… 38 元
25. 公路施工与组织管理(廖正环) ………………… 22 元
26. 公路养护与管理(许永明) ……………………… 18 元
27. 水力学与桥涵水文(叶镇国) …………………… 38 元
28. 桥位勘测设计(高冬光) ………………………… 20 元
29. 道路规划与设计(李清波) ……………………… 46 元
30. 道路交通环境工程(张玉芬) …………………… 19 元
31. 公路实用勘测设计(何景华) …………………… 19 元
32. 公路计算机辅助设计(符锌砂) ………………… 30 元
33. 公路工程预算与工程量清单计价(雷书华) …… 35 元
34. 公路工程造价(周世生) ………………………… 42 元
35. 软土环境工程地质学(唐益群) ………………… 35 元
36. 公路与桥梁施工技术(盛可鉴) ………………… 30 元
37. 桥梁美学(和丕壮) ……………………………… 40 元
38. 桥梁结构理论与计算方法(贺拴海) …………… 58 元
39. 钢管混凝土(胡曙光) …………………………… 38 元
40. 隧道施工(于书翰) ……………………………… 23 元
41. 公路隧道机 电工程(赵忠杰) ………………… 40 元
42. ◆道路交通管理与控制(袁振洲) ……………… 40 元
43. 交通工程学(第二版)(李作敏) ………………… 28 元
44. 交通项目评估与管理(谢海红) ………………… 36 元
45. 工程项目管理(周　直) ………………………… 20 元
46. 测绘工程基础(李芹芳) ………………………… 36 元
47. 工程机械运用技术(许　安) …………………… 40 元
48. 现代工程机械液压与液力系统(颜荣庆) ……… 39 元
49. 水泥混凝土路面施工与施工机械(何挺继) …… 30 元
50. 现代公路施工机械(何挺继) …………………… 45 元
51. 工程机械机电液一体化(焦生杰) ……………… 28 元
52. 工程机械可靠度(吴永平) ……………………… 20 元

四、高等学校应用型本科规划教材

1. 结构力学(万德臣) ………………………………… 30 元
2. 结构力学学习指导(于克萍) ……………………… 22 元
3. 道路工程制图(谭海洋) …………………………… 28 元
4. 道路工程制图习题集(谭海洋) …………………… 24 元
5. 道路建筑材料(伍必庆) …………………………… 37 元
6. 土木工程材料(张爱勤) …………………………… 39 元
7. 土质学与土力学(赵明阶) ………………………… 30 元
8. 结构设计原理(黄平明) …………………………… 47 元
9. 结构设计原理学习指导(安静波) ………………… 35 元
10. 结构设计原理计算示例(赵志蒙) ……………… 40 元
11. 工程测量(朱爱民) ……………………………… 30 元
12. 基础工程(刘　辉) ……………………………… 26 元
13. 道路勘测设计(张维全) ………………………… 32 元
14. 桥梁工程(刘龄嘉) ……………………………… 45 元
15. 公路工程试验检测(乔志琴) …………………… 47 元
16. 路桥工程专业英语(赵永平) …………………… 44 元
17. 水力学与桥涵水文(王丽荣) …………………… 27 元
18. 工程招标与合同管理(刘　燕) ………………… 33 元
19. 工程项目管理(李佳升) ………………………… 32 元
20. 公路施工技术(杨渡军) ………………………… 64 元
21. 公路工程机械化施工技术(徐永杰) …………… 32 元
22. 公路工程经济(周福田) ………………………… 22 元
23. 公路工程监理(朱爱民) ………………………… 33 元
24. 道路工程(资建民) ……………………………… 38 元
25. 道路工程 CAD(许金良) ………………………… 23 元
26. 路基路面工程(陈忠达) ………………………… 46 元

各地经销商电话见人民交通出版社网站首页,网址:http://www.ccpress.com.cn。
咨询电话:010-85285965(岑瑜)